백성의 말 하려 하니
목이 메고 눈물 난다

주해 조선후기 현실비판가사

백성의 말 하려 하니 목이 메고 눈물 난다

진경환

문예원

차례

1부 세태가사世態歌辭

2부 민란가사民亂歌辭

머리말

백성의 말 하려 하니 목이 메고 눈물 난다

1.

“「거창가」와 「정읍군민란시여항청요」의 관계”. 필자가 석사 학위논문을 제출한 후 처음으로 발표한 논문이다. 1987년이니, 36년 전의 일이다. ‘민란가사’를 접하고는 앞으로 기회가 되면, 이 분야를 좀 더 파고들어 보아야겠다고 생각했다. 그러나 이후 고소설을 본격적으로 전공하게 되면서 가사 작품에 대한 관심은 점차 줄어들었다. 그러다가 한참 후인 2021년 『예로부터 이른 말이 농업이 근본이라: 주해 농가월령가』를 내면서 가사 작품에 대한 관심이 다시 생겨났다. 그 결과물로 조선후기의 대표적인 현실비판가사 열 편에 대한 주석서를 새롭게 내어놓는다. 바로 이 책 『백성의 말 하려 하니 목이 메고 눈물 난다: 주해 조선후기 현실비판가사』이다. “백성의 말 하려 하니 목이 메고 눈물 난다”는 이 책에서 다룬 가사 중 「향산별곡」의 한 구절인데, 나머지 가사들에도 적용될 수 있는 말이기도 해 제목으로 삼았다. 조선 후기를 살아간 서민을 생각하면 안쓰럽고 불쌍한 마음을 떨쳐버릴 수 없다.

필자가 특히 가사 작품의 주석에 집중하는 이유가 있다. 워낙 둔재이기도 하지만, 필자는 그동안 조선 후기 가사들을 읽어내기가 대단히 힘들었다. 여러 주석서를 찾아보았으나, 대개는 만족스럽지 못한 수준이었다. 단순히 어휘 풀이만으로 주석의 소임을 다한 것들이 대부분이었고, 좀 더 깊이 있는 설명이 필요한 부분인데 대충 넘어간 경우가 비일비재했으며, 무엇보다도 다루지 않고 미상으로 처리하거나 심지어는 엉뚱하게 잘못 풀이한 곳이 많았다.

이런 상황에서는 유의미한 연구가 제대로 진행될 리 없다. 연구가 활발히 이루어지지 않으니, 그 결과를 토대로 하는 대중적 향유 역시 미진한 상태에서 벗어날 수 없다. 중등학교 교육 현장에서의 답보는 말할 것도 없다. 사교육에서 벌어지는 근거 없는 풀이의 난무는 대단히 심각한 상태다. 이 모든 것이 충실한 주석서가 부재한 탓이라 생각한다. 물론 이것이 전적으로 앞선 분들의 탓으로 돌릴 일은 아니다. 가사에 쓰인 말들은 당대의 일상어휘였다. 또 개인방언과 지방방언도 많다. 이제는 쓰이지 않게 된 말들도 많다. 또 필사하는 과정에서 잘못 쓴 경우도 많다. 이러한 사정들을 두루 고려해야 할 것이다. 이 책에도 잘못 주석한 것들이 많을 것이다. 그래도 용기를 내어 이렇게 한번 도전해보는 것은 앞으로 이런 주석서들이 많이 나와서 가사 연구가 더 충실하게 이루어지길 바라서이다.

2.

이 책에서 다루고 있는 가사 작품은 모두 열 편이다. 「우부가愚夫歌」, 「용부가慵婦歌」, 「노처녀가老處女歌 1,2」, 「고공가雇工歌」, 「고공답주인가雇工答主人歌」, 「갑민가甲民歌」, 「민탄가民歎歌」, 「합강정가合江亭歌」, 「향산별곡香山別曲」이 그것이다. 애초에는 여기에 「거창가居昌歌」를 더 넣으려 했는데, 이미 충실한 주석서가 제출되어 있는 터라, 굳이 중복할 이유가 없다고 판단해 제외

하였다.

이 책의 부제를 "주해 조선후기 현실비판가사"라 했고, 열 작품을 나누어 분류하면서 「우부가」, 「용부가」, 「노처녀가 1, 2」, 「고공가」, 「고공답주인가」는 '세태가사'로, 「갑민가」, 「민탄가」, 「합강전가」, 「향산별곡」는 '민란가사'로 나누어 묶었다. 이에 대해서는 설명이 좀 필요하다. 평소에 장르, 특히 규범장르의 엄격성보다는 역사적 존재로서의 장르의 유연성에 좀 더 이끌리기도 했지만, 특히 가사의 경우 '장르구분이 과연 작품 이해에 도움이 되는가' 늘 회의적이었다. 이렇게 보자니 저런 게 걸렸고, 이 갈래라 하자니 저 갈래의 성격이 아울러 들어 있는 사례들을 많이 보았기 때문이다. 그럼에도 어느 정도의 구분은 필요하지 않을까 생각해 무리를 해 보았다.

1987년 논문을 작성했을 때 필자는 「거창가」를 '민란가사'라고 규정했는데, 학계에서 받아들여지지 않은 모양이고, 지금은 대체로 '현실비판가사'라는 용어를 쓰고 있는 것 같다. '민란가사'라고 하면, 작품 안에 민란의 양상이 구체적으로 드러나야 할 터인데, 실제로 그런 작품은 찾아보기 어렵다. 그런데 작품 내부에 민란이 언급되어 있지 않으니 '민란가사'라 부르기 어렵다고 하는 주장에 동의하기 어렵다. 주지하듯이, 역사학계의 일부에서는 19세기를 '민란의 시대'라 부른다. 1811년 '홍경래란'이 발발한 이후, '임술민란'이라 부르는 1862년 농민항쟁을 거쳐, 1984년 갑오농민전쟁이 일어나는 큰 흐름을 보면, 19세기를 '민란의 시대'라 부를 만하겠다. 19세기 100년 동안 민란이 끊임없이 일어난 것은 아니지만, 전반적으로 보면 사회경제적 모순이 격화, 심화되면서 민중이 거의 유일한 출구로서 민란과 같은 변혁을 통해 새 세상을 꿈꾸어 왔다는 점을 새삼 강조할 필요가 있다. 마찬가지로 민중의 궐기를 노골적으로 드러내지는 않았더라도 민란, 곧 세상을 뒤집을 '난리'가 초래될 수밖에 없는 현실의 절박함에 대한 인식을 민중이 공유하고 있었다는 점은 특기해야 마땅하다. 물론 최후의 저항인 민란의 급박한 상황에 비추어볼 때, 대체로 함량미달이거나 「향산별곡」처럼 지배이념의 강조로 귀결되는 가사들이 있어 그 내부에 층차가 존재하기는 하지만, 그럼에도 그것들이 어떤 파국의 상황을 상정하고 있다는 점에서 민란과 밀접하게 맞닿아 있다고 할 수 있는 것이다. 「민탄가」의 다음 구절이 그러한 사정을 잘 말해준다고 본다. "그도 저도 아니 되면 죽을 밖에 할 일 없네 / (…) / 이런 일을 하는 놈들 우리 먼저 죽여보세 / 이 노래를 돌려 듣고 가부간可否間에 말을 하소." 여러 사람이 이름을 잇대어 써서 관청에 올려 하소연하는 '등장等狀'을 시도했지만, "근래 영문營門 쓸데없다 의송議訟 가기 무엇할꼬"라고 하면서 그 한계를 분명히 인식했고, 고을 원의 판결에 불복하여 비국備局(나라의 정치와 군대의 사무를 맡아보던 비변사備邊司)에 '의송'도 제기했지만, 그것도 여의치 않자 임금에게 직접 '상언上言'을 올리면서 "그도 저도 아니 되면 죽을 밖에 할 일 없네"라고 한다. 죽을 수밖에 없는 처지이니 나서서 상황을 타개해야 하며, 그러기 위해서는 거사擧事에 동참해야 마땅하다고 역설力說하고 있는 것이다.

무엇보다도 역사 현실에서 민란이라고 하면 엄격한 의미의 '본격적인 대변란'만을 의미한 것은 아니었음을 아울러 기억해야 한다. 크고 작은 저항행위들, 예컨대 반역叛逆을 도모하는 글을 써서 관청 등에 걸어 민심을 뒤흔드는 흉서凶書나 괘서掛書, 그리고 역모를 고발하는 고변告變 문서 속에서 역모의 실질이라고 묘사되는 저항행위는 물론이려니와 「민탄가」 등에서 언급되는 '등장', '의송', '상언' 같은 행위를 두루 민란으로 불렀다는 점을 상기할 필요가 있는 것이다. 이런 이유에서 필자는 그런 가사들을 '민란가사'라 부르려 한다. '현실비판가사'라고 하면 되지 않겠는가 하겠지만, 실제 작품들에서 보이는 분노의 정조와 현실 타개의 욕망은 그런 수준을 훌쩍 넘어서 있다는 것이 필자의 판단이다.

그리고 사람들의 일상이나 문화에서 보이는 세상의 상태와 형편을 두루 담아낸 작품들은 '세태가사'라 부르기로 한다. 물론 '세태가사'는 범박한 개념이어서 작품들이 보이는 다층적이고 다성적인 목소리를 두루 담아내기는 어려울 것이다. 그럼에도 '세태가사'라는 용어를 굳이 쓰고자 하는 것은, 그것을 '현실비판가사'라고 부르기에는 무언가 어울리지 않는 점이 있어서이다. 크게 보면 현실비판의 정조가 들어 있기는 하지만, 각 작품들이 드러내고자 하는 것은 자신이 처한 현실의 여러 장벽들, 특히 변화해 가는 세상살이에서 발생하는 난처하고도 난감한 정조의 흐름이라고 보는 것이다. '「고공가」와 「고공답주인가」를 세태가사로 볼 수 있는가'는 필자 역시 확언할 수 없다. 그것은 임진왜란 이후 고공雇工의 문제를 정면에서 문제 삼고 있기 때문이다. 그러나 그렇다 해도 그것이 경제적인 문제에만 초점을 맞추었다기보다는, "요사이 고공들은 (…) 시절 좋아 사오나와"(「고공가」)에서 보듯이, 세상살이의 곡절이 크게 바뀌면서 생겨나는 삶의 변화 양상을 짚어내자는 의도를 드러냈다고 생각한다.

이런 이유에서 여기서는 '세태가사'와 '민란가사'를 묶어 '현실비판가사'라 부르기로 한다. 굳이 말하자면 '현실비판가사'는 일종의 유개념으로, '세태가사'와 '민란가사'는 그에 속하는 종개념으로 보고자 하는 것이다. 그러나 다시 말하지만 이것은 엄격한 의미의 장르 구분은 아직 아니다. 편의상의 명명일 뿐이다. 앞으로 후학들이 논의를 새롭게 이어가기를 바란다.

3.

이제 각 작품의 서지에 대한 간략한 소개와 함께 기존 주석 중 잘못된 것을 지적 · 수정하고, 보완 · 확충할 필요가 있는 사안 몇몇을 보임으로써 이번 작업의 필요성을 재확인해 보고자 한다.

(1) 「우부가愚夫歌」

주해의 텍스트는 고려대학교 중앙도서관에 소장된 『초당문답가草堂問答歌』에 실려 있는 「우부편愚夫篇」(필사본)이다. 그 "표지에는 '대한광무 구년 을사 이월 십이일, 태평동 정사 서大韓光武九年乙巳十二月十二日, 太平洞精舍書'라 하여, 필사 연대가 1905년이라고만 밝혀져 있을 뿐 작자나 제작 연대에 대한 기록은 없다."(정재호, 『주해註解 초당문답가草堂問答歌』, 박이정, 1996, p.9.) 그런데 이 텍스트에는 모호한 서술이 다수 보인다. 그래서 가사집 『경세설警世說』에 실려 있는 「우부가」를 비교하여 주해하는 것이 여러모로 의미가 있다고 판단했다. "일석 이희승이 소장하고 있던 『경세설』은 현재 소재가 불분명하다. 일석 선생의 장서는 현재 서울대학교 도서관에 기증되어 있는데, 필자가 조사해 본 결과, 일석문고에서 『초당문답』이란 이본을 찾을 수 있었으나 『경세설』은 발견하지 못했다."(정재호, 위의 책, p.5.) 그런데 무슨 연유인지 김성배 등이 주해한 『가사문학전집』(민속원, 1997)에는 그것이 들어 있다. 여기서는 그것을 참고하기로 한다.

이해의 편의를 위해 한자로 된 부분은 앞에 한글을 적고 괄호 안에 한자를 병기하는 방식으로 처리하였고, 굳이 본문에서 한자를 밝힐 필요가 없는 말은 한자를 드러내지 않기로 하였으며, 가능한 한 현대어로 표기하려고 노력하였다.(이하 나머지 작품들에서도 마찬가지다.)

다음 주석 문제다. 『경세설』에 들어 있는 "가대문서假代文書 구문口文 먹기"에서 '가대문서'를 '가대문서假貸文書'에서 온 말이라 하면서, "허물을 너그럽게 해 준다는 핑계로 만든 문서"라고 풀이한 주석이 있는데, 이 구절은 거짓으로 문서를 꾸며 빚을 진 사람이 자신의 집을 상대방의 더 안 좋은 집과 맞바꾸면서 자신의 빚을 탕감하는 행위를 중개하고 구문을 먹는다는 말이다.

역시 『경세설』에 들어 있는 "아낙은 친정살이 자식들은 고공살이"에서 '고굉살이'를 엉뚱하게도 다리와 팔같이 중요한 신하라는 뜻으로, 임금이 가장 신임하는 신하를 이르는 말인 '고굉지신股肱之臣'과 관련하여 설명한 경우도 있지만, 이것은 '고공雇工살이', 곧 품삯을 받고 남의 일을 해주는 머슴살이를 말한다.

(2) 「용부가慵婦歌」

「우부가」와 마찬가지로 고려대학교 중앙도서관에 소장된 『초당문답가草堂問答歌』에 실려 있는 「용부편慵婦篇」(필사본)을 텍스트로 삼고, 앞에서 언급한 『경세설警世說』에 실린 「용부가庸婦歌」를 비교하여 주해하기로 한다. 그런데 두 텍스트의 제목은 한자 표기가 서로 다르다. 보통은 재주가 남만 못하고 어리석거나 변변치 못하다는 뜻인 '용庸' 자를 쓰는데, 여기서는 게으르다는 의미가 더욱 강조된 '용慵' 자를 쓰고 있다.

다음 주석 문제다. "들고나면 초롱군이라 팔자나 고쳐 볼까"에서 '초롱군'을 "의식이 있을 때 등롱燈籠을 들고 다니는 사람"이라고 풀이한 경우가 있는데, 그런 주석으로는 저 구절이 무슨 말을 하고 있는지 알아채기 어렵다. '초롱군'은 초롱[燭籠]을 들고 가며 밤길을 밝혀 주던 초롱꾼을 말하는데, '들고나면 초롱꾼'이라는 속담에서 보듯이, 저 구절은 초롱을 들고 나서면 초롱꾼이 되듯이 사람은 어떤 일이라도 다 할 수 있다는 말이다. 그리고 여자에게 팔자는 주로 시집을 잘 갔는가 못 갔는가와 관계가 있으니, 팔자를 고친다는 말은 개가改嫁한다는 말을 뜻한다. 이는 용부의 심사를 이해하는 데 대단히 중요한 표현이다.

그리고 “승僧년이나 따라갈까”라는 구절은 용부의 원망願望과 관련하여 중요한 구절인데, 대개의 경우 그 의미를 설명하지 않고 넘어갔다. 다산이 지은, 소경에게 시집간 아낙의 이야기인 「도강고가부사道康瞽家婦詞」에서 보듯이, 조선 후기에는 시집살이를 견디지 못해 중이 된 여자들이 상당히 많았다. 탐욕스러운 친정아버지에 의해 돈에 팔려 열여덟에 부잣집으로 시집간 ‘강진 여자’의 신랑은 마흔아홉의 맹인이자 두 번이나 결혼해서 전처들에게 얻은 두 딸과 아들 하나가 딸린, 성질까지 고약한 자이다. 작은딸의 나이가 스물셋이니 그런 전처소생들의 모함과 냉대, 그리고 남편의 모진 학대로 강진 여자의 시집살이는 대단히 비참했다. 그녀는 마침내 그 ‘운명의 굴레’를 거부하고 지옥 같은 시집에서 탈출, 머리를 깎고 중이 된다. 결국에는 관가에 붙잡혀서 돈에 팔렸던 종의 신세이자 ‘맹인의 아내’로 다시 전락하고 말기는 하지만, 그녀의 출가는 지옥 같은 시집살이에서 벗어나 마음이라도 편히 살고 싶다는 원망願望의 표현이다. 용부가 ‘중년이나 따라갈까’라고 한 것도 같은 맥락에서 이해할 수 있다.

(3), (4) 「노처녀가老處女歌 1」, 「노처녀가老處女歌 2」

주해의 텍스트는 고대본 『악부樂府』에 실려 있는 것이다. “「노처녀가」는 이본이 여럿 있는데, 시집 못 간 미모의 노처녀가 토로하는 신세 한탄을 내용으로 하는 계열과, 추녀이며 갖은 병신인 노처녀가 결국 시집을 가게 된다는 것을 내용으로 하는 계열의 두 종류로 나누어 볼 수 있다. 편의상, 앞의 계열을 노처녀가(1),

뒤의 계열을 노처녀가(2)라고 부른다. 노처녀가(1)은 내방가사內房歌辭의 분포지인 안동 · 청송 · 상주 · 경주 등지에 필사본으로 전하며, 전라북도 익산에서도 발견되었다. 한인석韓仁錫이 엮은 『조선신구잡가朝鮮新舊雜歌』에도 수록된 것으로 보아 다른 지역에도 널리 전파되었을 듯하다. 이 계열에 속한 이본들은 내용과 형식에 큰 차이가 없으며, 4음보를 1행으로 헤아려 총 63행이다." 한편 "노처녀가(2)는 국문 고소설집인 『삼설기三說記』 권3에 실려 있다. 가사 형식을 취했으나 작품의 앞뒤에 편집자의 목소리를 내는 이질적 서술자가 개입하고, 흥미를 끌 만한 이야기의 면모를 갖추어 소설의 경향을 보여준다. 이 작품은 노처녀가(1)의 경우와는 달리 화자인 노처녀의 신분이 드러나지 않는다. 화자는 나이가 오십이 다 되었으며, '갖은 병신'인 추녀醜女로 설정되어 있다. (…) 『삼설기』의 편자에 의하여 이 작품이 소설처럼 취급되고 있는 점 또한 주목된다. 다른 가사 작품에 비해 노처녀가(2)가 이야기의 흥미성과 구성력이 높다는 점에서 소설로 인식되었을 것이다."(『한국민족문화대백과사전』)

다음 주석 문제다. "풍속 좇기 어려워라"(「노처녀가 1」)의 경우, 설명 없이 넘긴 경우가 많은데, 이는 당시의 풍속을 이해하는 데 중요한 사안이다. 이 말은 자기 집 문벌이 높은 것만 내세워 거기에 맞는 신랑집을 구하기 어려웠기 때문에 결국 시집을 못 갔다는 말이다. 예전에는 '문당호대門當戶對'라 하여 사회적 신분이나 지위가 서로 별 차이가 없이 비슷한 집안끼리 혼인하는 것이 좋다고 했다. 이 구절은 노처녀의 부모가 자기 집 문벌 높은 것만 생각해 자신의 혼인이 성사되지 않고 있다는 항변이다. 신분이나 가문보다 개인의 욕정이나 행복이 더욱 중요함을 강조하고 있는 것이다.

한편 다음의 사례들도 당시의 생활상을 이해하는 데 중요한 사항들임에도 설명이 자세치 않다. "양칫대를 집어내어 측목厠木하여 본 일 없네"(「노처녀가 2」)에서 양칫대는 양치할 때 혓바닥을 긁거나 이 사이에 끼인 것을 빼내는 데 쓰는 길쭉하고 얇은 나무쪽을 말한다. 이를 닦고 물로 입 안을 가신다는 의미의 양치는 한자를 빌려 '養齒'로 적기도 한다. 그런데 이 '양치'는 '양지楊枝'에서 왔다. '양지'는 불교도들에게 냇버들 가지로 이를 깨끗이 하게 한 데서 유래했다. 『계림유사鷄林類事』에 "치쇄왈양지齒刷曰楊支"라는 말이 나온다. '이를 닦는 것을 양지라고 한다'는 말이다. 그리고 '측목'은 밑씻개로 쓰는 가늘고 짧은 나뭇가지나 나뭇잎, 곧 뒷나무를 말한다. 결국 더럽게 양칫대로 측목을 대신하지 않을 만큼 자신은 경우가 바르다는 말을 하고 있는 것이다.

그리고 "나주불 질러 놓고 신랑 온다 왁자하고"에서 '나주불'은 나좃대에서 나는 불인데, 나좃대는 갈대를 한 자 길이로 잘라 묶어 기름을 붓고 붉은 종이에 싸서 초처럼 불을 붙이는 물건으로, 신랑집에서 신붓집에 혼인을 구하는 납채納采 때 신붓집에서 썼다.

(5) 「고공가雇工歌」

임기중의 『역대가사문학집성歷代歌辭文學集成』 소재 「잡가雜歌」(옛 華山書林 주인 고 이성의李聖儀 씨 소장 필사본)를 텍스트로 삼았다. 텍스트 끝에 "이것은 선조께서 임진년의 난을 지낸 후에 지으신 것이다. 이 노래는 강개한 신하의 뜻을 우의한 것이다此, 宣廟御製, 壬辰經亂之後作. 此歌以寓慷慨臣僚之意."라는 말이 부기되어 있다. 그런데『지봉유설芝峯類說』에는 다른 이야기가 전한다. "세상에 전하기를,「고공가」는 선왕先王께서 지으신 것이라 하는데, 세상에 널리 유행하고 있다. 완평完平 이원익李元翼(1547~1634)이 또「고공답주인가雇工答主人歌」라는 것을 지었다. 그러나 내가 들으니, 어제御製가 아니고 허전許坱의 작인 것을 세상에서 잘못 전한 것이라고 한다. 허전은 진사進士로서 무과武科에 급제한 사람이다俗傳雇工歌爲先王御製, 盛行於世. 李完平元翼又作雇工荅主人歌. 然余聞非御製, 乃許坱所作, 而時俗誤傳云. 許坱以進士登武科者也."(『지봉유설』 권14「문장부 칠文章部七」'가사歌詞')

다음 주석 문제다. 이 노래에서 가장 중요한 것은 '고공'이란 어떤 존재인가 하는 점이다. 주석에서는 특히 이 문제에 대해 자세히 설명할 필요가 있는데, 대개의 경우 그렇게 하지 않았다. 고공은 조선 시대 고용살이하던 이들로 고용雇傭, 고공인雇工人, 고인雇人이라고도 하였으며, 후에 머슴(노비와 달리 머슴은 그 집안의 재산처럼 속해 있는 게 아니라 대가를 받고 일을 해주었다. 그러다가 점점 노비가 되기도 함), 품팔이, 더부살이 등으로 부르던 계층이다. 비부婢夫(여자종인 비자婢子의 남편을 의미하지만, 주로 그의 신분이 노비가 아니라 양인일 경우 그를 지칭하는 용어로 쓰인다. 비부는 조선 시대 성행했던 양인과 천인 사이에 혼인을 하는 양천상혼良賤相婚의 결과 등장한 존재들이다. 이들은 비자의 소유주인 양반들에 의해 고공과 비슷한 지위로 인식되어 고용되기도 함)와 함께 세 명까지만 고용할 수 있었다.

이들은 수양收養이나 휼양恤養의 명목으로 고용되었기 때문에 생존에 필요한 의식주만 제공받았으며, 주인에게 평생 예속될 수밖에 없었다. 빚으로 인해 자기의 노동력을 매매하는 경우도 있지만, 17 · 18세기에 이르러 상품화폐경제가 발달함에 따라 장기간 고용되는 이와 같은 예속적인 고공층 외에, 고용 연한에 따라 새경(머슴이 주인에게서 한 해 동안 일한 대가로 받는 돈이나 물건)을 받는 일시적인 고용층이 나타나기 시작했다. 농업고용 노동층의 노동력 매매는 생산력의 발전에 따라 점차 활발해지는데, 농업에서는 부농경영이나 지주경영과 결합되어 나타났다. 광작廣作(조선 후기 벼농사에서 이앙법의 보급으로 노동력이 절약됨에 따라 일어난 농지 확대 현상)을 하는 부농경영의 경우 더욱 다양한 형태의 고공, 곧 일고日雇(하루 고용), 계고季雇(계절 고용), 연고年雇(연 고용), 고지雇只(계약에 의한 청부노동) 형태의 고지대雇只隊 등을 필요로 했다. 농사는 특히 제때에 노동력을 집중적이고도 효율적으로 투입해야 하기 때문에 빈농이나 몰락농들의 일시적인 고용이 필요했다. 농번기가 되면 1일 10문十文(1전錢)에 하루 식사를 제공받거나, 혹은 쌀 3되를 준다고 하더라도 좀 더 많이 받을 수 있는 고용처를 찾는 경우도 나타났다. 참고로 17세기 전후 '농장제 경영'의 주요 구성원은 노비, 비부, 솔정率丁(호주가 한 가족으로 데리고 사는 남자종), 그리고 고공이었다. 요컨대 고공은 노비문서만 없을 뿐 노비와 다름없는 존재였다.

다음 "사립 피 말목 나서 벼 곁에 세울세라"에서 '사립피'는 서립黍粒과 피를 말하는데, '서립'은 기장 쌀알이고, '피'는 볏과에 속한 한해살이풀이다. 이 구절은 (고공들이 일을 게으르게 해서) '기장과 피가 말뚝처럼 자라서 벼 곁에 설까봐 두렵다'는 뜻이다. 기존의 풀이에서처럼 '말목'을 "우뚝 또는 담뿍이라는 뜻을 가진 의태어의 일종"이라고 보아서는 해당 구절을 전혀 이해할 수 없다.

그리고 "가을(벼나 보리 따위의 농작물을 거두어들임. 또는 그런 일) 거둔 후면 성조成造를 아니하랴"에서 '성조'를 '가정에서 모시는 가신家神'으로 설명한 것은 논외로 하더라도 그에 대한 설명도 미흡하다. "성조란 집안과 나라를 조성한다는 뜻이다. 이것은 단군이 백성들에게 거처하는 방법을 가르친 데서 비롯하였다. (…) 대개 집을 짓는다는 뜻이다."(『조선무속고』)

(6) 「고공답주인가雇工答主人歌」

임기중의 『역대가사문학집성歷代歌辭文學集成』 소재 「잡가雜歌」(옛 華山書林 주인 고 이성의李聖儀 씨 소장 필사본)를 텍스트로 삼았다. 앞에서 보았듯이, 『지봉유설芝峯類說』에 따르면, 이 가사는 완평完平 이원익李元翼(1547~1634)이 지었다. 이 가사는 '외방의 늙은 고공'과 '젊은 고공', 그리고 '늙은 고공' 세 사람이 벌이는 대화로 구성되어 있다. 발화자가 달라지는 부분을 나누어 표시했다. a는 '외방의 늙은 고공'의 발화이고, b는 '젊은 고공', c는 '늙은 고공'의 말이다.

다음 주석의 문제다. "나는 이럴망정 외방外方의 늙은 토이"에서 '토이'에 대해서는 자세한 설명이 필요하다. "지방 관아에서 잔심부름을 하던 통인"으로 본 주석도 있지만, 토이는 '吐伊'로 노비를 말한다. "의금부에서 계啓(관청이나 벼슬아치가 임금에게 올리는 말)하기를, '사가의 노비인 매읍토이每邑吐伊가, 오사민吳思敏의 부부가 난언亂言을 하였다고 무고하였으니, 그 죄가 장형 1백대와 3천 리에 귀양보내고, 3년간의 노역을 더 시키소서.' 하니, 그대로 따랐다義禁府啓, 私奴每邑吐伊誣告吳思敏夫妻亂言, 律該杖一百, 流三千里, 加役三年. 從之."는『세종실록』의 기록에서 보듯이, 토이는 사노私奴이다. 그러므로 "외방外方의 늙은 토이"는 '나이 든 외거노비外居奴婢'를 말한다. 외거노비는 주인집에 거주하지 않고 독립적으로 거주하면서 가정을 이루고 자기의 재산을 소유할 수 있었다. 원방노비遠方奴婢라고도 한 그들은 주인의 토지를 경작하면서 조租만 바쳤다. 그런 점에서 주인집에 기거해 주인에게 예속되어 있던 솔거노비率居奴婢와 구별된다.

"밖별감 만하이서 외방말음[外房舍音] 도달화주都達化主"도 마찬가지다. 각각 상세한 설명이 요구된다. '밖별감'은 사내 하인끼리 서로 존대하여 부르던 말인데, 여기서는 주인집과는 떨어져 사는 종을 말하고 있다. '외방말음'은 앞에서 말한 외거노비다. '도달화주'는 달화주達化主의 우두머리다. 달화주는 조선 시대에 공노비를 부리지 않는 대신에 그 종에게서 세금稅金 받는 일을 맡아보던 벼슬아치를 말한다. 참고로 '도都'는 (계급이나 직책을 나타내는 명사 앞에 붙어) '가장 높은'의 뜻을 더하는 접두사이다.

(7)「갑민가甲民歌」

『해동가곡海東歌曲』(규장각 소장)에 실려 있는「갑민가」(4음보를 1구로 계산하면 총 113구)를 텍스트로 삼았고, 필요할 경우,『청성잡기靑城雜記』(고려대학교 도서관 소장)에 실려 있는 이본을 참조했다. 본문은 "行행色색"처럼 한자와 한글을 나란히 표기했다.

"갑민"이란 '(함경도) 갑산의 백성'이라는 말이므로, "갑민가"는 '갑산의 백성이 지은 노래'라는 뜻이다. (이 텍스트 말미에 '갑산민소작가甲山民所作謌', 곧 '갑산의 백성이 지은 노래'라는 말이 보인다.) 그가 어느 계층의 누구인지는 알려지지 않았다. 일부 연구에서 작가층을 '지방 하층의 사족층'이라고 한 바 있는데, 작품은 고향을 떠나 일정한 거처 없이 이리저리 떠돌아다니는 유민流民의 고통을 노래하고 있다.

갑산은 함경북도 갑산군으로 개마고원의 중심부여서 교통이 불편하고 바다에서 멀리 떨어져 있다. 작품에서도 갑산을 "극변極邊", 곧 '중심에서 아주 멀리 떨어져 있는 변두리 지역'이라는 말로 묘사하고 있다. '갑산甲山'이란 말은 사방이 갑주甲胄, 곧 갑옷과 투구처럼 산으로 둘러싸여 있다고 해서 붙여진 이름이다. "갑산과 산수, 두 고을은 첩첩의 고개와 큰 산줄기 밖에 있어서 들어가는 길이 단지 함흥咸興, 북청北靑, 단천端川의 세 곳만이 있을 뿐이다. 함흥의 길은 삼수군三水郡과 9일 노정이고, 북청의 길은 갑산부甲山府와 4일 노정이며, 단천의 길은 갑산부와 5일 노정인데, 가파른 고개와 깎아 세운 듯한 골짜기에 위태로운 잔도棧道(험한 벼랑 같은 곳에 낸 길로 선반처럼 달아서 냄)와 돌길이어서 온 나라에 다시 없는 험한 곳이다."[남구만南九萬(1629~1711)의 『약천집藥泉集』 권4 「소차疏箚」 '북변삼사잉진지도소北邊三事仍進地圖疏'] 갑산은 삼수三水와 함께 우리나라에서 가장 험한 산골이라 이르던 곳으로 조선 시대 귀양지의 하나였다. 그래서 '삼수갑산三水甲山'이라는 말이 생겼다. 이곳으로 귀양을 간 윤선도尹善道(1587~1671)는 이곳을 "풍토가 매우 험악해서 어느 일 한 가지도 인간 세상과 같은 것이 없다風土甚惡, 百事無一如人世間者"고 하면서, '어매귀문禦魅鬼門', 곧 귀신이 출입하는 관문, 말하자면 저승으로 통하는 길이라 했다.(『고산유고孤山遺稿』 권4 「서書 · 단單」 '답안생서익서答安甥瑞翼書') 갑산을 위시한 "함흥 이북은 산천이 험악하고 풍속이 사나우며 기후가 춥고 토지도 메말라 곡식은 조와 보리뿐이며, 벼는 적고 면화도 없다. 그 지방 사람들이 개가죽을 입고 추위를 막으며 굶주림을 견디는 것이 여진족과 똑같다. 산에는 잘(초피貂皮)과 인삼이 많이 난다. 백성은 잘과 인삼을 남쪽 장사꾼의 무명과 바꿔 바지를 입지만, 이것도 살림이 넉넉한 자가 아니면 하지 못한다."(『택리지擇里志』)

작품 말미에 "이상은 청성공이 북청부사로 있을 때 갑산의 백성이 지은 노래다右青城公位北青時甲山民所作謌."라는 말이 부기되어 있는데, 여기서 '청성공'은 성대중成大中(1732~1812)을 가리킨다. 성대중이 북청부사로 재직하고 있던 것은 1792년이니, 이 전언에 따르면, 「갑민가」의 창작연대는 1792년임을 알 수 있다.

다음은 주석의 문제다. "싸리 꺾어 누대 치고 이깔나무 우등 놉고"에 대해서는 여러 해석이 나온 바 있다. 문제가 되는 곳은 "우등 놉고"이다. 일단 잎갈나무가 큰키나무이므로 '놉고'를 '높고'로 보면 자연스럽게 연결되고, 그렇다면 '우등'은 '優等'이거나 '우뚝'을 의미하는 '우둑'일 가능성이 있다. 즉 잎갈나무가 우뚝 높이 서 있다는 말이다. 그러나 이 풀이는 앞 구절과 연결 지어 보면 적절치 않다. 앞에서는 "싸리 꺾어 누대 치고"라 했으니, 다음에도 그런 식의 대구가 필요해 보이는 것이다. 그렇다면 이 구절도 '잎갈나무로 ~ 하고'라는 식으로 푸는 것이 자연스럽다. 이렇게 볼 때 '놉고'는 '~을/를 놓고'로 이해하는 편이 좋겠다. 실제로 『청성잡지』본에는 "놋고"라고 되어 있다. 문제는 '우등'인데, 그 유사한 말로 '우둥'이 있다. 옛말에 '우둥불'이라고 하면 '화톳불', 곧 한데다가 장작 따위를 모으고 질러 놓은 불을 말한다. 이렇게 미뤄 보면, 이 구절은 '잎갈나무로 화톳불을 지펴놓고'가 된다.

그리고 "물채춀을 갓초 곳고"는 좀 더 따져보아야 할 부분이다. 두 가지 해석이 가능하다. 하나는 '물채줄'로 보아 '새끼줄을 꼬든가 소창(이불의 안감이나 기저귓감 따위로 쓰는 피륙)을 길게 꼬아 소원을 적어 꽂아놓고 비는 줄'로 보는 것이고, 다른 하나는 '물채즐'로 보아 '물(청수)과 채(채소)와 즐(즐병, 산자 · 옥춘 등 기름에 튀긴 과자)을 합친 말로 보는 것이다. 그런데 지금 상황이 신에게 소원을 비는 의식을 거행하고 있을 뿐 아니라 바로 다음에 "갖춰 놓고"['청성잡기본'에는 "갓초 놋고"라 했음]라 했으니, 둘 중 어느 것으로 풀어도 무방하지 않을까 한다. 그러나 이것은 물론 확실한 근거가 있는 설명은 아직 아니다.

(8) 「민탄가民歎歌」

한국가사문학관에 소장되어 있는 텍스트가 유일본이다. 국한문혼용체의 필사본으로 4음보를 1구로 계산하면 총 132구이다. 제목은 한자로 표기되어 있고, 그 아래에 "진주晉州"라고 적혀 있다. '민탄民歎'이라는 말이 '백성의 탄식(혹은 한탄)'이라는 뜻이므로, 「민탄가」는 '백성이 탄식하는 노래'라는 말이다. 이 가사는 삼정의 문란으로 고통받는 진주 읍민이 겪던 당시 부세賦稅 제도의 모순과 폐해를 고발하고, 그 시정을 촉구하는 한편으로 민란의 불가피함을 역설하는 내용으로 되어 있다. 이진풍李晉豊이 누구인지 미상이나, 진주의 공론을 대표하여 폐단을 시정하기 위해 읍과 감영監營에 정소呈訴(소장을 관청에 냄)하거나 비국備局(나라와 군대의 사무를 맡아보던 비변사備邊司)에 소訴를 올리는 데 앞장선 인물이다. 실제로 이 가사가 지어진 1859년에 진주의 백성들이 비변사에 소를 올린 바 있다. 이로 보아 이 가사는 1859년이거나 그 이후 얼마 지나지 않아 지어진 것으로 보인다.

다음 주석의 문제다. 이 가사에는 낯선 개념어들이 계속해서 나온다. 당시의 시대 상황과 긴밀히 연관된 생활 용어들이다. 용어집을 만들어 두고 참조해도 좋을 정도이다. 이런 것들에 대해 정확히 그리고 상세히 이해하지 못하면 이 노래를 깊이 있게 이해할 수 없다. 예컨대 "본무진처사기조本無陳處査起條"라는 말을 보자. '본래 진처사기陳處査起의 조목은 없다'는 말이다. '진처'는 농사를 짓지 않고 묵히는 땅이라는 말이고, '사기'는 과세 대상을 조사하여 장부에 올리는 것을 말한다. 조세 부과를 목적으로 논밭을 측량하여 만든 토지 대장인 전안田案에는 경지耕地로 되어 있으나, 오랫동안 경작하지 않은 토지인 진전陳田과 진전 중에서 다시 농사를 시작하게 된 기경지起耕地를 조사하여 진전에는 세금을 물리지 않고 기경지에만 세금을 물렸다. 그런데 간리奸吏, 곧 간사한 이서배吏胥輩들은 진전을 기경지라고 우겨서 세금을 매겼다. 백성들은 결국 세금을 중복해서 내야만 했다. 본문에서 '진처陣處'라고 한 것은 '진처陳處'라고 써야 한다.

(9) 「합강정가合江亭歌」

현재까지 조사 보고된 이본은 총 여덟 종인데, '윤성근본', '아악부가집본', 가집본', 악부본', '삼족당본', '전가보장본', '홍길동전본', '목동가본', '가사소리본', '쌍녀록본'이 그것이다.[이상의 명칭은 고순희의 『현실비판가사 자료 및 이본』(2018)의 것으로 이하 모두 이것을 따르기로 함] 이번 주석은 이들 중에서 '가집본', 곧 『한국역대가사문학집성』의 1003번 작품을 텍스트로 삼았다. 맥락이 잘 맞지 않거나 의미가 불분명한 부분에서는 나머지 이본들을 두루 참고하면서 문제를 해결하려고 하였다.

이 가사는 1792년에 지어진 작자 미상의 노래로 「합강정선유가合江亭船遊歌」라고도 부른다. 작품 첫머리에 이런 말이 적혀 있다. "전라감사全羅監司 정민시鄭民始가 임자壬子 추구월秋九月에 순력巡歷(관찰사나 원 등이 관할 지역을 순회하던 일) 순창淳昌하여 합강정合江亭에 선유船遊(뱃놀이)할 때, 수령守令 수십數十을 불러 차사원差使員을 정할 때, 기생 차지 차사원도 있고, 어물魚物 맡은 차사원도 있고, 그 남은 소소小小한 차사원 명색名色이 무수하여 이루 다 기록지 못하니, 그때 전라도 사람이 이 노래를 지어서 기록하니, 노래 지은 사람의 성명은 누군지 알지 못." 그런데 윤성근이 활자본으로 보고한 이본에는 조금 다른 내용이 한문으로 적혀 있다. 이 노래를 짓게 된 배경과 그 이후의 사태를 다음과 같이 전하고 있다. "전라감사 정민시가 일찍이 임자년 9월 23일 국기일에 합강정에서 뱃놀이를 크게 열어 수십 읍의 수령들이 와 참여하였다. 그 비용이 수천 냥이나 들었고, 삼십 리에 걸쳐 횃불을 밝혔으며, 삼일 동안 잔치를 벌였는데, 기생 풍류의 성대함이 어느 정도였는지 상상할 수 있을 것이다. 호남 사람이 그 폐단을 보고 참지 못하고 익명으로 글을 써서 고발했는데 걸작이었다. 정민시가 그 고발을 무마하려고 크게 상벌을 내리고 과거시험도 베풀었는데, 그래서 더 사람들의 입에 오르내렸다. 어떤 사람이 그 글을 베껴 숭례문에 걸었는데, 장안의 사람들이 서로 돌려보았고, 결국 궁중에도 들어가 그로 인해 관련자를 유배 보내라는 명령이 내려졌다全羅監司鄭民始, 嘗以壬子九月二十三日(國忌), 大設合江亭船遊, 守令來參者數十邑. 費錢數千兩, 植炬三十里, 做三日之宴, 其妓樂威儀之盛, 從可想矣. 湖民不勝其弊, 因投○(匿인 듯)名書, 乃傑作也. 民始見之, 大加賞罰, 加考試, 然因膾炙於世. 有人翻謄掛於崇禮門, 都下人士傳播, 因流入九重, 仍施流配之律耳."

참고로 합강정은 순창 적성강赤城江 부근, 곧 전남 곡성군 옥과면 합강리에 있는 정자이고, 적성강은 순창군 동계면 구미리를 통과하는 강이다. 섬진강의 줄기로 장구목으로부터 순창군 적성면 일대에 있는 섬진강을 적성강이라고 부른다. 적성강이 흐르는 적성현은 뒤로 두류봉이 서 있고 건너편으로 채계산이 가로누워 있는 아름다운 고장이다. 남원, 임실, 옥과, 곡성 등의 지방 수령들이 탐하는 고을로, 인근 지방 수령들이나 풍류객들이 적성강에 배를 띄워 놀다가 시흥時興이 나면 서로 화답하곤 하였다. 그런데 정조의 충신 정민시를 내세워 그의 작태를 비판하는 것은 궁극적으로는 정조를 공격하고 있는 것으로 볼 수 있다.

다음 주석의 문제다. 한 가지만 예시한다. "수전재水田災도 묻었거든 면전이야 거론할사"라는 구절이다. '묻다'가 일을 드러내지 않고 숨겨 감춘다는 말이니, 이 구절은 수전의 재해도 감추었는데 목화밭이야 말할 필요 없다는 말이다. 여기서 왜 목화가 문제 되는지가 중요하다. 목화의 솜을 자아 만든 무명실로 짠 면포綿布는 세금으로 냈다. 영조 때는 대동군포大同軍布와 노비공奴婢貢(노비들이 군역이나 노역의 의무 대신 자신의 소유주에게 납부하던 공물) 중 돈과 목화를 반씩 섞어서 내던 것을 목화로만 내도록 하라는 '순목령純木令'을 내리기도 했다.(『승정원일기承政院日記』 영조 3년 5월 5일) 『갈암집葛庵集』의 다음 전언도 참고된다. "영남 지방의 목화가 연이어 작황이 형편없지만, 국가에 경비가 없어서도 안 되니 대동세와 전세, 면포에 대한 징수를 중단할 수가 없을 듯합니다. 그러나 막 기근에 허덕이던 백성들이 백방으로 손을 놀려 겨우 한 필이나마 이루어 몸을 가리기에도 겨를이 없는데, 그것을 관에 납부하면 관리들은 또 올이 거칠고 색이 나쁘다느니 길이가 길다느니 짧다느니 하면서 조사하여 퇴짜를 놓고 있으니, 백성들은 장차 저잣거리에서 울부짖어도 다시 충당할 길이 없는 형편입니다. 이는 현재 백성들이 처한 절박하고 안타까운 사정입니다."[권6 「경연강의經筵講義」 10월 20일(신축)] 주석에서 이런 사정을 드러내야 작품의 곡절을 제대로 읽어낼 수 있다.

(10) 「향산별곡香山別曲」

현재까지 조사 보고된 이본은 총 일곱 종인데, '정재호본', '강전섭본1', '강전섭본2', '가사소리본', '만언사본'[이상의 명칭은 고순희의 『현실비판가사 자료 및 이본』(2018)의 것임. 이하 모두 이것을 따르기로 함]과 최근 발굴 보고된 장서각 소장본(이하 '장서각본')과 『영언총록永言叢錄』 수록본(이하 '영언총록본')이 그것이다. 이번 주석은 이들 중에서 '강전섭본1'(『역대가사문학전집』 권 30에 수록)을 텍스트로 삼았다. 고순희에 따르면, 장암 지헌영 선생 소장본인 이 텍스트는 "어느 사본의 일부분으로 전사되었던 것인데 고서 상인이 한글로 필사된 이 가사 부분만을 떼어서 가지고 온 것"으로 "국한문 혼용 표기법과 귀결체 2단 편집의 시가 방식으로 실려 있다." 맥락이 잘 맞지 않거나 의미가 불분명한 부분에서는 나머지 이본들을 두루 참고하면서 문제를 해결하려고 하였다.

다음 주석의 문제다. 안타깝게도 이 가사에 대해서는 본격적인 주석이 시도된 바 없다. 주석이 이루어지지 않은 이유는 그 내용이 상당히 어렵기 때문인 것으로 보인다. 그런데 그렇기 때문에 상세하고도 충실한 주석이 시급히 필요하다. 예를 들어 "이천 냇물 건너서서 명도 길로 찾아가면" 같은 구절은 신중히 풀이해야 한다. 여기서 '이천'은 '伊川'으로 북송의 유학자 정이程頤(1033~1107)의 호이고, '명도'는 '明道'로 북송의 유학자 정호程顥(1032~1085)의 호이다. "이천 냇물 건너서서 명도 길로 찾아가면"이라 했으니, '이천'이 지명이고, '명도'가 사람이 죽어서 간다는 영혼의 세계인 '명도冥途'인 듯 오해하기 쉬운데, 뒤에 나오는 '회암晦庵선생', '심경주心經注' 등에 비추어 볼 때, '냇물'이니 '길'이니 하는 것은 비유적인 표현이고, 사실은 '정이를 지나 정호에게 길을 묻는다'는 말이다. 이것은 다음의 시조에서 잘 드러난다. "이천伊川에 배를 띄워 염계濂溪로 건너가니 / 명도明道께 길을 물어 가는 대로 배 시켜라 / 가다가 저물어지거든 회암晦菴에 들러 자리라."(『병와가곡집甁窩歌曲集』) 여기서 '염계'는 북송의 유학자 주돈이周敦頤(1017~1073)의 호이다. 이 구절은 '약'을 구하는 과정을 풀이하면서 나오는데, 여기서 그 '약'은 썩어빠진 위정자들의 고질을 고치는 데 필요한 것이니, 그렇다면 그 실질은 '유교의 가르침'이 될 것이다. 그래서 '정이'니 '정호'니가 나온 것이고, 다음에 '회암선생' 주희가 나온 것이다.

4.

딴에는 충실한 주석을 달아보려고 애써보았지만, 아직 만족스럽게 해결되지 않은 부분이 많이 남아 있다. 무엇보다도 미상으로 남겨둔 것들이 꽤 된다. 「민탄가」와 「향산별곡」에서 특히 그렇다. 가능한 한 추론을 감행할 수도 있었지만, 그냥 두고 훗날을 기약하는 것이 순리라 여겼다. 물론 일부는 '정확하지는 않으나'로 시작하는 추론을 제시하기도 했지만, 그것은 여전히 시론에 불과한 것이어서 언제든지 교정될 여지가 있다. 주석을 달기는 했지만, 전혀 엉뚱한 풀이를 한 곳도 있을 것이다. 필자가 과문한 탓이겠지만, 당시 생활상의 용어들에 대해서는 우리가 아직도 모르는 것이 너무도 많다고 생각한다. 역시 훗날 명석한 학인이 보완, 수정해 줄 것을 기대한다. 어떤 주석은 굳이 달 필요가 있는가 하는 의문이 들기도 할 것이다. 그러나 전통을 공부하는 젊은 학생들과 한국을 알려는 외국인들에게도 도움이 될 수 있도록 최대한 상세히 달아보려고 노력을 했다.

이 책은 필자가 올 8월 정년을 맞이해 자축하는 의미에서 『세시풍속도감: 그림과 사진으로 보고 읽는 「경도잡지」』와 함께 펴내는 것이다. 30여 년의 교직 생활에서 변변한 성과 하나 제대로 내지 못한 자신을 자책해야 마땅하지만, 그래도 우여곡절을 거쳐 오면서 이만큼이나마 견뎌온 것을 스스로 대견하게 생각한다. 앞으로 어떤 길을 걷게 될지 모르지만, 건강이 허락하는 한 고전 텍스트에 대한 주석 작업을 꾸준히 이어 나가고 싶다.

이 책의 출간과 관련하여 한성대 명예교수이신 신경숙 선생님이 많은 조언을 해주셨고, 오랜 친분을 맺어온 후배 김용철 선생과 고대 민족문화연구원의 강영미 선생이 고맙게도 교정을 보아주었다. 감사드린다. 이번에 문예원에서 책을 낸다. 출판 상황이 어려운 데도 선뜻 내어준 후의에 고마운 마음을 전한다.

용인 우거에서

2023. 8.

진경환 씀

1
세태가사

愚夫篇

너말이狂言이나 져西相을구경ᄒᆞ소
南村활양말솜이논 好衣好食無識ᄒᆞ며
父母德외혀ᄂᆡ길며 愚蠢ᄒᆞ고慵惰ᄒᆞ며
눈은놉고손은커셔 時體ᄯᆞᆯ아衣冠ᄒᆞ여
ᄉᆡᆼ양업시쥬졔넘게 남의눈만爲ᄒᆞ논다
長ᄂᆞ春日낫좀자기 미人字로無常出入
朝夕으로반찬투졍 每日長醉게트림에

愚 우
夫 부
歌 가

주해의 텍스트는 고려대학교 중앙도서관에 소장된 『초당문답가草堂問答歌』에 실려 있는 「우부편愚夫篇」(필사본)이다. 그 "표지에는 '대한광무 구년 을사 이월 십이일, 태평동 정사 서大韓光武九年乙巳十二月十二日, 太平洞精舍書'라 하여 필사 연대가 1905년이라고만 밝혀져 있을 뿐 작자나 제작 연대에 대한 기록은 없다."(정재호, 『주해註解 초당문답가草堂問答歌』, 박이정, 1996, p.9.) 그런데 이 텍스트에는 모호한 서술이 다수 보이기에, 『경세설警世說』이라는 가사집에 실려 있는 「우부가」를 비교하여 주해하는 것이 여러모로 의미가 있다고 판단했다. "일석 이희승이 소장하고 있던 『경세설』은 현재 소재가 불분명하다. 일석 선생의 장서는 현재 서울대학교 도서관에 기증되어 있는데, 필자가 조사해 본 결과, 일석문고에서 『초당문답』이란 이본을 찾을 수 있었으나 『경세설』은 발견하지 못했다.”(정재호, 위의 책, p.5.) 그런데 무슨 연유인지 김성배 등이 주해한 『가사문학전집』(민속원, 1997)에는 그것이 들어 있기에, 그것을 참고하기로 한다. 그리고 이해의 편의를 위해 한자로 된 부분은 앞에 한글을 적고 괄호 안에 한자를 병기하는 방식으로 처리하였고, 굳이 한자를 밝힐 필요가 없는 말은 본문에서 한자를 드러내지 않기로 하였으며, 가능한 한 현대어로 표기하려고 노력하였다.

내 말이 광언狂言[1]이나[2] 저 화상畵相[3]을 구경하소
남촌南村[4] 활양[閑良][5] 말똥이[6]는 부모덕에 편히 길여[7]
호의호식好衣好食[8] 무식하여 우준愚蠢[9]하고 용렬庸劣[10]하여

---

1 **광언狂言**. 이치나 사리에 맞지 아니하고 망령되게 말함. 또는 그런 말. 망설妄說.

2 **내 말이 광언狂言이나**. "내 말이 광언인가"라고 되어 있는 이본도 있으나, 뜻은 크게 다르지 않다. '내 말이 비록 광언이지만 잘 들어보라'는 말이나, '내 말이 광언이 아니니 잘 들어보라'는 말은 결국 같은 뜻인 것이다. 여기서 이본이라 함은『경세설警世說』수록본을 말하는데, 앞으로는 '경본'이라 약칭한다. 이하 "구경하소"와 "구경하게"처럼 의미상으로나 문맥상 큰 차이가 없을 경우에는 이본 간 차이를 밝히지 않기로 한다.

3 **화상畵相**. '아이구 이 화상아'와 같은 표현에서 나오듯이, 우리말화한 한자어에다 억지로 화상이라는 한자를 갖다 붙인 것이다. 그런데 한자 표기 "畵相"은 잘 쓰지 않는다. "이 풍진 세상에는 한이 많아서風塵多少恨 / 그림 속의 모습과는 같지가 않네不與畵相同"[김육金堉(1580~1658),「제사진소축題寫眞小軸」,『잠곡유고潛谷遺稿』]라고 한 데서 보듯이, '畵相'은 '그림 속의 모습'이라는 뜻이어서 여기서는 어울리지 않는다. 그렇다면 '畵相'은 '畵像'으로 써야 옳다. '畵像'은 '사람의 얼굴을 그림으로 그린 형상' 혹은 '얼굴'을 의미하는데, 여기서는 '어떤 사람을 마땅치 아니하게 여기어 낮잡아 이르는 말'로 쓰인 것이다. 참고로 '和尙'으로 되어 있는 이본도 있는바, 이는 수행을 많이 한 승려, 다시 말해 승려를 높여 이르는 말이어서 적합하지 않다. 여기서 보듯이, 그리고 앞으로도 줄곧 보겠지만, 이 가사의 필사자는 한문에 능통한 사람은 아닌 것으로 보인다.

4 **남촌南村**. 이곳이 서울 곧 한양에 있는 특정 지역을 지시한다면, 그곳은 '주로 종로 북쪽의 북촌에 대응되는 곳으로, 당시의 지배층인 양반 중에서 주로 무반武班들이 거주하던 장소이다.' 그러나 작품에서 세 우부는 각각 '남촌 활량 말똥이, 저 건너 꼼생원, 산 너머 꾕생원'이라 하고 있는데, 이를 참고해 보면 '남촌', '저 건너', '산 너머'는 특정 지역을 지칭하는 것이라기보다는 조선 후기 향촌사회鄕村社會, 곧 중앙과 대칭되는 개념인 향촌을 중심으로 공동생활이 영위되던 보편적인 장소로 이해하는 것이 적절해 보인다. 그래야 각 인물이 일종의 전형성을 얻을 수 있기도 하다.

5 **활양[閑良]**. 한량. '한량'은 '조선 후기에, 무과 합격자로서 전직前職이 없던 사람', '일정한 직책이 없이 놀고먹던 말단 양반 계층', '돈 잘 쓰고 잘 노는 사람을 비유적으로 이르는 말'이다. 여기서는 세 번째 의미로 쓰였다. 조선 시대 한량은 언제든 관직에 나갈 수 있는 가능성을 가진 신분이라, 잠재적인 지배층으로서

향촌사회에서 영향력을 지닌 유지有志로 행세할 수 있었다. 지금도 이런 정도의 신분이면 굳이 본인의 돈을 쓰지 않더라도 주변에 모여든 사람 중에 대신 경비를 부담하는 사람이 있기 마련이다. 그러니 돈에 대해 좀스럽게 굴어 공연히 제 위신 깎을 일도 없었을 것이다. 또 하는 일이 없어 놀기만 하다 보니 노는 데 이골이 나서 놀기도 잘했을 것이다. 거기다 무과에 급제할 정도이니 무력으로 누구에게 위압을 당할 일도 없어 어느 자리에서나 당당하고 언행에도 거침이 없었을 것이다. 한량과 비슷한 존재로 '선달先達'과 '첨지僉知'가 있었다. '선달'은 원래 조선 시대 문무과文武科인 대과大科에 급제하고 아직 벼슬에 나아가지 못한 사람을 가리키던 말이었다. 문관을 우대했던 조선 시대에는 문과 급제자들은 말직이라도 모두 관직에 진출하고, 설혹 관직에 오르기 전에 사망하는 경우라도 사후에 명목상의 관직이 내려졌지만, 무과 급제자는 한평생 벼슬에 오르지 못하는 경우도 허다했다. 그러다 보니 시간이 지나면서 자연히 선달은 벼슬에 오르지 못한 무과 급제자를 가리키는 호칭으로 쓰이게 된 것으로 보인다. 이들을 특히 한량이라 불렀다. '첨지'는 특별한 사회적 지위가 없는, 나이 많은 남자를 동료나 윗사람이 예사롭게 이르던 말이다. 그리고 또 다른 뜻으로는 조선 시대에 중추원中樞院 속한 정삼품 무관의 벼슬인 첨지중추부사僉知中樞府事를 지칭했다. 중추부中樞府는 조선 초기에는 중추원이었다가 세조 때 개칭된 명칭인데, 문무 당상관堂上官으로서 직무가 없는 자를 우대하기 위해 설치한 병조兵曹 소속의 관청이다. 초기에는 왕명을 출납出納하는 일을 담당하기도 하였고, 순장巡將으로서 야간에 궁궐이나 도성 내·외의 순찰을 맡기도 하였으나, 나중에는 특정한 소관 업무가 없는 부서로 바뀌었다. 그래서 첨지중추부사는 할 일 없는 노인들이 받는 명목상의 직위로 인식되다가 어느 때에 나이 든 노인의 속칭으로 쓰이게 되었을 것이다.

6 **말똥이**. 다른 이본에서는 개똥이로 나온다. 둘 다 '돈 있는 놈팡이' 정도의 의미로 쓰였다. '놈팡이'는 직업이 없이 노는 남자를 얕잡아 이르는 말이다. 한편 그것은 고종의 아명兒名이 개똥이인 것처럼 혹시 아명일 수도 있겠다. 여기서는 물론 혐오하는 대상에 대한 비하로 쓰였다.

7 **길여**. '기르다'의 피동형으로 '자라나'의 뜻. '경본'에서는 "놀고"라고 했다.

8 **호의호식好衣好食**. 좋은 옷을 입고 좋은 음식을 먹는다는 뜻. 여기서 말똥이네의 생활 형편이 풍족했음을 알 수 있다.

9 **우준愚蠢**. 생각이나 행동 따위가 어리석고 굼뜨다는 뜻. 조선 후기 실학자인 이익李瀷(1681~1763)은 「투계도鬪雞圖」라는 시에서 "기르는 짐승이라 본래 어리석으나畜物自愚蠢 / 사람들 마음 역시 너무나 비루하다人意亦太陋"라고 했다. 참고로 '준蠢' 자는 봄 춘春 자와 벌레 충虫 자 두 개가 합쳐진 말로, 이 말에는 원래 봄날 천둥소리가 만물을 격동케 한다는 뜻이 깔려 있다. 벌레들이 천둥소리를 듣고 놀라 꿈틀거리고 겨울잠에서 깨어난다는 뜻이다. '경본'에서는 "미련하고"라고 했다.

10 **용렬庸劣**. 사람이 변변치 못하고 졸렬하다는 뜻. '졸렬'은 '옹졸하고 천하다'는 뜻이다. '경본'에서는 "용통하여"라고 했다. '용통하다'는 사람이 변변하지 못하고 하는 짓이나 됨됨이가 어리석고 미련하다는 뜻.

눈은 높고 손은 커서[11] 깜냥[12] 없이 주제넘게[13]
시체時體[14] 따라 의관衣冠[15]하여 남의 눈만 위爲하난다[16]
장장춘일長長春日[17] 낮잠 자기 조석[18]으로 반찬 투정[19]
매팔자[20]로 무상출입無常出入[21] 매일장취每日長醉[22] 게트림[23]에
이리 모여 도로기[24]요 저리 모여 투전[25]질

---

11 **눈은 높고 손은 커서**. 자기 처지는 돌보지 않고 비싼 것만 사들인다는 말이다.

12 **깜냥**. 스스로 일을 헤아림. 또는 헤아릴 수 있는 능력을 뜻하는데, 대개 '~없이'와 연결되어 쓰일 경우, 비아냥이나 비하 혹은 혐오의 표현이 된다. '경본'에서는 "가량"이라 했다. '가량없다'는 사람이 자기 능력이나 처지 따위에 대한 어림짐작이 없다는 말이다.

13 **주제넘게**. 말이나 행동이 건방져 분수에 지나친 데가 있게.

14 **시체時體**. 당시의 풍속이나 유행.

15 **의관衣冠**. 남자의 웃옷과 쓰개라는 뜻으로, 남자가 정식으로 갖추어 입는 옷차림을 이르는 말이다.

16 **위爲하난다**. 위한다. 물건이나 사람을 소중하게 여긴다. 여기서는 '위인지학爲人之學', 곧 남에게 보여주기 위해서 공부를 한다는 말이다.

17 **장장춘일長長春日**. 기나긴 봄날.

18 **조석**. 朝夕. 아침과 저녁을 아울러 이르는 말 혹은 아침밥과 저녁밥을 아울러 이르는 말이다.

19 **투정**. 무엇이 모자라거나 못마땅하여 떼를 쓰며 조르는 일. 부유한 집안의 아이들이 보이는 반찬 투정을 묘사한 시로 이학규李學逵(1770~1835)의 다음 시를 들 수 있다. "훤하게 잘생긴 부잣집 자식 / 윤기 나는 얼굴로 쌀밥에 고기반찬 먹고 있다네 / (…) / 중당 난로 가에 모여들 앉아 / 수저 소리 쨍그렁쨍그렁

/ 구운 고기 들고서 물린다면서 / 어포를 씹으며 다시 뱉어낸다네 / 기름기 있는 건 생각도 하기 싫어서 / 봄 채소 맛볼 날을 고대한다나粲粲豪門子, 朱顏粱肉腸 (…) 中堂煙爐會, 匙筋羣鏘鏘, 持炙已色難, 啖鱐反吐剛, 脂膩不可想, 苦待春蔬嘗”(『낙하생집洛下生集』 기민飢民 십사장十四章 13; 『한국문집총간韓國文集叢刊』 290) 고기 맛에 물려 채소를 기다린다는 부잣집 도련님의 철없는 모습이 생생하게 그려져 있다. 바야흐로 보릿고개를 견뎌내야 하는 서민의 고통과 날카롭게 대비된다.

20 **매팔자**. 빈들빈들 놀면서도 먹고사는 걱정이 없는 삶을 이르는 말이다. 실제로 매가 그렇게 살기 때문에 붙여진 말이다.

21 **무상출입無常出入**. 아무 때나 거리낌 없이 드나듦.

22 **매일장취每日長醉**. 매일같이 술을 마셔서 늘 취해 있음.

23 **게트림**. 거만스럽게 거드름을 피우며 하는 트림. 트림을 거만하게 함. ‘트림’은 먹은 음식이 위에서 잘 소화되지 아니하여서 생긴 가스가 입으로 복받쳐 나옴. 또는 그 가스.

24 **도로기**. 팽이. 예전에는 팽이를 가지고 여러 가지 놀음을 했다. ‘경본’에서는 “노름놀기”라고 했다.

25 **투전**. 노름 도구의 하나. 또는 그것으로 하는 노름. 두꺼운 종이로 손가락 너비만 하고 다섯 치쯤 되게 만들어 인물, 조수鳥獸, 충어蟲魚 따위를 그려 끗수를 나타내서 기름에 결어 만든다. 60장 또는 80장을 한 벌로 하는데, 실제 쓸 때는 25장 또는 40장만을 쓰기도 한다. 우리나라의 대표적 노름이라고 할 수 있는 투전은 영조 초기부터 널리 퍼져서 서울은 물론이고 전국 각지에서 크게 유행했다. 당시 나라에서는 투전이 도둑질보다 더 큰 해를 끼친다고 하여 법으로 엄금했으나 효과를 거두지는 못했다. 노름꾼 뒤에는 돈을 꿔어주는 분전노分錢奴가 있었고, 빚을 얻은 이가 계약서대로 이행하지 못할 때에는 수령에게 고소하여 법률의 힘을 빌리기까지 했다. 그러나 농촌 사람들은 현금이 없게 마련이므로 중간착취자인 설주禼主가 끼어들어 노름을 조장했다. 노름꾼들은 이 설주에게 가축이나 농산물 따위를 시가의 반값으로 저당 잡혔으며, 설주는 자기의 도장을 찍은 개인 돈, 곧 사전私錢을 발행했다. 노름이 끝나면 설주는 그 돈을 현금으로 바꾸어주고 가축이나 작물을 자기 것으로 삼았는데, 이러한 노름을 ‘셈노름’이라 했다. 투전이 언제 들어왔는지에 대해서는 여러 이견이 있다. 성대중成大中(1732~1809)에 따르면 “투전놀이가 어느 시대에 시작되었는지는 알 수 없으나 숭정崇禎 말엽에 장현張炫(1613~?)이 북경에서 배워 가지고 왔다”『청성잡기靑城雜記』 권3「성언醒言」고 한다. 이후 이규경李圭景(1788~?)은 “숙종 때 역관 장현은 옥산부대빈玉山府大嬪의 부父 형炯의 조카로 후에 반역죄로 죽임을 당했는데, 중국의 법을 약간 변화시켜 이 기技를 만들었다”『오주연문장전산고五洲衍文長箋散稿』「희구변증설戱具辨證說」라고 하여 좀 더 자세히 언급하고 있다. 이들의 주장에 따르면, 투전은 대략 17세기 중엽에 들어왔다. 그러나 “늦더라도 임란동원壬亂東援의 명군明軍을 통하여 지나의 마조馬弔 같은 것이 전했을 것은 생각할 수 있는 일이요, 하여간 그것이 지나 지패紙牌의 여류餘流에 속함은 명백한 사실이라 할 만하다”(『조선상식』「풍속편」)는 견해도 있다.

기생첩妓生妾[26] 치가寘家[27]하고 오입[28]장이 친구로서[29]

사랑舍廊[30]에는 조방군이[31] 안방에는 노구老軀할미[32]

명조상名祖上[33]을 떠세하고[34] 세도世道 구멍[35] 기웃기웃[36]

염량炎涼[37] 보아 진봉進奉[38]하기 조상지업祖上之業[39] 까불리기[40]

허욕虛慾[41]으로 장사하기 남의 빚이 태산이라

내 무식은 생각 않고 착한 행실 투기妒忌[42]하니

천한[43] 사람 없이 보고[44] 어진 사람 미워하며

후한[45] 데는 박하여서[46] 한 푼 돈에 땀이 나고

박한 데는 후하여서 수백 냥이 헛것이라

친구 벗은 좋아하여 제 집안에[47] 불목不睦[48]하고

---

26 **기생첩妓生妾**. 기생 출신의 첩.

27 **치가寘家**. 기생을 첩으로 들여 딴 살림을 차림.

28 **오입**. 남자가 아내가 아닌 여자와 성관계를 가지는 일. 또는 노는계집(술과 함께 몸을 파는 일을 직업으로 하는 기생, 색주가 따위의 여자들을 통틀어 이르는 말)과 성관계를 가지는 일.

29 **친구로서**. '경본'에서는 "친구로다"라고 했다. '경본'에서처럼 문장을 끝내는 것이 문맥상 더 적절하다.

30 **사랑舍廊**. 집의 안채와 떨어져 있는, 바깥주인이 거처하며 손님을 접대하는 곳.

31 **조방군이**. 조방助幇군. '조방'은 오입장이들이 드나드는 오입판에서 남녀 사이의 일을 주선하고 잔심부름 따위를 하는 것을 말한다.

32 **노구老軀할미**. 뚜쟁이 노릇을 하는 노파. 사랑과 안방에 찾아와 만나는 주요 손님이 모두 그따위 비천한 사람들이라는 점을 말하고 있다. 참고로 노구할미는 우리나라 곳곳에서 찾을 수 있는 유명한 여신을 말하기도 한다. 노구할머니, 노구할미, 마고할미, 마귀할미 등으로 불리면서 다양한 이야기를 펼쳐냈고, 신의 힘으로 땅을 만들거나 성을 쌓고, 골짜기를 판다든지, 바닷가의 큰 바위를 옮기고, 때로는 섬을 만든 이야기도 있다.

33 **명조상名祖上**. 이름난 조상. 양반이 되려면 선조 중에 반드시 명조상이 있어야 한다.

34 **떠세하고**. '떠세하다'는 재물이나 힘 따위를 내세워 젠체하고 억지를 쓴다.

35 **세도世道 구멍**. '경본'에서처럼 정치상의 권세나 그 권세를 마구 휘두르는 일을 의미하는 '세도勢道'로 바꾸어 써야 한다. '구멍'은 어려움을 헤쳐 나갈 길을 비유적으로 이르는 말이다. 그런데 세도는 본래 세상을 올바르게 다스리는 도리를 자임하는 가문이라는 의미에서 '세도世道'라고 했는데 후에 권세를 마구 휘두른다는 뜻의 '세도勢道'로 변질되었다.

36 **기웃기웃**. 무엇을 보려고 고개나 몸 따위를 이쪽저쪽으로 조금씩 자꾸 기울이는 모양 혹은 남의 것을 탐내는 마음으로 슬금슬금 자꾸 넘겨다보는 모양을 나타내는 의태어이다.

37 **염량炎涼**. '더위와 서늘함', '선악과 시비를 분별하는 슬기', '인정의 후함과 박함'의 의미인데, 여기서는 '세력의 성함과 쇠함', 곧 염량세태炎涼世態의 뜻이다. 염량세태는 세력이 있을 때는 아첨하여 따르고 세력이 없어지면 푸대접하는 세상인심을 비유적으로 이르는 말이다.

38 **진봉進奉**. 진귀한 물품이나 지방의 토산물품 따위를 임금이나 고관 따위에게 바친다는 말이다. 진상進上.

39 **조상지업祖上之業**. 조상이 물려준 재산. 가업. '경본'에서는 "財業(재업)"이라 했다. '재업'은 재산과 사업이라는 말이다.

40 **까불리기**. '까불다'는 가볍고 조심성 없이 함부로 행동하거나 건방지고 주제넘게 군다는 뜻이고, '까부르다'는 키를 위아래로 흔들어 곡식의 티나 검불 따위를 날려 버리다, 곧 다 써버린다는 의미다. '조상지업'으로 읽으면 조상이 울어놓은 업적에 기대 주제넘게 건방을 떨고 다닌다는 말이 되고, '경본'에서처럼 '재업'으로 읽으면 조상이 모아놓은 재산을 함부로 다 써버린다는 말이 된다. 어느 것으로 읽든 말똥이의 부정적인 면모는 잘 드러난다.

41 **허욕虛慾**. 헛된 욕심.

42 **투기妒忌**. '투기'는 부부 사이나 사랑하는 이성異性 사이에서 상대되는 이성이 다른 이성을 좋아할 경우에 지나치게 시기한다는 말. 질투. 여기서는 시기猜忌, 곧 남이 잘되는 것을 샘하여 미워한다는 뜻이다. '경본'에서는 "어진 사람 미워하기"라고 했다.

43 **천한**. '천하다'는 너무 흔하여 귀하지 아니하다거나 하는 짓이나 생긴 꼴이 고상한 맛이 없다는 말이나, 여기서는 지체나 지위 따위가 낮다는 뜻이다.

44 **없이 보고**. 얕잡아보고. 깔보고.

45 **후한**. 마음 씀씀이나 태도가 너그러운.

46 **박한**. 마음 씀이나 태도가 너그럽지 못하고 쌀쌀한. 이 말은『대학大學』에서 "其所厚者薄, 而其所薄者厚, 未之有也.", 곧 후하게 할 것에 박하게 하고, 박하게 할 것에 후하게 할 사람은 없다는 말을 비꼬아서 한 말이다.

47 **제 집안에**. '경본'에서는 "제 일가는"이라고 했다.

48 **불목不睦**. 서로 사이가 좋지 아니함.『흥부전』에서 놀부를 "부모에 불효하고 형제간 불목하고 일가에 불화하고 다만 재물만 아는 놈"으로 꾸짖는다. 말똥이나 놀부는 조선 후기 우부愚夫의 형상을 공유하고 있다고 하겠다.

승기자勝己者를 염지厭之[49]하며[50] 반복소인反覆小人[51] 허기진다[52]
내 몸이 편할 대로 남의 말을 탄치 않고[53]
병 날 노릇 모두 하며 인삼녹용人蔘鹿茸[54] 몸 보기[55]라
주색잡기酒色雜技[56] 모두 하며 돈 걱정은 모두 한다[57]
내 행사行事[58]는 개차반[59]에 경계판經界板[60]을 짊어지며
부모조상父母祖上[61] 돈頓[62]하고 계집자식 사처자私處子[63]라
재물財物[64]이나 수탐搜探[65]할까 일가친척[66] 구박하며[67]
내 인사人事[68]는 밤중[69]이요 남의 흉만 잡아낸다

---

49 **승기자勝己者를 염지厭之**. 자신보다 나은 사람을 미워함. 조선 후기 대표적인 윤리 교과서인 『소학小學』에 인간의 허물 다섯 가지 중 세 번째로 이것을 들고 있다. "자기에게 아첨하는 사람을 기뻐하여 오직 희롱하는 말을 좋아하고, 옛 도를 생각하지 않아서 남의 선을 듣고 이것을 미워하며, 남의 악을 듣고 들어내서 편파(공정하지 못하고 어느 한쪽으로 치우쳐 있음)하고 사벽邪僻(마음이 간사하고 한쪽으로 치우쳐 있음)한 행위에 점점 잠겨 들어 덕의德義(사람으로서 마땅히 지켜야 할 도덕상의 의무)를 깎아 버린다면, 의관을 차려입은들 노복과 무엇이 다르겠는가."

50 **염지厭之하며**. '경본'에서는 "염지厭之하니"라고 했는데, 그것이 문맥상 더욱 자연스럽다.

51 **반복소인反覆小人**. 줏대 없이 말과 행동을 이랬다저랬다 하는 옹졸한 소인배.

52 **허기진다**. 몹시 굶어 기운이 빠지거나 간절히 탐내는 마음이 생긴다는 말. 곧 하도 이랬다저랬다 해서 기운이 빠질 정도인데, 거기에서 그치지 않고 그런 짓을 계속한다는 뜻이다. 요컨대 자기보다 잘난 사람을 시기하고 질투하는 마음이 끝이 없다는 말이다.

53 **탄치 않고**. 여기서 '탄憚'은 꺼린다는 말이다. 곧 남의 말을 피하거나 싫어하지 않고 마구 해댄다는 뜻이다.

54 **인삼녹용人蔘鹿茸**. 인삼과 녹용처럼 몸에 좋은 보약.

55 **보기**. 補氣. 약을 먹어서 허약한 원기를 돕는 일. '경본'에서는 "몸 補(보)하기"라고 했다.

56 **주색잡기酒色雜技**. 술과 여자와 노름을 아울러 이르는 말.

57 주색잡기를 좋아하면서도 또 한편으로는 돈 걱정을 하는 모순된 행위를 비판하고 있다. '경본'에서는 "돈 주정을 무진하네"라고 했다. '주정'은 술에 취하여 정신없이 말하거나 행동함. 또는 그런 말이나 행동을, '무진'은 끝이 없다는 말이다.

58 **행사行事**. 어떤 일을 시행함. 또는 그 일. '경본'에서는 "행세"라고 했다.

59 **개차반**. 개가 먹는 음식인 똥이라는 뜻으로, 언행이 몹시 더러운 사람을 속되게 이르는 말.

60 **경계판經界板**. '경계판警戒板'이라 해야 옳다. 경계판은 옳지 않은 일이나 잘못된 일을 하지 않도록 타일러서 주의하게 하려는 나무판을 말한다. 그런데 구체적으로 어떤 모양새였는지는 미상이다. 그리고 그 용례도「우부가」이외에는 찾아보기 어렵다.

61 **부모조상父母祖上**. 부모와 조상. 여기서는 부모와 조상을 모시는 제사.

62 **돈頓**. 갑자기 혹은 까맣게. 여기서는 그 뒤에 '망忘' 자가 빠진 것으로 보인다. '돈망頓忘'은 갑자기 혹은 까맣게 잊는다는 뜻. '경본'에서는 "頓忘(돈망)"이라고 정확히 썼다.

63 **사처자私處子**. 부모보다도 처자식만 아낀다는 말.『맹자孟子』「이루 하離婁下」에 이런 말이 나온다. "광장匡章은 제齊 나라 사람으로 맹자孟子의 제자인데, 온 나라 사람들이 광장이 부모에게 불효不孝한다고 하자, 맹자가 세속의 다섯 가지 불효를 들면서 광장은 여기에 하나도 해당됨이 없다고 했다." 다섯 가지 불효는 이렇다. (1) 사지四肢를 게을리 하여 부모의 봉양을 돌보지 않는 것惰其四肢, 不顧父母之養 (2) 장기와 바둑을 두고 음주를 좋아하여 부모의 봉양을 돌보지 않는 것博奕好飮酒, 不顧父母之養 (3) 재물을 좋아하고 아내와 아들을 사사로이 하여 부모의 봉양을 돌보지 않는 것好貨財, 私妻子, 不顧父母之養 (4) 귀와 눈의 욕망을 좇아서 부모를 욕되게 하는 것從耳目之欲, 以爲父母戮 (5) 용맹을 좋아하고 싸우며 사나워서 부모를 위태롭게 하는 것好勇鬪狠, 以危父母.

64 **재물財物**. 돈이나 그 밖의 값나가는 모든 물건. 여기서는 오늘날 법률 용어로 절도, 강도, 사기, 횡령 따위의 재산 범죄의 대상이 되는 물건을 의미한다.

65 **수탐搜探**. 무엇을 알아내거나 찾기 위하여 조사하거나 엿봄.

66 **일가친척一家親戚**. 성姓과 본이 같은 겨레붙이인 일가一家와 같은 본을 가진 사람 이외의 친척인 외척外戚의 모든 겨레붙이.

67 **구박하며**. 못 견디게 괴롭히며.

68 **인사人事**. 사람들 사이에 지켜야 할 예의.

69 **밤중**. 어떤 일이나 사실에 대하여 전혀 모름을 비유적으로 이르는 말. 여기서는 자신의 언행에 대해서는 전혀 신경을 쓰지 않는다는 뜻이다. '경본'에서는 '나중'이라고 했다.

없는 말도 지어내며 선봉장先鋒將[70]으로 시비是非[71]로세[72]

날 데 없이 용전여수用錢如水[73] 상하탱석上下撑石[74] 끌어간다[75]

손님은 채객債客[76]이요 의론議論[77]은 재리財利로다[78]

전답 팔아 화리貨利 돈에[79] 종[80] 팔아서 월수月收쟁이[81]

이利 구멍[82]이 제일第一[83]이라 돈 날 일을 하여 보세[84]

구목舊木[85] 베어 장사하기 책 팔아서 빚 주기며

---

70 **선봉장先鋒將**. 제일 앞에 진을 친 부대를 지휘하는 장수 혹은 일선에서 막중한 임무를 갖고 힘쓰는 사람을 비유적으로 이르는 말. 여기서는 앞장선다, 곧 어떤 일을 하는 때에 가장 먼저 나선다는 뜻이다.

71 **시비是非**. 옳음과 그름 혹은 옳고 그름을 따지는 말다툼.

72 '경본'에서는 "내 行事(행사)는 개차반에"서부터 이 부분까지를 다음과 같이 서술하고 있다. "부모조상 돈망頓忘하며 내 행세는 나종이요 남의 흉만 잡아낸다 / 내 행세는 개차반에 경계판을 짊어지고 / 없는 말도 지어내고 시비是非에 선봉先鋒이라."

73 **용전여수用錢如水**. 돈을 물 쓰듯 함. 돈이 생길 데도 없는데 돈을 함부로 써대는 짓을 말한다.

74 **상하탱석上下撑石**. 아랫돌 빼서 윗돌 괴고 윗돌 빼서 아랫돌 괸다는 뜻으로, 몹시 꼬이는 일을 당하여 임시변통으로 이리저리 맞추어서 겨우 유지해 감을 이르는 말.

75 **끌어간다**. 어떤 대상이나 생각을 자신이 원하는 곳으로 멋대로 옮겨 가다. '경본'에서는 "하여가니"라고 했다.

76 **채객債客**. 빚쟁이. 여기서는 '빚을 진 사람을 낮잡아 이르는 말'이 아니고 '남에게 돈을 빌려준 사람을 낮잡아 이르는 말'로 쓰였다. 찾아오는 이는 모두 돈 받으러 오는 사람이라는 뜻이다. 말하자면 사랑방 풍경이 볼썽사납다는 것이다.

77 **의론議論**. 어떤 사안에 대하여 각자의 의견을 제기함. 또는 그런 의견.

78 **재리財利로다**. '재리'는 재물과 이익을 아울러 이르는 말. 하는 말이라고는 온통 돈 버는 일과 관련된 것뿐이라는 말이다. '경본'에서는 "의론議論은 재리財利로다"를 "윤의倫義는 내 몰래라"라고 했다. '윤의'는 윤리와 의리를 아울러 이르는 말이다.

79 **화리貨利 돈에**. '화리'는 이자놀이 돈, 곧 사채私債놀이에 소용되는 돈. '경본'에서는 "변돈 주기"라고 했다. '변돈'은 이자를 무는 빚돈을 말한다.

80 **종**. 남의 집에 딸려 천한 일을 하던 사람.

81 **월수月收쟁이**. '월수'는 본전에 이자를 합하여 일정한 액수를 달마다 거두어들이는 일. 또는 그 빚. 전 재산인 논과 밭, 심지어는 종까지 팔아서 돈놀이를 한다는 말이다. '쟁이'는 '그것과 관련된 일을 직업으로 하는 사람'의 뜻을 더하는 접미사로 그런 사람을 낮잡아 이를 때 쓴다. '경본'에서는 "월수月收 주기"라고 했다. 결국 이런 불미스러운 일들을 해서 겨우 빚을 갚았다는 말이다.

82 **이利 구멍**. '이'는 이익이나 이득 혹은 남에게 돈을 빌려 쓴 대가로 치르는 일정한 비율의 돈. '경본'에서는 "입 구멍"이라고 했다. '구멍'은 어려움을 헤쳐나갈 길을 비유적으로 이르는 말.

83 **제일第一**. 여럿 가운데서 첫째가는 것. 이익이 나는 일을 찾아내는 것이 삶에서 가장 중요한 일이라는 말이다.

84 '경본'에서처럼 "이利 구멍이 ~ 하여보세"는 그 앞의 "전답田畓 팔아 ~ 월수月收쟁이"와 순서를 바꾸어야 문맥상 더 자연스럽게 연결된다.

85 **구목舊木**. '구목丘木'이라 해야 한다. 구목은 무덤가에 심은 나무를 말한다. 온통 장사에 신경을 쓰다 보니 함부로 손을 대서는 안 되는 조상의 묘소에 심은 나무까지 베어다 판다는 말이다. 『예기禮記』「곡례曲禮」에 "집을 짓기 위해 조상의 무덤가에 있는 나무를 베어서는 안 된다爲宮室, 不斬丘木"고 했다. 참고로 「농가월령가」에서 "한식날 상묘하니 백양나무 새잎 난다."(3월령)고 한 데서 보듯이, 구목으로 주로 백양나무를 심었다. 백양목白楊木, 사시나무라고도 한 백양나무는 버드나뭇과의 낙엽 활엽 교목이다. 삼월에 백양나무만 새잎이 나는 것이 아닌데 왜 하필이면 백양나무를 언급했을까? 이에 대해서는 두보의 시 「장유壯遊」에 "두곡에 노인들 이미 많이 죽어 / 사방 들에는 백양이 많구나杜曲晩耆舊, 四郊多白楊"라는 구절에서 그 단서를 찾을 수 있다. 여기서 '백양白楊'은 무덤을 가리키는데, 이것은 백양나무를 무덤가에 많이 심었던 데에서 연유하는 것이다. 『동의보감』에서도 "옛사람들은 황폐한 묘지에 많이 심었다古人多種於墟墓間"고 했다. 그래서 죽은 사람을 애도하여 지은 글인 만사輓詞에 백양나무가 흔히 등장한다. 예를 들어 허목許穆(1595~1682)은 「곡이생덕망哭李生德望」이라는 시에서 "백 년 인생 죽음 앞에 오열하는 곳 / 무덤가의 백양나무 차디차구나百年嗚咽處, 墟墓白楊寒"라고 노래했다.

동내 상놈[86] 잡아오기[87] 먼 데 백성 행악行惡[88]질로
잡아오라 끄물여라[89] 자장격지自將擊之[90] 몽둥이요
전당典當[91]으로 세간[92] 잡기 계집 문서[93] 종 빼기와
사결박私結縛[94]에 소 끌기[95]와 불호령號令[96]에 솥 떼면서[97]
여기저기 간 곳마다 적실인심赤失人心[98]하겠구나
사람마다 도적이요[99] 원怨하는 이 산소로다[100]
천장遷葬[101]이나 하여보며 이사[102]나 하여볼까
가장집물家藏什物[103] 다 팔아서 장杖[104] 팔십에 내 신세[105]라
종손宗孫[106] 핑계 위답位畓[107] 팔아 투전投戰[108] 빚에 다 나가고[109]

---

86 **상놈**. 신분이 낮은 남자를 낮잡는 뜻으로 이르던 말.

87 **잡아오기**. '경본'에서는 "부역賦役이요"라고 했다. '부역'은 나라가 특정 공익 사업을 위하여 보수 없이 백성에게 의무적으로 책임을 지우는 노역을 말하는데, 말똥이가 자신의 부역을 동네 상놈에게 대신 시켰다는 말이다.

88 **행악行惡**. 모질고 나쁜 짓을 행함. 또는 그런 행동.

89 **끄물여라**. 미상이나, 문맥상 무릎을 꿇게 하라는 의미로 보인다.

90 **자장격지自將擊之**. 자기 스스로 군사를 거느리고 나아가 싸움 혹은 어떤 일을 남에게 시키지 않고 손수함.

91 **전당典當**. 기한 내에 돈을 갚지 못하면 맡긴 물건 따위를 마음대로 처분하여도 좋다는 조건하에 돈을 빌리는 일.

92 **세간**. 집안 살림에 쓰는 온갖 물건.

93 **계집 문서**. 미상. 할머니나 어머니가 친정에서 상속받은 종은 할머니나 어머니가 죽으면 친정으로 되돌려 보내는데, 그 돌려보낸 종을 다시 끌어왔다는 말이 아닌가 하는데, 확실치는 않다.

94 **사결박私結縛**. '경본'에서처럼 "살결박結縛"이라고 해야 적절하다. '살결박'은 죄인의 옷을 벗기고 알몸뚱이 상태로 묶는 것을 말한다.

95 **끌기**. '경본'에는 "뺏기"로 되어 있다.

96 **불호령號令**. 몹시 심하게 하는 꾸지람.

97 **솥 떼면서**. 일용할 솥마저도 빼앗아 가면서.

98 **적실인심赤失人心**. '경본'에는 "적실인심積失人心"으로 되어 있다. 인심을 많이 잃었다는 말이다.

99 **사람마다 도적이요**. 사람들이 말똥이를 도둑놈이라고 손가락질하고 욕을 한다는 말이다.

100 **원怨하느니 산소로다**. 산소를 잘못 써서 그렇게 되었다고 원망함. '경본'에는 "원망하는 소리로다"라고 했다.

101 **천장遷葬**. 무덤을 다른 곳으로 옮김. 자기 하는 짓은 생각하지 않고 조상 덕을 보겠다는 말이다. 예전에는 명당에 조상의 묘를 쓰면 후손의 운이 트이어서 복이 닥친다고 믿었다.

102 **이사**. 移徙. 사는 곳을 다른 데로 옮김. 예전에는 묘를 음택陰宅이라 하고 집을 양택陽宅이라 했다. 앞에서 천장, 곧 무덤을 이장하는 것이 발복을 위한 것이라고 했듯이, 좋은 터에 살 집을 마련하는 것도 마찬가지라고 생각했다. 참고로 이중환李重煥(1690~1752)은 『택리지擇里志』「복거총론卜居總論」에서 살기에 좋은 터로서 첫째, 지리地理, 생리生利, 인심人心, 산수山水가 좋은 곳을 들었다. 말똥이가 이사를 생각하게 된 것은 이런 맥락과는 물론 다른 차원의 것이다.

103 **가장집물家藏什物**. 집에 놓고 쓰는 온갖 살림 도구.

104 **장杖**. 오형五刑 가운데 죄인의 볼기를 큰 형장으로 치던 형벌로 육십 대부터 백 대까지 다섯 등급이 있었다. 갑자기 곤장 이야기가 나와 맥락이 어색하게 되었다. '경본'에서는 "상"이라고 했는데, 그렇게 해야 뜻이 통한다. "상팔십上八十"은 '가난하게 살았던 앞선 여든 해'라는 뜻이다. 주 나라 강태공이 먼저 80년 동안은 낚시질을 하며 가난하게 살다가 그 뒤 80년 동안은 정승이 되어 잘 살았다는 데서 유래한다.

105 **신세**. 주로 불행한 일과 관련된 일신상의 처지와 형편. '경본'에서는 "팔자"라고 했다.

106 **종손宗孫**. 족보로 보아 한 문중에서 맏이로만 이어 온 큰집인 종가宗家의 대를 이을 맏손자.

107 **위답位畓**. 산소에서 제사를 지내는 데 드는 비용을 마련하기 위하여 경작하는 논. '경본'에서는 "위전位田"이라 했다.

108 **투전投戰**. 투전의 한자 표기는 다양했다. 투전投箋(『경도잡지』), 투전鬪牋(『청성잡기』), 투전投錢(『담헌서』), 투전投牋(『임하필기』) 등이 그것이고, 그 외에 구전鬮牋(『오주연문장전산고』), 투패鬪牌(『목민심서』), 두철頭鐵(『아언각비』) 등으로 표기했다. 마조馬弔, 지패희紙牌戱, 엽자희葉子戱는 투전을 달리 부르는 말이었다. 투전에 대해서는 주석 25번 참조.

109 "투전投戰 빚에 다 나가고"를 '경본'에서는 "투전질이 생애로다"라고 했다.

제사[110] 핑계[111] 제기祭器[112] 팔아 술값이 모자란다[113]

각처各處[114] 빚이 뒤덮이고 환자[115] 구실 일어나니[116]

뉘라서 돌아보고[117] 독부獨夫[118]가 된단 말가

가련타 저 모양皃樣[119]이 일조一朝[120]에 걸객乞客[121]이라

대모관자玳瑁貫子[122] 어디 가고 물렛줄[123]은 무삼일고[124]

통량統凉[125] 갓은 어디 두고 헌 파립破笠[126]에 통通모자[127]라

숙체宿滯[128]로 못 먹던 밥 숟가락이 책력[129] 보고[130]

---

110 **제사**. 祭祀. 신령이나 죽은 사람의 넋에게 음식을 바치어 정성을 나타냄. 또는 그런 의식.

111 **핑계**. 잘못한 일에 대하여 이리저리 돌려 말하는 구차한 변명.

112 **제기祭器**. 제사에 쓰는 그릇. 놋그릇, 사기그릇, 나무그릇이 있다. 『예기禮記』 「곡례曲禮」에 "군자는 비록 가난해도 제기는 팔지 않는다君子雖貧, 不粥祭器"라고 했다.

113 "술값이 모자란다"를 '경본'에서는 "官災口舌(관재구설) 일어난다"라고 했다. '관재구설'은 관청에서 비롯되는 재앙과 시비하거나 헐뜯는 말이라는 뜻이다.

114 **각처各處**. 각각의 곳. 또는 여러 곳. 여기저기.

115 **환자還子**. 곡식을 사창社倉에 저장하였다가 백성들에게 봄에 꾸어주고 가을에 이자를 붙여 거두던 일. 또는 그 곡식.

116 **구실 일어나니**. '구실'은 온갖 세금을 통틀어 이르던 말로, 환곡 관련 세금이 한꺼번에 몰려왔다는 말이다.

117 **뉘라서 돌아보고**. '경본'에서는 "뉘라서 돌아볼까"라고 한바, 그렇게 해야 문맥이 잘 통한다. 아무도 돌아보지 않아 결국 외로운 사람이 되고 말았다는 뜻이다.

118 **독부獨夫**. 인심을 잃어 도움을 받을 곳이 없는 외로운 남자.

119 **모양皃樣**. 겉으로 나타나는 생김새나 모습. 여기서는 형편이나 꼴이 볼 것 없이 한심하다는 말로 쓰였다.

120 **일조一朝**. 하루아침. 갑작스러울 정도의 짧은 시간.

121 **걸객**乞客. 몰락한 양반으로서 의관을 갖추고 다니며 얻어먹는 사람. 거지.

122 **대모관자**玳瑁貫子. 대모갑玳瑁甲으로 만든, 망건의 당줄을 꿰는 작은 고리. '대모갑'은 바다거북인 대모의 등과 배를 싸고 있는 껍데기로 주로 고급의 장식품이나 공예품을 만드는 데에 쓴다. '망건'은 상투를 튼 사람이 머리카락을 걷어 올려 흘러내리지 않도록 머리에 두르는 그물처럼 생긴 물건으로 보통 말총이나 머리카락으로 만든다. '당줄'은 망건에 달아 상투에 동여매는 줄로 망건당에 꿰는 아랫당줄과 상투에 동여매는 윗당줄이 있다. '망건당'은 망건의 윗부분으로 말총을 촘촘히 세워 곱쳐 구멍을 내어 윗당줄을 꿰게 되어 있다.

123 **물렛줄**. 물레의 바퀴와 가락을 걸쳐 감은 줄로 손잡이를 돌리는 대로 가락을 돌게 한다. '물레'는 솜이나 털 따위의 섬유를 자아서 실을 만드는 간단한 재래식 기구이다. 값비싼 대모갑이 아니라 물렛줄로 관자를 묶었다는 말이다. 물렛줄로 당끈을 삼았다는 말은 흔히 궁색한 모습을 묘사할 때 쓰이는데, 「흥부전」에서 흥부의 경우 잘 드러난다. "흥부 이 말을 듣고 형의 집에 건너갈 제, 치장을 볼작시면 편자(망건을 졸라매기 위하여 아래 시울에 붙여 말총으로 좁고 두껍게 짠 띠) 없는 헌 망건에 박쪼가리 관자 달고, 물렛줄로 당끈 달아 대고리 터지게 동이고, 깃만 남은 중치막 동강이은 헌술 띠를 흉복통에 눌로 띠고, 떨어진 헌 고의袴依에 청올치로 대님 매고, 헌짚신 감발하고 세 살부채 손에 쥐고, 서홉들이 오망자루 꽁무늬에 비슥차고, 바람맞은 병인같이 잘 쓰는 쇄소灑掃같이 어슥비슥 건너달고 형의 집에 들어가서 전후좌우 바라보니, 앞노적, 뒷노적, 멍에노적 담불담불 쌓았으니, 흥부 마음 즐거우나 놀부심사 무거無據하여 형제끼리 내외하여 구박이 태심하니, 흥부 하릴없이 뜰 아래서 문안하니, 놀부가 묻는 말이, '네가 뉜고.', '내가 흥부요.'"

124 **무삼일고**. 무슨 일인가. 값비싼 대모갑이 아니라 물렛줄로 관자를 묶었으니 한심하다는 말이다.

125 **통량**統涼. 경상남도 통영에서 만든 갓이 양태. '양태'는 갓모자의 밑 둘레 밖으로 둥글넓적하게 된 부분을 말한다.

126 **파립**破笠. 해어지거나 찢어져 못 쓰게 된 갓.

127 **통**通**모자**. 위 뚜껑을 따로 만들어 붙이지 않고 애초에 한살로 만든 갓모자의 일종. '갓모자'는 갓양태 위로 우뚝 솟은 원통 모양의 부분을 말한다.

128 **숙체**宿滯. 음식물이 소화되지 아니하고 위장에 머물러 있는 병으로 음식을 지나치게 먹거나 비위가 허하여 생긴다.

129 **책력**冊曆. 일 년 동안의 월일, 해와 달의 운행, 월식과 일식, 절기, 특별한 기상 변동 따위를 날의 순서에 따라 적은 책으로 오늘날의 달력에 해당한다.

130 **밥숟가락이 책력 보고**. '숟가락이 책력 본다'는 말은 날짜 보아가면서 밥을 먹는다는 말로 자주 굶는다는 말, 곧 '삼순구식三旬九食'처럼 몹시 가난해서 삼십 일 동안 아홉 끼니밖에 먹지 못할 정도로 형편이 좋지 않다는 뜻이다. '경본'에서는 "책력 보아 밥 먹는다"고 했다. 결국 이 구절은 예전에는 너무 많이 먹어 숙체에 걸렸을 때나 먹지 못하던 밥을 이제는 한 달에 몇 번이나 겨우 먹을 정도로 사정이 나쁘게 되었다는 것을 말한다.

약포육藥脯肉[131]은 어디 가고 씀바귀[132]를 단꿀 빨 듯
죽력고竹瀝膏[133]는 어디 두고 모주[134] 한 잔 어려워라
울타리가 땔나무요[135] 동내洞內[136] 소금 반찬이라[137]
각장장판各張章板[138] 소라반자[139] 당지도배唐紙塗背[140] 어디 가고
벽 떨어진 단칸방[141]에 멍석자리[142] 조각조각

---

131 **약포육藥脯肉.** '약포'는 쇠고기를 얇게 저미어 진간장, 기름, 설탕, 후춧가루 따위를 넣고 주물러서 채반에 펴서 말린 포를 말한다. 수렵을 하여 식량으로 삼던 시대에는 고기를 썩지 않게 간수하기 위하여 말렸던 것인데 지금은 주로 쇠고기를 조미하고 말려서 제사나 폐백 때, 또는 안주나 반찬으로 쓴다. '약藥' 자를 쓴 것은 꿀이 들어갔기 때문으로 약식藥食이나 약과藥果에서와 같다. 『규합총서閨閤叢書』에서는 고기를 다져서 힘줄을 없애고, 진간장, 생강, 파 다진 것, 후추, 꿀로 양념하여 꽃처럼 얇게 펴서 말린다고 하였다. 오래 두고 벌레가 나지 않게 하기 위해서는 연기를 쐰다고 하였다. '경본'에서는 "양볶이"라고 했다. '양볶이'는 소의 양을 볶아 만든 음식을 말한다. '약포육'이든 '양볶이'든 다 아무나 먹지 못하던 귀한 음식들이다.

132 **씀바귀.** 국화과의 여러해살이풀로 줄기와 잎에 흰 즙이 있고 쓴맛이 나며 뿌리와 애순은 봄에 나물로 먹는다.

133 **죽력고竹瀝膏.** 대나무가 풍부한 호남 지방의 술로, 푸른 대를 구울 때 나오는 끈끈한 진액을 뽑아 만든 술이다. 이 술은 위급한 병을 치료하는 데에도 탁월한 효과가 있다. 일본에 나라를 빼앗기자 자결한 황현黃玹(1855~1910)의 『오하기문梧下記文』에 따르면 동학농민전쟁 당시 농민군의 총대장인 전봉준全琫準(1855~1895)은 "압송 도중에 푸른 대쪽을 불에 구워서 받은 진액과 인삼을 구하여 상처를 치료했다." 참고로 '고膏'는 대개 '약재를 진하게 고아서 만든 농축된 약'을 의미한다. 지금은 사라졌지만, 곪은 부위에 붙여 고름을 빼는 검은 '고약膏藥'이 한때 우리 가정의 상비약처럼 쓰이던 시절이 있었다. 그러니 푸른 대를 구울 때 나오는 끈끈한 진액을 뽑아 만든 술을 '죽력고'라고 하는 것은 적절한 명명이라 하겠다.

134 **모주**. 막걸리를 거르고 남은 찌꺼기인 재강에 물을 타서 뿌옇게 걸러 낸 탁주.

135 **울타리가 땔나무요**. 풀이나 나무 따위를 얽거나 엮어서 담 대신에 경계를 지어 막는 울타리를 땔감으로 쓸 정도로 궁핍했다는 말이다. 그런데 여기에는 궁핍 이외에도 그 궁핍을 타개하려고 노력하는 대신에 급한 대로 아무것이나 일단 쓰고 보자는 심정도 아울러 담겨 있다.

136 **동내洞內**. 동네 안. '동네'는 한자어 '동내洞內'에서 기인한 말이다.

137 "동네 소금 반찬이라"라는 말은 동네 사람들에게 소금이나 겨우 구걸하여 반찬으로 먹고 산다는 뜻이다.

138 **각장장판各張章板**. '각장장판角壯壯版'이라 써야 한다. 한옥의 온돌방에는 보통 한지를 여러 개 겹쳐서 만든 장판을 이용해 바닥을 마감한다. 각장장판은 일반적인 장판지보다 더욱 폭이 넓고 두꺼운 장판지인 각장角壯으로 자른 장판을 말한다. '각장'은 보통 것보다 폭이 넓고 두꺼운 장판지다. 조선에서는 종이가 귀했으므로 장판의 유무는 부의 척도였다.

139 **소라반자**. 소란小欄반자. 지붕 밑이나 위층 바닥 밑을 편평하게 하여 치장한 각 방의 윗면을 반자라고 한다. 그리고 반자를 드리기 위하여 가늘고 긴 나무를 가로세로로 짜서 만든 틀을 반자틀이라고 하는데, 거기에 소란을 대고 반자널을 얹은 반자를 소란반자라고 한다. 우물 반자, 조정 반자, 화반자 등이 있다. 천정을 소란반자로 꾸미는 것은 비용이 많이 들어 부자가 아니고서는 설치하기 어려웠다. 다음 『흥부가』에서 보듯이, "각장장판과 소라반자"는 부잣집임을 나타내는 표시 중 하나였다. "사랑방 나가보면 각장 장판, 소래반자, 완자, 밀창, 화류 문갑, 대모결 책상까지 놓여 있고 시전, 서전, 주역이며 고문진보, 통사략을 좌르르르 벌였구나." (박봉술 창)

140 **당지도배唐紙塗背**. '당지'는 예전에 중국에서 만든 고급 종이를 말한다. 닥나무 껍질과 어린 대나무의 섬유에 수산화나트륨을 섞어서 뜬 것으로 색이 누렇다. 찢어지기 쉬우나 먹물이 잘 흡수되어 묵객墨客들에게 애용되었다. '도배'는 '塗褙'로 쓰고, 종이로 벽이나 반자, 장지 따위를 바르는 일을 말한다. '경본'에서는 "장지문"이라고 했다. '장지문'은 지게문에 장지 짝을 덧들인 문을 말한다. '지게문'은 옛날식 가옥에서, 마루와 방 사이의 문이나 부엌의 바깥문. 흔히 돌쩌귀를 달아 여닫는 문으로 안팎을 두꺼운 종이로 싸서 바른다. '장지'는 방과 방 사이. 또는 방과 마루 사이에 칸을 막아 끼우는 문이다.

141 **단칸방**. 單間房. 한 칸으로 된 방. 대개 가난한 집을 일컬을 때 쓴다.

142 **멍석자리**. 자리로 쓰는 멍석. 또는 멍석을 깔아 놓은 자리. '멍석'은 짚으로 새끼 날을 만들어 네모지게 결어 만든 큰 깔개로 흔히 곡식을 널어 말리는 데 쓰나, 시골에서는 큰일이 있을 때 마당에 깔아 놓고 손님을 모시기도 했다. '경본'에서는 "거적자리 열두 입에"라고 했다. '거적'은 짚을 두툼하게 엮거나, 새끼로 날을 하여 짚으로 쳐서 자리처럼 만든 물건으로 허드레로 자리처럼 쓰기도 하며, 한데에 쌓은 물건을 덮기도 한다.

호적戶籍[143]종이로 문 바르고[144] 신주보神主褓가 갓끈이요[145]

은안백마銀鞍白馬[146] 어디 두고 전후구종前後驅從[147] 어디 두고

석새짚신[148] 지팡이요 정강말[149]이 제격이다.

삼승버선[150] 태사혜[151]는 끄레발[152]이 불상不祥하다[153]

전氈[154] 주머니 한포단[155]과 화류면경樺榴面鏡[156] 어디 가고

버선목[157]에 삼노끈[158]을 차고 나니 금낭[159]이라[160]

---

143 **호적戶籍**. 한 집안을 대표하는 호주戶主를 중심으로 하여 그 집에 속하는 사람의 본적지, 성명, 생년월일 따위의 신분에 관한 사항을 기록한 공문서.

144 **호적戶籍종이로 문 바르고**. 살 돈이 없어 구멍 나거나 헤진 창호지를 호적에서 떼어낸 종이로 대신 썼다는 말이다.

145 **신주보神主褓가 갓끈이요.** 신주보는 신주를 모셔 두는 나무 궤를 덮던 보. '신주'는 죽은 사람의 위패로 대개 밤나무로 만드는데, 길이는 여덟 치, 폭은 두 치가량이고, 위는 둥글고 아래는 모지게 생겼다. 갓끈이 없어서 신주보를 잘라 쓸 정도로 가난했다는 말이다.

146 **은안백마銀鞍白馬.** 은으로 꾸민 안장을 얹은 흰말. 참고로 이 표현은 이백의 「소년행少年行」에서 보듯이, 주로 과거 좋았던 시절을 회고하는 데 쓰이기도 한다. "오릉의 소년들이 금시 동쪽에서五陵年少金市東, 은 안장 백마 타고 춘풍에 끄덕대네銀鞍白馬度春風, 낙화를 짓밟으며 어디로 가는고洛花踏盡遊何處, 히히덕거리며 호녀의 술집으로 들어간다네笑入胡姬酒肆中."

147 **전후구종前後驅從.** 앞뒤의 구종. 구종은 말을 타고 갈 때에 고삐를 잡고 앞에서 끌거나 뒤에서 따르는 하인.

148 **석새짚신.** 총이 매우 성글고 굵은 짚신. '총'은 신이나 미투리 따위의 앞쪽의 양편쪽으로 운두를 이루는 낱낱의 신울을 말한다. '운두'는 그릇이나 신 따위의 둘레나 높이이고, '신울'은 신발의 양쪽 가에 댄, 발등까지 올라오는 부분이다.

149 **정강말.** 정강이의 힘으로 걷는 말이라는 뜻으로, 아무것도 타지 않고 제 발로 걷는 것을 농담조로 이르는 말이다.

150 **삼승버선.** 삼승으로 만든 버선이라는 말로, 삼승三升은 성글고 굵은 베, 곧 석새베를 이르는 말이다. 위에서 서술했던 '석새짚신'의 의미와 유사하다.

151 **태사혜.** 太史鞋. 남자의 마른신. 비단이나 가죽으로 신울을 하고, 코와 뒤축 부분에는 흰 줄무늬를 새겼다. 주로 양반 사대부들이 신고 다녔던 신이다.

152 **끄레발.** 단정하지 못하고 어수선한 옷차림.

153 **불상不祥하다.** 불쌍하다. 처지가 안되고 애처롭다.

154 **전氈.** 담요. 그런데 '경본'에서 "비단"이라고 한 것을 보아, 그리고 다음에 나오는 "주머니"와의 연관을 고려할 때, 이 '전'은 '전단氈緞', 곧 비단으로 보는 것이 좋겠다.

155 **한포단.** '한'과 '포단'이 합쳐진 말, 곧 '한 개의 포단'이다. '포단'은 부들로 둥글게 틀어 만든 방석을 말한다. '경본'에는 "十六絲(십육사)끈", 곧 열여섯 날로 만든 고운 끈으로 되어 있는데, 그렇게 보는 것이 합리적이다. 요컨대 비단 주머니를 장식한 화려한 끈을 말한다.

156 **화류면경樺榴面鏡.** '화류'는 자단紫壇의 목재로 붉은빛을 띠며, 결이 곱고 몹시 단단하여 건축 · 가구 · 악기 · 미술품 따위의 고급 재료로 많이 쓴다. 화리華梨, 花梨라고도 쓴다. '면경'은 주로 얼굴을 비추어 보는 작은 거울을 말한다.

157 **버선목.** 발목에 닿는 버선 부분.

158 **삼노끈.** 삼 껍질로 꼰 노끈.

159 **금낭錦囊.** 비단으로 만든 주머니.

160 주머니가 없어 낡은 버선을 주머니 삼아 차고 다녔다는 말. 버선이 오래되고 낡아서 목 부분이 넓어진 것을 노끈으로 묶으니, 그 모양이 마치 비단 주머니를 묶어놓은 꼴이 되었다는 것이다.

돈피[161] 배자背子[162] 담비[163] 휘항揮項[164] 능라주의綾羅紬衣[165] 어디 두고

동지섣달[166] 베[167] 창옷[168]에 삼복三伏달임[169] 바지거죽[170]

궁둥이는 울근불근[171] 옆걸음[172]에 개 좇으며[173]

담배 없는 빈 대통[174]은 소일消日[175]쪼[176]로 손에 들고

비슷비슷[177] 다니면서 한 되[178] 곡식 수삼 절을[179]

역질疫疾[180] 핑계 제사祭祀[181] 핑계[182] 야속野俗하다[183] 동내 인심

---

161 **돈피**. 獤皮. 담비 종류 동물의 모피를 통틀어 이르는 말. 일반적으로 고급 모피로 인정받고 있으며 품질에 따라 검은담비의 모피인 '잘'을 상등으로 치고, 노랑담비의 모피인 '돈피'와 유럽소나무담비의 모피인 '초서피貂鼠皮'를 중등으로 치며, 흰담비의 모피인 '백초피白貂皮'를 하등으로 친다.

162 **배자背子**. 추울 때 저고리 위에 덧입는, 주머니나 소매가 없는 옷으로 겉감은 흔히 양단을 쓰고 안에는 토끼, 너구리 따위의 털을 넣는다. '배자褙子'라고 써야 한다.

163 **담비**. 족제빗과의 하나로 몸은 45~50㎝, 꼬리는 20㎝ 정도이다. 족제비보다 약간 크고 누런 갈색이나 겨울에는 담색으로 변한다. 모피의 질이 좋아, 방한용 옷이나 붓 등에 두루 쓰인다.

164 **휘항揮項**. 휘양. 추울 때 머리에 쓰던 모자의 하나로 남바위와 비슷하나 뒤가 훨씬 길고 볼끼를 달아 목덜미와 뺨까지 싸게 만들었는데, 볼끼는 뒤로 잦혀 매기도 하였다. 볼끼는 겨울에 쓰던 방한구의 하나이다. 털가죽이나 솜을 둔 헝겊 조각을 갸름하게 접어서 만든 것으로, 두 뺨을 얼러 싸서 머리 위에서 잡아매어 추위를 막는다.

165 **능라주의綾羅紬衣**. '능라'는 두꺼운 비단과 얇은 비단이라는 뜻이며, '주의'는 명주로 지은 옷이라는 뜻이므로, 풀이하면 비단옷과 명주옷을 통틀어 일컫는 말이 된다.

166 **동지섣달**. 동짓달과 섣달을 아울러 이르는 말인데, 여기서는 한겨울을 대표하여 이르는 말로 쓰였다.

167 **베**. 삼실, 무명실, 명주실 따위로 짠 피륙으로 여름철 옷감에 주로 쓰인다.

168 **창옷**. 중치막 밑에 입던 웃옷의 하나로 두루마기와 같은데 소매가 좁고 무가 없다. '중치막'은 벼슬하지 않는 선비가 소창옷 위에 덧입던 웃옷으로 넓은 소매에 길이는 길고, 앞은 두 자락, 뒤는 한 자락이며 옆은 무가 없이 터져 있다. '무'는 윗옷의 양쪽 겨드랑이 아래에 대는 딴 폭.

169 **삼복三伏달임**. '삼복'은 초복, 중복, 말복. 여름철의 몹시 더운 기간을 통틀어 말한다. '복달임'은 복伏이 들어 기후가 지나치게 달아서 더운 철에 그해의 더위를 물리치는 뜻으로 고기로 국을 끓여 먹은 것을 말한다.

170 **바지거죽**. 미상. '거죽'은 '겉[면面, 표表]'을 말한다. 문맥상으로는 '한겨울에는 얇은 베로 만든 창옷을, 한여름에는 두꺼운 바지를 입는다'는 의미임을 알 수 있지만, '바지 거죽'이 구체적으로 무엇을 지시하는지는 정확히 알 수 없다.

171 **울근불근**. 몸이 여위어 갈빗대가 드러나 보이는 모양.

172 **옆걸음**. 먹지 못해 힘이 없어 제대로 걷지 못하는 모양새.

173 **개 좇으며**. 개를 좇는다는 말은 개를 따라 한다는 말이다. 오래 굶어 비실비실 걷는 개의 걸음걸이와 비슷하다는 뜻이다. '경본'에서는 "옆걸음질 병신같이"라고 했다.

174 **대통**. 담배설대 아래에 맞추어 담배를 담는 통. '담배설대'는 담배통과 입에 무는 부분인 물부리 사이에 끼워 맞추는 가느다란 대.

175 **소일消日**. 하는 일 없이 세월을 보냄. 여기서는 어떠한 것에 재미를 붙여 심심하지 아니하게 세월을 보낸다는 뜻으로 쓰였다.

176 **쪼**. 사람의 모양새나 행태를 낮잡아 이르는 말. 꼴.

177 **비슷비슷**. '경본'에는 "어슷비슷"이라고 되어 있다. 이리저리 쏠리어 가지런하지 아니한 모양. 다니는 꼴이 형편없다는 뜻이다.

178 **되**. 곡식, 가루, 액체 따위를 담아 분량을 헤아리는 데 쓰는 그릇. 혹은 약간의 곡식이라는 의미로 사용될 수 있다.

179 **한 되 곡식 수삼 절을**. 구걸을 해서 곡식을 조금이라도 얻으면 고맙다는 인사를 여러 번 한다는 말이다. '경본'에서는 "남의 門前(문전) 乞食(걸식)하며"라고 했다.

180 **역질疫疾**. 천연두天然痘를 한방에서 이르는 말. '천연두'는 천연두 바이러스가 일으키는 급성의 감염병으로 몹시 나고 온몸에 발진發疹이 생겨 딱지가 저절로 떨어지기 전에 긁으면 얽게 된다.

181 **제사祭祀**. 신령이나 죽은 사람의 넋에게 음식을 바치어 정성을 나타냄. 또는 그런 의식.

182 **핑계**. 구걸하러 가면 '집안사람이 전염병에 걸렸다느니, 제사를 지내야 한다느니' 따위의 변명을 하면서 회피한다는 말이다.

183 **야속野俗하다**. 무정한 행동이나 그런 행동을 한 사람이 섭섭하게 여겨져 언짢다.

저 건너 곰생원生員[184]은 원怨[185]하느니 팔자[186]로다

제 아비 덕분으로 돈천[187]이나 가졌더니

술 한 잔 밥 한 술을 친구 대접하였던가

주제넘게 아는 체로 음양술수陰陽術數[188] 고혹苦惑[189]하여

천장遷葬[190]도 자주 하며 이사[191]도 힘을 쓰고

당대발복當代發福[192] 예[193] 아니면 피난避亂곳[194]이 여기로다[195]

---

184 **곰생원生員**. '경본'에서는 "꼼생원"이라 했다. '생원'은 원래 소과小科인 생원과에 합격한 사람을 말하는데, 관직을 받지 못하여 관리는 되지 못하였다. 조선 후기로 넘어오면서 나이 많은 선비에 대한 존칭어로 성씨에 붙여 사용하기도 하였다. 참고로 소과의 하나인 진사시進士試에 합격한 사람을 진사進士라고 했다. 생원과 진사와의 관계는 법제적으로는 우열이 없으나, 조선 초기는 생원이 진사보다 우대를 받았다. 그것은 조선 초기 진사시가 없이 생원시生員試만 있었기 때문으로 해석되며 실제 진사시가 생긴 뒤에도 성균관에서 좌석의 차례인 좌차座次가 생원 말석에 진사가 앉은 것으로도 입증된다. 그러나 후기에 내려오면 경학經學보다 사장詞章을 중시하는 풍조에 따라 생원의 사회적 존경도는 진사보다 하위에 놓이게 되었다. 그리하여 조선 후기는 유생들이 생원보다는 진사를 원했으며,『매천야록梅泉野錄』에 따르면 생원시에 합격한 사람들도 진사라고 말하는 사례까지 있었음을 볼 수 있다.

185 **원怨**. 원망.

186 **팔자**. 사람의 한평생의 운수. 사주팔자에서 유래한 말로, 사람이 태어난 해와 달과 날과 시간을 간지干支로 나타내면 여덟 글자가 되는데, 이 속에 일생의 운명이 정해져 있다고 본다. 꼼생원이 현실의 난관을 주체적으로 극복하려 하지 않고 모든 것을 팔자 탓으로 돌린다는 말이다.

187 **돈천**. 천 냥 단위로 헤아릴 만큼 적지 않은 돈.

188 **음양술수陰陽術數**. 음양陰陽, 복서卜筮 따위로 길흉을 점치는 방법. '복서'는 팔괘八卦·육효六爻·오행五行 따위를 살펴 과거를 알아맞히거나 앞날의 운수·길흉 따위를 미리 판단하는 일을 말한다.

189 **고혹苦惑**. 불교에서 '고법지苦法智'라 하여 고통과 의혹을 끊는 지혜를 나타내는 말로 '고혹苦惑'이라는 말이 쓰이기는 하지만, 여기서는 '경본'에서처럼 "貪好(탐호)"라고 하거나 '고혹蠱惑'이라 하는 것이 적절하다. '탐호'는 매우 즐기며 좋아한다는 말이고, '고혹蠱惑'은 성적인 아름다움이나 매력에 홀려서 정신을 못 차리거나 푹 빠져 홀린다는 뜻이다.

190 **천장遷葬**. 무덤을 다른 곳으로 옮김. 자기 하는 짓은 생각하지 않고 조상 덕을 보겠다는 말이다. 예전에는 명당에 조상의 묘를 쓰면 후손의 운이 티어서 복이 닥친다고 믿었다.

191 **이사**. 移徙. 사는 곳을 다른 데로 옮김. 예전에는 묘를 음택陰宅이라 하고 집을 양택陽宅이라 했다. 앞에서 천장, 곧 무덤을 이장하는 것이 발복을 위한 것이라고 했듯이, 좋은 터에 살 집을 마련하는 것도 마찬가지라고 생각했다. 참고로 이중환李重煥(1690~1752)은 『택리지擇里志』「복거총론卜居總論」에서 살기에 좋은 터로서 첫째, 지리地理, 생리生利, 인심人心, 산수山水가 좋은 곳을 들었다. 앞의 말똥이가 이사를 생각하게 된 것은 이런 맥락과는 물론 다른 차원의 것이다.

192 **당대발복當代發福**. 풍수지리에서는 부모를 좋은 묏자리에 장사 지낸 덕으로 그 아들 대에서 부귀를 누리게 된다고 믿었다. 여기에는 '동기감응同氣感應', 곧 사람의 몸, 뼈, 세포에 특정한 기운이 있고 이게 물리적으로 떨어져 있어도 텔레파시처럼 서로 연결되어 있어 운이나 기운 같은 것을 주고받는다는 관념이 전제되어 있다. 돌아가신 조상을 매장할 때 뼈가 산화되는 과정에서 발생하는 파동이 동일 유전자를 가진 후손에게 전달돼 복 혹은 재앙을 준다는 생각이다.

193 **예**. 여기. 복을 받을 명당이 여기라고 한다는 말이다.

194 **피난避難곳**. 피난처. 조선 후기 빈발하던 전쟁, 정변, 민란 등으로 인해 사회적 불안감이 고조되자 풍수에서 '난리를 피하는 곳', 곧 피난처를 상정했다. 『정감록鄭鑑錄』 등에서 말하는 '십승지지十勝之地' 같은 것이 그것이다. 십승지로 언급되는 곳은 다양한데, 대체로 영월의 정동正東쪽 상류, 풍기의 금계촌金鷄村, 가야산의 만수동萬壽洞, 부안 호암壺巖 아래, 보은 속리산 아래의 증항甑項 근처, 남원 운봉 지리산 아래의 동점촌銅店村, 안동의 화곡華谷(현 봉화읍), 단양의 영춘, 무주의 무풍 북동쪽 등을 말한다. 십승지지는 조선 후기의 이상향에 관한 민간인들의 사회적 담론이었다. 십승지 관념은 조선 중·후기에 민간계층에 깊숙이 전파되어 거주지의 선택 및 인구 이동, 그리고 공간인식에 큰 영향력을 주었다. 십승지지는 조선후기의 정치·사회적 혼란과 민간인들의 경제적 피폐라는 역사적 배경에서 생겨났다. 십승지의 입지조건은 자연환경이 좋고, 외침이나 정치적인 침해가 없으며, 자족적인 경제생활이 충족되는 곳이었다.

195 '경본'에서는 "당대발복當代發福 구산求山하기 피란避亂 곳 찾아가며"라고 했다. '구산'은 좋은 묏자리를 잡으려고 찾는다는 말이다.

올 적 갈 적 행로상行路上[196]에 처자식을 흩어놓고[197]
유무상관有無相關[198] 아니하고 공[199]한 것을 바라거다[200]
기심취물欺心取物[201]하자 하니 두 번째는 아니 속고[202]
공납범용公納犯用[203]하자 하니 일가친척[204]에 부자 없고[205]
뜬재물[206]을 경영[207]하여 경향출입京鄕出入 싸다닐 때[208]
재상가[209]에 청질[210]하다 봉변[211]하고 물러서며
남의 골[212]에 걸태타가[213] 훤금諠禁[214]에 쫓겨오기
혼인중매婚姻中媒[215] 선채先綵돈[216]에 무류[217] 보고 뺨 맞으며[218]

---

196 **행로상行路上**. 천장하고 이사 가는 등 명당이나 피란처를 찾아 여기저기 나다니는 길에.

197 **흩어놓고**. '흩다'는 한데 모였던 것을 따로따로 떨어지게 하다.

198 **유무상관有無相關**. 상관이 있든 없든. '경본'에서는 "유무상조有無相助"라고 했다. '유무상조'는 『소학小學』의 '유무상통有無相通', 곧 있는 것과 없는 것을 서로 돌려쓴다는 말과 의미가 통한다. 참고로 권선징악과 상부상조를 목적으로 만든 향촌의 자치 규약인 향약鄕約에서 말하는 4대 덕목 중 '환난상휼患難相恤', 곧 어려운 일이 생겼을 때 서로 도와야 한다는 말과 '유무상조'는 유사한 의미를 공유한다.

199 **공空**. 헛된 것 혹은 공짜.

200 **바라거다**. '바라다'. '경본'에서는 이 구절을 "유무상조有無相助 아니하면 조석난계朝夕難計 할 수 없다"고 했다. '조석난계'는 아침밥과 저녁밥을 해 먹을 수 있을지 헤아릴 수 없다는 말이다. 있든 없든 서로 돕지 않으면 난관을 헤쳐나갈 수 없음을 말하고 있다.

201 **기심취물欺心取物**. 글자 그대로 풀면 '마음을 속여서 재물을 취한다'는 뜻이지만, 이런 표현은 자연스럽지 않다. '경본'에서처럼 "欺人取物(기인취물)", 곧 남을 속여 재물을 취한다는 의미로 쓰는 것이 적절하다.

202 **두 번째는 아니 속고**. 남을 여러 번 속여 이제는 그 속임수가 더 이상 통하지 않는다는 말이다.

203 **공납범용公納犯用**. 국고로 들어가는 세금인 공납을 마음대로 씀.

204 **일가친척一家親戚**. 성姓과 본이 같은 겨레붙이인 일가一家와 같은 본을 가진 사람 이외의 친척인 외척外戚의 모든 겨레붙이.

205 "기심취물欺心取物 ~ 부자 없고"의 두 구절은 앞뒤 연결이 자연스럽지 않다. '경본'에서는 "기인취물欺人取物 하자 하니 일가집에 부자 없고"라고 했다.

206 **뜬재물**. 뜻하지 않은 기회에 우연히 얻은 재물.

207 **경영經營**. 기업이나 사업 따위를 관리하고 운영한다는 말이지만, 여기서는 기초를 닦고 계획을 세워 어떤 일을 해 나간다는 의미로 쓰였다. 노력의 대가로 생긴 것이 아닌, 거저 얻거나 생긴 공돈을 바라면서 일을 해나간다는 뜻이다.

208 **경향출입京鄕出入 싸다닐 때**. '경본'에서는 이 구절을 "뜬재물을 경영經營하고 경향京鄕없이 싸다니며"라고 했다. '경향'은 서울과 시골을 아울러 이르는 말이다. "싸다니다"는 여기저기를 경박하게 분주히 돌아다닌다는 의미다.

209 **재상가**. 宰相家. 재상의 집이나 집안. 여기서는 반드시 재상이 아니라도 권세 있는 집안을 말한다.

210 **청질**. 어떤 일을 하는 데에 권세 있는 사람에게 부탁하여 그 힘을 빌리는 일.

211 **봉변**. 逢變. 뜻밖의 변이나 망신스러운 일을 당함. 또는 그 변.

212 **골**. 고을

213 **걸태타가**. 걸태하다가. '걸태'는 염치나 체면을 차리지 않고 재물 따위를 마구 긁어모으는 일을 낮잡아 이르는 말.

214 **훤금諠禁**. 이 말의 그 용례는 찾아볼 수 없다. '경본'에서 "혼금閽禁"이라 한 것이 적절한 말인 듯하다. 혼금은 관아에서 잡인의 출입을 금지하던 일을 말한다.

215 **혼인중매婚姻中媒**. 결혼이 이루어지도록 중간에서 소개하는 일. '중매'는 '仲媒'라고 쓴다.

216 **선채先綵돈**. 전통 혼례에서 혼례를 치르기 전에 신랑 집에서 신붓집으로 보내는 채단采緞. '채단'은 혼인 때 신랑 집에서 신붓집으로 미리 보내는 푸른색과 붉은색의 비단로 치마나 저고릿감으로 쓴다. '선채돈'은 '선폐금先幣金'을 말하는데, 신랑 집에서 신붓집에 선채의 몫으로 보내던 돈을 말한다.

217 **무류**. 충청도에서는 수줍거나 창피하여 볼 낯이 없다는 '무안無顔'의 뜻으로 쓰인다. 『동문유해同文類解』에서는 '무료하다'를 '부끄럽다'로 풀었다. '경본'에서는 염치가 없다는 뜻의 "무렴"이라 했다.

218 중매를 서겠다면서 선채 몫으로 돈을 요구하다가 염치없다고 뺨을 맞았다는 말이다.

가대환성家垈奐成[219] 구문[220] 먹기 핀잔[221] 보고 자빠지고
불리행실不理行實[222] 찌그렁이[223] 위조문서僞造文書[224] 비리호송非理好訟[225]
부자富子[226]나 후려볼까[227] 감언이설甘言利說[228] 꾀어보자[229]
언막이[230]에 보막이[231]며 은점銀店[232]이며 금점金店[233]이라[234]

219 **가대환성家垈奐成**. 이 말의 용례는 찾아볼 수 없다. 아마 '가대환성家垈換成'이 아닐까 한다. '경본'에서는 "가대문서假代文書"라 했다. 가대문서는 거짓으로 꾸민 문서를 말한다.

220 **구문**. 口文. 흥정을 붙여 주고 그 보수로 받는 돈. 이 구절은 빚을 진 사람이 자신의 집을 상대방의 더 좋지 않은 집과 맞바꾸면서 빚을 탕감하는 행위를 중간에서 중개하고 구문을 받아먹는다는 말이다.

221 **핀잔**. 맞대어 놓고 언짢게 꾸짖거나 비꼬아 꾸짖는 일.

222 **불리행실不理行實**. 이 말의 용례는 찾아볼 수 없다. '경본'에서처럼 "불의행세不義行世"라고 한 것이 적절하다. '불의행세'는 의리, 도의, 정의 따위에 어긋나는 짓을 말한다.

223 **찌그렁이**. 남에게 무턱대고 억지로 떼를 쓰는 짓. 또는 그런 사람.

224 **위조문서僞造文書**. 거짓으로 꾸민 문서.

225 **비리호송非理好訟**. 이치에 맞지 아니한 송사訟事, 곧 재판을 잘 일으킴.

226 **부자富子**. '富者'라고 써야 함.

227 **후려볼까**. '후리다'는 남의 것을 갑자기 빼앗거나 슬쩍 가지다.

228 **감언이설甘言利說**. 귀가 솔깃하도록 남의 비위를 맞추거나 이로운 조건을 내세워 꾀는 말.

229 **꾀어보자**. '꾀다'는 그럴듯한 말이나 행동으로 남을 속이거나 부추겨서 자기 생각대로 끌다.

230 **언막이**. 언堰막이. 논에 물을 대기 위하여 막아 쌓은 둑.

231 **보막이**. 보洑막이. 논에 물을 대기 위해 만든 보洑를 막기 위하여 둑을 쌓거나 고치는 일. 참고로 산 가까이 제提를 두어 물을 가두고, 들 가까이에는 보洑를 두어 물을 끌어들이며, 바다 가까이에는 언堰을 두어 물을 막았다.

232 **은점銀店**. 은광銀鑛. 은을 캐내는 광산. 조선 후기 은광에 열광하는 분위기를 다음 기록이 잘 전해주고 있다. "강계에는 은광이 많이 있었으므로 사방에서 사람들이 구름 떼처럼 몰려들어 산꼭대기까지 집을 짓고 살았다. 이들은 모두 놀고먹는 무뢰배로 하는 일이라고는 그저 머리를 맞대고 시선을 모아 광산 입구를 기웃거리는 것이었다. 광산 입구에는 철통같이 지키는 자가 있어 침입할 틈이 없었는데, 어쩌다가 문이 조금이라도 열리면 기웃거리던 자들이 즉시 몸을 던져 들어갔다. 그 안은 헤아릴 수 없이 깊고 자칫하면 수많은 돌무더기에 파묻힐 수 있었는데도 이들은 죽거나 다치는 것은 아랑곳하지 않고 굴속에 들어온 것만을 다행으로 여겼다. 횃불을 따라 구불구불 가다 보면 은을 캐는 곳에 이르는데, 그곳에는 은덩이가 산처럼 쌓여 있어서 망치로 살짝만 쳐도 은이 와르르 쏟아져 내렸다. 그러면 무뢰배는 냉큼 은을 끌어안고 엎드려 죽어도 놓지 않고 감독관의 욕과 매질을 엿처럼 달게 여기니, 감독관도 떠밀어 내보낼 뿐 어찌할 수 없었다. 은을 가지고 굴을 나와서 하늘을 우러러 소리를 치면 돈을 가진 자들이 달려들어 교역하면서 값을 흥정하는데 서로 개니 돼지니 하는 욕설이 입에서 떠나지 않았다."『청성잡기靑城雜記』「성언醒言」

233 **금점金店**. 금광金鑛. 금을 캐는 광산. 금광에 대한 열광 역시 대단해서 농사를 저버리고 다들 그리로 몰려가는 추세였다. 이에 정조는 "금점을 설치한 곳이 혹시 있더라도 일체 혁파하여 그 채굴하는 부류들을 농토로 돌아가게 하라."는 명령을 내렸다.『홍재전서弘齋全書』「비답批答」"좌의정 심환지가 금 채굴을 금지할 것을 청한 연주筵奏에 대한 비답左議政沈煥之請禁採金筵奏批] 참고로 명과 청에서 금과 은을 조공하라 하자 조선에서는 금과 은이 나지 않는다고 하면서 채굴을 금지하기도 했다.

234 조선 후기에 금광, 은광의 개발과 언막이, 보막이가 대대적으로 성행했음은 다음 전언에서 확인된다. "세상에서 부랑浮浪한 파가破家의 자제라고 일컫는 자들은 늘 '광산을 개발하고 제언을 쌓는다'고 말하기 때문에 어울려 애를 쓰며 종사하는 자들이 꼬리를 물고 이어졌다世之稱浮浪破家子弟, 輒曰採礦而築堰, 相與勉止, 而從事者踵相不絶."[남공철南公轍(1760~1840), 「동지중추부사안군묘지同知中樞府事安君墓誌」,『금릉집金陵集』] 금광과 은광의 개발은 이익이 많이 남는 것이어서 불법 채광인 잠채潛採가 유행했다. 언막이와 보막이는 그 자체로 도박은 아니지만, 은광이나 금광 개발과 마찬가지로 사기와 불법으로 이루어졌다. 그것은 성실한 노동과 합리적 경영 대신에 최소한의 투자로 최대한의 이익을 노리는 도박과 유사한 것이었다. 성대중成大中(1732~1809)은 "내가 살펴보건대 대체로 의복과 두건을 잘 차리고 점잖은 걸음걸이에 말을 유창하게 하는 양반들이 어쩌면 광산 입구를 기웃거리는 무뢰배들의 변신인지 모르겠다"『청성잡기靑城雜記』「성언醒言」라고 했는데, 여기서 곰생원의 모습을 엿볼 수 있다.

대도변大道邊[235]에 색주가色酒家[236]며 노름판에 분돈[237] 주기
남북촌南北村[238] 뚜쟁이[239]로 인물초인人物招人[240] 하여볼까
산진매[241] 수진매[242]로 사냥질로 놀아나기[243]
혼인 핑계 어린 딸이 백냥짜리 되었구나[244]
대종손大宗孫[245] 양반 자양兩班 自揚[246] 산소나 팔아볼까[247]
아낙[248]은 친정庭살이[249] 자식은 고공雇工살이[250]
일가[251]에게 독보獨步[252] 되고 친구에게 손가락질
부지거처不知去處[253] 나간 후에 소문이나 들었던가
산 너머 꾕생원은 그야[254] 하우불이下愚不移[255]로다

---

235 **대도변大道邊**. 대로변大路邊. 큰길 옆. 또는 큰길 가까이.

236 **색주가色酒家**. 젊은 여자를 두고 술과 함께 몸을 팔게 하는 집.

237 **분돈**. 분전分錢. 푼돈. 다음에 나오는 "주기"와의 관련을 고려해 보면 푼돈과는 다른 뜻으로 쓰였음을 알 수 있다. 노름판에는 '분전노分錢奴'라는 사람이 있었다. 노름판을 만들어 노름을 조장하고 노름돈을 대어주는 사람을 설주卨主라고 한다. 노름판의 돈은 설주의 돈이라 해도 좋다. 그런데 설주는 분전노라고 부르는 거간꾼을 두었다. 분전노는 노름판에서 돈을 잃은 사람에게 뒷돈을 꿔주는 사람으로, 설주에게 돈을 빌려다가 노름꾼에게 돈을 대어주고 그 이문을 챙겼다. 돈이 떨어지면 노름꾼들은 분전노를 통해 설주에게 가축이나 땅 문서 따위를 헐값으로 잡히고 돈을 빌린다. 설주는 계약서를 작성하고 사전私錢을 꿔주고 노름이 끝나면 높은 이자를 붙여 받거나, 갚지 못하면 잡힌 물건을 차지한다. 이렇게 볼 때, 이 구절은 곰생원이 분전노가 되어 분전을 노름꾼에게 빌려준다는 의미가 된다. 한편 '경본'에서는 "노름판에 푼돈 떼기"라고 했다.

238 **남북촌**南北村. 남촌과 북촌을 아울러 이르는 말. 여기서는 여러 마을을 두루 지칭한다.

239 **뚜쟁이**. 부부가 아닌 남녀가 정을 통할 수 있도록 소개하는 사람.

240 **인물초인**人物招人. "招人"은 사람들을 끌어모은다는 뜻의 '招引'으로 써야 적절할 듯하다. 그렇다면 이 구절은 중매쟁이로 나서 색시가 인물이 좋다고 속여 사람들을 불러 모은다는 말이 될 것이다.

241 **산진매**. 산에서 자라 여러 해를 묵은 매나 새매. 산지니.

242 **수진매**. 사람의 손으로 길들인 매나 새매. 수지니.

243 매사냥은 말타기, 활쏘기와 더불어 돈이 많이 드는, 남성들의 고급 취미활동이었다. 꼭두각시놀음에 매사냥이 나온다. 꼭두각시놀음 둘째 마당 평안 감사의 첫째 거리다. 박첨지가 등장하여 평안감사 출동을 알리고 퇴장하면 평안감사가 나타나 박첨지를 불러 치도治道를 잘못했음을 꾸짖고 매사냥할 몰이꾼을 대라고 한다. 박첨지가 홍동지를 불러 매사냥을 한다. 꿩을 잡은 평안감사가 꿩을 팔아 오라고 말한 후 떠나면 뒤따라 모두 퇴장한다.

244 어린 딸을 신분이 낮은 부잣집에 시집 보내고, 앞뒤로 이것저것 받은 것이 100냥이 되었다는 말인 듯하다.

245 **대종손**大宗孫. 동성동본의 일가 가운데 시조의 제사를 받드는 가장 큰집인 대종가의 맏자손.

246 **양반 자양**兩班 自揚. 양반 자랑

247 앞에서는 명당에 묘를 잘 쓴 덕분에 대종가를 이루게 되었다고 자랑하면서 이제 와서는 그 산소 자리를 팔아버리겠다고 하는 것은 자기모순이다. 그러나 모든 것이 이利를 추구한다는 점에서 둘은 동전의 양면이기도 하다.

248 **아낙**. 남의 집 부녀자를 통속적으로 이르는 말이지만, 여기서는 자신의 아내를 뜻한다.

249 **치정**庭**살이**. 결혼한 여자가 친정에서 살림살이를 하는 일.

250 **고공**雇工**살이**. '고공'은 품삯을 받고 남의 일을 해 주는 일. 또는 그런 사람.

251 **일가**. 一家. 성姓과 본이 같은 겨레붙이.

252 **독보**獨步. 남이 감히 따를 수 없을 만큼 혼자 앞서감. 또는 그런 사람이라는 말인데, 인심을 잃어 도움을 받을 곳이 없는 외로운 남자를 뜻하는 '독부獨夫'라 해야 적절하다.

253 **부지거처**不知去處. 간 곳을 모름.

254 **그야**. 그야말로.

255 **하우불이**下愚不移. '하우'는 아주 어리석고 못남. 또는 그런 사람이고, '불이'는 '바뀌지 않다, 변하지 않다, 옮기지 못하다'는 뜻이다. '하우불이'는 『논어』에 '상지여하우불이上知與下愚不移'에서 온 말로, 지극히 지혜로운 자와 지극히 어리석은 자는 변화시킬 수 없다는 말이다. 상지上知는 이미 선善의 극치에 이르렀으므로 더 변화할 수 없고, 하우는 선을 믿지 않고 선을 행하지 않고 자포자기하므로 변화해 나아갈 수 없다는 뜻이다.

거들어거려[256] 하는 말이 대장부의 기상氣像[257]으로

동네 존장尊長[258] 몰라보고 이소능장以少凌長[259] 욕하기와

의관열파衣冠列破[260] 사람 치기 맞았노라 떼쓰며

남의 과부 동이기[261]와 투장꾼[262]에 청병請兵 가기[263]

친척 집에 소 끌기와 중모방매中謀放賣[264] 일수一手[265]로다[266]

부잣집에 긴緊한[267] 체로 친한 사람 이간以奸질[268]과

일수日收[269] 돈 월수月收[270] 돈에 장변리長邊利[271] 장처계長處契[272]와

종계宗契[273] 빚 과부 빚을 금일명일今日明日[274] 졸라내네[275]

제 부모에 몹시 굴어[276] 완악頑惡키[277] 말대답하며

투전꾼[278]은 좋아하여 손목 잡고 술 권하기

제 처자는 몰라보고 남의 계집 정표情標[279]하기

자식 노릇 못하면서 제 자식을 귀히 알며

며느리를 들볶으며[280] 욕하면서 하는 말이

선살인先殺人[281] 나겠구나 기둥 빼고 벽 떨어라[282]

---

256 **거들어거려.** 거들대어. '거들대다'는 거만스럽게 잘난 체하며 자꾸 버릇없이 굴다.

257 **기상氣像.** 자신이 대장부의 기상으로 말한다고 거들먹거리는 것을 비웃는 말이다. '경본'에서는 "거들어서 한 말 자랑 대장부의 결기로다"라고 했다.

258 **존장尊長.** 일가친척이 아닌 사람으로서 자기보다 나이가 많음. 또는 그런 사람.

259 **이소능장以少凌長.** 젊은 사람이 나이 많은 사람을 업신여김.

260 **의관열파衣冠裂破.** 옷을 찢고 갓을 부숨. 또는 그렇게 하여 싸움.

261 **동이기.** '동이다'는 끈이나 실 따위로 감거나 둘러 묶다. 과부를 밤에 몰래 보에 싸서 데려와 부인으로 삼던 보쌈을 말한다. '경본'에서는 "겁탈하기"라고 했다.

262 **투장꾼**. 偸葬軍. 남의 산이나 묏자리에 몰래 자기 집안의 묘를 쓰는 일을 하는 사람. 명당자리에 조상 무덤을 쓰는 문제로 인해 수많은 송사, 산송山訟이 벌어졌다. 서로 명당에 자기 조상 무덤을 써야 한다고 하면서 가문 간에 갈등이 빚어지거나 권력으로 남의 선산을 빼어서 묘를 쓰거나[勒葬(늑장)], 상대를 매수해서 무덤을 쓰거나[誘葬(유장)], 몰래 투장을 하는 일이 많았다. 살인 사건까지 발생했을 정도였다.

263 **청병請兵 가기**. '청병'은 어떤 일에 다른 사람의 원조를 청함. 그것을 원조하러 온 사람. 이 말은 불법적으로 이루어지는 투장을 도우러 다녔다는 뜻이다.

264 **중모방매中謀放賣**. 물건을 훔쳐다 판다는 뜻의 '중목방매中目放賣'라고 해야 한다.

265 **일수一手**. 남보다 뛰어난 수나 솜씨. 또는 그런 수나 솜씨를 가진 사람.

266 '경본'에서는 "주먹다짐 일쑤로다"라고 했다. 여기서 "일쑤"는 흔히. 또는 으레 그러는 일을 말한다.

267 **긴緊한**. '긴하다'는 꼭 필요하다. 부자들에게는 자신이 반드시 필요한 사람인 것처럼 아양을 떤다는 말이다.

268 **이간以奸질**. 두 사람이나 나라 따위의 중간에서 서로를 멀어지게 하는 일을 낮잡아 이르는 말. '離間질'이라고 써야 한다. 자기만이 부자와 긴밀한 관계를 맺어야 하니, 경쟁자는 이간질을 해서라도 부자와의 관계를 끊게 해야 마땅하다는 말이다.

269 **일수日收**. 본전에 이자를 합하여 일정한 액수를 날마다 거두어들이는 일. 또는 그런 빚.

270 **월수月收**. 본전에 이자를 합하여 일정한 액수를 달마다 거두어들이는 일. 또는 그 빚.

271 **장변리長邊利**. 장에서 꾸는 돈의 이자. 닷새 동안의 이자를 얼마로 셈한다.

272 **장처계長處契**. 장에서 비싼 이자로 돈을 뀌어주고 장날마다 본전의 일부와 이자를 받아들이던 일인 장체계場遞計라고 써야 한다.

273 **종계宗契**. 조상의 제사를 모시는 데에 드는 비용을 모으는 계. '계'는 주로 경제적인 도움을 주고받거나 친목을 도모하기 위하여 만든 전래의 협동 조직을 말한다.

274 **금일명일今日明日**. 오늘과 내일 사이. 또는 가까운 시일 안.

275 **졸라내네**. '조르네'. '조르다'는 다른 사람에게 차지고 끈덕지게 무엇을 자꾸 요구하다.

276 **굴어**. 더할 수 없이 심하게 행동하거나 대해.

277 **완악頑惡키**. 완악하게. '완악'은 성질이 억세게 고집스럽고 사납다는 말이다.

278 **투전꾼**. 投箋軍. 투전에 대해서는 주석 25번을 참조할 것.

279 **정표情標**. 간절한 정을 드러내 보이기 위하여 물품을 줌. 또는 그 물품.

280 **들볶으며**. '들볶다'는 잔소리를 하거나 하여 남을 못살게 굴다. 여기서는 며느리에게 친정에 가서 돈을 가져오라고 윽박지른다는 말.

281 **선살인先殺人**. 이런 용례는 찾아볼 수 없는데, 글자 그대로 '먼저 살인함'의 뜻인 듯. "선살인 나겠구나"를 '경본'에서는 "봉양奉養 잘못 호령한다"라고 했다.

282 **떨어라**. 흔들어라. 성질을 내면서 기둥도 잡아 흔들고 벽도 탕탕 치는 모습을 말하는 듯하다. 이렇게 하면 며느리가 할 수 없이 친정에 가서 돈을 가져올 수밖에 없었을 것이다.

천하난봉天下難逢[283] 자처自處[284]하니 부끄럼을 내 몰라라
주리[285] 틀고 경친[286] 것을 옷을 벗고 자랑하되
술집은 안방이요 투전방投戰房[287]은 사랑舍廊[288]이라
늙은 부모 병든 처자 손톱 발톱 젖혀지고[289]
누에치고[290] 길쌈[291]한 걸 술 내기로 장기[292] 두세
책망責忘 없고[293] 버린[294] 몸이[295]
누이동생 조카딸을 색주가色酒家[296]로 환매換賣[297]하세
부모가 걱정하면 완악頑惡키 말대답[298]과
아낙[299]이 사설[300]하면 밥상 치며 계집 치기
저녁 먹고 나간 후에 논두렁을 베었는가[301]
포청귀신捕廳鬼神[302] 되었는지 듣도 보고 못할레라[303]

---

283 **천하난봉天下難逢**. '난봉'은 허랑방탕한 짓 혹은 허랑방탕한 짓을 일삼는 사람, 곧 난봉꾼.

284 **자처自處**. 자기를 어떤 사람으로 여겨 그렇게 처신함.

285 **주리**. 주뢰周牢. 죄인의 두 다리를 한데 묶고 다리 사이에 두 개의 주릿대를 끼워 비트는 형벌.

286 **경친**. '경치다'는 혹독하게 벌을 받다. 원래 '경黥'은 중국에서 행하던 오형五刑 가운데 하나. 죄인의 이마나 팔뚝 따위에 먹줄로 죄명을 써넣던, 곧 자자刺字하던 형벌이다. '자자'는 고대 중국에서부터 행해졌던 형벌의 하나로, 얼굴이나 팔뚝의 살을 따고 흠을 내어 먹물로 죄명을 찍어 넣는 것을 말한다. '치다'는 붓이나 연필 따위로 점을 찍거나 선이나 그림을 그린다는 뜻이다. 형벌 자체는 가볍지만, 가장 수치스러운 것이었다.

287 **투전방投戰房**. 투전을 하는 방.

288 **사랑舍廊**. 집의 안채와 떨어져 있는, 바깥주인이 거처하며 손님을 접대하는 곳.

289 노동을 심하게 해 손톱과 발톱이 빠질 정도가 되었다는 말이다.

290 **누에치고**. '누에치기'는 누에를 길러 실을 뽑는 누에농사, 곧 잠농蠶農.

291 **길쌈**. 실을 내어 옷감을 짜는 모든 일을 통틀어 이르는 말.

292 **장기**. 나무로 만든 32짝의 말을 붉은 글자와 푸른 글자의 두 종류로 나누어 판 위에 벌여 놓고 서로 번갈아 가며 공격과 수비를 교대로 하여 승부를 가리는 놀이. 또는 그런 놀이를 하는 데 쓰는 기구.

293 **책망責望 없고**. '책망'은 잘못을 꾸짖거나 나무라며 못마땅하게 여김. 여기서 "책망 없고"는 반성이 없다는 말이다.

294 **버린**. '버리다'와 관련해서는 다음『맹자』의 말을 참고할 수 있다. "스스로 자기를 해치는 사람과는 더불어 이야기할 수 없다. 스스로 자기를 버리는 사람과는 더불어 일할 수 없다. 말로 예의를 비난하는 것을 스스로 자기를 해치는 것[자포自暴]이라고 하며, 내 몸이 인仁에 거하고 의義에 따르지 못하는 것을 스스로를 버리는 것[자기自棄]라고 한다. 인은 사람의 편안한 집이고, 의는 사람의 올바른 길이다. 편안한 집을 비워 두고 살지 않고 바른 길을 버리고 행하지 않으니 안타까운 일이다孟子曰, 自暴者, 不可與有言也. 自棄者, 不可與有爲也. 言非禮義, 謂之自暴也. 吾身不能居仁由義, 謂之自棄也. 仁, 人之安宅也. 義, 人之正路也. 曠安宅而弗居, 舍正路而不由, 哀哉."「이루 상離婁 上」

295 나음 구설이 빠져 있다. '경본'에서는 "무삼 생애 못하여서"라고 했다. 여기서 '무삼'은 '무슨'이고, '생애'는 살림을 살아나갈 방도. 또는 현재 살림을 살아가고 있는 형편을 말한다.

296 **색주가色酒家**. 젊은 여자를 두고 술과 함께 몸을 팔게 하는 집.

297 **환매換賣**. 돈을 받고 맞바꿔 팔아넘김.

298 **말대답**. 손윗사람의 말에 반대한다는 뜻의 이유를 붙이어 말함. 또는 그런 대답.

299 **아낙**. 남의 집 부녀자를 통속적으로 이르는 말이지만, 여기서는 자신의 아내를 뜻한다.

300 **사설**. 辭說. 잔소리나 푸념을 길게 늘어놓음. 또는 그 잔소리와 푸념.

301 **논두렁을 베었는가**. '논두렁을 베다'는 빈털터리가 되어 처량하게 죽었다는 말이다.

302 **포청귀신捕廳鬼神**. '포청'은 범죄자를 잡거나 다스리는 일을 맡아보던 관아인 포도청捕盜廳을 말한다. '포청귀신'은 포도청에 잡혀가서 형벌을 받고 죽은 귀신.

303 **못할레라**. 못하겠더라. 추측을 나타내는 종결어미. '겠더라'에서 '~더~'의 의미가 약해진 것으로서 주로 옛 말투의 시문에서 쓰인다.

傭婦篇

親庭의편지ᄒ여
媤집흉도ᄒ고만네
계염시런媤아바니와
암특ᄒᆞᆫ媤어머님
요악ᄒᆞᆫ아오동셰와
녀호갓튼시앗년에

흉보기도실타마는
져부인모양보소
시집간지셕ᄃᆞᆯ만의
媤집소리甚ᄒ다고
야의덕이媤누들과
엄숙덕이맛동셔며
러셰롭다男奴女婢
들며나며흉부덕이

용부가
傭婦歌

「우부가」에서와 마찬가지로 고려대학교 중앙도서관에 소장된 『초당문답가草堂問答歌』에 실려 있는 「용부편慵婦篇」(필사본)을 텍스트로 삼고, 『경세설警世說』에 실린 「용부가庸婦歌」를 비교하여 주해하기로 한다. 그런데 두 텍스트의 제목 중 한자 표기가 서로 다르다. 보통은 '용庸' 자를 쓰는데, 재주가 남만 못하고 어리석거나 변변치 못하다는 뜻이다. 한편

'용慵' 자는 게으르다는 의미가 더욱 강조된 말이다. 그리고 이해의 편의를 위해 한자로 된 부분은 앞에 한글을 적고 괄호 안에 한자를 병기하는 방식으로 처리하였고, 굳이 한자를 밝힐 필요가 없는 말은 본문에서 한자를 드러내지 않기로 하였으며, 가능한 한 현대어로 표기하려고 노력하였다.

흉보기도 싫다마는 저 부인 모양 보소
친정親庭[1]에 편지하여 시媤집[2] 흉도 하고많네[3]
시집간 지 석 달 만에 시집살이[4] 심하다고[5]
게검스런[6] 시아버지와 암특할사[7] 시어머님
야의덕이[8] 시뉘들[9]과 엄숙덕이[10] 맏동서[11]며
요악한[12] 아우동서[13]와 여우 같은 시앗[14] 년에
거세롭다[15] 남노여비男奴女婢[16] 들며 나며 흉부덕이[17]
여기저기 사설[18]이요 구석구석 모함[19]이라
남편이나 믿었더니 십벌지목十伐之木[20] 되었어라
시집살이 못하겠네 간수[21] 병이 어디 갔나
치마[22] 쓰고 내닫기[23]와 보褓짐[24] 싸고 도망질에

---

1 **친정親庭**. 친정집. 결혼한 여자의 부모 형제 등이 살고 있는 집.
2 **시媤집**. 시부모가 사는 집. 또는 남편의 집안.
3 **하고많네**. 헤아릴 수 없이 아주 많네.
4 **시집살이**. 결혼한 여자가 시집에 들어가서 살림살이를 하는 일.
5 '경본'에서는 둘째 구와 셋째 구의 순서가 바뀌어 있는데, 그것이 문맥상 더욱 자연스럽다.

6 **게검스런**. '게검스럽다'는 음식을 욕심껏 먹어 대는 꼴이 보기에 매우 흉하다. '경본'에서는 "개염할사"라고 했는데, '개염하다'는 부러워하며 샘하여 탐낸다는 말한다.

7 **암특할사**. '암특暗慝하다'는 성질이 음흉하고 험상하다. '경본'에서는 "암상할사"라고 한바, '암상하다'는 남을 시기하고 샘을 잘 내는 마음이나 태도가 있다는 말이다.

8 **야의덕이**. 문맥상 "야의"는 '야유揶揄', 곧 남을 빈정거려 놀림 또는 그런 말이나 몸짓을 말하는 것 같다. "덕이"는 '그와 관련된 일을 하거나 그런 성질을 가진 사람'의 뜻을 더하는 접미사인 '데기'. 이렇게 보면 "야의덕이"는 남을 빈정대거나 놀리기를 잘하는 사람이라는 뜻이 된다.

9 **시뉘들**. 시누이들. 남편의 누나나 여동생들.

10 **엄숙덕이**. '엄숙'은 말이나 태도 따위가 위엄이 있고 정중하다는 말이니, "엄숙덕이"는 엄숙한 척을 잘하는 사람을 말한다.

11 **맏동서**. 남편과 항렬이 같은 사람 가운데 남편보다 나이가 많은 남자인 큰아주버니의 아내를 이르는 말.

12 **요악한**. '요악妖惡하다'는 요사하고 간사하며 악독하다.

13 **아우동서**. 아랫동서. 남편과 항렬이 같은 사람 가운데 남편보다 나이가 적은 남자 형제의 아내를 이르는 말.

14 **시앗**. 남편의 첩.

15 **거세롭다**. '거세다'는 사물의 기세 따위가 몹시 거칠고 세차다. 성격 따위가 거칠고 억세다. '~롭다'는 '그러함' 또는 '그럴 만함'의 뜻을 더하고 형용사를 만드는 접미사.

16 **남노여비男奴女婢**. 사내종과 계집종.

17 **홍부덕이**. 미상. "덕이"는 앞의 "야유덕이"나 "엄숙덕이"에서처럼 '~데기'일 터인데, '홍부'가 무슨 말인지는 알 수 없다. '경본'에서는 "흠구덕"이라 했다. '흠구덕'은 남의 허물을 찾아내어 말한다는 뜻이다.

18 **사설**. 辭說. 잔소리나 푸념을 길게 늘어놓음. 또는 그 잔소리와 푸념.

19 **모함**. 謀陷. 나쁜 꾀로 남을 어려운 처지에 빠지게 함.

20 **십벌지목十伐之木**. 열 번 찍어 베는 나무라는 뜻으로, 보통 열 번 찍어 안 넘어가는 나무가 없음을 이르는 말로 쓰이는데, 여기서는 자신이 남편을 믿고 또 믿었지만 결국 아무런 보람이 없었다는 뜻으로 쓰였다.

21 **간수**. 습기가 찬 소금에서 저절로 녹아 흐르는 짜고 쓴 물로 두부를 만들 때 쓴다. 천일염은 간수를 뺀 후 사용하는데, 간수에는 비소라는 독극물이 들어 있다.

22 **치마**. 여기서는 부녀자가 나들이할 때, 내외를 하기 위하여 머리와 몸 윗부분을 가리어 쓰던 쓰개치마를 말한다.

23 **내닫기**. 갑자기 밖이나 앞쪽으로 힘차게 뛰어나가기. 가정을 버리고 집을 나가는 가출家出을 단행한다는 말이다.

24 **보褓짐**. 봇짐. 등에 지기 위하여 물건을 보자기에 싸서 꾸린 짐.

오락가락 못 견디어 승僧년[25]이나 따라갈까[26]

들 구경이나 하여보며 나물이나 뜯어볼까

긴 장죽長竹[27]이 벗님이요 문복問卜[28]하기 소일消日[29]이라

겉으로는 설음이요 속으로는 딴생각[30]에

반분半粉대[31]로 일을 삼고 털뽑기[32]가 세월이요[33]

시부모가 걱정하면 완악頑惡키[34] 말대답[35]이며

남편이 사설[36]하면 뒤중그려[37] 맞넉수[38]라

들고나면[39] 초롱군[40]이라 팔자[41]나 고쳐 볼까

양반 자양自揚[42] 모두 하며 색주가色酒家[43]나 하여 볼까

남대문 밖 뺑덕어미 제 천성天性[44]이 저러한가

배워서 그러한가 본데없이[45] 자랐구나

여기저기 무릎맞춤[46] 싸움질로 세월이요[47]

---

25 **승僧년.** 중년.

26 **승년이나 따라갈까.** 다산이 지은, 소경에게 시집간 아낙의 이야기인 「도강고가부사道康瞽家婦詞」에서 보듯이, 조선 후기에는 시집살이를 견디지 못해 중이 된 여자들이 상당히 많았다. 탐욕스러운 친정아버지에 의해 돈에 팔려 열여덟

에 부잣집으로 시집간 '강진 여자'의 신랑은 49살의 맹인이자 두 번이나 결혼해서 전처들에게 얻은 두 딸과 아들 하나가 딸린, 성질까지 고약한 자이다. 작은딸의 나이가 스물셋이니 그런 전처소생들의 모함과 냉대, 그리고 남편의 모진 학대로 강진 여자의 시집살이는 대단히 비참했다. 그녀는 마침내 그 '운명의 굴레'를 거부하고 지옥 같은 시집에서 탈출, 머리를 빡빡 깎고 중이 된다. 결국에는 관가에 붙잡혀서 돈에 팔렸던 종의 신세이자 '맹인의 아내'로 다시 전락하고 말기는 하지만, 그녀의 출가는 지옥 같은 시집살이에서 벗어나 마음이라도 편히 살고 싶다는 원망願望의 표현이다. 용부가 '중년이나 따라갈까'라고 한 것도 같은 맥락에서 이해할 수 있다.

27 **장죽長竹**. 긴 담뱃대.

28 **문복問卜**. 점쟁이에게 길흉吉凶을 물음. 점을 봄.

29 **소일消日**. 하는 일 없이 세월을 보냄.

30 **딴생각**. 미리 정해진 것에 어긋나는 생각. 주의를 기울이지 않고 다른 데로 쓰는 생각.

31 **반분半粉대**. 화장대.

32 **털뽑기**. 제모除毛. 털을 뽑거나 깎아 없앰.

33 **세월이요**. 이곳저곳 털 뽑기로 세월을 보낸다는 말이다.

34 **완악頑惡키**. 완악하게. '완악'은 성질이 억세게 고집스럽고 사납다는 말.

35 **말대답**. 손윗사람의 말에 반대한다는 뜻의 이유를 붙이어 말함. 또는 그런 대답.

36 **사설**. 辭說. 잔소리나 푸념을 길게 늘어놓음. 또는 그 잔소리와 푸념.

37 **뒤중그려**. 미상. '경본'에서는 "뒤받아"로 되어 있다. '뒤받다'는 잘못을 지적받거나 꾸중을 듣고 도리어 말대답을 하며 반항한다는 말이다.

38 **맞넉수**. 맞적수. 힘, 재주, 기량 따위가 서로 비슷하여 우열을 가리기 어려운 상대.

39 **들고나면**. 들어오고 나가면.

40 **초롱군**. 초롱[燭籠]을 들고 가며 밤길을 밝혀 주던 초롱꾼을 말하는데, '들고나면 초롱꾼'이라는 속담에서 보듯이, 저 구절은 초롱을 들고 나서면 초롱꾼이 되듯이, 사람은 어떤 일이라도 다 할 수 있다는 말이다.

41 **팔자**. 사람의 한평생의 운수. 사주팔자에서 유래한 말로, 사람이 태어난 해와 달과 날과 시간을 간지干支로 나타내면 여덟 글자가 되는데, 이 속에 일생의 운명이 정해져 있다고 본다. 여자에게 팔자는 주로 시집을 잘 갔는가 못 갔는가와 관계가 있으니, 팔자를 고친다는 말은 개가改嫁한다는 말.

42 **자양自揚**. 자랑.

43 **색주가色酒家**. 젊은 여자를 두고 술과 함께 몸을 팔게 하는 집.

44 **천성天性**. 본래 타고난 성격이나 성품.

45 **본데없이**. 보고 배운 것이 없이 또는 행동이 예의범절에 어긋나게.

46 **무릎맞춤**. 두 사람의 말이 서로 어긋날 때, 제삼자를 앞에 두고 전에 한 말을 되풀이하여 옳고 그름을 따져 싸움을 더 크게 만든다는 말.

47 **싸움질로 세월이요**. 남들과 싸우는 것으로 세월을 보낸다는 말이다.

나며는[48] 말 전주傳主[49]요 들며는[50] 음식공론飮食共論[51]
제 조상은 제쳐놓고 불공佛供[52]하기 위업爲業[53]이요
무당巫黨[54] 소경[55] 고혹苦惑[56]하여 의복衣服가지[57] 다 내가고[58]
남편 모양 볼작시면[59] 삽살개[60]의 뒷다리[61]라
자식 거동擧動[62] 볼작시면 털 벗은 솔개미[63]라
엿장사와 떡장사는 아이 핑계 거르지 않고[64]
물레[65] 앞 씨아[66] 앞은 선하품[67]에 기지개[68]라
이야기책이 소일이요 음담패설淫談敗說[69] 세월이라

---

48 **나며는**. 집 밖으로 나오거나 나가면.

49 **전주傳主**. '전주專主'라고 해야 한다. '전주'는 혼자서 일을 주관함. 밖에 나가면 남의 말을 전해 소문을 내는 데 전념한다는 말.

50 **들며는**. 방이나 집 따위에 있거나 거처를 정해 머무르게 되면.

51 **음식공론飮食共論**. 여기서 '공론'은 어떤 사물에 대한 생각을 말이나 소리로 나타내 자꾸 되풀이하는 '타령' 정도로 이해하면 좋겠다. 말하자면 집에 들어와서는 음식이 맛없다는 얘기를 늘상 입에 붙이고 산다는 말이다. 「우부가」에서 말똥이가 "조석으로 반찬 투정"을 한다고 할 때의 '투정', 곧 무엇이 모자라거나 못마땅하여 떼를 쓰며 조르는 일도 비슷한 말이다.

52 **불공佛供**. 부처 앞에 공양을 드림 또는 그런 일. '공양'은 불교에서 불佛, 법法, 승僧의 삼보三寶나 죽은 이의 영혼에게 음식, 꽃 따위를 바치는 일 또는 그 음식을 말한다.

53 **위업爲業**. 불공드리는 일을 일삼았다는 말.

54 **무당巫黨**. 무당巫堂. 귀신을 섬겨 길흉을 점치고 굿을 하는 것을 직업으로 하는 사람으로 주로 여자를 이른다.

55 **소경**. 시각장애인을 낮잡아 이르는 말. 맹인. 장님. 여기서는 점치는 일을 직업으로 삼는 맹인인 판수를 말한다. 당시 맹인은 먹고 살기 어려웠고 몸도 자유롭게 움직일 수 없어서 대개는 역학易學을 배워 점을 치고 아울러 경문經文을 외워 생업을 삼았다. 판수는 민간신앙에서 무당과 함께 기원祈願을 하는 역할을 했다. 판수는 도교의 경문經文을 읊조리면서 귀신을 퇴치하는 신통력을 가졌다고 여겼다.

56 **고혹苦惑**. '고혹蠱惑'이라 해야 한다. 고혹은 성적인 아름다움이나 매력에 홀려서 정신을 못 차리거나 푹 빠져 홀린다는 뜻이다. 불교에서 '고법지苦法智'라 하여 고통과 의혹을 끊는 지혜를 나타내는 말로 '고혹苦惑'이라는 말이 쓰이기는 하지만 '고혹蠱惑'이라 하는 것이 적절하다.

57 **의복衣服가지**. 몇 가지의 옷 또는 몇 벌의 옷. 옷가지.

58 **내가고**. '내가다'는 안에서 밖으로 가져가다. 무당 굿이나 판수의 점에 빠져 옷가지를 내다 판다는 말이다.

59 **볼작시면**. 보자면. '~ㄹ작시면'은 '그 동작을 한번 행하여 보면'의 뜻을 나타내는 연결어미. 우습거나 언짢은 경우에 잘 쓴다.

60 **삽살개**. 개 품종의 하나. 털이 복슬복슬 많이 나 있다. 오래전부터 우리나라에서 널리 길러 오던 토종개이나 일제 강점기에 멸종 위기에 몰렸다가 현재 경북 경산시 하양읍에서 사육되면서 증식하고 있다. 천연기념물 정식 명칭은 '경산慶山의 삽살개'이다. 우리나라 천연기념물이다.

61 **삽살개의 뒷다리**. 앙상하고 볼품이 없는 모양을 비유하여 이르는 말이다.

62 **서동擧動**. '거동'은 몸을 움직임 또는 그런 짓이나 태도.

63 **솔개미**. 솔개. "털 벗은 솔개"는 앙상하여 볼품없는 것을 비유하여 이르는 말이다. '털 뜯은 꿩'이라는 속담도 마찬가지다.

64 어느 순서나 자리를 빼고 넘기지 않는다는 말로, 아이가 먹고 싶어 한다는 핑계를 대면서 엿장사와 떡장사를 빠짐없이 불러 사 먹는다는 말이다. '경본'에서는 "엿장사야 떡장사야 아이 핑계 다 부르고"라고 했다.

65 **물레**. 솜이나 털 따위의 섬유를 자아서 실을 만드는 간단한 재래식 기구.

66 **씨아**. 목화의 씨를 빼는 기구. 토막나무에 두 개의 기둥을 박고 그 사이에 둥근 나무 두 개를 끼워 손잡이를 돌리면 톱니처럼 마주 돌아가면서 목화의 씨가 빠진다.

67 **선하품**. 몸에 이상이 있거나 흥미 없는 일을 할 때에 나오는 하품.

68 **기지개**. 주로 피곤할 때에 몸을 쭉 펴고 팔다리를 뻗는 일인데, 여기서는 물레 일을 하기 싫어 몸을 비트는 것을 말한다.

69 **음담패설淫談敗說**. '음담패설淫談悖說'이라고 해야 한다. 음탕하고 덕의에 벗어나는 상스러운 이야기.

이집 저집 이간질[70]로 모함[71] 잡고[72] 똥 먹이기
인물초인人物招人[73] 떨어내어[74] 패佩쪽박[75]이 되었구나
세간[76]이 짤나가고[77] 걱정은 늘어가며
치마는 짤나가고[78] 허리통[79]이 길어간다[80]
총[81] 없는 헌 짚신에 어린 자식 둘쳐업고[82]
혼인장사婚姻葬祀[83] 집집마다 음식 투심[84] 일을 삼고
끈[85] 양식 거울러라[86] 한번 포식飽食[87] 하여보자[88]
아이 싸움 어른 싸움 가부지죄가婦之罪[89]로 매 맞히고[90]
일없이[91] 성[92]을 내어 어린 자식 두드리고[93]
시앗[94]을 무여하여[95] 중매中媒아비[96] 원망이라

---

70 **이간질**. 중간에서 서로를 멀어지게 하는 일을 낮잡아 이르는 말.
71 **모함**. 나쁜 꾀로 남을 어려운 처지에 빠지게 함.
72 **잡고**. '잡다'는 꾀를 써서 남을 해치고 곤경에 빠뜨리다.

73 **인물초인人物招人**. '초인招人'은 사람들을 끌어모은다는 뜻의 '초인招引'으로 써야 적절할 듯하다. 그렇다면 이 구절은 중매쟁이로 나서 색시가 인물이 좋다고 속여 사람들을 불러 모은다는 말이 될 것이다.

74 **떨어내어**. 떨어져 나오게 하여. 사람을 끌어모아 놓고 다시 다 떨어져 나가게 한다는 말이다.

75 **패佩쪽박**. '쪽박'은 '작은 바가지'를 말한다. '쪽박' 앞의 '패佩'가 '차다'는 뜻이니, "패佩쪽박"은 쪽박을 찼다는 뜻이 된다. 거지가 되었다는 말이다. '패'를 '폐弊'로 보면, '깨진 혹은 다 떨어진 쪽박'이라는 뜻도 된다.

76 **세간**. 집안 살림에 쓰는 온갖 물건. 세간살이.

77 **짤나가고**. 이어지는 "걱정은 늘어가고"와의 관련을 고려해 보면 이 말은 '줄어들고'의 뜻으로 추정된다.

78 **짤나가고**. 여기서는 '짧아지고'의 의미인 듯.

79 **허리통**. 바지, 치마 따위에서 허리를 이루는 둘레.

80 **길어간다**. 여기서는 '늘어난다'는 의미인 듯. 치마 길이를 짧게 하고, 저고리도 짧게 해 허리통이 다 드러나게 입었다는 말인데, 당시 부녀자는 그런 식으로 멋을 부렸다. 없는 살림에 속없이 멋을 내는 것을 못마땅하게 표현한 말로 보인다.

81 **총**. 짚신이나 미투리 따위의 앞쪽의 양편쪽으로 운두를 이루는 낱낱의 신울. '운두'는 그릇이나 신 따위의 둘레나 높이를, '신울'은 신발의 양쪽 가에 댄, 발등까지 올라오는 부분을 말한다.

82 **둘쳐업고**. 둘러업고. 번쩍 들어 올려서 업고.

83 **혼인장사婚姻葬祀**. 혼인과 장례와 제사.

84 **투심妬心**. 질투하는 마음. '경본'에서는 "음식 추심"이라 했다. '추심'은 찾아내어 가지거나 받아 낸다는 말이다. 음식을 구걸할 만한 곳은 두루 찾아다닌다는 말이다. 문맥상 '투심'보다는 '추심'이 적절하다.

85 **꾼**. '꾸다'는 뒤에 도로 갚기로 하고 남의 것을 얼마 동안 빌려 쓰다.

86 **거울러라**. '거우르다'는 속에 든 것이 쏟아지도록 기울이다.

87 **포식飽食**. 배부르게 먹음.

88 꾸어 온 식량을 아껴 먹으려 하지 않고 탈탈 털어서 한꺼번에 배부르게 먹겠다는 것이다.

89 **가부지죄家婦之罪**. 미상. '경본'에서는 "남의 죄에"라고 했다.

90 **매 맞히고**. 매를 맞게 한다는 말인 듯하다.

91 **일없이**. 아무런 까닭이나 실속 없이.

92 **성**. 노엽거나 언짢게 여겨 일어나는 불쾌한 감정. 화.

93 **두드리고**. 소리가 나도록 잇따라 치거나 때리고.

94 **시앗**. 남편의 첩.

95 **무여하여**. '미워하여'인 듯하다.

96 **중매中媒아비**. 결혼이 이루어지도록 중간에서 소개하는 사람. '중매仲媒'라고 써야 한다.

며느리를 쫓았으니[97] 아들은 홀아비[98]요
딸자식을 데려오니 무례무의無禮無義 음란淫亂[99]이요
두 손뼉 두드리며 방성대곡放聲大哭[100] 해괴駭怪하다[101]
무슨 꼴에 생투기生妬忌[102]로 머리 싸고 드러눕고
간부間夫[103] 달고[104] 달아나서 관비정속官婢定屬[105] 흐뭇지라[106]
무식한 여자들아[107] 저 거동을 자세 보니[108]
그른 줄을 알았거든 고칠 개 자[109] 힘을 쓰고
옳은 줄을 알았거든 행하기를 위주[110]하소

97 **쫓았으니.** 쫓아냈으니.

98 **홀아비.** 아내를 잃고 혼자 지내는 남자.

99 **무례무의無禮無義 음란淫亂.** 태도나 말에 예의가 없고 신의나 의리가 없으며 음탕하고 난잡함.

100 **방성대곡放聲大哭.** 소리로 몹시 슬프게 곡을 함. 대성통곡.

101 **해괴恠怪하다.** '해괴駭怪하다'라고 해야 한다. '해괴하다'는 크게 놀랄 정도로 매우 괴이하고 야릇하다.

102 **생투기生妬忌.** '투기'는 부부 사이나 사랑하는 이성異性 사이에서 상대되는 이성이 다른 이성을 좋아할 경우에 지나치게 시기 혹은 질투함.

103 **간부間夫.** 남편이 있는 여자가 남편 몰래 관계하는 남자. 샛서방.

104 **달고.** '얻고'의 은어. '얻다'는 구하거나 찾아서 가지다.

105 **관비정속官婢定屬.** '관비'는 관가에 속하여 있던 계집종, '정속'은 죄인을 종으로 삼던 일을 말한다.

106 **흐뭇지라.** 많다는 말인 듯. '경본'에서는 "몇 번인가"라고 했다.

107 **여자들아.** '경본'에서는 "창생蒼生들아"라고 했다. '창생'은 세상의 모든 사람을 말한다. 경계하라고 권유하는 대상에서 큰 차이를 보인다.

108 **자세 보니.** 자세히 보고서.

109 **고칠 개 자.** 고칠 '개改'라는 글자.

110 **위주爲主.** 으뜸으로 삼음.

로쳐녀가 老處女歌

人間世上사람들아 이내말숨 들어보소 天地萬物 生긴後에 草木禽獸 짝이있다 人間에삼
긴 男女夫婦 子孫갓것마ᄂᆞᆫ 이내八字 險仔ᄒᆞᆯ손 날갓흔이 또잇ᄂᆞᆫ가 百年을 다살아야
三萬六千日이로다 혼자살이 千年살며 貞女되야 萬年살가 답답ᄒᆞ다 우리父母 가난ᄒᆞᆫ
혼 兩班이 兩班인체 見체ᄒᆞ고 處事가 不敏ᄒᆞ야 慳妄을 일슴으니 다만ᄒᆞᆫ ᄯᆞᆯ을 늙어가
寂寞ᄒᆞᆫ 빈房안에 寂寂寥寥 혼자안자 輾轉不寐 잠못드러 혼자辭說 드러보소
老處女ᄂᆞᆫ 우리父母 날길너 무엇ᄒᆞ리 죽도록 날길너셔 잘살ᄯᆡ 人皇氏
時 삼긴 男女 伏羲氏 지은 嫁娶 人間配合 婚娶ᄒᆞᆯ ᄯᆡ에도 잇마ᄂᆞᆫ 엇던 處女
八字 ᄉᆞ납와 二千前의 ... 다 男女子孫의 ... 奇險
ᄒᆞ야 四十이 處女로다 이런말ᄉᆞᆷ 엇스면 뉘라셔 이니나 울거슨 日明約定 ...에
寢不安席 잠못드러 寂寞ᄒᆞᆫ 빈방안에 生각가라 만니면 ᄭᅢ 將來事를 생각ᄒᆞ니
니어우ᄂᆞᆫ ᄯᆞᆯ은 憫憫ᄒᆞ다 父親ᄒᆞ나 半便이요 母親ᄒᆞ나 苦蔘不辭 ᄯᆞᆯ이 싀엄 來書이
生歲가 ... 來年이라 婚姻辭說 全廢ᄒᆞ고 艱難辭說 ᄲᅮᆫ이로다 어듸가 七任
오면 幸여나 仲媒신가 아희불너 詰問ᄒᆞᆫ즉 風憲約正 還上재촉 ᄒᆞᄂᆞᆫ 紙
쌍녜 幸여 請婚書가 見接다려 무러보니 外三寸의 許婚이라 ᄒᆞ엿고 ... 든
ᄒᆞ고 이 罪禍을 어이ᄒᆞᆯ고 생각에 아모 阿只ᄯᆞᆯ 새 子孫 만나 ... 가 東便 집 음량이ᄂᆞᆫ

노처녀가
老處女歌
1

고려대학교 소장 『악부樂府』에 들어 있는 가사이다. "「노처녀가」는 이본이 여럿 있는데, 시집 못 간 미모의 노처녀가 토로하는 신세한탄을 내용으로 하는 계열과, 추녀이며 갖은 병신인 노처녀가 결국 시집을 가게 된다는 것을 내용으로 하는 계열의 두 종류로 나누어 볼 수 있다. 편의상, 앞의 계열을 노처녀가(1), 뒤의 계열을 노처녀가(2)라고 부른다. 노처녀가(1)은 내방가사內房歌辭의 분포지인 안동 · 청송 · 상주 · 경주 등지에 필사본으로 전하며, 전라북도 익산에서도 발견되었다. 한인석韓仁錫이 엮은 『조선신구잡가朝鮮新舊雜歌』에도 수록된 것으로 보아 다른 지역에도 널리 전파되었을 듯하다. 이 계열에 속한 이본들은 내용과 형식에 큰 차이가 없으며, 4음보를 1행으로 헤아려 총 63행이다."(『한국민족문화대백과사전』)

인간세상 사람들아 이내 말씀 들어보소
천하만물天下萬物[1] 삼긴[2] 후에 초목금수草木禽獸[3] 짝이 있다
인간[4]에 삼긴 남녀 부부자손 갓건마는[5]
이내 팔자[6] 험險궂을손[7] 나 같은 이 또 있는가
백 년을 다 살아야 삼만 육천 일이로다
혼자살이 천년 살면 정녀貞女[8] 되어 만년 살까
답답한 우리 부모 가난한 좀[9] 양반이
양반인 체 된 체하고[10] 처사處事[11]가 불민不敏[12]하여
괴망怪妄[13]을 일삼으니 다만 한 딸 늙어간다
적막한[14] 빈방 안에 적적요요寂寂寥寥[15] 혼자 앉아
전전불매輾轉不寐[16] 잠 못 들어 혼자 사설辭說[17] 들어보소
노망老妄[18]한 우리 부모 날 길러 무엇하리
죽도록 날 길러서 잡아 쓸까 구어 쓸까[19]
인황씨人皇氏[20] 적[21] 삼긴 남녀 복희씨 적 지은 가취嫁娶[22]
인간배합人間配合[23] 혼취婚娶[24]함은 예로[25] 있건마는
어떤 처녀 팔자 좋아 이십 전에 시집간다
남녀자손 시집 장가 떳떳한 일이건만
이내 팔자 기험奇險[26]하여 사십까지 처녀로다
이런 줄 알았으면 처음[27] 아니 나올 것을
명월사창月明沙窓[28] 긴긴밤에 침불안석寢不安席[29] 잠 못 들어
적막한 빈방 안에 오락가락 다니면서

1 **천하만물天下萬物**. 하늘 아래 온 세상에 있는 모든 것.

2 **삼긴**. 생긴

3 **초목금수草木禽獸**. 풀과 나무와 날짐승과 길짐승을 아울러 이르는 말. 이 말 뒤에 "라도"가 덧써 있는데, 필요치 않아 생략했다.

4 **인간**. 인생세간人生世間, 곧 사람이 사는 세상.

5 **갓건마는**. '갖다'는 구존具存하다, 빠짐없이 골고루 갖추어져 있다.

6 **팔자**. 八字. 사람의 한평생의 운수. 사주팔자에서 유래한 말로, 사람이 태어난 해와 달과 날과 시간을 간지干支로 나타내면 여덟 글자가 되는데, 이 속에 일생의 운명이 정해져 있다고 본다. 여자에게 팔자는 주로 시집을 잘 갔는가 못 갔는가와 관계가 있다.

7 **험險궂을손**. 험하구나.

8 **정녀貞女**. 남자와 성적 관계가 한 번도 없는 여자. 숫처녀. 정절을 지키는 여자. 또는 도교에서 말하는 '숫처녀'라는 말을 비꼬아서 하는 말.

9 **좀**. '좀스럽다'는 도량이 좁고 옹졸한 데가 있다.

10 **된 체하고**. 잘난 척하고. '되다'는 사람으로서의 품격과 덕을 갖추다. '체하다'는 앞말이 뜻하는 행동이나 상태를 거짓으로 그럴듯하게 꾸밈을 나타내는 말.

11 **처사處事**. 일을 처리함. 또는 그런 처리.

12 **불민不敏**. 어리석고 둔하여 재빠르지 못함.

13 **괴망怪妄**. 말이나 행동이 괴상하고 망측함.

14 **적막한**. 고요하고 쓸쓸한. 의지할 데 없이 외로운.

15 **적적요요寂寂寥寥**. 적요寂寥. 적적하고 고요함.

16 **전전불매寂寂寥寥**. '전전'은 누워서 이리저리 몸을 뒤척임, '불매'는 잠을 자지 못함.

17 **사설辭說**. 늘어놓는 말이나 이야기. 잔소리나 푸념을 길게 늘어놓음. 또는 그 잔소리와 푸념.

18 **노망老妄**. 늙어서 망령이 듦. 또는 그 망령.

19 **잡아 쓸까 구어 쓸까**. 잡아 쓸가 구워 쓸가. 잡아 먹을까 구워 먹을까.

20 **인황씨人皇氏**. 중국 고대 전설에 나오는 세 명의 임금, 곧 삼황三皇 중 한 사람. 삼황은 천황씨天皇氏 · 지황씨地皇氏 · 인황씨人皇氏로 보는 설과 수인씨燧人氏 · 복희씨伏羲氏 · 신농씨神農氏로 보는 설이 있으며, 복희씨 · 신농씨 · 헌원씨軒轅氏로 보는 설 따위의 여러 학설이 있다. 여기서는 전자.

21 **적**. 그 동작이 진행되거나 그 상태가 나타나 있는 때. 또는 지나간 어떤 때.

22 **가취嫁娶**. 시집가고 장가듦. 복희씨가 혼인제도를 만들었다고 함.

23 **인간배합人間配合**. 남녀가 부부의 인연을 맺음.

24 **혼취婚娶**. 남자와 여자가 부부가 되는 일. 혼인.

25 **예로**. 옛날부터.

26 **기험奇險**. 세상살이가 순탄하지 못하고 가탈(일이 순조롭게 나아가는 것을 방해하는 조건)이 많음.

27 **처음**. '애당초'.

28 **월명사창月明紗窓**. 달빛이 밝게 비쳐 드는, 비단으로 장식한 창문.

29 **침불안석寢不安席**. 걱정이 많아서 잠을 편히 자지 못함.

장래사將來事[30]를 생각하니 더욱 답답민망沓沓憫惘[31]하다
부친 하나 반편半便[32]이요 모친 하나 쑥맥불변菽麥不辨[33]
날이 새면 내일이요 세歲가 쇠면[34] 내년이라
혼인사설婚姻辭說[35] 전폐全廢[36]하고 간난사설艱難辭說[37]뿐이로다
어디서 손님 오면 행여나 중매[38]신가
아이 불러 힐문詰問[39]한 즉 풍헌약정風憲約正[40] 환상還上[41] 재촉[42]
어디서 편지 왔네 행여나 청혼請婚선가[43]
아이다려[44] 물어보니 외삼촌의 부음訃音[45]이라
애닯고 설운지고[46] 이 간장肝腸[47]을 어이할꼬
앞집의 아무[48] 아지阿只[49] 벌써 자손 났단 말가[50]

---

30 **장래사將來事**. 장차 닥쳐올 일이나 해야 할 일.

31 **답답민망沓沓憫惘**. 숨이 막힐 듯이 애가 타고 갑갑하여 딱하여 안타까움.

32 **반편半便**. 반편半偏. 지능이 보통 사람보다 모자라는 사람을 낮잡아 이르는 말.

33 **숙맥불변菽麥不辨**. 콩인지 보리인지를 구별하지 못한다는 뜻으로, 사리 분별을 못 하고 세상 물정을 잘 모름을 이르는 말.

34 **세歲가 쇠면**. 해가 가면. '쇠다'는 명절, 생일, 기념일 같은 날을 맞이하여 지낸다. 이 혼인 사설은 섣달그믐날 하고 있다.

35 **혼인사설婚姻辭說**. 결혼과 관련된 푸념.

36 **전폐全廢**. 아주 그만둠. 또는 모두 없앰.

37 **간난사설艱難辭說**. '간난'은 몹시 힘들고 고생스러움. '사설'은 늘어놓는 말이나 이야기. 잔소리나 푸념을 길게 늘어놓음. 또는 그 잔소리와 푸념.

38 **중매**. 仲媒. 결혼이 이루어지도록 중간에서 소개하는 일. 또는 그런 사람.

39 **힐문詰問**. 트집을 잡아 따져 물음.

40 **풍헌약정風憲約正**. '풍헌'은 지방의 수령을 보좌하면서 풍속을 바로잡고 향리를 감찰하며, 민의를 대변하는 유향소留鄕所, 곧 향청鄕廳에서 면面이나 이里의 일을 맡아보던 사람, '약정'은 권선징악과 상부상조를 목적으로 만든 향촌의

자치 규약인 향약 조직의 임원으로 수령이 향약을 실시할 때 보조적인 역할을 하였고, 실무적인 면에서는 중추적인 위치에 있던 사람을 말한다. 이들 향임鄕任은 감독 기능을 통하여 부세賦稅, 곧 세금을 걷고 집행하는 일에 참여했다. 향청이 수령의 보좌 및 집행 기구로 변질됨에 따라 향청의 임원도 점차 수령의 하수인화되었다. 이들은 이서吏胥 집단이 하던 행정 실무도 함께 하기는 했지만, 행정 실무의 주기능은 어디까지나 이서층이 맡았는데, 조선 후기에는 흔히 '이향吏鄕'으로 병칭되는 것으로 볼 때, 지방 지배 체제에서 두 계층의 역할과 기능은 근접하고 있었다.

41 **환상還上**. 환곡還穀. 조선 시대에, 곡식을 사창社倉(각 고을의 환곡을 저장하여 두던 곳집)에 저장하였다가 백성들에게 봄에 꾸어주고 가을에 이자를 붙여 거두던 일. 또는 그 곡식. 조선 후기로 갈수록 환곡의 폐단은 심화되었다. 정해진 것보다 적은 양의 곡물을 지급하거나, 심한 경우 겨, 나뭇가지, 모래 등을 섞거나 쭉정이를 나누어 주었다. 원하지 않는 농민들에게 환곡을 강제로 나누어 준 것이 한 집에 적어도 8~9석 혹은 그 이상인 경우도 있었다. 거두어들일 때에는 빌린 것보다 훨씬 많은 양을 요구하였으며, 강제징수뿐 아니라 심지어는 세금을 물어야 할 이유가 없는 사람에게까지 억지로 세금을 거두는 백징白徵의 형태도 있었다. 게다가 계절적 차이를 이용하여 곡물가가 비싼 지역에서는 환자還子를 받을 때, 곡식을 쌓아 둘 동안 축이 날 것을 미리 셈하여 한 섬에 몇 되씩 덧붙여 받던 곡식인 모곡耗穀을 돈으로 내게 하여 부담을 가중시켰다. 환곡을 이용한 감사, 혹은 수령과 이서吏胥들의 곡물 횡령이 늘어나 창고에 쌓인 곡물들이 줄어들었으며, 장부에 기록된 것보다 창고에 있는 곡물이 크게 모자라는 현상들도 나타났다.

42 **재촉**. 어떤 일을 빨리하도록 조름.

43 **청혼請婚선가**. 청혼서請婚書인가. '청혼서'는 혼인할 때에 신랑 집에서 예단과 함께 신부집에 보내는 편지로 두꺼운 종이를 말아 간지簡紙 모양으로 접어서 쓴다. 혼서婚書.

44 **아이나려**. (집에서 일하는) 아이에게.

45 **부음訃音**. 사람이 죽었다는 것을 알리는 말이나 글. 외삼촌이 죽을 정도로 자신이 나이가 들었다는 말을 하고 있음.

46 **설운지고**. 애달프고 서럽구나.

47 **간장肝腸**. 간과 창자. 여기서는 초조한 마음속 혹은 몹시 수고로운 마음을 뜻한다.

48 **아무**. 아무개. 어떤 사람을 특별히 정하지 않고 이르는 인칭 대명사. 흔히 부정의 뜻을 가진 서술어와 호응하나, '나', '라도'와 같은 조사와 함께 쓰일 때는 긍정의 뜻을 가진 서술어와 호응하기도 한다.

49 **아지阿只**. 아기. 여자 가운데는 노비나 천민이 아닌 경우에도 고유어식 아명兒名을 그대로 적었다. 예를 들어 '간난이(干蘭, 簡爛, 干蓮, 干郎, 干洛)', '아기(阿基, 阿只, 牙己, 岳伊, 愛基, 阿低)', '언년(어린년, 言年, 言連, 言蓮, 彦年, 彦連, 焉年)', '분해(府內, 粉內, 粉年, 粉老味, 痛忿)', '서운(西云, 西雲, 西元)', '음전이(嚴全, 奄全, 音全, 音田, 陰田)' 등이 그것이다. 여기서는 노처녀의 친구이거나 동네 동생을 말함.

50 **났단 말가**. 낳았다는 말인가.

동편東便[51] 집 옴팽이[52]는 금명간今明間[53]에 시집가니
그 동무同務[54]의 무정세월無情歲月[55] 시집가니 풀것마는[56]
친구 없고 혈속血屬[57] 없다 위로할 이 전혀 없네
우리 부모 무정하여[58] 내 생각 전혀 없다
부귀빈천富貴貧賤[59] 생각 말고 인물풍채人物風彩[60] 마땅커든[61]
처녀 사십 나이 적소 혼인 거동擧動[62] 차려주소
금동金童이[63]도 상처喪妻[64]하고 이동李童이도 기처棄妻[65]로다
중매仲媒할미[66] 전혀 없네 나 찾을 이 뉘시던고
검정 암소 살져 있고[67] 봉사전답奉祀田畓[68] 갓건마는[69]
사족가문士族家門[70] 가리면서[71] 이대도록[72] 늙어간다
연지분臙脂粉[73]도 있것마는[74] 성적단장成赤丹粧[75] 전폐하고

---

51 **동편東便**. 동쪽 편.

52 **옴팽이**. 눈이 움푹 들어간 사람을 지칭하는 말로, 속이 좁은 여자라는 뜻을 담고 있다. '옴팡'은 아주 심하거나 지독한 데가 있다는 말이다. "용골녀"라고 된 이본도 있는데, '용골'은 '용골때질'과 관련이 있다. '용골때질'은 심술을 부려 남의 부아를 돋우는 짓을 말한다. 병자호란을 일으킨 용골대龍骨大처럼 못된 짓을 한다는 뜻에서 나온 말이라고 한다. 용골대는 청나라의 장군(?~?)으로 본명은 영고이대英固爾岱. 인조 14년(1636)에 사신으로 와서, 청나라 황제의 존호를 쓰고 군신의 의를 맺을 것을 요구하였으나 거절당하자, 그해 12월 10만 대군을 거느리고 쳐들어와 병자호란을 일으켰다. 요컨대 인물이 못나 시집을 가지 못할 것 같던 옴팽이도 시집을 잘만 간다는 말.

53 **금명간今明間**. 오늘이나 내일 사이. 곧.

54 **동무**同務. 늘 친하게 어울리는 사람. 어떤 일을 짝이 되어 함께 하는 사람. '동무'는 순한글인데 '同務'라는 한자로 표현하였다.
55 **무정세월**無情歲月. 덧없이 흘러가는 세월.
56 **풀것마는**. 풀어지겠지마는.
57 **혈속**血屬. 혈통을 이어 가는 살붙이.
58 **무정하여**. 따뜻한 정이 없이 쌀쌀맞고 인정이 없어. 남의 사정에 아랑곳하지 않아.
59 **부귀빈천**富貴貧賤. 재산이 많고 지위가 높은 것과 가난하고 천한 것을 아울러 이르는 말.
60 **인물풍채**人物風彩. 얼굴 생김새와 겉모양. '채彩'는 '채采'로 써야 한다.
61 **마땅커든**. 마땅하다면. 행동이나 대상 따위가 일정한 조건에 어울리게 알맞다면.
62 **거동**擧動. 몸을 움직임. 또는 그런 짓이나 태도. 여기서는 혼인을 위한 준비를 시작해 달라는 말이다.
63 **금동**金童**이**. 특정인이 아니라 동네 총각 아무개를 지칭하는 말. 뒤의 "이동李童이"도 마찬가지다. 요즘 식으로 하면 김씨와 이씨.
64 **상처**喪妻. 아내의 죽음을 당함.
65 **기처**棄妻. 조선 시대에, 남편이 자유로이 칠거지악七去之惡을 저지른 아내를 버리던 일. '칠거지악'은 아내를 내쫓을 수 있는 이유가 되었던 일곱 가지 허물로, 시부모에게 불손함[불순고구不純舅姑], 자식이 없음[무자無子], 행실이 음탕함[음행淫行], 질투함, 몹쓸 병을 지님[악질惡疾], 말이 지나치게 많음[구설口舌], 도둑질을 함[절도竊盜] 따위이다. 그러나 다음 세 경우는 예외였다. 첫째, 쫓아냈을 때 오갈 곳이 없는 경우[유소취무소귀有所取無所歸], 둘째, 시부모의 삼년상을 함께 치른 경우[여공경삼년상與共更三年喪], 셋째, 시집 와서 재산을 많이 불린 경우[전빈천후부귀前貧賤後富貴].
66 **중매**仲媒**할미**. 매파媒婆. 혼인을 중매하는 할멈.
67 **검정 암소 살져 있고**. 시집갈 밑천으로 삼을 소가 살이 쪄 있다는 말로, 이미 시집갈 준비가 다 되어 있다는 뜻이다.
68 **봉사전답**奉祀田畓. 조상의 제사를 받들어 모시는 데 드는 비용을 마련하기 위하여 경작하는 논.
69 **갓건마는**. 갖추어져 있건만.
70 **사족가문**士族家門. '사족'은 문벌이 좋은 집안, '가문'은 가족. 또는 가까운 일가로 이루어진 공동체.
71 **가리면서**. '가리다'는 여럿 가운데서 하나를 구별하여 고르다. 여기서는 명문가의 신랑감을 고른다는 말이다.
72 **이대도록**. 이러한 정도로. 또는 이렇게까지. 이다지. 이토록.
73 **연지분**臙脂粉. 볼연지와 얼굴에 바르는 분을 아울러 이르는 말. '연지'는 화장할 때에 입술이나 뺨에 찍는 붉은 빛깔의 염료.
74 **있것마는**. 있지만.
75 **성적단장**成赤丹粧. '성적'은 혼인날 신부가 얼굴에 분을 바르고 연지를 찍는 일. '단장'은 얼굴, 머리, 옷차림 따위를 곱게 꾸밈.

검정 치마 헌 저고리 화경花鏡거울[76] 앞에 놓고
원산遠山 같은 푸른 눈썹[77] 세류細柳[78] 같은 허리[79]
아름답다 나의 자태 묘하도다 나의 거동
흐르는 세월에 아까울손[80] 늙어간다
거울다려[81] 하는 말이 어화[82] 답답 내 팔자여
갈 데 없다 나도 나도 쓸데없다 너도 너도
우리 부친 병조판서[83] 할아버지 호조판서[84]
우리 문벌[85] 이러하니 풍속 좇기 어려워라[86]
아연俄然 듯[87] 춘절春節[88] 드니 초목군생草木群生[89] 다 즐기네
두견화杜鵑花[90] 만발[91]하고 잔디잎 속잎[92] 난다
삭은[93] 바자[94] 쨍쨍하고[95] 종달새 도두[96] 뜬다
춘풍야월세우시春風夜月細雨時[97]에 독숙공방獨宿空房[98] 어이할꼬
원수[99]의 아이들아 그런 말 하지 말라
앞집에는 신랑 오고 뒷집에는 신부 왔네
내 귀에 듣는 바는 느낄 일도 하고많다[100]
녹양방초綠楊芳草[101] 저문 날에 해는 어이 쉬이[102] 가노[103]
초로草露[104] 같은 우리 인생 표연飄然이[105] 늙어가니

---

76 **화경花鏡거울**. 꽃무늬 거울. '경鏡'이 거울이니, 다음의 '거울'은 글자 수를 맞추기 위해 넣은 것임을 알 수 있다.

77 **원산遠山 같은 푸른 눈썹**. 미인의 아름다운 얼굴을 묘사하는 말로 백거이의 시「우물 바닥에서 은 두레박을 당겨 올리다井底引銀甁」의 '둥그스름한 눈썹은 먼 산빛 같네宛轉雙蛾遠山色'라는 시구에서 나왔다.

78 **세류細柳**. 가지가 매우 가는 버드나무, 곧 세버들을 말하지만, 여기서는 가늘고 연연한 사물이나 사람을 비유적으로 이르는 말로 쓰였다.

79 "허리" 앞에 '가는'이라는 말이 빠져 있다.

80 **아까울손**. 아깝게도.

81 **거울다려**. 거울에게.

82 **어화**. 어와. 몹시 괴로울 때나 기가 막힐 때 내는 소리.

83 **병조판서兵曹判書**. 조선 시대 병조兵曹의 으뜸 벼슬. 품계는 정이품으로, 군사와 국방에 관한 일을 총괄하였다.

84 **호조판서戶曹判書**. 조선 시대 호조에 속한 으뜸 벼슬. 품계는 정이품이다.

85 **문벌**. 門閥. 대대로 내려오는 그 집안의 사회적 신분이나 지위.

86 **풍속 좇기 어려워라**. 자기집 문벌이 너무 높아서 거기에 맞는 신랑집을 구하기 어렵다는 말이다. 예전에는 '문당호대門當戶對'라 하여 사회적 신분이나 지위가 서로 별 차이가 없이 비슷한 집안끼리 혼인하는 것이 좋다고 했다.

87 **아연俄然 듯**. 급작스럽게.

88 **춘절春節**. 봄철.

89 **초목군생草木群生**. '초목'은 풀과 나무, '군생'은 모든 생물. 또는 모든 사람.

90 **두견화杜鵑花**. 진달래꽃.

91 **만발**. 滿發. 꽃이 활짝 다 핌.

92 **속잎**. 풀이나 나무의 우듬지(나무의 꼭대기 줄기) 속에서 새로 돋아나는 잎.

93 **삭은**. '삭다'는 물건이 오래되어 본바탕이 변하여 썩은 것처럼 되다.

94 **바자**. 대, 갈대, 수수깡, 싸리 따위로 발처럼 엮거나 결어서 만든 물건. 울타리를 만드는 데 쓰인다. 바자울.

95 **쨍쨍하고**. 햇볕 따위가 몹시 내리쬐는 데가 있고.

96 **도두**. 위로 높게.

97 **춘풍야월세우시春風夜月細雨時**. 봄바람 부는 달밤에 가랑비 내릴 때. 좋은 시절.

98 **동숙공방獨宿空房**. 독수공방獨守空房. 혼자 빈방을 지킨다는 말인데, 여기서는 아내가 남편 없이 혼자 지내는 것을 말한다.

99 **원수**. 원한이 맺힐 정도로 자기에게 해를 끼친 사람이나 집단.

100 **하고많다**. 헤아릴 수 없이 아주 많다.

101 **녹양방초綠楊芳草**. 푸른 버드나무와 향기로운 풀.

102 **쉬이**. 어렵거나 힘들지 아니하게.

103 **가노**. 가는가.

104 **초로草露**. 풀잎에 맺힌 이슬.

105 **표연飄然이**. 표연히. 바람에 나부끼는 모양이 가볍게. 훌쩍 나타나거나 떠나는 모양이 거침없이.

머리채[106]는 옆에 끼고 다만 한숨뿐이로다
긴 밤에 짝이 없고 긴 날에 벗이 없다
앉았다가 누웠다가 다시금 생각하니
아마도[107] 모진[108] 목숨 죽지 못해 원수로다

106 **머리채**. 길게 늘어뜨린 머리털.
107 **아마도**. 부드러운 태도로 제안이나 권유를 할 때, '모르긴 해도'의 뜻으로 쓰는 말.
108 **모진**. '모질다'는 괴로움이나 아픔 따위의 정도가 지나치게 심하다.

노쳐녀가

녯젹의 ᄒᆞᆫ 녀ᄌᆞ 이시되 일신이 가준 병신이라
나히 사십이 넘도록 츌가치 못ᄒᆞ여 그저 쳐녀로
이시니 ᄎᆞᆫ빈ᄒᆞᆫ 양이 스ᄉᆞ로 느리어 가ᄂᆞᆫ 셜부화용이
공연이 업셔시니 셔룸이 골슈의 ᄆᆡ친 분ᄒᆞᆷ이
심즁의 가득ᄒᆞ여 미친 듯 취ᄒᆞᆫ 듯 좌불안셕ᄒᆞ여
셰월을 보ᄂᆡ더니 일일은 가ᄉᆞᆷ이 탄식 왈 ᄒᆞᄂᆞᆯ이
음양을 ᄂᆡ시ᄆᆡ 각기 졍ᄒᆞ미 잇거ᄂᆞᆯ 나ᄂᆞᆫ 어이ᄒᆞᆫ
년이 이리ᄒᆞᆫ고 셜업기도 층양업ᄂᆞᆫ 분ᄒᆞ기도 그지업뎌
이쳐로 방황ᄒᆞ더니 문득 노ᄅᆡ를 지어 화창ᄒᆞ니

2 老處女歌 노처녀가

이 가사는 국문 고소설집인 『삼설기三說記』 권3에 실려 있다. 앞에서 본 「노처녀가 1」에서 노처녀가 시집을 못간 미모의 노처녀가 토로하는 신세 한탄으로 이루어진 반면, 이 가사에서 노처녀는 '추녀이며 갖은 병신'이지만 결국 시집을 가게 된다. 이 작품은 "가사형식을 취했으나 작품의 앞뒤에 편집자의 목소리를 내는 이질적 서술자가 개입하고, 흥미를 끌 만한 이야기의 면모를 갖추어 소설의 경향을 보여준다. 이 작품은 노처녀가(1)의 경우와는 달리 화자인 노처녀의 신분이 드러나지 않는다. 화자는 나이가 오십이 다 되었으며, 갖은 병신인 추녀醜女로 설정되어 있다. (…) 『삼설기』의 편자에 의하여 이 작품이 소설처럼 취급되고 있는 점 또한 주목된다. 다른 가사 작품에 비해 노처녀가(2)가 이야기의 흥미성과 구성력이 높다는 점에서 소설로 인식되었을 것이다."(『한국민족문화대백과사전』)

옛적에 한 여재[1] 있으되 일신[2]이 갖은[3] 병신이라
나이 사십이 넘도록 출가[4]치 못하여 그저 처녀로 있으니
옥빈홍안[5]이 스스로 늙어가고 설부화용[6]이 공연히[7] 없었으니[8]
설움이 골수[9]에 미치고 분함이 심중[10]에 가득하여
미친 듯 취한 듯 좌불안석[11]하여 세월을 보내더니
일일은 가만히 탄식 왈 하늘이 음양[12]을 내시매 다 각기 정함이 있거늘
나는 어찌하여 이러한고 섧기[13]도 측량없고[14] 분하기도 그지없네[15]
이처로[16] 방황하더니 문득 노래를 지어 화창[17]하니 가라사대[18]
어와[19] 내 몸이여 섧고도 분한지고[20] 이 설움을 어이하리
인간만사 설운[21] 중에 이내 설움 같을쏜가[22]
설운 말 하자 하니 부끄럽기 측량없고
분한 말 하자 하니 가슴 답답 그 뉘 알리
남모르는 이런 설움 천지간[23]에 또 있는가
밥이 없어 설워할까 옷이 없어 설워할까 이 설움을 어이 풀리
부모님도 야속하고[24] 친척들도 무정하다[25]
내 본시[26] 둘째 딸로 쓸데없다 하려니와
내 나[27] 혜어보니[28] 오십 줄[29]에 들었구나

---

1 **여재.** 여자가.
2 **일신.** 一身. 자기 한 몸. 몸 전체. 온몸.

3 **갖은**. 골고루 다 갖춘. 또는 여러 가지의.

4 **출가**. 出嫁. 처녀가 시집을 감.

5 **옥빈홍안**. 玉鬢紅顔. 옥 같은 귀밑머리와 붉은 얼굴이라는 뜻으로, 아름다운 젊은 이를 이르는 말.

6 **설부화용**. 雪膚花容. 눈처럼 흰 살갗과 꽃처럼 고운 얼굴이라는 뜻으로, 미인의 용모를 이르는 말.

7 **공연히**. 아무런 까닭이나 실속이 없이.

8 **없었으니**. 없어졌으니.

9 **골수**. 骨髓. 마음속 깊은 곳을 비유적으로 이르는 말.

10 **심중**. 心中. 마음속.

11 **좌불안석**. 坐不安席. 앉아도 자리가 편안하지 않다는 뜻으로, 마음이 불안하거나 걱정스러워서 한군데에 가만히 앉아 있지 못하고 안절부절못하는 모양을 이르는 말.

12 **음양**. 陰陽. 우주 만물의 서로 반대되는 두 가지 기운으로서 이원적 대립 관계를 나타내는 것. 달과 해, 겨울과 여름, 북과 남, 여자와 남자 등은 모두 음과 양으로 구분된다.

13 **섧기**. 원통하고 슬프기. 서럽기.

14 **측량 없다**. 測量 없다. 한이나 끝이 없다.

15 **그지없네**. 끝이나 한량이 없네.

16 **이처로**. 이처럼. 앞으로 본문의 '이처로'는 모두 '이처럼'으로 고침.

17 **화창**. 話唱. 대화나 이야기를 하듯이 노래를 부르는 부분.

18 **가라사대**. '말씀하시되'의 뜻으로 쓰이는 말로 '가로되'보다 높임의 뜻을 나타낸다.

19 **어와**. 몹시 괴로울 때나 기가 막힐 때 내는 소리.

20 **분한지고**. 분하구나. '~ㄴ지고'는 느낌을 강조하거나 감탄의 뜻을 나타내는 종결 어미.

21 **설운**. 서러운. '섧다'는 원통하고 슬프다.

22 **같을쏜가**. 같겠는가. '~ㄹ 쏜가'. '어찌 그럴 리가 있겠느냐'의 뜻으로 의문의 형식을 빌려 앞의 내용을 강하게 부인할 때 쓰는 종결 어미. 주로 의문문 형식을 취한다.

23 **천지간**. 天地間. 하늘과 땅 사이라는 뜻으로, 이 세상을 이르는 말.

24 **야속하고**. 野俗하고. 무정한 행동이나 그런 행동을 한 사람이 섭섭하게 여겨져 언짢고.

25 **무정하다**. 따뜻한 정이 없이 쌀쌀맞고 인정이 없다. 남의 사정에 아랑곳하지 않는다.

26 **본시**. 처음부터 또는 근본부터. 본디.

27 **나**. 나이

28 **혜어보니**. 생가해보니. '혜다'는 세다, 생각하다.

29 **줄**. 그것과 거의 비슷한 수준이나 정도를 나타내는 말.

먼저 난 우리 형님 십 구 세에 시집가고
셋째의 아우 년은 이십에 서방[30] 맞아
태평으로 지내는데
불쌍한 이 내 몸은 어찌 그리 이러한고
어느덧 늙어지고 츠릉군[31]이 되었구나
시집[32]이 어떠한지 서방 맛이 어떠한지
생각하면 싱숭생숭[33] 쓴지 단지 내 몰라라
내 비록 병신이나 남과 같이 못할쏘냐[34]
내 얼굴 얽다[35] 마소[36] 얽은 궁게[37] 슬기[38] 들고
내 얼굴 검다 마소 분칠[39]하면 아니 흴까
한 편 눈이 멀었으나 한 편 눈은 밝아 있네
바늘귀[40]를 능히[41] 꿰니[42] 버선볼[43]을 못 받으며[44]
귀먹다[45] 나무라나[46] 크게 하면 알아듣고
천둥소리 능히 듣네
오른손으로 밥 먹으니 왼손 하여[47] 무엇할꼬
왼편 다리 병신이나 뒷간[48] 출입 능히 하고
콧구멍이 맥맥하나[49] 내음새[50]는 일수[51] 맡네
입시울[52]이 푸르기는[53] 연지[54] 빛을 발라 보세
엉덩뼈가 너르기는[55] 해산[56] 잘할 장본[57]이요
가슴이 뒤앗기는[58] 즌일[59] 잘할 기골[60]일세

30 **서방**. 書房. '남편'을 친근하게 이르는 말.

31 **츠릉군**. '기사총록본'(파리 동양어문화대학 도서관 소장)에는 '치릉군'으로 되어 있다. 치릉군은 치룽구니, 곧 어리석어서 쓸모가 적은 사람을 조롱하여 이르는 말이다.

32 **시집**. 여자가 결혼하여 남편을 맞이함.

33 **싱숭생숭**. 마음이 들떠서 어수선하고 갈팡질팡하는 모양.

34 **못할쏘냐**. 못하겠는가. '~ㄹ쏘냐'. '어찌 그럴 리가 있겠느냐'의 뜻으로 강한 부정을 나타내는 종결 어미.

35 **얽다**. '얽다'는 얼굴에 우묵우묵한 마맛자국이 생기다.

36 **마소**. 어떤 일이나 행동을 하지 않거나 그만두시오.

37 **궁게**. 구멍에. '구멍'은 얼굴에 우묵우묵한 마맛자국.

38 **슬기**. 사리를 바르게 판단하고 일을 잘 처리해 내는 재능.

39 **분칠**. 얼굴에 분을 바르는 일을 낮잡아 이르는 말.

40 **바늘귀**. 실을 꿰기 위하여 바늘의 위쪽에 뚫은 구멍.

41 **능히**. 能히. 능력이 있어서 쉽게.

42 **꿰니**. 실이나 끈 따위를 구멍이나 틈의 한쪽에 넣어 다른 쪽으로 내니.

43 **버선볼**. '버선'은 천으로 발 모양과 비슷하게 만들어 종아리 아래까지 발에 신는 물건으로 흔히 무명, 광목 따위 천으로 만드는데 솜을 두기도 하고 겹으로 만들기도 한다. '버선볼'은 버선 바닥의 너비 혹은 해진 버선을 기움질할 때에 덧대는 헝겊 조각.

44 **받으며**. 여기서 '받다'는 떨어진 버선이나 신 따위를 덧대어 깁다.

45 **귀먹다**. 귀먹었다고. 귀가 어두워져 소리가 잘 들리지 않게 되었다고.

46 **나무라나**. 나무라지만. '나무라다'는 상대방의 잘못이나 부족한 점을 꼬집어 말하다.

47 **하여**. 더하여. 더 있어서.

48 **뒷간**. 뒷間. '화장실'의 옛말.

49 **맥맥하나**. 맥맥하지만. '맥맥하다'는 코가 막혀 숨쉬기가 갑갑하다.

50 **내음새**. 냄새

51 **일수**. 一手. 혼자의 힘. 혹은 남보다 뛰어난 수나 솜씨.

52 **입시울**. 입술.

53 **푸르기는**. 푸른 것은.

54 **연지**. 臙脂. 화장할 때에 입술이나 뺨에 찍는 붉은 빛깔의 염료.

55 **너르기는**. 펑퍼짐한 것은.

56 **해산**. 解産. 아이를 낳음.

57 **장본**. 張本. 장본인. 어떤 일을 꾀하여 일으킨 바로 그 사람.

58 **뒤앗기는**. 뒤집어진 것은. 이것은 선천적이거나 후천적인 요인으로 척추에 장애가 있어 등이 굽고 큰 혹 같은 것이 불룩 튀어나온 사람인 꼽추의 형상을 말한다.

59 **즌일**. 궂은일. 마음에 거리끼고 언짢아서 하기 싫은 일.

60 **기골**. 氣骨. 기혈과 뼈대 또는 겉으로 드러나 보이는 기백과 골격을 아울러 이르는 말. 건장하고 튼튼한 체격.

턱 아래 검은 혹[61]은 추어[62] 보면 귀격[63]이요
목이 비록 옴쳤으나[64] 만져 보면 없을쏜가[65]
내 얼굴 볼작시면[66] 곱든[67] 비록 아니하나
일등[68] 수모[69] 불러다가 헌거롭게[70] 단장[71]하면
남대되[72] 맞는 서방 낸들 설마 못 맞을까
얼굴 모양 그만두고 시속[73] 행실 으뜸이니
내 본시 총명키로[74] 무슨 노릇 못할쏘냐
기역 자 나냐 자[75]를 십 년 만에 깨쳐내니
효행록[76] 열녀전[77]을 무수히[78] 숙독[79]하매
모를 행실 바이[80] 없고 구고[81] 봉양[82] 못할쏜가[83]
중인[84]이 모인 곳에 방귀 뀌어 본 일 없고
밥주걱[85] 엎어 놓아 이[86]를 죽여본 일 없네

---

61 **혹**. 병적으로 불거져 나온 살덩어리.
62 **추어**. 쇠약해진 몸을 똑바로 가누어.
63 **귀격**. 貴格. 귀하게 될 사람의 골격. 흔하지 않은 체격.
64 **옴쳤으나**. 몸이나 몸의 일부가 오그리어 작아졌으나.
65 **없을쏜가**. 없겠는가.

66 **볼작시면**. 보면. '~ㄹ작시면'. '그 동작을 한번 행하여 보면'의 뜻을 나타내는 연결 어미로 우습거나 언짢은 경우에 잘 쓴다.

67 **곱든**. 곱지는

68 **일등**. 一等. 으뜸가는. 최고의.

69 **수모**. 手母. 전통 혼례에서 신부의 단장 및 그 밖의 일을 곁에서 도와주는 여자.

70 **헌거롭게**. 풍채가 좋고 의기가 당당하게.

71 **단장**. 丹粧. 얼굴, 머리, 옷차림 따위를 곱게 꾸밈.

72 **남대되**. 남과 같이. 남들처럼.

73 **시속**. 時俗. 그 시대의 풍속.

74 **총명키로**. 총명하니. '총명'은 썩 영리하고 재주가 있음.

75 **기역 자 나냐 자**. 'ㄱ' 자와 '나' · '냐' 자.

76 **효행록**. 孝行錄. 권준權準(1280~1352)이 중국의 이름난 효자 24명의 전기를 모아 화공에게 그림을 그리게 하고, 이제현李齊賢(1287~1367)에게 찬贊을 받아 아버지 권부權溥(1262~1346)에게 보이자, 권부가 다시 효자 38명의 전기를 덧붙여 엮었다. 뒤에 권부의 증손인 양촌 권근權近(1352~1409)이 이를 교정하고 주를 달아 『효행록』이라 하였다. 고려 말에 초판이 나왔으며 1428년(세종 10) 설순偰循(?~1435) 등이 개정하여 중간하였다. 이를 바탕으로 효자, 충신의 이야기가 중심이 되는 『삼강행실도三綱行實圖』, 『이륜행실도二倫行實圖』, 『오륜행실도五倫行實圖』 등의 책이 잇따라 나오게 되었다.

77 **열녀전**. 列女傳. 중종 38년(1543) 왕명에 의해 중국의 『고열녀전古列女傳』을 한글로 번역 · 간행했다. 1책(권4)의 목판본, 총 44장으로 되어 있는데, 그림, 한문, 언해문의 순서로 구성된 15개의 이야기를 수록했다. 참고로 '열녀전'이라고 하면 흔히 정절을 지키기 위해 희생한 여성들을 떠올리기 쉽다. 그러나 『고열녀전』의 열녀는 '열녀烈女'가 아닌 여러 여성들을 뜻하는 '열녀列女'이다. 조선 사회에서 여성에게 정절을 강요하는 유교적 관념이 보편질서로 자리 잡다 보니 '열녀列女'가 아닌 '열녀烈女'만을 강조하게 되었고, 그것이 널리 퍼지고 오늘날까지 이어지게 된 것이다.

78 **무수히**. 無數히. 헤아릴 수 없이.

79 **숙독**. 熟讀. 글을 익숙하게 잘 읽음. 글의 뜻을 잘 생각하면서 차분하게 하나하나 읽음.

80 **바이**. 아주 전혀.

81 **고구**. 舅姑. 시아버지와 시어머니를 아울러 이르는 말. 시부모.

82 **봉양**. 奉養. 부모나 조부모와 같은 웃어른을 받들어 모심.

83 **못할쏜가**. 못하겠는가. 'ㄹ쏜가'는 '어찌 그럴 리가 있겠느냐'의 뜻으로 의문의 형식을 빌려 앞의 내용을 강하게 부인할 때 쓰는 종결 어미.

84 **중인**. 衆人. 많은 사람 또는 여러 사람. 뭇사람.

85 **밥주걱**. 밥을 푸는 도구. 나무, 놋쇠 따위로 만들며 숟가락과 모양이 비슷하나 더 크다.

86 **이**. 사람의 몸에 기생하면서 피를 빨아 먹는 잇과 곤충.

장독소래[87] 벗겨내어 뒷물[88] 그릇 한 일 없고
양칫대[89]를 집어내어 측목[90]하여 본 일 없네
이내 행실 이만하면 어디 가서 못 살쏜가[91]
행실 자랑 이만하고 재주 자랑 들어보소
도포[92] 짓는 수품[93] 알고
홑옷[94]이며 핫옷[95]이며 누비[96] 상침[97] 모를쏜가[98]
세 폭 부치[99] 홑이불[100]을 삼 일 만에 맞춰 내고[101]
행주치마 지어낼[102] 제[103] 다시 고쳐 본 일 없네[104]
함박[105] 쪽박[106] 깨어지면 솔뿌리[107]로 기워내고[108]
버선본[109]을 못 얻으면 잇비자루[110] 제일이요[111]
보자[112]를 지을 제는 안반[113] 놓고 말아내니[114]
슬기[115]가 이만하고 재주가 이만하면 음식 숙설[116] 못할쏜가[117]

---

87 **장독 소래.** 장독을 덮는, 오지나 질 따위로 만든 뚜껑. '소래'는 그릇의 둘레나 높이인 운두가 조금 높고 굽이 없는 접시 모양으로 생긴 넓은 질그릇으로 독의 뚜껑이나 그릇으로 쓴다.

88 **뒷물.** 사람의 국부나 항문을 씻는 일 또는 그 일에 쓰는 물.

89 **양칫대.** 양치할 때 혓바닥을 긁거나 이 사이에 끼인 것을 빼내는 데 쓰는 길쭉하고 얇은 나무쪽. 이를 닦고 물로 입 안을 가신가는 의미의 양치는 한자를 빌려 '養齒'로 적기도 한다. 그런데 이 '양치'는 '양지楊枝'에서 왔다. '양지'는 불교도들에게 냇버들 가지로 이를 깨끗이 하게 한 데서 유래했다. 『계림유사鷄林類事』에 "치쇄왈양지齒刷曰楊支"라는 말이 나온다. '이를 닦는 것을 양지라고 한다'는 말이다.

90 **측목**. 厠木. 똥을 누고 밑씻개로 쓰는 가늘고 짧은 나뭇가지나 나뭇잎. 뒷나무.
91 **못 살쏜가**. 못 살겠는가.
92 **도포**. 道袍. 통상예복으로 입던 남자의 겉옷으로 소매가 넓고 등 뒤에는 딴 폭을 댄다.
93 **수품**. 手品. 손을 놀려 무엇을 만들거나 어떤 일을 하는 재주. 솜씨.
94 **홑옷**. 한 겹으로 지은 옷. 단의單衣.
95 **핫옷**. 안에 솜을 두어 만든 옷. 솜옷.
96 **누비**. 두 겹의 천 사이에 솜을 넣고 줄이 죽죽 지게 박는 바느질 또는 그렇게 만든 물건.
97 **상침**. 上針. 박아서 지은 겹옷이나 보료, 방석 따위의 가장자리를 실밥이 겉으로 드러나도록 꿰매는 일.
98 **모를쏜가**. 모르겠는가. 'ㄹ쏜가'는 '어찌 그럴 리가 있겠느냐'의 뜻으로 의문의 형식을 빌려 앞의 내용을 강하게 부인할 때 쓰는 종결 어미.
99 **부치**. '붙인'인 듯하다. '한 폭'은 사람 가슴 너비만큼의 옷감으로, 올을 만들 때 가슴과 등은 한 폭을 쓴다. 세 폭의 홑이불은 2인용 정도의 크기를 말하는 듯한데, 그것을 만드는 데 3일이 걸렸다고 하니, 노처녀가 스스로 자랑하듯이 그렇게 솜씨가 있어 보이지는 않는다.
100 **홑이불**. 안을 두지 아니한, 홑겹으로 된 이불로 주로 여름에 덮는다. 단금單衾.
101 **맞춰 내고**. 약속 시간 따위를 넘기지 아니하고.
102 **지어낼**. 재료를 들여 밥, 옷, 집 따위를 만들.
103 **제**. '적에'가 줄어든 말. 때.
104 **다시 고쳐 본 일 없네**. 일을 완벽하게 마무리했다는 말이다.
105 **함박**. 통나무의 속을 파서 큰 바가지같이 만든 그릇. 함지박.
106 **쪽박**. 작은 바가지.
107 **솔뿌리**. 소나무의 뿌리. 껍질을 벗긴 속의 심은 매우 질기므로 적당하게 쪼개어서 나무 그릇의 터진 부분을 꿰매거나 풀칠하는 솔을 동이는 데 쓴다.
108 **기워내고**. 갑고. '깁다'는 떨어지거나 해어진 곳에 다른 조각을 대거나 그대로 꿰매다.
109 **버선본**. 버선을 지을 때 대고 옷감을 떠내기 위하여 만들어 놓은 종이 본.
110 **잇비자루**. 메벼의 짚으로 만든 빗자루. '메벼'는 벼의 하나로 낟알에 찰기가 없으며, 열매에서 멥쌀을 얻는다. 사람 발처럼 생겨 버선본으로 씀.
111 **제일이요**. 여럿 가운데 가장 좋고.
112 **보자**. 褓子. 물건을 싸서 들고 다닐 수 있도록 네모지게 만든 작은 천. 보자기.
113 **안반**. 떡판. 떡을 칠 때 쓰는 두껍고 넓은 나무판.
114 **말아내니**. 재단해내니. '말다'는 옷감이나 재목 따위를 치수에 맞도록 재거나 자르다.
115 **슬기**. 사리를 바르게 판단하고 일을 잘 처리해 내는 재능.
116 **숙설**. 熟設. 잔치와 같은 큰일이 있을 때 음식을 만듦.
117 **못할쏜가**. 못하겠는가. 'ㄹ쏜가'는 '어찌 그럴 리가 있겠느냐'의 뜻으로 의문의 형식을 빌려 앞의 내용을 강하게 부인할 때 쓰는 종결 어미.

수수전병[118] 부칠[119] 제는 외꼭지[120]를 잊지 말며
상추쌈[121]을 먹을 제는 고추장이 제일이요
청국장[122]을 담글[123] 제는 묵은[124] 콩이 맛이 없네
청대콩[125]을 삶지 말고 모닥불[126]에 구워 먹소
음식 묘리[127] 이만[128] 알면 봉제사[129]를 못할쏜가
내 얼굴 이만하고[130] 내 행실 이만하면
무슨 일에 막힐쏜가[131]
남이라 별 수 있고 인물인들 별할쏜가[132]
남대되[133] 맞는 서방 내 홀로 못 맞으니
어찌 아니 설울쏜가
서방만 얻었으면 뒤 거두기[134] 잘못할까
내 모양 볼작시면 어른인지 아이런지
바람맞은[135] 병인[136]인지 광객[137]인지 취객[138]인지
열없기[139]도 그지없고[140] 부끄럽기 측량 없네[141]
어와[142] 설운지고[143] 내 설움 어이할꼬
두 귀밑[144]에 흰털 나고 이마 위에 살 잡히니[145]
운빈화안[146]이 어느덧 어디 가고 속절없이[147] 되었구나

---

118 **수수전병**. 수수煎餠. 찰수수 가루로 만든 부꾸미. '부꾸미'는 찹쌀가루, 밀가루, 수숫가루 따위를 반죽하여 둥글고 넓게 하여 번철이나 프라이팬 따위에 지진 떡으로 팥소를 넣고 반으로 접어서 붙이기도 한다.

119 **부칠**. '부치다'는 번철이나 프라이팬 따위에 기름을 바르고 빈대떡, 저냐, 전병煎餠 따위의 음식을 익혀서 만들다.

120 **외꼭지**. 오이꼭지. '꼭지'는 이나 열매가 가지에 달려 있게 하는 짧은 줄기. 여기서는 오이 꼭지를 그릇의 뚜껑이나 기구 따위에 붙은 볼록한 손잡이처럼 써서 기름을 두른다는 뜻이다.

121 **상추쌈**. 상춧잎에 고추장, 된장 따위와 함께 밥을 싼 음식.

122 **청국장**. 삶은 콩을 더운 방에서 띄워 반쯤 찧다가 소금과 고춧가루를 넣어 만드는데, 주로 찌개를 끓여 먹는다.

123 **담글**. '담그다'는 김치 · 술 · 장 · 젓갈 따위를 만드는 재료를 버무리거나 물을 부어서, 익거나 삭도록 그릇에 넣어 두다.

124 **묵은**. '묵다'는 일정한 때를 지나서 오래된 상태가 되다.

125 **청대콩**. 콩의 한 품종으로 열매의 껍질과 속살이 다 푸르다.

126 **모닥불**. 잎나무나 검불 따위를 모아 놓고 피우는 불.

127 **묘리**. 妙理. 묘한 이치.

128 **이만**. 이만큼. 이 정도로.

129 **봉제사**. 奉祭祀. 조상의 제사를 받들어 모심.

130 **이만하고**. (상태, 모양, 성질 따위의 정도가) 이러하고.

131 **막힐쏜가**. 막히겠는가. 무슨 일이든 못하겠는가. 'ㄹ쏜가'는 '어찌 그럴 리가 있겠느냐'의 뜻으로 의문의 형식을 빌려 앞의 내용을 강하게 부인할 때 쓰는 종결 어미.

132 **별할쏜가**. 특별하겠는가. 'ㄹ쏜가'는 '어찌 그럴 리가 있겠느냐'의 뜻으로 의문의 형식을 빌려 앞의 내용을 강하게 부인할 때 쓰는 종결 어미.

133 **남대되**. 남과 같이. 남들처럼. 남들 모두.

134 **뒤 거두기**. 아내가 남편을 도운다는 내조內助의 의미다. '뒤'는 어떤 일을 할 수 있게 이바지하거나 도와주는 힘을 말한다. 여기서는 자식을 낳고 기른다는 의미로 쓰였다.

135 **바람맞은**. 풍병에 걸린. '풍병'은 풍사風邪를 받아 생기는 병을 통틀어 이르는 말. '풍사'는 바람이 병의 원인으로 작용한 것을 이르는 말이다.

136 **병인**. 病人. 병을 앓고 있는 사람. 병자病子.

137 **광객**. 狂客. 미친 사람. 말이나 행동이 미친 사람처럼 일상의 이치에서 벗어난 사람.

138 **취객**. 醉客. 술에 취한 사람.

139 **열없기**. 좀 겸연쩍고 부끄럽기.

140 **그지없고**. 끝이나 한량이 없고.

141 **측량 없네**. 測量 없네. 한이나 끝이 없네.

142 **어와**. 몹시 괴로울 때나 기가 막힐 때 내는 소리.

143 **설운지고**. 서럽구나. '~ㄴ지고'. 이미 이루어진 상황에 대한 느낌을 강조하거나 감탄의 뜻을 나타내는 종결 어미.

144 **귀밑**. 뺨에서 귀에 가까운 부분.

145 **살 잡히니**. 주름이 잡히니.

146 **운빈화안**. 雲鬢花顔. 머리털이 탐스럽고 얼굴이 아름다운 여자의 모습을 이르는 말.

147 **속절없이**. 단념할 수밖에 달리 어찌할 도리가 없이.

긴 한숨에 짧은 한숨
먹는 것도 귀치 않고[148] 입는 것도 좋지 않다
어른인 체하자 하니 머리 땋은[149] 어른 없고
내인[150]이라 하자 하니 귀밑머리[151] 그저[152] 있네
얼씨구 좋을씨고
우리 형님 혼인할 제 숙수[153] 앉혀[154] 음식 하며
지의[155] 깔고 차일[156] 치며 모란병풍 둘러치고[157]
교자상[158]에 와룡촉대[159] 세워놓고 부용향[160] 피우면서
나주불[161] 질러 놓고 신랑 온다 왁자하고[162]
전안[163] 온다 초례[164] 한다 온 집안이 들렐[165] 적에
빈방 안에 혼자 있어 창틈으로 여어보니[166]
신랑의 풍신[167] 좋고 사모품대[168] 더욱 좋다

---

148 **귀치 않고.** 귀찮고.
149 **땋은.** '땋다'는 머리털이나 실 따위를 둘 이상의 가닥으로 갈라서 어긋나게 엮어 한 가닥으로 하다.
150 **내인.** 內人. 남의 집 부녀자를 통속적으로 이르는 말. 아낙네.
151 **귀밑머리.** 이마 한가운데를 중심으로 좌우로 갈라 귀 뒤로 넘겨 땋은 머리. 뺨에서 귀의 가까이에 난 머리털.

152 **그저**. 변함없이 이제까지.

153 **숙수**. 熟手. 잔치와 같은 큰일이 있을 때 음식을 만드는 사람 또는 음식을 만드는 일을 직업으로 하는 사람.

154 **앉혀**. 어떤 직위나 자리를 차지하게 하여.

155 **지의**. 地衣. 가장자리를 헝겊으로 꾸미고 여러 개를 마주 이어서 크게 만든 돗자리.

156 **차일**. 遮日. 햇볕을 가리기 위하여 치는 포장.

157 **모란병풍 둘러치고**. 모란을 그린 병풍屛風을 둘러치고. 혼인식에는 화려할 뿐 아니라 '부귀'의 의미를 지닌 모란 병풍을 쳤다. '병풍'은 바람을 막거나, 무엇을 가릴 때 또는 장식용으로 방 안에 치는 물건. 직사각형으로 짠 나무틀에 종이를 바르고 그림이나 글씨를 붙이기도 한다. 두 폭으로부터 짝수로 열두 폭까지 한데 잇따라 접었다 폈다 하게 되어 있다.

158 **교자상**. 交子床. 음식을 차려 놓는 사각형의 큰 상.

159 **와룡촉대**. 臥龍燭臺. 놋쇠나 나무로 만들어, 윗부분에 용틀임을 새긴 긴 촛대. 와룡촛대.

160 **부용향**. 芙蓉香. 손가락 크기로 신행길에 향꽂이에 꽂아 신부를 따라가는 계집종인 족두리하님이 가지고 신부에 앞서 가면서 주위를 정화시키고 잡귀를 쫓았다. 원래 부용향은 조선 시대 왕실을 상징하던 향이며 왕실의 각종 의례에 사용되었다. 민가에서도 혼인할 때 신부의 가마 앞에서 부용향을 태우기도 했다. 부용향은 의례, 방향, 방충, 의료의 목적으로 다양하게 사용되었다. 부용향은 감송향甘松香, 모향茅香, 백급白芨, 삼내三柰, 소뇌小腦, 영릉향零陵香, 정향丁香, 침향沈香, 팔각향八角香, 백단白檀을 가루내어 물에 반죽한 다음 젓가락만 하게 향대를 만들어 그늘에 말려 태운다.

161 **나주불**. 나좃대에서 나는 불. 나좃대는 갈대를 한 자 길이로 잘라 묶어 기름을 붓고 붉은 종이에 싸서 초처럼 불을 붙이는 물건으로, 신랑 집에서 신붓집에 혼인을 구하는 납채納采 때 신붓집에서 쓴다. '납채'는 혼인할 때에, 사주단자의 교환이 끝난 후 정혼이 이루어진 증거로 신랑 집에서 신붓집으로 예물을 보냄. 또는 그 예물. 보통 밤에 푸른 비단과 붉은 비단을 혼서婚書와 함께 함에 넣어 신붓집으로 보낸다. '혼서'는 혼인할 때에 신랑 집에서 예단과 함께 신부 집에 보내는 편지. 두꺼운 종이를 말아 간지簡紙 모양으로 접어서 쓴다.

162 **왁자하고**. 정신이 어지러울 만큼 떠들어 시끄럽고.

163 **전안**. 奠雁. 혼례 때, 신랑이 기러기를 가지고 신붓집에 가서 상 위에 놓고 절함. 또는 그런 예禮. 산 기러기를 쓰기도 하나, 대개 나무로 만든 것을 쓴다.

164 **초례**. 醮禮. 전통적으로 치르는 혼례식.

165 **들렐**. 야단스럽게 떠들.

166 **여어보니**. 엿보니.

167 **풍신**. 風神. 드러나 보이는 사람의 겉모양. 풍채.

168 **사모품대**. 紗帽品帶. 품계에 따라 공복에 맞춰 착용하는 모자와 허리띠.

형님도 저러하니 나도 아니 저러하랴[169]

차례로 할작시면[170] 내 아니 둘째런가[171]

형님을 치웠으니[172] 나도 저러할 것이라

이처럼 정한 마음 마음대로 아니 되어

기약한[173] 아우 년이 먼저 출가[174]하단 말가[175]

꿈결[176]에나 생각하며 의심이나 있을쏜가[177]

도래떡[178]이 안팎 없고 후생목[179]이 우뚝하다

원수로운[180] 중매어미[181] 나는 아니 치워주고

사주단자[182] 의양단자[183] 오락가락 하올 적에

내 비록 미련하나 눈치조차 없을쏜가

용심[184]이 절로 나고 화증[185]이 복발한다[186]

풀쳐[187] 생각 잠깐 하면 선하피움[188] 절로 난다

만사[189]에 무심[190]하니

앉으면 눕기 좋고 누우면 일기[191] 싫다

손님 보기 부끄럽고 일가[192] 보기 더욱 싫다

이 신세[193]를 어이할꼬 살고 싶은 뜻이 없네

간수[194] 먹고 죽자 한들 목이 쓰려 어찌 먹고

비상[195] 먹고 죽자 한들 내음새를 어찌할꼬

부모유체[196] 난처하다

---

169 언니도 시집을 가니 나도 시집가는 게 마땅하다는 말이다.

170 **할작시면**. 한다면.

171 **둘째런가**. 두 번째가 아닌가. 차례로 시집을 가는 게 맞고, 그렇다면 둘째인 자신이 두 번째로 시집을 가는 게 당연하다는 말이다.

172 **치웠으니**. '치우다'는 시집보내는 일을 속되게 이르는 말.

173 **기약한**. 期約한. 때를 정하여 약속을 정한.

174 **출가**. 出嫁. 처녀가 시집을 감.

175 **하단 말가**. 한다는 말인가.

176 **꿈결**. 꿈을 꾸는 어렴풋한 동안.

177 **있을쏜가**. 있겠는가. 'ㄹ쏜가'는 '어찌 그럴 리가 있겠느냐'의 뜻으로 의문의 형식을 빌려 앞의 내용을 강하게 부인할 때 쓰는 종결 어미.

178 **도래떡**. 초례상에 놓는 큼직하고 둥글넓적한 흰떡. '도래'는 명사 앞에 붙어 '둥근'의 뜻을 갖는다. "도래떡이 안팎이 없다"는 말은 둥글넓적한 도래떡은 안과 밖의 구별이 없다는 뜻으로, 두루뭉술하여 어떻다고 판단을 내리기가 어려움을 비유적으로 이르는 말이다.

179 **후생목**. 後生木. 뒤에 생긴 나무. "후생목이 우뚝하다"는 '후생가외後生可畏', 곧 젊은 후학들을 두려워할 만하다는 뜻으로, 후진들이 선배들보다 젊고 기력이 좋아, 학문을 닦음에 따라 큰 인물이 될 수 있으므로 가히 두렵다는 말고 통한다. 여기서는 일의 순서가 엉망이 되어 버렸다는 말이다.

180 **원수로운**. 원수 같은. '~롭다'는 '그러함'. 또는 '그럴 만함'의 뜻을 더하고 형용사를 만드는 접미사.

181 **중매어미**. 두 집안의 혼인을 연결해주는 어멈. 매파媒婆.

182 **사주단자**. 四柱單子. 혼인이 정해진 뒤 신랑 집에서 신붓집으로 신랑의 사주四住를 적어서 보내는 종이. '사주'는 사람이 태어난 연월일시의 네 간지干支. 또는 이에 근거하여 사람의 길흉화복을 알아보는 점.

183 **의양단자**. 衣樣單子. 신랑이나 신부가 입을 옷의 치수를 적은 단자.

184 **용심**. 남을 시기하는 심술궂은 마음.

185 **화증**. 火症. 걸핏하면 화를 왈칵 내는 증세.

186 **복발한다**. 復發하다. 병이나 근심, 설움 따위가 다시 또는 한꺼번에 일어난다.

187 **풀쳐**. 맺혔던 생각을 돌려 너그럽게 용서하여.

188 **선하피움**. 선하품. 몸에 이상이 있거나 흥미 없는 일을 할 때에 나오는 하품.

189 **만사**. 萬事. 세상의 여러 가지 온갖 일.

190 **무심**. 無心. 아무런 생각이나 감정 따위가 없음.

191 **일기**. 일어나기

192 **일가**. 一家. 한집에서 사는 가족. 성姓과 본이 같은 겨레붙이. 한집안.

193 **신세**. 身世/身勢. 주로 불행한 일과 관련된 일신상의 처지와 형편.

194 **간수**. 습기가 찬 소금에서 저절로 녹아 흐르는 짜고 쓴 물로 두부를 만들 때 쓴다. 천일염은 간수를 뺀 후 사용하는데, 간수에는 비소라는 독극물이 들어 있다.

195 **비상**. 砒霜. 비석砒石에 열을 가하여 승화시켜 얻은 결정체로 거담제와 학질 치료제로 썼으나 독성 때문에 현재는 쓰지 않는다. '비석'은 비소의 삼이산화물. 흰색 가루의 양성兩性 산화물로, 산이나 알칼리에 녹고 독성이 강하며, 목탄과 함께 가열하면 비소가 유리된다.

196 **부모유체**. 父母遺體. 부모가 남긴 몸이라는 뜻으로, 자식이 된 몸을 이르는 말.

이런 생각 저런 생각
빈방 중에 혼자 앉아 온가지[197]로 생각하나
입맛만 없어지고 인물만 초○하다[198]
생각을 말자 하나 자연히 절로[199] 나고
용심을 말자 하나 스스로 먼저 나네
곤충도 짝이 있고 금수[200]도 자웅[201] 있고
헌 짚신도 짝이 있어
음양의 배합[202]법을 난들 아니 모를쏜가[203]
부모님도 보기 싫고 형님 개[204]도 보기 싫고
아우 년도 보기 싫다
날다려[205] 이른 말이
불쌍하다 하는 소리
더구나 듣기 싫고 눈물만 솟아나내
내 신세 이러하고 내 마음이 이러한들
뉘라서[206] 걱정하며 뉘라서 염려하리
이런 생각 말자 하고 혼자 앉아 맹세하여
마음을 활짝 풀고 잠이나 자자 하니
무슨 잠이 차마 ○며[207] 자고 깨면 원통하다
아무 사람 만나 볼 제 헛웃음[208]이 절로 나고
무안[209]하여 돌아서면 긴 한숨이 절로 나네
웃지 말고 새침하면[210] 남 보기에 매몰하고[211]
게정풀이[212] 하자 하면 심술○은[213] 사람 되네

197 **온가지**. 온갖. 이런저런 여러 가지의.

198 **초○하다**. ○자 미상. 문맥상 '초라하다' 혹은 '초췌하다'라는 의미로 보임.

199 **절로**. 저절로.

200 **금수**. 禽獸. 날짐승과 길짐승이라는 뜻으로, 모든 짐승을 이르는 말.

201 **자웅**. 雌雄. 암컷과 수컷을 아울러 이르는 말. 암수.

202 **배합**. 配合. 부부의 인연을 맺음.

203 **모를쏜가**. 모르겠는가. 'ㄹ쏜가'는 '어찌 그럴 리가 있겠느냐'의 뜻으로 의문의 형식을 빌려 앞의 내용을 강하게 부인할 때 쓰는 종결 어미.

204 **형님 개**. '형님의 개'이거나 형님을 개에 비유하여 한 말일 가능성이 있다. 보통 '개'는 행실이 형편없는 사람을 비속하게 이르는 말이다. 아니면 앞의 "부모님도 보기 싫고"와 글자 수를 맞추기 위해 집어넣은 말일 수도 있다.

205 **날다려**. 나에게.

206 **뉘라서**. 누가. '뉘'는 누구. '~라서'는 받침 없는 체언 뒤에 붙어 특별히 가리켜 강조하며 주어임을 나타내는 격 조사. '감히', '능히'의 뜻이 포함된다.

207 **○며**. ○는 미상. 문맥상 '오' 혹은 '들'인 듯.

208 **헛웃음**. 마음에 없이 지어서 웃는 웃음. 어이가 없어서 피식 웃는 웃음.

209 **무안**. 無顔. 수줍거나 창피하여 볼 낯이 없음.

210 **새침하면**. 쌀쌀맞게 시치미를 떼면.

211 **매몰하고**. 인정이나 싹싹한 맛이 없고.

212 **게정풀이**. "게정"은 불평을 품고 떠드는 말과 행동. "풀이"는 '살풀이', '한풀이', '원풀이', '성주풀이' 등에서 보는 것처럼 맺힌 것을 푸는 무술적 행위를 말한다.

213 **심술○은**. ○은 미상이나 문맥상 '궂' 자인 듯하다. '심술궂다'는 짓궂게 남을 괴롭히거나 남이 잘되는 것을 시기하는 못된 마음이 몹시 많다.

아무리 생각하나 이런 팔자 또 있는가
이리하기 더 어렵고 저리하기 더 어렵다
아주[214] 죽어 잊자 함이 한두 번이 아니로되
목숨이 길었던지 무슨 낙을 보렸던지
날이 가고 달이 가매 갈수록 설운 심사 어찌하고 어찌하리
베개를 탁 걸치고[215] 입은 채 드러누워
옷가슴[216]을 활짝 열고 가슴을 두드리며
답답하고 답답하다 이 마음을 어찌할꼬
미친 마음 절로 난다
대체로[217] 생각하면 내가 결단 못할쏜가
부모 동생 믿다가는 서방맞이[218] 망연하다[219]
오늘 밤이 어서 가고 내일 아침 돌아오면
중매파[220]를 불러다가 기운 조작으로[221]
표차로이[222] 구혼하면[223] 어찌 아니 못 될쏜가[224]
이처럼 생각하니 없던 웃음 절로 난다
음식 먹고 체한 병에 정기산[225]을 먹은 듯이
급히 앓는 곽란병[226]에 청심환[227]을 먹은 듯이
활짝 일어 앉으면서
돌통대[228]를 입에 물고 끄덕이며 궁리[229]하되
내 서방을 내 가리지[230] 남다려[231] 부탁할까
내 어찌 미련하여 이 의사[232]를 못 내던고
만일 벌써 깨쳤다면 이 모양이 되었을까
청각[233] 먹고 생각하니 아주 쉬운 일이로다

214 **아주**. (주로 부정을 나타내는 말과 함께 쓰여) '조금도', '완전히'의 뜻을 나타내는 말.

215 **걸치고**. 입고. '걸치다'는 어떤 물체를 다른 물체에 얹어 놓다.

216 **옷가슴**. 윗옷의 가슴 부분.

217 **대체로**. 요점만 말해서. 전체로 보아서 또는 일반적으로.

218 **서방맞이**. 서방(남편)을 맞이하는 일.

219 **망연하다**. 茫然하다. 매우 넓고 멀어서 아득하다. 가망성이 거의 없다.

220 **중매파**. 仲媒婆. 중매하는 할미.

221 **기운 조작으로**. 어떤 일이 돌아가는 분위기나 형편을 힘을 써서 억지로.

222 **표차로이**. 여럿 가운데 두드러져 겉보기가 번듯하게.

223 **구혼하면**. 求婚하면. 결혼할 상대자를 구하면. 결혼을 청하면.

224 **못 될쏜가**. 못되겠는가.

225 **정기산**. 正氣散. 외감外感으로 인한 소화 기관 장애를 다스리는 탕약. 곽향 정기산, 불환금정기산 따위를 이른다.

226 **곽난병**. 霍亂病/癨亂病. 음식이 체하여 토하고 설사하는 급성 위장병. 찬물을 마시거나 몹시 화가 난 경우, 뱃멀미나 차멀미로 위가 손상되어 일어난다.

227 **청심환**. 淸心丸. 심경心經의 열을 푸는 환약. 우황, 인삼, 산약 따위를 비롯한 30여 가지의 약재로 만든 알약으로 중풍으로 졸도하고 팔다리가 뻣뻣해지는 데나 간질, 경풍 따위에 쓴다.

228 **돌통대**. 흙이나 나무로 만든 담뱃대.

229 **궁리**. 窮理. 마음속으로 이리저리 따져 깊이 생각함. 또는 그런 생각.

230 **가리지**. 여럿 가운데서 하나를 구별하여 고르지.

231 **남다려**. 남에게.

232 **의사**. 意思. 무엇을 하고자 하는 생각.

233 **정각**. 靑角. 녹조류 청각과의 해조. 김장 때 김치의 고명으로 쓰기도 하고 그냥 무쳐 먹기도 한다. 파도의 영향을 적게 받는 깊은 바다에서 자라는데 전 세계에 널리 분포한다.

적은 염치[234] 돌아보면 어느 해에 출가할까
고름[235] 매고 내기[236]하여 손바닥에 침을 뱉어
맹세하고 이른 말이 내 팔자에 타인[237] 서방
어떤 사람 묶게질꼬[238] 쇠침[239]이나 하여 보세
알고지고[240] 알고지고 어서 바삐 알고지고
내 서방이 뉘가 되며 내 낭군이 누가 될까
천정배필[241] 있었으면 제라서[242] 마다한들
내 고집 내 억지로 우김성[243]에 아니 들까
소문에도 들었으니 내 눈에 아니 들까
저 건너 김도령[244]이 나와 서로 연갑[245]이오
뒷골목 권수재[246]는 내 나보단[247] 더한지라
인물 좋고 줄기차니[248] 수망[249]에는 김도령이요 부망[250]에는 권수재라
각각 성명 써 가지고 쇠침 통을 흔들면서 손 고초와[251] 비는 말이
모년모월모일 밤에 사십 넘은 노처녀는 엎디어 묻잡노니[252]
곽곽선생[253] 이순풍[254]과 소강절[255] 원천강[256]은
신지영[257] 하오시니 감이순통[258] 하옵소서

---

234 **염치**. 廉恥. 체면을 차릴 줄 알며 부끄러움을 아는 마음.

235 **고름**. 저고리나 두루마기의 깃 끝과 그 맞은편에 하나씩 달아 양편 옷깃을 여밀 수 있도록 한 헝겊 끈. 옷고름.

236 **내기**. 금품을 거는 등 일정한 약속 아래에서 승부를 다툼. 이긴 사람이 걸어 놓은 물품이나 돈을 차지한다. 여기서는 점을 쳐본다는 말이다.

237 **타인**. 복이나 재주, 운명 따위를 선천적으로 지닌.

238 **묶게질꼬**. 미상. 문맥상 '몫에 질꼬'인 듯하다. 그렇다면 이 말은 '누가 과연 내 몫의 서방이 될까'라는 의미가 된다.

239 **쇠침**. 쇠로 만든 침구용鍼灸用 바늘. 여기서는 점을 치는 데 쓰는 굵은 바늘 따위를 말한다.

240 **알고지고**. 알고 싶다.

241 **천정배필**. 天定配匹. 하늘에서 미리 정하여 준 배필이라는 뜻으로, 나무랄 데 없이 신통히 꼭 알맞은 한 쌍의 부부를 이르는 말. 천생배필. '배필'은 부부로서의 짝.

242 **제라서**. '상대가'의 뜻인 듯.

243 **우김성**. 미상. 그런데 문맥상 '우기다'에서 파생된 '우김질'의 의미인 듯.

244 **도령**. 총각을 대접하여 이르는 말로 한자를 빌려 '道令'으로 적기도 한다.

245 **연갑**. 年甲. 동갑同甲.

246 **수재**. 秀才. 명청 시대 과거 준비생 또는 향시 합격생. 대개 뛰어난 재주. 또는 머리가 좋고 재주가 뛰어난 사람을 일컫지만, 여기서는 미혼 남자를 높여 이르던 말로 쓰였다.

247 **나보단**. 나이보다는

248 **줄기차니**. 씩씩하고 세차니. 기운차니.

249 **수망**. 首望. 벼슬아치를 임명하기 위하여 이조吏曹와 병조兵曹에서 올리는 세 사람의 후보자 가운데 첫째가는 사람. 여기서는 신랑감 후보들 중 으뜸으로 꼽은 사람을 말한다.

250 **부망**. 副望. 벼슬자리에 추천된 세 사람의 후보자 가운데 둘째가는 사람.

251 **고초와**. 곧추세워. 지극히 하여.

252 **묻잡노니**. 여쭙노니. '묻잡다'는 (예스러운 표현으로) 윗사람에게 묻다.

253 **곽곽선생**. 서울 지역의 재수굿 무가 가운데 첫째 거리인 부정거리에 나오는 인물로 인간의 길흉을 점치는 신령이다. 글재가 뛰어나고 도道를 통했기 때문에 육갑六甲으로도 인간의 길흉을 알았다고 한다. 곽곽선생은 십간십이지를 가지고 천기天機를 짚었는데, 사람의 성질과 운세를 점치기도 하고, 나날의 길흉과 방위의 선택 등을 살펴보기도 한다. '육갑'은 천간天干의 갑甲·을乙·병丙·정丁·무戊·기己·경庚·신辛·임壬·계癸와 지지地支의 자子·축丑·인寅·묘卯·진辰·사巳·오午·미未·신申·유酉·술戌·해亥를 순차로 배합하여 예순 가지로 늘어놓은 것으로, 육십갑자라고도 한다.

254 **이순풍**. 李順風(602~670). 당나라 초기의 인물로 나중에 원천강袁天綱과 함께 대표적인 점占의 신이 된다. 우리 나라에서는 판수가 조상으로 섬기는 맹인신盲人神의 하나로 주로 눈병이 났을 때 이 신에게 빈다.

255 **소강절**. 邵康節. 소옹邵雍(1011~1077)의 성姓과 시호를 함께 이르는 이름. 소옹은 중국 북송의 학자로 자는 요부堯夫이고, 호는 안락선생安樂先生이며, 시호는 강절康節이다. 상수象數에 의한 신비적 우주관과 자연 철학을 제창하였다.

256 **원천강**. 袁天綱. 수당隋唐 때의 익주益州 성도成都 사람으로 풍수지리학자이다. 관상을 보는 상술相術에 정통하여 당 나라 정관貞觀 초에 태종太宗이 불러 보고는, 이후 여러 차례 조정 대신들의 관상을 보게 했다.

257 **신지영**. 神至靈. '신은 지극히 신령스럽다'는 뜻.

258 **감이수통**. 感而遂通. 점괘에서 신神이 감응하여 모든 일이 잘 통함.

후취[259]에 참예[260]할까 삼취[261]에 참예할까
김도령이 배필[262] 될까 권수재가 배필 될까
내일로 되게 하여 신통함을 뵈옵소서
흔들흔들 높이 들어 쇠침 하나 빼어내니
수망 치던 김도령이 첫 가락에 나단말가[263]
얼씨고 좋을시고 이 아니 무던하냐[264]
평생소원 이뤘구나
옳다 옳다 내 이제는 큰소리[265]하여 보자
형님 불워[266] 쓸데없고
아우 년 저만[267] 것이 나를 어새[268] 흉을 보랴
큰기침[269] 절로 나고 어깨춤[270]이 절로 난다
누워시락 앉아시락[271] 지게문[272]을 자주 열며
어찌 오늘 더디[273] 새노[274] 오늘 밤은 길도 기라[275]
역정스레[276] 누우면서 기지개를 길게 하고
이리저리 돌아누우며 이마 위에 손을 얹고
정신을 진정하니 잠깐 사이 잠이 온다
평생에 맺힌 인연
오늘 밤 춘몽[277] 중에 혼인이 되었구나
앞뜰에 차일[278] 치고 뒤뜰에 숙수[279] 앉고
화문방석[280] 만화방석[281] 안팎 없이 포설[282]하고
일가권속[283] 가뜩 모여 가화[284] 꽂은 다담상[285]이

259 **후취**. 後娶. 아내를 여의었거나 아내와 이혼한 사람이 다시 장가가서 아내를 맞이함. 재취再娶. 두 번째 장가가서 맞이한 아내.

260 **참예**. 參預. (사람이 일에) 참가하여 관계함.

261 **삼취**. 三娶. 세 번째 장가감. 세 번째로 맞이한 아내.

262 **배필**. 配匹. 부부로서의 짝.

263 **나단말가**. (점괘가) 나왔단 말인가.

264 **무던하냐**. '무던하다'는 정도가 형편이 기준에 크게 벗어나지 아니한 상태에 있다. 여기서는 '딱 맞다'의 뜻.

265 **큰소리**. 목청을 돋워 가며 야단치는 소리. 남 앞에서 잘난 체하며 뱃심 좋게 장담하거나 사실 이상으로 과장하여 하는 말. 남한테 고분고분하지 않고 당당히 대하여 하는 말.

266 **불워**. 부러워하여

267 **저만**. 저만한.

268 **어새**. 미상. 문맥상 '어찌'의 의미인 듯.

269 **큰기침**. 남에게 위엄을 보이거나, 제정신을 가다듬느라고 소리를 크게 내어 기침함. 또는 그런 기침.

270 **어깨춤**. 신이 나서 어깨를 위아래로 으쓱거리는 일. 또는 그렇게 추는 춤.

271 **앉아시락**. 누웠다가 앉았다가 안절부절못하는 모양.

272 **지게문**. 옛날식 가옥에서, 마루와 방 사이의 문이나 부엌의 바깥문. 흔히 돌쩌귀를 달아 여닫는 문으로 안팎을 두꺼운 종이로 싸서 바른다.

273 **더디**. '더디다'는 어떤 움직임이나 일에 걸리는 시간이 오래다.

274 **새노**. (날이) 밝아 오나.

275 **기라**. 길구나.

276 **역정스레**. 몹시 언짢거나 못마땅하여서 성을 내면서.

277 **춘몽**. 春夢. 봄에 꾸는 꿈이라는 뜻으로, 덧없는 인생을 비유적으로 이르는 말.

278 **차일**. 遮日. 햇볕을 가리기 위하여 치는 포장.

279 **숙수**. 熟手. 잔치와 같은 큰일이 있을 때에 음식을 만드는 사람. 또는 음식을 만드는 일을 직업으로 하는 사람.

280 **화문방석**. 花紋方席. 꽃 모양의 무늬를 놓아서 짠 방석.

281 **만화방석**. 滿花方席. 여러 가지 꽃무늬를 놓아서 짠 방석.

282 **포설**. 鋪設. 펴서 베풂.

283 **일가권속**. 一家眷屬. 한집안에 속하는 모든 겨레붙이와 하인.

284 **가화**. 假花. 종이, 천, 비닐 따위를 재료로 하여 인공적으로 만든 꽃. 조화.

285 **다담상**. 茶啖床. 손님을 대접하기 위하여 내놓은 다과茶菓 따위를 차린 상. 잔치에서 흔히 쓰는 1인용이 아니라 다인용 큰상으로, 잔치의 주인이나 큰손님, 귀한 손님에게 제공했다. 귀한 음식 여러 가지를 한꺼번에 올려 놓고 먹었다. 다담상을 차리려면 비용이 많이 들었다. 참고로 「일동장유가日東壯遊歌」에 보면, 각 고을에서 지공支供(음식 따위를 대접하며 받듦)할 때 세 사신에게만 다담상이 제공된다.

이리저리 오락가락 형님이며 아자미[286]며
아우 년 조카붙이[287] 긴 단장 짧은 단장 거룩하게 모였으니
일기[288]는 화창하고 향내는 촉비[289]한다
문전[290]이 요란[291]하며 신랑을 맞아들 제
위의[292]도 거룩하다
차일 밑에 전안[293]하고 초례[294]하여 들어올 제
내 몸을 굽어보니 어이 그리 잘났던고
큰머리[295] 떠는잠[296]에 준주투심[297] 갖추었고
귀어고리[298] 용잠[299]이며 속속들이 비단옷과
진홍[300] 대단치마[301] 입고 옷고름에 노리개[302]를
어찌 이루 다 이르랴
용문[303] 대단 활옷[304] 입고 홍선[305]을 손에 쥐고
수모[306]와 중매어미 좌우에 옹위[307]하여
신랑을 맞을 적에 어찌 이리 거룩한고
초례[308] 교배[309] 마친 후에
동뢰연[310] 합환주[311]로 백년기약[312] 더욱 좋다
감은 눈을 잠깐 뜨고 신랑을 살펴보니
수망 치던 김도령이 나와 과연 배필이라
내 점이 영검[313]하여 이처럼 만나는가
하늘이 유의[314]하여 내게로 보내신가
이처럼 노닐다가 줏독[315]에 바람 들어
인연을 못 이루고 개소리에 놀라 깨니
침상일몽[316]이라

286 **아자미**. 아주머니. 부모와 같은 항렬의 여자를 이르거나 부르는 말 혹은 남남끼리 에서 나이 든 여자를 예사롭게 이르거나 부르는 말. 외숙모[금妗]. 부인[수嫂].
287 **조카붙이**. '붙이'는 같은 핏줄이라는 뜻을 더하는 접미사.
288 **일기**. 日氣. 그날그날의 비, 구름, 바람, 기온 따위가 나타나는 기상 상태.
289 **촉비**. 觸鼻. 냄새가 코를 찌름.
290 **문전**. 門前. 문앞.
291 **요란**. 搖亂/擾亂. 시끄럽고 떠들썩함. 정도가 지나쳐 어수선하고 야단스러움.
292 **위의**. 威儀. 위엄이 있고 엄숙한 태도나 차림새. 예법에 맞는 몸가짐.
293 **전안**. 奠雁. 혼례 때, 신랑이 기러기를 가지고 신붓집에 가서 상 위에 놓고 절함. 또는 그런 예禮. 산 기러기를 쓰기도 하나, 대개 나무로 만든 것을 쓴다.
294 **초례**. 醮禮. 전통적으로 치르는 혼례식.
295 **큰머리**. 예식 때에, 여자의 어여머리 위에 얹던 가발. 다리로 땋아 크게 틀어 올렸다. 떠구지머리.
296 **떠는잠**. 머리꾸미개의 하나로 큰머리나 어여머리의 앞 중심과 양옆에 한 개씩 꽂는다. 떨새를 붙인 과판 같은 것이다. 떨잠.
297 **준주투심**. 진주를 깊이 박은 장식.
298 **귀어고리**. 귀걸이.
299 **용잠**. 龍簪. 용의 머리 형상을 새기어 만든 비녀.
300 **진홍**. 眞紅. 진한 빨강. 진빨강.
301 **대단치마**. 大緞치마. 대단, 곧 중국에서 나는 비단의 하나인 한단漢緞으로 만든 치마.
302 **노리개**. 여자들이 몸치장으로 한복 저고리의 고름이나 치마허리 따위에 다는 물건. 주로 금, 은, 보석 따위에 명주실을 늘어뜨린 패물.
303 **용문**. 龍紋. 용을 그린 오색의 무늬. 용무늬.
304 **활옷**. 전통 혼례 때에 새색시가 입는 예복.
305 **홍선**. 紅扇. 붉은 색깔의 부채.
306 **수모**. 手母. 전통 혼례에서 신부의 단장 및 그 밖의 일을 곁에서 도와주는 여자.
307 **옹위**. 擁衛. 좌우에서 부축하며 지키고 보호함.
308 **초례**. 醮禮. 전통적으로 치르는 혼례식.
309 **교배**. 交拜. 전통 결혼식에서, 신랑과 신부가 서로 절을 주고받는 예禮.
310 **동뢰연**. 同牢宴. 전 혼례에서, 신랑과 신부가 교배交拜를 마치고 술잔을 서로 나누는 잔치.
311 **합환주**. 合歡酒. 전통 혼례식에서 신랑 신부가 서로 잔을 바꾸어 마시는 술.
312 **백년기약**. 百年期約. 백년가약百年佳約. 젊은 남녀가 부부가 되어 평생을 같이 지낼 것을 굳게 다짐하는 아름다운 언약.
313 **영검**. 사람의 기원대로 되는 신기한 징험徵驗. '징험'은 어떤 징조를 경험함.
314 **유의**. 有意. 어떤 일을 할 의향이나 뜻하는 바가 있음.
315 **즛독**. 미상.
316 **침상일몽**. 枕上一夢. 잠을 자면서 잠깐 꾼 꿈.

심신이 황홀하여 섬거이[317] 앉아보니
등불은 희미하고 월색[318]은 만정[319]한데
원근[320]의 계명성[321]은 새벽을 재촉하고
창밖의 개소리는 단잠을 깨는구나
아까울사[322] 이내 꿈을 어찌 다시 얻어보리
그 꿈을 상시[323] 삼고 그 모양 상시 삼아
혼인이 되려무나
미친증[324]이 대발[325]하여 벌떡 일어 앉으면서
입은 치마 다시 찾고 신은 버선 또 찾으며
방춧돌[326]을 옆에 끼고 짖는 개를 때릴 듯이
와당퉁탕 냅뜰[327] 적에 엎더지락 곱더지락[328]
바람벽[329]에 이마 박고 문지방[330]에 코를 깨며
면경[331] 석경[332] 성적함[333]을 낱낱이 다 깨치고[334]
한숨지며 하는 말이
아깝고 아까울사 이내 꿈 아까울사
눈에 암암[335] 귀에 쟁쟁[336]
그 모양 그 거동을 어찌 다시 하여 보리
남이 알까 부끄리나[337] 안 슬푼 일 하여보자
홍두깨[338]에 자를 매어 갓 씌우고 옷 입히니
사람 모양 거의 같다
쓰다듬어 세워놓고 새 저고리 긴 치마를
호기 있게 떨쳐 입고 머리 위에 팔을 들어
제법으로[339] 절을 하니

317 **섬거이**. 미상. 다만 문맥상 '섬거'는 옷소매를 잡는다는 의미의 '섬거摻裾'가 아닐까 한다. 그렇다면 자고 일어나 흐트러진 옷매무새를 바로잡는다는 뜻이 된다.
318 **월색**. 月色. 달에서 비쳐 오는 빛. 달빛.
319 **만정**. 滿庭. 뜰에 무엇이 가득함.
320 **원근**. 遠近. 먼 곳과 가까운 곳.
321 **계명성**. 鷄鳴聲. 닭이 우는 소리.
322 **아까울사**. 아깝구나.
323 **상시**. 常時. 임시가 아닌 관례대로의 보통 때. 특별한 일이 없는 보통 때. 평상시.
324 **미친증**. 정신에 이상이 생겨 말과 행동이 보통 사람과 조금 다르게 나타나는 증세.
325 **대발**. 大發. 크게 일어남. 또는 크게 일으킴.
326 **방춧돌**. 다듬이질을 할 때 밑에 받치는 돌. 다듬이돌.
327 **냅뜰**. 일에 기운차게 앞질러 나설.
328 **엎더지락 곱더지락**. 엎어지듯 고꾸라지듯.
329 **바람벽**. 방이나 칸살의 옆을 둘러막은 둘레의 벽.
330 **문지방**. 출입문 밑의, 두 문설주 사이에 마루보다 조금 높게 가로로 댄 나무.
331 **면경**. 面鏡. 주로 얼굴을 비추어 보는 작은 거울.
332 **석경**. 石鏡. 대개 면경과 같은 뜻으로 쓰이나, 여기서는 유리로 만든 거울.
333 **성적함**. 成赤函. 혼인날 신부를 단장할 때 쓰는 물품을 넣어 두는 그릇. '성적'은 혼인날 신부가 얼굴에 분을 바르고 연지를 찍는 일.
334 **깨치고**. 단단한 물체를 쳐서 조각이 나게 하고. 일이나 상태 따위를 중간에서 어그러뜨리게 하고.
335 **암암**. 暗暗. 기억에 남은 것이 눈앞에 아른거리는 듯함.
336 **쟁쟁**. 琤琤. 전에 들었던 말이나 소리가 귀에 울리는 느낌.
337 **부끄리나** 부끄러우나.
338 **홍두깨**. 다듬잇감을 감아서 다듬이질할 때에 쓰는, 단단한 나무로 만든 도구.
339 **제법으로**. 법도에 맞게.

눈물이 종횡[340]하여 입은 치마 다 적시고
한숨이 복발[341]하여 곡성[342]이 날 듯하다
마음을 강잉[343]하되
가만히 혀여[344] 보니 가련하고 불쌍하다
이런 모양 이 거동을 신령은 알 것이니
지성이면 감천[345]이라
부모들도 의논하고 동생들도 의논하여
김도령과 의혼[346]하니 첫마디에 되는구나[347]
혼인 택일[348] 가까 오니[349] 엉덩춤[350]이 절로 난다
주머니를 불끈 쥐고 종종걸음[351] 보살피며[352]
삽살개[353] 귀에 대고 넌지시[354] 이른 말이
나도 이제 시집간다
네가 내 꿈 깨던 날에 원수같이 보았더니
오늘이야 너를 보니
이별할 날 머지않고 밥 줄 사람 나뿐이랴
이처럼 말한 후에 혼일[355]이 다다르니
신부의 칠보단장[356] 꿈과 같이 거룩하고
신랑의 사모품대[357] 더구나 보기 좋다
전안[358] 초례[359] 마친 후에 방친영[360] 더욱 좋네
신랑의 동탕함[361]과 신부의 아남함[362]이 차등[363]이 없었으니
천정[364]한 배필[365]인 줄 오늘이야 알겠구나

340 **종횡**. 縱橫. 거침없이 마구 오가거나 이리저리 다님. 여기서는 눈물이 마구 흘러내림.
341 **복발**. 復發. 병이나 근심, 설움 따위가 다시 또는 한꺼번에 일어남.
342 **곡성**. 哭聲. 크게 소리 내며 우는 소리. 곡소리.
343 **강잉**. 強仍. 참거나 견디는 것이 마지못한 데가 있음. 애써 참음.
344 **혀여**. 생각하여.
345 **지성이면 감천**. 至誠感天. 지극히 정성을 바치면 하늘도 감동한다는 말.
346 **의혼**. 議婚. 혼사를 의논함.
347 **첫마디에 되는구나**. 긴말하지 않고 즉석에서 바로 이루어지는구나.
348 **택일**. 擇日. 어떤 일을 치르거나 길을 떠나거나 할 때 운수가 좋은 날을 가려서 고름. 또는 그날.
349 **가까 오니**. 다가오니.
350 **엉덩춤**. 매우 기쁘거나 신이 나서 엉덩이를 들썩들썩하는 짓.
351 **종종걸음**. 발을 가까이 자주 떼며 급히 걷는 걸음. 동동걸음.
352 **보살피며**. 이리저리 보아서 살피며.
353 **삽살개**. 개 품종의 하나. 털이 복슬복슬 많이 나 있다. 오래전부터 우리나라에서 널리 길러 오던 토종개이나 일제 강점기에 멸종 위기에 몰렸다가 현재 경북 경산시 하양읍에서 사육되면서 증식하고 있다. 천연기념물 정식 명칭은 '경산慶山의 삽살개'이다. 우리나라 천연기념물이다.
354 **넌지시**. 드러나지 않게 가만히.
355 **혼일**. 婚日. 혼인하는 날. 혼인날.
356 **칠보단장**. 七寶丹粧. 여러 가지 패물로 몸을 꾸밈. 또는 그 꾸밈새.
357 **사모품대**. 紗帽品帶. 품계에 따라 공복에 맞춰 착용하는 모자와 허리띠.
358 **전안**. 奠雁. 혼례 때, 신랑이 기러기를 가지고 신붓집에 가서 상 위에 놓고 절함. 또는 그런 예禮. 산 기러기를 쓰기도 하나, 대개 나무로 만든 것을 쓴다.
359 **초례**. 醮禮. 전통적으로 치르는 혼례식.
360 **방친영**. 房親迎. 나이 어린 신랑 신부가 초례를 하고 삼일三日을 치를 때, 신부가 신방에 들어가서 얼마 동안 가만히 앉았다가 도로 나오는 일. 여기서 '삼일'은 신부가 혼례식을 마치고 신방을 치른 뒤 신랑집에 들어가는 절차인 '삼일신행三日新行', 곧 우귀于歸를 말한다. 신랑집으로 와서 교배례交拜禮를 올리고 첫날을 보낸 신부는 이튿날 시부모를 뵙고 친척들에게 인사하는 예를 끝낸 다음 3일 동안 시댁에서 머문다. 그 후 친정으로 돌아갔다가 적당한 날을 받아 신행의 절차를 밟아 정식으로 신랑집에 들어간다.
361 **동탕함**. 動蕩함. 얼굴이 잘생기고 살집이 있음.
362 **아남함**. 미상. 다만 문맥상 고상하면서 담백하다는 의미의 '아담함'인 듯.
363 **차등**. 差等. 고르거나 가지런하지 않고 차별이 있음. 또는 그렇게 대함.
364 **천정**. 天定. 하늘이 정함.
365 **배필**. 配匹. 부부로서의 짝.

이렇듯이 쉬운 일을 어찌하여 지완턴고[366]

신방[367]에 금침[368] 펴고 부뷔[369] 서로 동침[370]하니

원앙[371]은 녹수[372]에 놀고 비취[373]는 연리지[374]에 깃들임 같으니

평생소원 다 풀리고 온갖 시름 바이[375] 없다

이전에 있던 사암[376] 이제록[377] 생각하니 도리어 춘몽[378] 같고

내가 설마 그러하랴 이제는 기탄없다[379]

먹은 귀 밝아지고 병신 팔을 능히 쓰니 이 아니 희한한가[380]

혼인한 지 십 삭[381] 만에 옥동자[382]를 순산[383]하니

쌍태[384]를 어이 알리 즐겁기 측량없네

개개이[385] 영준[386]이요 문재[387]가 비상하다[388]

부부의 금슬[389] 좋고 자손이 만당[390]하며

가산[391]이 부요하고[392] 공명[393]이 이음차니[394]

이 아니 무던한가[395]

이 말이 가장 우습고 희한하기로[396] 기록하노라

---

366 **지완턴고**. 늦었던가. '지완遲緩'은 더디고 느즈러진다는 의미이니, 이 구절은 '어찌 이리 늦추었는가'의 뜻.

367 **신방**. 新房. 신랑, 신부가 첫날밤을 치르도록 새로 차린 방.

368 **금침**. 衾枕. 이부자리와 베개를 아울러 이르는 말.

369 **부뷔**. 부부가.

370 **동침**. 同寢. 남녀가 잠자리를 같이함.
371 **원앙**. 鴛鴦. 작은 오리류와 비슷한데 다리가 약간 길다. 번식기가 되면 수컷에게 아름다운 장식깃이 생긴다. 겨울의 무리에서는 수컷의 수가 압도적으로 많고, 그 중에서는 번식하지 않는 수컷도 있다. 이 현상은 외형을 아름답게 꾸민 것에서 많이 볼 수 있는데, 암컷이 많은 수컷들 중에서 더욱 아름다운 수컷을 골라 번식행동을 하는 것이 그 원인으로, 수컷 사이에서는 선택되기 위해 아름다움 경합이 벌어져 미화를 촉진하게 된다. 두 마리가 항상 함께 다닌다고 하여 금슬이 좋은 부부를 '원앙'이라고 한다.
372 **녹수**. 綠水. 푸른 물. 속담에서 "원앙이 녹수를 만났다"는 적합한 배필을 만남을, "녹수 갈 제 원앙 가듯"은 둘의 관계가 밀접하여 서로 떨어지지 않음을 비유적으로 이르는 말이다.
373 **비취**. 翡翠. 물가에 사는 여름새로 강물 가까운 벼랑에 굴을 파고 사는데 민물고기, 개구리 따위를 잡아먹는다. 물총새. 털 색깔이 예쁨.
374 **연리지**. 連理枝. 두 나무의 가지가 서로 맞닿아서 결이 서로 통한 것. 화목한 부부나 남녀 사이를 비유적으로 이르는 말.
375 **바이**. 아주 전혀.
376 **사암**. 샘. 시기. 질투. 남의 처지나 물건을 탐내거나, 자기보다 나은 처지에 있는 사람이나 적수를 미워함. 또는 그런 마음.
377 **이제록**. 이제 와서.
378 **춘몽**. 春夢. 봄에 꾸는 꿈이라는 뜻으로, 덧없는 인생을 비유적으로 이르는 말.
379 **기탄없다**. 忌憚없다. 어려움이나 거리낌이 없다.
380 **희한한가**. 稀罕한가. (매우) 드물거나 신기한가.
381 **삭**. 朔. 달을 세는 단위. 개월. "십 삭"은 열 달.
382 **옥동자**. 玉童子. 어린 사내아이를 귀엽게 이르는 말.
383 **순산**. 順産. 산모가 아무 탈 없이 순조롭게 아이를 낳음
384 **쌍태**. 雙胎. 쌍둥이. 한 태에 두 아이 또는 두 새끼를 뱀. 또는 그 아이나 새끼.
385 **개개이**. 個個이. 낱낱이. 하나하나 빠짐없이 모두.
386 **영준**. 英俊. 영민하고 준수함. 또는 그런 사람.
387 **문재**. 文才. 글을 짓거나 글씨를 쓰는 재능.
388 **비상하다**. 非常하다. 평범하지 아니하고 뛰어나다.
389 **금슬**. 琴瑟. 금실. 부부 간의 사랑.
390 **만당**. 滿堂. 사람들로 꽉 찬 방이나 강당.
391 **가산**. 家産. 한집안의 재산.
392 **부요하고**. 富饒하고. 재물이 풍부하고. 재산이 많고.
393 **공명**. 功名. 공을 세워서 자기의 이름을 널리 드러냄. 또는 그 이름.
394 **이음차니**. 줄줄이 계속 이어지니.
395 **무던한가**. '무던하다'는 수준이 보통에 가깝거나 그보다 약간 더하다.
396 **희한하기로**. 희한稀罕하기에.

雇工歌 五十二句

羅孫子藏

집의 옷밥을 언고 들먹는 져 雇工아
우리 집 긔별을 아는다 모로는다
비 오는 날 일 업술 제 새끼 꼬면셔 니르리라
처음의 한어버이 사롬스리 ᄒᆞ려ᄒᆞᆯ 제
仁心을 만히 쓰니 사롬이 졀로 모다
풀 ᄲᅢᆺ고 터을 닷가 큰 집을 지어내고
셔리 보십 장기 쇼로 田畓을 긔경ᄒᆞ니
오려 논 터밧치 [illegible]

고공가

雇工歌

『역대가사문학집성歷代歌辭文學集成』 소재 「잡가雜歌」(옛 華山書林 주인 고 이성의李聖儀 씨 소장 필사본)를 텍스트로 삼았다. 그런데 이 「잡가」는 19세기 후반의 기록이고, 오랫동안 필사되어 오면서 오기誤記가 많아 의미 파악이 어려운 구절이 여럿 보인다. 텍스트 끝에 "이것은 선조께서 임진년의 난을 지낸 후에 지으신 것이다. 이 노래는 강개한 신하의 뜻을 우의寓意한 것이다此, 宣廟御製, 壬辰經亂之後作. 此歌以寓慷慨臣僚之意."라는 말이 부기되어 있다. 한편 17세기 초반의 기록인 『지봉유설芝峯類說』에는 다른 이야기가 전한다. "세상에 전하기를, 「고공가」는 선왕先王께서 지으신 것이라 하는데, 세상에 널리 유행하고 있다. 완평完平 이원익李元翼(1547~1634)이 또 「고공답주인雇工答主人歌」라는 것을 지었다. 그러나 내가 들으니, 어제御製가 아니고 허전許塽의 작인 것을 세상에서 잘못 전한 것이라고 한다. 허전은 진사進士로서 무과武科에 급제한 사람이다俗傳雇工歌爲先王御製, 盛行於世. 李完平元翼又作雇工荅主人歌. 然余聞非御製, 乃許塽所作, 而時俗誤傳云. 許塽以進士登武科者也."(『지봉유설』 권14 「문장부 칠文章部七」 '가사歌詞') 이해의 편의를 위해 한자로 된 부분은 앞에 한글을 적고 괄호 안에 한자를 병기하는 방식으로 처리하였고, 굳이 한자를 밝힐 필요가 없는 말은 본문에서 한자를 드러내지 않기로 하였으며, 가능한 한 현대어로 표기하려고 노력하였다.

집의 옷 밥을 언고[1] 들먹는[2] 저 고공雇工[3]아
우리 집[4]의 기별[5]을 아는가 모르는가[6]
비 오는 날 일 없을 때 삿[7] 꼬면서 이르리라[8]
처음에 한어버이 사름살이[9] 하려 할 때
인심仁心[10]을 많이 쓰니 사람이 절로 모다[11]
풀 썟고[12] 터를 닦아 큰 집을 지어내고

---

1 **언고**. 이에 대해서는 그동안 다양한 해석이 제출된 바 있다. "집의 일을 두고 밖으로 나다니면서 얻어먹는 고공아", "집, 옷, 밥을 받고도 일을 하지 않고 먹기만 한 고공아", "집에 옷과 밥을 두고 못나고도 마음이 올바르지 못한 고공아", "(주인의) 집에 옷과 밥을 얹어두고 사는 고공아" 등이다. "필사자의 필사체에서 받침 'ㄴ'의 마지막 획은 평행하거나 아래로 향하고 있으며, 받침 'ㅅ'의 마지막 획은 필기체의 연속성으로 인해 사선으로 가다가 획이 휘어지는 모양으로 필체의 일관성을 취하고 있다. 한편, 필사자는 각 형태소를 끊어 쓰지 않고 붓을 떼지 않은 채 흘려 쓰며 내려감으로써 초성자 'ㅇ'을 쓸 때 추가된 획이 중성자 '여'로 보이는 혼란을 주고 있다. 이 때문에 '엿'으로 보일 가능성도 있으나, '억'과 '역'을 필사자는 확실히 구분하여 적고 있기 때문에 '-엇-'으로 보아도 무방하다고 생각한다."(이혜경, 「〈고공가〉와 〈고공답주인가〉에 나타난 대화체의 양상과 의미」, 『한국학논집』, 2017, 157쪽) 17세기에는 'ㄷ'을 받침으로 쓰지 않고 'ㅅ'으로 바꿔 쓰는 표기법이 나와 일반화되는 현상을 보인다. 원문을 "엇고"로 볼 때, 이는 본래 17세기 중성자 혼동으로 인한 것으로 현대어 표기법에 의하면 "얻고"가 된다. 음절말에서 'ㅅ'과 'ㄷ'의 혼동 현상은 15세기 중엽부터 시작되어 당시 사람들이 실제로 'ㅅ'과 'ㄷ'을 구분하여 발음하지 못했던 증거들이 여러 문헌에서 나타나고 있기 때문에 '얻고'로 해석하는 것이 타당하다.(김동소, 『한국어의 역사』, 정림사, 2007, 199~201쪽) 요컨대 이 구절은 "(주인의) 집에서 옷과 밥을 얻고(는) (일은 하지 않고) 먹기만 하는 고공아"라고 이해할 수 있겠다.

2 **들먹는**. '들먹다'는 사전적 의미로 '못나고도 마음이 올바르지 못하다'라는 뜻이지만, 글자 그대로 '들고나며 먹는다'는 의미로 이해할 수 있다.

3 **고공雇工**. 조선 시대 고용살이하던 이들로 고용雇傭, 고공인雇工人, 고인雇人이라고도 하였으며, 후에 머슴(노비와 달리 머슴은 그 집안의 재산처럼 속해 있는 게

아니라 대가를 받고 일을 해주었다. 그러다가 점점 노비화 되기도 하여 사실 노비문서만 없을 뿐 거의 노비나 다름이 없었음), 품팔이, 더부살이 등으로 부르던 계층이다. 비부婢夫(비자婢子의 남편을 의미하지만, 주로 그의 신분이 노비가 아닌 양인일 경우 그를 지칭하는 용어로 쓰인다. 비부는 조선 시대 성행했던 양인과 천인 사이에 혼인을 하는 양천상혼良賤相婚의 결과 등장한 존재들이다. 이들은 비자의 소유주인 양반들에 의해 고공과 비슷한 지위로 인식되어 고용되기도 함)와 함께 세 명까지만 고용할 수 있었다. 이들은 수양收養이나 휼양恤養의 명목으로 고용되었기 때문에 생존에 필요한 의식주만 제공받았으며, 주인에게 평생 예속될 수밖에 없었다. 빚으로 인해 자기의 노동력을 매매하는 경우도 있지만, 17 · 18세기에 이르러 상품화폐경제가 발달함에 따라 장기간 고용되는 이와 같은 예속적인 고공층 외에, 고용 연한에 따라 새경(머슴이 주인에게서 한 해 동안 일한 대가로 받는 돈이나 물건)을 받는 일시적인 고용층이 나타나기 시작했다. 농업고용 노동층의 노동력 매매는 생산력의 발전에 따라 점차 활발해지게 되는데, 농업에서는 부농경영이나 지주경영과 결합되어 나타났다. 광작廣作(조선 후기 벼농사에서 이앙법의 보급으로 노동력이 절약됨에 따라 일어난 농지 확대 현상)을 하는 부농경영의 경우 더욱 다양한 형태의 고공, 곧 일고日雇(하루 고용), 계고季雇(계절 고용), 연고年雇(연 고용), 고지雇只(계약에 의한 청부노동) 형태의 고지대雇只隊 등을 필요로 했다. 농사는 특히 제때에 노동력을 집중적이고도 효율적으로 투입해야 하기 때문에 빈농이나 몰락농들의 일시적인 고용이 필요했다. 농번기가 되면 1일 10문十文(1錢)에 하루 식사를 제공받거나, 혹은 쌀 3되를 준다고 하더라도 좀 더 많이 받을 수 있는 고용처를 찾는 경우도 나타났다. 참고로 17세기 전후 '농장제 경영'의 주요 구성원은 노비, 비부, 솔정率丁(호주가 한 가족으로 데리고 사는 남자종), 그리고 고공이었다.

4 **우리 집**. 고공들의 주인집. 이 작품을 정치적 우의로 보면, 이 말은 조선왕조를 지시함.

5 **기별**. 奇別. 다른 곳에 있는 사람에게 소식을 전하거나 소식을 적은 종이를 뜻하지만, 여기서는 '사정'이나 '형편' 혹은 '내력' 등의 뜻으로 이해하는 것이 좋겠다.

6 **모르는가**. 단순히 상황을 알고 있느냐고 묻고 있는 것이 아니라 현재의 상황을 심각한 것으로 보고 있느냐, 만일 그렇게 보고 있지 않다면 곤란하다고 따져 묻는 말이다.

7 **삿**. 갈대를 엮어서 만든 자리. 삿자리.

8 **이르리라**. 잘 깨닫도록 일의 이치를 밝혀 말해 주겠다. 타이르겠다.

9 **사룸살이**. 살림살이. 이 구절은 한 집안의 선조가 특정 지역에 삶의 터전을 마련하고 인심을 잘 쓰고 열심히 일을 도모한 결과 큰 가문을 형성한 것으로 볼 수 있는데, 이 작품을 정치적 우의로 보면, 이 말은 조선의 건국, 말하자면 새로운 삶의 터전을 만들었다는 '조기肇基'의 의미로 이해할 수 있겠다. 이렇게 보면, 앞의 "처음에"는 조선을 건국할 시점을, "한어버이"는 태조 이성계를 말한다.

10 **인심仁心**. 어진 마음.

11 **절로 모다**. 저절로 모이다. "모다"는 '모으다'의 준말.

12 **쌔고**. '쌔다', 곧 '뽑다'의 의미인 듯하다.

겨리[13] 보습[14] 쟁기[15] 소로[16] 전답田畓[17]을 기경[18]하니
오려논[19] 텃밭[20]이 여드레[21] 갈이[22]로다
자손에 전계傳繼[23]하여 대대로 내려오니
논밭도 좋거니와 고공도 근검터라[24]
저희마다[25] 여름지어[26] 가암열이[27] 살던 것을
요사이 고공들은 혬[28]이 어이 아주 없어
밥사발[29] 크나 작으나 동옷[30]이 좋고 즈나[31]
마음을 다투는 듯 호수[32]를 새오는[33] 듯
무슨 일 갸드러[34] 흘깃할깃[35] 하나산다[36]

---

13 **겨리**. 소 두 마리가 끄는 쟁기. 양우려.

14 **보습**. 가래 따위 농기구의 술바닥(쟁기 끝에 보습을 대는 넓적하고 삐죽한 부분)에 끼우는, 넓적한 삽 모양의 쇳조각으로 농기구에 따라 모양이 조금씩 다르다.

15 **쟁기**. 논밭을 가는 농기구. 술(쟁기의 몸 아래로 비스듬히 뻗어나간 나무로 끝에 보습을 맞추는 넓적하고 삐죽한 바닥이 있고, 그 뒤에 네모진 한마루 구멍이 있음), 성에(쟁기의 윗머리에서 앞으로 길게 뻗은 나무로 허리에 한마루 구멍이 있고 앞 끝에 물추리막대가 가로 꽂혀 있음), 한마루(쟁기의 성에와 술을 꿰뚫어 곧게 선 긴 나무)를 삼각으로 맞춘 것으로, 술 끝에 보습을 끼우고, 그 위에 한마루 몸에 의지하여 볏(보습 위에 비스듬하게 덧댄 쇳조각으로 보습으로 갈아 넘기는 흙을 받아 한쪽으로 떨어지게 함)을 덧대고, 성에 앞 끝에 줄을 매어 소에 멍에(수레나 쟁기를 끌기 위하여 마소의 목에 얹는 구부러진 막대)를 건다. 소 두 마리가 끄는 쟁기인 겨리와 소 한 마리가 끄는 간편한 쟁기인 호리 두 가지가 있다.

16 **소로**. 소[牛]를 이용해서.

17 **전답田畓**. 논과 밭을 아울러 이르는 말. 논밭.

18 **기경**. 起耕. 논밭을 갊.

19 **오려논**. 올벼를 심은 논. '올벼'는 제철보다 일찍 여무는 벼.

20 **텃밭**. 집터에 딸리거나 집 가까이 있는 밭.

21 **여드레**. 여덟 날. 매달 초하룻날부터 헤아려 여덟째 되는 날.

22 **갈이**. 논밭을 갈고 김을 맴. 참고로 "여드레 갈이"는 '팔일경八日耕'을 말하는데, 팔일경은 임금이 적전籍田(임금이 몸소 농민을 두고 농사를 짓던 논밭으로 그 곡식으로

신에게 제사를 지냄)에서 친경親耕(임금이 농업을 장려하기 위하여 적전에 나와 몸소 농사를 짓던 일)하는 일을 말한다. 그 용례가『만기요람萬機要覽』에 보인다. "친경전, 팔일경은 벼[稻]·양粱·기장[黍]·피[稷]·당서唐黍·팥[小豆]·콩[大豆]·보리[大麥]·밀[小麥]을 심고, 아홉 곡식 중에서 자성粢盛(그릇에 담아 제물로 바치는 기장 따위의 곡식)할 것과 천신薦新(철을 따라 새로 난 과실이나 농산물을 신에게 먼저 올림)할 것은 친경전에 심은 것을 사용하고, 나머지 곡식은 종자를 제하고 봉진封進(받들어 바침)한다." [「재용편財用篇」2 적전耤田] 앞에서는 고공의 농사일, 뒤에서는 임금의 친경이 서로 호응하고 있다. 이 작품을 정치적 우의로 보면, 이것은 임금과 신하의 화합과 조화를 말하고 있는 것으로 볼 수 있다.

23 **전계傳繼**. 전하여 계승케 함 또는 전한 것을 계승함.

24 **근검터라**. 근검勤儉하더라. '근검'은 부지런하고 검소함.

25 **저희마다**. 저마다. 각자의 사람마다.

26 **여름지어**. 농사지어. 예전에는 농사를 '여름지이'라고 했다. 여기서 '여름'은 열매, 곧 추수의 뜻이다.

27 **가암열이**. '가암열다'는 부유하다, 풍성하다, 넉넉하다는 뜻이다. 송순宋純(1493~1583)의「면앙정가俛仰亭歌」에 "草木(초목) 다 진 후의 江山(강산)이 매몰커날 造物(조물)리 헌사하야 氷雪(빙설)로 꾸며내니 瓊宮瑤臺(경궁요대)와 玉海銀山(옥해은산)이 眼低(안저)의 버러셰라. 乾坤(건곤)도 가암열사 간 대마다 겨를 업다."라고 했다.

28 혬. 헤아림. 생각.

29 **밥사발**. 밥沙鉢. 밥을 담는 사기그릇.

30 **동옷**. 동의胴衣. 남자가 입는 저고리.

31 **즈나**. 미상. 그러나 앞에서 "크나 작으나"가 나온 것으로 미루어 "좋고"의 상대어가 나온 것으로 보인다. 그렇다면 '싫다'는 뜻으로 보는 것이 적절하다. 참고로 본문에 "언자누나"를 덧썼는데, 그것은 '언짢나', 곧 '마음에 들지 않거나 좋지 않은가'의 뜻으로 보인다. "좋고"에는 "호나"라고 덧썼는데, 이것은 '좋으나'라는 의미인 것 같다. 이렇게 보면 이 구절은 '밥그릇이 큰지 작은지, 동옷이 좋은지 싫은지'라는 말이 된다.

32 **호수**. '호수戶首'인 듯. '호수'는 땅 여덟 결結을 한 단위로 하여 공부貢賦(나라에 바치던 물건과 세금을 통틀어 이르던 말. 넓게는 조세 일반을 의미하나 좁게는 전세田稅와 공물貢物을 이름)를 바치는 일을 맡아 하던 사람, 토지나 장정 수에 따라 구성되는 호에서 국가에 직접 역을 지던 사람을 의미하는데, 여기서는 고공의 우두머리인 마름을 의미하는 듯하다.

33 **새오는**. 시기하는. 이 용례는 송순의 시조「곳이 진다 ᄒᆞ고」에 "가노라 희짓ᄂᆞᆫ 봄을 새와 무슴 ᄒᆞ리오"(『청구영언』)에서 대표적으로 볼 수 있는데, 여러 시조에서 흔히 볼 수 있다.

34 **갊드러**. 미상.

35 **흘깃할깃**. 흘깃흘깃. 흘겨보는 모양. 이 작품을 정치적 우의로 보면, 이것은 당파싸움, 곧 당쟁의 양상으로 볼 수 있다.

36 **하나산다**. 하는가.

너희네 일 아니코[37] 시절 좋아 사오나와[38]

가뜩이[39] 내 세간[40]이 풀려지게[41] 되었는데

엊그제 화강도火强盜[42]에 가산家産[43]이 탕진[44]하니

집 하나 불 다 붙고 먹을 것이 전혀 없다

크나큰 세사[45]를 어찌하여 이루려뇨[46]

김가 이가 고공들아 새마음 먹어슬라[47]

너희네 젊었느냐[48] 혬 혈나[49] 아니산다[50]

한 솥에 밥 먹으며 매양에[51] 측측仄仄[52]하랴

한마음 한뜻으로 여름[53]을 지어스라[54]

한 집이 가음열면[55] 옷밥[56]을 분별하랴

누구는 쟁기 잡고 누구는 소를 모니

밭 갈고 논 삶아[57] 벼 세워 던져두고[58]

날 좋은 호미로 기음을 매어스라[59]

산전山田[60]도 거칠었고[61] 묫논[62]도 기워간다[63]

---

37 **아니코**. 아니하고. 할 일은 하지 않고 당쟁에 몰두하고 있다는 말이다.

38 **사오나와**. '시절이 사납다'는 말은 대개 가뭄이나 홍수 등 재해가 발생해 살기 어려워졌다는 것을 말하는데, 여기서는 화강도火强盜가 쳐들어오는 등의 곤란이 더해졌음을 말한다. 말하자면 당쟁이나 일삼다가 임진왜란이 초래되었다는 것이다.

39 **가뜩이**. 가뜩이나. 그러지 않아도 매우.

40 **세간**. 세간살이. 집안 살림에 쓰는 온갖 물건.

41 **풀려지게**. 없애게. 없어지게.

42 **화강도火强盜**. 명화강도明火强盜. 밤중에 흉기凶器나 등불을 가지고 남의 집에 들어가서 물건을 빼앗는 강도를 말한다. 명화적明火賊 또는 줄여서 화적火賊

이라고도 한다. 조선 시대 지방 관아의 등록류 문서인 『각사등록各司謄錄』「충청병영관첩忠淸兵營關牒」 1862년 기록에서 그 용례를 찾아볼 수 있다. "근일에 패악한 부류가 인가에 불을 질렀다는 놀라운 소식을 들었는데, 거기다가 명화강도가 촌락을 아무 거리낌 없이 제멋대로 나다닌다고 하니, 가련한 저 무고한 백성들이 앞으로 어떻게 살아가겠는가?" 이 작품을 임진왜란 당시의 상황을 우의한 것으로 볼 경우, 화강도는 왜병으로 이해할 수 있다.

43 **가산家產**. 한집안의 재산.

44 **탕진**. 蕩盡. 재물 따위를 다 써서 없앰.

45 **세사世事**. 세상에서 일어나는 온갖 일.

46 **이루려뇨**. 이루겠는가. 이룰 수 있겠는가.

47 **먹어슬라**. 먹으려무나. 먹기를 바란다.

48 **젊었느냐**. 문맥상 '젊다고(해서)'의 의미로 쓰인 듯하다.

49 **혈나**. '설마'의 뜻을 가진 '혈마'인 듯하다.

50 **아니산다**. 이 구절은 '너희가 젊다고 설마 생각도 없느냐'라는 의미인 듯하다.

51 **매양에**. 늘. 항상.

52 **측측仄仄**. '측仄'은 기울거나 한쪽으로 쏠려 균형을 이루지 못한 상태를 말한다. 여기서는 다음에 나오는 "한마음 한뜻으로"와 대비해 볼 때, '구성원끼리 화합을 이루지 못한 상태'를 말하는 것으로 보인다. 참고로 '나손장羅孫藏'이라고 써 있는 이본에서는 "灰灰(회회)"라고 되어 있고, 주석본들에서는 그것을 '회회恢恢', 곧 '넓고 크다'는 의미로 풀었다.

53 **여름**. 농사

54 **지어스라**. 짓자꾸나.

55 **가음열면**. 부요富饒하면. 풍요롭고 넉넉하게 되면.

56 **옷밥**. 옷과 밥을 아울러 이르는 말로, 흔히 살아가는 데 필요한 입을 것과 먹을 것을 이른다.

57 **삶아**. '삶다'는 논밭의 흙을 써레로 썰고 나래로 골라 노글노글하게 만들다.

58 **던져두고**. '던져두다'는 물건을 던진 채 그대로 두고 돌아보지 아니하다는 말인데, 여기서는 '놓아두고'의 의미로 쓰인 듯하다.

59 **기음을 매어스라**. '기음'은 김, 곧 논밭에 난 잡풀, '매다'는 뽑는다는 말. 김매기를 하자꾸나.

60 **산전山田**. 글자 그래도 풀면 '산에 있는 밭, 곧 산밭'이라는 뜻이지만, 여기서는 일반적으로 물기가 적은 메마른 밭을 말한다. 참고로 『농가월령가』를 한시로 번역한 김형수金逈洙의 『월여농가月餘農歌』(1861)의 이본인 『농가십이월속시農家十二月俗詩』의 협주에 "산전은 밭이라 하니 바로 (물을 대지 않은) 마른 밭이다山田曰밧, 卽旱田也."라고 했다.

61 **거칠었고**. 손질이 제대로 되지 않아 황폐하게 되었고.

62 **못논**. 모를 심은 논.

63 **기워간다**. 무성해간다. 여기서는 김매기를 하지 않아 모 심은 논에 피가 많이 자랐다는 말이다.

사립 피[64] 말목[65] 나서 벼 곁에 세울세라
칠석[66]에 호미 씻고[67] 기음을 다 맨 후에
삿 꼬기 뉘 잘하며 섬으란[68] 뉘 엮으랴
너희 재주 세아려[69] 자라자라[70] 맛스라[71]
가을[72] 거둔 후면 성조成造[73]를 아니하랴
집으란[74] 내 지을게[75] 움[76]으란 네 묻어라[77]
너희 재주를 내 짐작하였노라
너희도 먹을 일을 분별[78]을 하려무나

---

64 **사립 피**. '사립피'는 서립黍粒과 피를 말하는데, '서립'은 기장 쌀알이고, '피'는 볏과에 속한 한해살이풀이다. "서립 피 말목 나서 벼 곁에 세울세라"는 (고공들이 일을 게으르게 해서) '기장과 피가 말뚝처럼 자라서 벼 곁에 설까봐 두렵다'는 뜻이다. 어느 주석에서처럼 '말목'을 "우뚝 또는 담뿍이라는 뜻을 가진 의태어의 일종"이라고 보아서는 해당 구절을 전혀 이해할 수 없다.

65 **말목**. 가늘게 다듬어 깎아서 무슨 표가 되도록 박는 나무 말뚝.

66 **칠석七夕**. 음력으로 칠월 초이렛날의 밤. 이때에 은하의 서쪽에 있는 직녀와 동쪽에 있는 견우가 오작교에서 일 년에 한 번 만난다는 전설이 전한다.

67 **호미 씻고**. 중원中元에 행하는 '호미씻이' 풍속을 말한다. 중원은 음력 7월 15일로 민간의 명절이다. 백종百種, 百終 · 백중百衆, 百中 혹은 망혼일亡魂日이라고도 한다. '중원'이라는 말은 도교에서 유래한 말로 천상의 선관仙官(선경仙境에서 벼슬살이를 하는 신선)이 일 년에 세 번 인간의 선악을 기록하는 시기를 원元이라고 하는데, 1월 15일은 상원上元, 7월 15일은 중원中元, 10월 15일은 하원下元이라 하고, 이 삼원일三元日에 성신星辰에게 지내는 제사인 초제醮祭를 지낸다. '백종'은 이 무렵에 과실과 채소가 많이 나와 옛날에는 백 가지의 곡식의 씨앗을 갖출

수 있다는 데에서 유래하였다. '망혼일'은 이날 돌아가신 부모 등의 혼을 위로하기 위해 술 · 음식 · 과일을 차려 놓고 신명神明에게 올린 제사에서 나온 말이다. 불가에서는 불제자 목련이 부처의 지시에 따라, 살아생전 죄를 많이 지은 그의 어머니의 영혼을 구제하기 위해 7월 15일에 오미백과五味百果를 담아 이 세상의 모든 부처인 시방대덕十方大德에게 공양하였더니, 마침내 그의 어머니의 영혼이 구제되었다는 고사에 따라 우란분재盂蘭盆齋를 열어 공양을 하는 풍속이 있다. '우란'이란 몸이 거꾸로 매달려 고통을 받는다는 뜻이며, '분盆'은 밥그릇을 조상에게 바쳐 저승에서 받는 죄를 구원한다는 의미다. 한편 일반 가정에서는 처음 익은 과일을 따서 조상의 사당에 올린 후 먹는 천신薦新 차례를 지냈고, 궁궐에서는 이른 벼를 베어 종묘에 천신하는 일도 있었다. 농가에서는 이날 마을에서 그 해 농사가 가장 잘 된 집의 머슴을 뽑아 소에 태워 동네를 돌며 위로하며 노는데, 이는 바쁜 농사를 마치고 하는 농군의 잔치로서 이른바 '호미씻이'라고 한다. 또한 이날에는 머슴을 하루 쉬게 하는데, 머슴들은 술과 음식 등을 먹고 마시며 흥겹게 하루를 보냈다.

68 **섬으란**. 섬은. '섬'은 곡식 따위를 담기 위하여 짚으로 엮어 만든 그릇을 말한다. '~으란'은 '~을랑'으로 어떤 대상을 특별히 정하여 가리키는 데 쓰는 보조사이다. 격조사 '~을' 대신 쓰여 목적어에 '(다른 것은 몰라도) 그것만은' 정도의 뜻을 나타내며, 흔히 뒤에는 충고하는 말이 온다.

69 **세아려**. 헤아려. 짐작해 가늠하거나 미루어 생각하여.

70 **자라자라**. '자주자주'의 뜻인 '자로자로'를 말하는 듯하다.

71 **맛스라**. '맛다'는 어떤 일에 대한 책임을 지고 담당한다는 뜻의 '맡다'. 각자 맡은 일을 재주에 맞게 열심히 하라고 권유하는 말로 보인다.

72 **가을**. 벼나 보리 따위의 농작물을 거두어들임. 또는 그런 일.

73 **성조成造**. "성조란 집안과 나라를 조성한다는 뜻이다. 이것은 단군이 백성들에게 거처하는 방법을 가르친 데서 비롯하였다. (…) 대개 집을 짓는다는 뜻이다."(『조선무속고』) 참고로 '성주'는 가정에서 모시는 신의 하나로 집의 건물을 수호하며, 가신家神 가운데 맨 윗자리를 차지한다. '성주풀이', '성주신' 등에서 그 용례를 찾아볼 수 있다.

74 **집으란**. 집은. '~으란'은 '~을랑'으로 어떤 대상을 특별히 정하여 가리키는 데 쓰는 보조사이다. 격 조사 '~을' 대신 쓰여 목적어에 '(다른 것은 몰라도) 그것만은' 정도의 뜻을 나타내며, 흔히 뒤에는 충고하는 말이 온다.

75 **지을게**. '지으' 다음 글자를 해독하기 어려워 문맥을 고려해 임의적으로 풀이하였다.

76 **움**. 땅을 파고 위에 거적 따위를 얹어 비바람이나 추위를 막아 겨울에 화초나 채소를 넣어 두는 곳.

77 **묻어라**. '묻다'는 '사물을 보이지 않게 덮다'는 의미로 쓰이지만, '만들다'의 뜻도 지닌다. 「용비어천가龍飛御天歌」에서 그 용례를 찾을 수 있다. "豺狼이 構禍ㅣ어늘 一間 茅屋도 업사 움 무더 사ᄅᆞ시니이다." 이를 현어로 풀면 "승냥이가 화근이 되거늘 한 칸 초가집도 없어 움집을 만들어 사시니이다"가 된다.

78 **분별**. 세상 물정에 대한 바른 생각이나 판단.

멍석[79]에 벼를 넌들[80] 좋은 해 구름 끼어 볕뉘[81]를 언제 보랴
방아[82]를 못 찧거든[83] 거칠고 거친[84] 오려[85]
옥 같은 백미 될 줄 뉘 알아보리스리[86]
너희네 데리고 새살이[87] 살자 하니
엊그제 왔던 도적 아니 멀리 갔다 하되[88]
너희네 귀 눈 없어 저런 줄 모르관데[89]
화살을 전혀 얻고[90] 옷밥만 다투는가[91]
너희네 데리고 추운가 주리는가[92]
죽조반粥早飯[93] 아침 저녁 더하다[94] 먹였거든
은혜란 생각 아녀[95] 제 일만 하려 하니
혬 혜는[96] 새 들일 이[97] 어느 때 얻어이셔[98]
집 일을 맡기고 시름을 잊으려뇨[99]
너희 일 애달파하면서[100] 삿 한 사리[101] 다 꼬괘라[102]

이것은 선조宣祖께서 임진년의 난을 지낸 후에 지으신 것이다. 이 노래는 강개한[103] 신하의 뜻을 우의[104]한 것이다此 宣廟御製, 壬辰經亂之後作. 此歌以寓慷慨臣僚之意.[105]

---

79 **멍석**. 짚으로 새끼 날을 만들어 네모지게 결어 만든 큰 깔개로 흔히 곡식을 널어 말리는 데 쓰나, 시골에서는 큰일이 있을 때 마당에 깔아 놓고 손님을 모시기도 했다.

80 **넌들**. '널다'는 볕을 쬐거나 바람을 쐬기 위하여 펼쳐 놓다.

81 **볕뉘**. 작은 틈을 통하여 잠시 비치는 햇볕. "좋은 해 구름 끼어 볕뉘를 언제 보랴"는 이백이 지은 「등금릉봉황대登金陵鳳凰臺」 시구 중 '총위부운능폐일總爲浮雲能蔽日', 곧 '이 모두 뜬구름이 하늘을 가린 탓'이라는 말에서 따온 것이다. 여기서는 구름이 끼어 벼가 마르지 않는다는 뜻이다.

85 **방아**. 곡식 따위를 찧거나 빻는 기구나 설비. 발로 디디어 곡식을 찧거나 빻는 디딜방아, 떨어지는 물의 힘으로 바퀴를 돌려 곡식을 찧거나 빻는 물레방아, 마소가 돌리는 커다란 맷돌을 쓰는 연자방아 따위가 있다.

83 **찧거든**. 찧는데. '찧다'는 곡식 따위를 잘게 만들려고 절구에 담고 공이로 내리치다.

84 **거친**. '거칠다'는 가루나 알갱이 따위가 굵다.

85 **오려**. 올벼. 제철보다 일찍 여무는 벼.

86 **뉘 알아보리스리**. 누가 알아보겠는가.

87 **새살이**. 새생활. '살이'는 '어떤 일에 종사하거나 어디에 기거하여 사는 생활'의 뜻을 더하는 접미사.

88 **하되**. 하는데.

89 **모르관데**. 모르기에.

90 **얻고**. '(도둑을 방어할) 화살을 완전히(오로지) 얻고서도'라는 의미인 듯하다.

91 **다투는가**. 이 작품을 정치적 우의로 보면 이 '다투다'는 당쟁을 의미한다고 하겠다.

92 **주리는가**. '주리다'가 제대로 먹지 못하여 배를 곯다는 뜻이니, 이 구절은 '내가 너희를 데리고 살면서 춥게 했더냐 굶주리게 했더냐' 혹은 '너희가 혹시 추울까 주리는가 늘 염려했다'는 뜻이 된다.

93 **죽조반粥早飯**. 아침 먹기 전에 일찍 먹는 죽.

94 **더하다**. 더하여. 조선 시대에는 보통 두 끼 식사를 했는데, 노동하는 고공들을 배려를 해서 아침 일찍 죽까지 더 주었다는, 다시 말해 충분히 배려해 주지 않았느냐는 말인 듯하다.

95 **아녀**. 않고. 아니 하고.

96 **혬 혜는**. 생각할 줄 아는. 생각 있는.

97 **새 들일 이**. 새로 들일 이[고공].

98 **얻어이셔**. 얻어서.

99 **잊으려뇨**. 잊겠는가. 앞으로의 상황이 녹록지 않고 대단히 불투명하다는 것을 암시하고 있다.

100 **애달파하면서**. '애달프다'는 마음이 안타깝거나 쓰라리다.

101 **사리**. 국수, 새끼, 실 따위의 뭉치를 세는 단위.

102 **꼬괘라**. 꼬았구나.

103 **강개한**. 의롭지 못한 것을 보고 의기가 북받쳐 원통하고 슬퍼하는.

104 **우의**. 寓意. 다른 사물에 빗대어 비유적인 뜻을 나타내거나 풍자함.

105 이와 다른 진술이 『지봉유설芝峯類說』에 보인다. "세상에 전하기를, 「고공가雇工歌」는 선왕先王께서 지으신 거라고 하는데, 세상에 널리 유행하고 있다. 완평完平 이원익李元翼(1547~1634)이 또 「고공답주인雇工答主人歌」라는 것을 지었다. 그러나 내가 들으니, 어제御製가 아니고 허전許𡊨의 작인 것을 세상에서 잘못 전한 것이라고 한다. 허전은 진사進士로서 무과武科에 급제한 사람이다俗傳雇工歌爲先王御製, 盛行於世. 李完平元翼又作雇工答主人歌. 然余聞非御製, 乃許𡊨所作, 而時俗誤傳云. 許𡊨以進士登武科者也."[『지봉유설』 권14 「문장부 칠文章部七」 '가사歌詞']

琊畀飮아 숨계여
뎌 솟는 뎌 엿서든
햅혜는 새 두이 편
에 뎌 제 이 뎌 이 셔
머 희 이 온

온혜 뢰 셩 가 아 여
제 오 마 솜 뎌 솟 나
제 날 을 맛 치 니
서 솟 오 니 조 원 을
이
외 로 라 한 대 셔
飜 東 今 회 다 오 래 라
文

此 宣廟御製壬辰經亂之後作此歌
以寓憾慨臣僚之意

答歌 四十二句

고공답주인가

雇工答主人歌

『역대가사문학집성歷代歌辭文學集成』 소재 「잡가雜歌」(옛 華山書林 주인 고 이성의李聖儀 씨 소장 필사본)를 텍스트로 삼았다. 「고공가」에서 보았듯이, 『지봉유설芝峯類說』에 따르면, 이 가사는 완평完平 이원익李元翼(1547~1634)이 지었다. 이 가사는 '외방의 늙은 고공'과 '젊은 고공', 그리고 '늙은 고공' 세 사람이 벌이는 대화로 구성되어 있다. 발화자가 달라지는 부분을 나누어 표시했다. a는 '외방의 늙은 고공'의 발화이고, b는 '젊은 고공', c는 '늙은 고공'의 말이다. 그리고 이해의 편의를 위해 한자로 된 부분은 앞에 한글을 적고 괄호 안에 한자를 병기하는 방식으로 처리하였고, 굳이 한자를 밝힐 필요가 없는 말은 본문에서 한자를 드러내지 않기로 하였으며, 가능한 한 현대어로 표기하려고 노력하였다.

a. 어와 저 반하[1]야 돌아앉아 내 말 듣소
어찌한[2] 젊은 손네[3] 혬[4] 없이 다니산다[5]
마누라[6] 말씀을 아니 들어 보나산다[7]
b. 나[8]는 이럴망정[9] 외방外方의 늙은 토이[10]
공[11] 바치고 돌아갈 제 하던 일 다 보았네[12]
c. 우리 댁[13] 세간[14]이야 예부터 이렇던가[15]
전민田民[16]이 많단 말이 일국一國에 소리나데[17]
먹고 입는 드난[18] 종이 백여구百餘口[19] 나마시나[20]
무슨 일 하느라 텃밭[21]을 묵히는고[22]

---

1 **반하**. 양반을 지칭하는데, 여기서는 특정 신분을 말하는 것이 아니라 저자거리에서 '이 양반, 저 양반'이라고 할 때처럼 '이 사람, 저 사람' 정도의 의미로 보아야 한다. 17세기 이후 양반의 사회적 지위가 실추되고 있던 현실을 반영한 것이라고 할 수 있다. 이 작품이 젊은 고공에게 하는 말로 이루어져 있다는 것을 염두에 둘 때, 그 젊은 고공을 부르는 말로 '양반'이라는 말이 쓰였다는 점에서, 그것이 남성을 격하해서 부르는 말임을 재차 확인할 수 있다.

2 **어찌한**. 어찌 된. 어떻게 된.

3 **손네**. '손'은 손아랫사람을 '사람'보다는 낮추고 '자'보다는 좀 대접해서 이르는 말이고, '네'는 그러한 부류 또는 그러한 부류에 속하는 사람이라는 뜻을 더하는 접미사이다.

4 혬. 헤아림 또는 생각.

5 **다니산다**. 다니는가.

6 **마누라**. 중년이 넘은 아내를 허물없이 이르는 말이지만, 본래는 상전(고공의 주인)의 뜻으로 쓰였다. 이 작품을 정치적 우의로 보면, 이것은 임금을 뜻한다.

7 **보나산다**. 보았는가.

8 **나**. '나'인 젊은 고공이 "외방의 늙은 토이"에게 무슨 말을 하는 것으로 보아야 문맥이 잘 통하게 된다.

9 **이럴망정**. 앞에서 '혬 없이 다닌다'고 한 것을 받아 '비록 당신("외방의 늙은 토이")이 말한 것처럼 (우리 젊은 고공이) 생각 없이 다닐지 몰라도'라는 말이다.

10 **토이**. 吐伊. 노비. "의금부에서 계啓하기를, '사가의 노비인 매읍토이每邑吐伊가, 오사민吳思敏의 부부가 난언亂言을 하였다고 무고하였으니, 그 죄가 장형 1백 대와 3천 리에 귀양보내고, 3년간의 노역을 더 시키소서.' 하니, 그대로 따랐다義禁府啓, 私奴每邑吐伊誣告吳思敏夫妻亂言, 律該杖一百, 流三千里, 加役三年. 從之."는 『세종실록』의 기록에서 보듯이, "토이"는 사노私奴이다. 그러므로 "외방外方의 늙은 토이"는 '나이 든 외거노비外居奴婢'를 말한다. 외거노비는 주인집에 거주하지 않고 독립적으로 거주하면서 가정을 이루고 자기의 재산을 소유할 수 있었다. 원방노비遠方奴婢라고도 한 그들은 주인의 토지를 경작하면서 조租만 바쳤다. 그런 점에서 주인집에 기거해 주인에게 예속되어 있던 솔거노비率居奴婢와 구별된다.

11 **공**. 신공身貢. 노비가 신역身役 대신에 삼베나 무명, 모시, 쌀, 돈 따위로 납부하던 세. 외거노비들은 주인집 외부에 거주하며 농사를 짓고 주인에게 신공을 바쳤다. 그래서 외거노비를 납공노비納貢奴婢라고도 했다. 참고로 오희문吳希文(1539~1613)은 지방에 사는 외거노비들에게 공물을 받을 목적으로 1591년 11월 27일 한양을 떠났다가 전라도 장수에서 임진왜란을 맞은 후 1601년 한양으로 돌아가기 전까지 9년 3개월 동안 전라도, 충청도, 강원도 지역을 옮겨 다녔다.[『쇄미록瑣尾錄』]

12 **다 보았네**. '나'인 젊은 고공을 생각 없이 산다고 나무란 '늙은 외방노비'가 주인에게 공물을 바치고 돌아갈 때 어떤 불미스러운 일이 있었고, '나'는 그것을 보아 살 알고 있다는 말이다.

13 **댁**. 고공들의 주인집.

14 **세간**. 집안 살림에 쓰는 온갖 물건. 세간살이. 여기서는 형편, 곧 살림살이의 상태.

15 **예부터 이렇던가**. 옛날부터 이랬는가. 원래는 풍요롭고 넉넉했는데 근래에 들어와서 사정이 나빠졌다는 말이다.

16 **전민田民**. 논과 밭인 전지田地와 농사를 짓는 농민을 통틀어 이르는 말.

17 **일국一國에 소리나데**. 온 나라에 소문이 자자했다는 말이다.

18 **드난**. 노비 혹은 그와 비슷한 처지의 사람이 임시로 남의 집 행랑에 붙어살면서 그 집의 일을 도와주는 고용살이. 드난살이.

19 **백여구百餘口**. 백여 명. '구'는 식구 또는 사람을 세는 단위.

20 **나마시나**. 남았으나. 혹은 넘었으나.

21 **텃밭**. 집터에 딸리거나 집 가까이 있는 밭.

22 **묵히는고**. 묵히는가. '묵히다'는 밭이나 논 따위를 사용하지 않은 채 그대로 남기다.

농장農場[23]이 없다 할까 호미[24] 연장[25] 못 갖던가[26]

날마다 무엇 하러 밥 먹고 다니면서

여나무[27] 정자 아래 낮잠만 자나산다[28]

아이들[29] 탓이런가[30]

우리 댁 종의 버릇 보거든[31] 고이하데[32]

소 먹이는[33] 아이들이 상마름[34]을 능욕凌辱[35]하고

진지進止[36]하는 어린 손네[37] 한계대[38]를 기롱[39]한다

삐삐름[40] 계급[41] 못고[42] 에에로[43] 제 일 하니

한 집의 수한 일[44]을 뉘라서[45] 힘써 할꼬

곡식고穀食庫[46] 비었거든 고직庫直[47]인들 어이 하며

세간이 흩어져서 뒬자힌들[48] 어이 할꼬

---

23 **농장農場.** 사회경제사 연구에 따르면, 16~17세기에는 노비들을 이용한 농장제 경영이 지배적이었던 것이 18세기 이후 소작인을 중심으로 한 지주제 경영으로 변했다.

24 **호미.** 김을 매거나 감자나 고구마 따위를 캘 때 쓰는 쇠로 만든 농기구. 끝은 뾰족하고 위는 대개 넓적한 삼각형으로 되어 있는데 목을 가늘게 휘어 구부린 뒤 둥근 나무 자루에 박는다.

25 **연장.** 어떠한 일을 하는 데에 사용하는 도구.

26 **못 갖던가.** 가지지 못했는가. 농사를 지을 여건이 다 마련되었다는 말이다.

27 **여나무**. 열 아름이나 되는 큰 나무. 십위지목十圍之木. 『설원說苑』에 "한 아름이나 되는 큰 나무도 처음에는 연한 싹에서 생긴다夫十圍之木, 始生於蘖"고 한 말이 보인다. 시조에서도 "여나무 정자에 박장기 벌여 놓고"(『청구영언』)라는 말이 나온다. 다만 "여나무 정자"가 '열 아름이나 되는 큰 나무로 만든 정자'라는 말인지, 아니면 '열 아름이나 되는 큰 나무가 서 있는 정자'인지는 분명치 않으나, 후자가 더 적절해 보인다.

28 **자나산다**. 자는가.

29 **아이들**. 여기서는 '젊은 고공들'을 가리킨다. 다음에 나오는 "우리 댁 종"도 마찬가지다.

30 한 구절이 삭제된 듯하다.

31 **보거든**. 보니.

32 **고이하데**. 괴이하더군. 정상적이지 않고 별나며 괴상하더군.

33 **소 먹이는**. 소에게 먹이기 위하여 베는 풀인 쇠꼴을 먹이는.

34 **상마름**. 마름의 우두머리. '마름'은 지주를 대리하여 소작권을 관리하는 사람으로 한자로는 '사음舍音'이라 한다.

35 **능욕凌辱**. 남을 업신여겨 욕보임.

36 **진지進止**. 나아감과 머무름. 또는 움직임과 움직이지 아니함. 몸가짐이나 거동을 통틀어 이르는 말.

37 **어린 손네**. 앞의 "아이들"과 마찬가지로 '젊은 고공'을 지시한다.

38 **한계대**. 문맥상 앞 구절의 "상마름"과 같은 의미로 쓰인 말로 보인다. '계대繼代'는 대를 이음. 또는 그런 사람을 말하니, 대대로 집안의 상마름을 해왔다는 뜻인 듯한데, 정확한 의미는 미상이다. "한"은 '큰'의 뜻을 더하는 접두사로 쓰인 듯.

39 **기롱**. 欺弄. 남을 속이거나 비웃으며 놀림.

40 **삐삐름**. 미상이나, 문맥상 '삐두름하게', 곧 '삐딱하게' 정도의 의미인 듯하다. '삐딱하다'는 마음이나 생각, 행동 따위가 바르지 못하고 조금 비뚤어져 있다.

41 **계급**. 計給. 돈이나 물건을 헤아려 따져서 줌. "날마다 주는 양식과 반찬은 문정(조선 말기에, 외국의 배가 처음으로 항구에 들어왔을 때나 외국인이 표류하여 왔을 때 관리를 보내어 그 사정을 알아보던 일)한 날 저녁때부터 시작해서 마련하여 계급하고 별도로 술과 고기를 주어 조정에서 먼 나라 백성을 어루만져 주는 덕의德意를 보였습니다."『각사등록各司謄錄』라고 한 데서 그 용례를 볼 수 있다.

42 **못고**. '뫃다'. '모으다'

43 **에에로**. 미상이나, 문맥상 '다른 길로 빙 돌리어'라는 뜻의 의태어인 듯하다.

44 **수한 일**. 미상이나, 문맥상 '숱한 일'을 뜻하는 듯하다.

45 **뉘라서**. 누구라고.

46 **곡식고穀食庫**. 곡식 창고.

47 **고직庫直**. 고지기. 관아의 창고를 보살피고 지키던 사람.

48 **뎔자힌들**. 미상이나, 문맥상 '뎔자라고 한들' 정도의 의미인 듯하다. 여기서 '뎔자'는 창고지기처럼 집안일을 하는 하인을 말하는 것 같은데, 앞의 "고직인들 어이하며"와 대구를 이루고 있는 것으로 보인다.

b. 내 왼[49] 줄 내 몰라도 남 왼 줄 모를런가[50]

풀치거니[51] 맺히거니[52] 할거니[53] 돕거니

하루 열두 때 어수선[54] 핀[55] 거이고[56]

밖별감[57] 만하이서[58] 외방말음[外房舍音][59] 도달화주都達化主[60]

제 소임[61] 다 버리고 몸 꺼릴[62] 뿐이로다

c. 비 새어 썩은 짚[63]을 뉘라서 고쳐 이며[64]

옷 벗어[65] 무너진 담 뉘라서 고쳐 쌀꼬

불한당[66] 구모도적[67] 아니 멀리 다니거든[68]

화살 찬 수하상직誰何上直[69] 뉘라서 힘써 할꼬

크나큰 기운[70] 집에 마누라 혼자 앉아

긔걸[71]을 뉘 들으며 논의論議[72]를 눌과[73] 할꼬

---

49 **왼**. '외다'는 물건이 좌우가 뒤바뀌어 놓여서 쓰기에 불편하다. 마음이 꼬여 있다. 여기서는 '그르다'의 뜻으로 쓰였다. 『청구영언』에 실린 시조의 한 구절인 "귀먹은 벙어리ᄂᆞᆫ 외다 올타 ᄒᆞ더라"에서 그 용례를 찾아볼 수 있다.

50 **모를런가**. 모르겠는가.
51 **풀치거니**. '풀치다'는 맺혔던 생각을 돌려 너그럽게 용서하다.
52 **맺히거니**. '맺히다'는 마음속에 잊히지 않는 응어리가 되어 남아 있다.
53 **할거니**. 남을 나쁘게 말한다는 의미의 '헐다'인 듯하다. 헐뜯다.
54 **어수선**. 마음이나 분위기가 안정되지 못하여 불안하고 산란함.
55 **핀**. '피우다'는 (일부 명사와 함께 쓰여) 그 명사가 뜻하는 행동이나 태도를 나타내다.
56 **거이고**. '것인가'의 의미인 듯하다.
57 **밖별감**. 사내 하인끼리 서로 존대하여 부르던 말. 여기서는 주인집과는 떨어져 사는 종을 말하는 듯하다.
58 **만하이서**. 많이 있어서.
59 **외방말음[外房舍音]**. 외거노비. 외거노비는 주인집에 거주하지 않고 독립된 가정을 가지면서 자기의 재산을 소유할 수 있었던 노비로 주인의 토지를 경작하면서 조租만 바쳤다.
60 **도달화주都達化主**. '도都'가 (계급이나 직책을 나타내는 명사 앞에 붙어) '가장 높은'의 뜻을 더하는 접두사이니, 도달화주는 달화주의 우두머리를 말한다. 달화주는 조선 시대에 공노비를 부리지 않는 대신에 그 종에게서 세금稅金 받는 일을 맡아보던 벼슬아치를 말한다.
61 **소임**. 맡은 바 직책이나 임무.
62 **꺼릴**. 사물이나 일 따위가 자신에게 해가 될까 하여 피하거나 싫어할.
63 **짚**. 벼의 낟알을 떨어낸 줄기. 볏짚. 초가지붕.
64 **이며**. 덮으며. '이다'는 기와나 이엉 따위로 지붕 위를 덮다.
65 **옷 벗어**. '옷'이 어떤 것의 거죽 전체에 묻히거나 붙이는 것을 말하니, 흙으로 만든 담에서 흙이 떨어져 나가 거의 무너지게 되었다는 말이다.
66 **불한당**. 不汗黨. 남 괴롭히는 것을 일삼는 파렴치한 사람들의 무리. 혹은 떼를 지어 돌아다니며 재물을 마구 빼앗는 사람들의 무리. 명화적明火賊.
67 **구모도적**. '구모'가 '구멍'을 뜻하니, 허점이나 약점인 구멍을 노리고 쳐들어온 도적을 말한다.
68 **아니 멀리 다니거든**. 도적들이 멀지 않은 곳에서 여전히 활보하고 다닌다는 말이다.
69 **수하상직誰何上直**. '수하'는 어두워서 상대편의 정체를 식별하기 어려울 때 경계하는 자세로 상대편의 정체나 아군끼리 약속한 암호를 확인함. 또는 그런 일. "상직"은 근무하는 곳에서 숙직이나 일직 따위의 당번이 됨. 또는 그런 차례가 된 사람.
70 **기운**. 기울어진. '기울다'는 형세가 이전보다 못하여지다.
71 **긔걸**. 명령. 『소학언해小學諺解』의 다음 구절에서 그 용례를 찾아볼 수 있다. "긔걸이 방門에 나디 아니하며敎令不出閨門"
72 **논의論議**. 어떤 문제에 대하여 서로 의견을 내어 토의함. 또는 그런 토의.
73 **눌과**. 누구와.

b. 낮 시름 밤 근심 혼자 맡아 계시거니
옥 같은 얼굴이 편하실 적 몇 날이리
이 집 이리 되기 뉘 탓이라 할서이고[74]
혬 없는 종의 일은 묻도[75] 아니 하려니와
도로혀[76] 혜여하니[77] 마누라 탓이로다
내 항것[78] 외다[79] 하기 종의 죄 많건마는[80]
그러타[81] 뉘[82]를 보려 민망하여[83] 삷나이다[84]
삿[85] 꼬기 말으시고[86] 내 말씀 들으소서
집일을 고치거든 종들을 휘오시고[87]
종들을 휘오거든 상벌賞罰[88]을 밝히시고
상벌을 밝히거든 어른종을 믿으소서
진실로 이리 하시면 가도家道[89] 절로[90] 일리이다[91]

74 **할서이고**. 할 것인가.

75 **묻도**. 묻지도. '묻다'는 무엇을 밝히거나 알아내기 위하여 상대편의 대답이나 설명을 요구하는 내용으로 말하다. 혹은 어떠한 일에 대한 책임을 따지다.

76 **도로혀**. 예상이나 기대 혹은 일반적인 생각과는 반대되거나 다르게.

77 **혜여하니**. 생각해보니. 헤아려보니.

78 **항것**. 상전. 주인. 가장家長. 『계축일기癸丑日記』의 다음 구절에서 그 용례를 찾아볼 수 있다. "항거시 용흔즉 죵조차 용타 드럿노라."

79 **외다**. 그르다.

80 내 주인이 그릇됐다고 하기에는 종(고공)들의 죄가 많지만.

81 **그러타**. 그렇다고.

82 **뉘**. 미상이나, 문맥상 '누累', 곧 남의 잘못으로 말미암아 받게 되는 정신적인 괴로움이나 물질적인 손해를 말하는 듯하다. 그렇다면 이 구절은 '그렇다고 고공들에게서 잘못을 보려 하니 민망하여 (다음처럼) 말한다'는 뜻이 된다.

83 **민망하여**. 보기에 답답하고 딱하여 안타까워. 낯을 들고 대하기가 부끄러워.

84 **숣나이다**. 아룁니다. '숣다'는 사뢰다, 여쭙다.

85 **삿**. 갈대를 엮어서 만든 자리. 삿자리.

86 **말으시고**. 그만하시고.

87 **휘오시고**. '휘다'는 남의 의지를 꺾어 뜻을 굽히게 하다.

88 **상벌賞罰**. 상과 벌을 아울러 이르는 말 혹은 잘한 것에 상을 주고 잘못한 것에 벌을 주는 일.

89 **가도家道**. 집안에서 마땅히 지켜야 할 도덕적 규범을 말하나, 여기서는 집안 살림을 하여 가는 방도를 말한다.

90 **절로**. 저절로.

91 **일리이다**. 일(어날) 것입니다. '일다'는 희미하거나 약하던 것이 왕성하여지다.

2
민란가사

甲갑民민歌가

어져어져저가ᄂᆞᆫ저ᄉᆞ룸아네行힝色식보아ᄂᆡ
軍군士ᄉᆞ逃도亡망네로고나腰뇨上상으로볼작
시면뵈젹ᄉᆞᆷ이깃ᄆᆞᆫ남고허리아리구버보니헌ᄌᆞᆷ
방이노닥노닥곱장할미압희가고전티발이뒤예
간다十십里리길을할ᄂᆡ가나멋나가셔엽쳐다리
ᄂᆡ고을의兩양班반사룸他타道도他타官관온겨
살면賤쳔이되기상ᄉᆞ여든本본土토軍군丁청슬
타ᄒᆞ고조시ᄯᅩᄒᆞᆫ逃도亡방ᄒᆞ면一일國국一일土

甲 갑

民 민

歌 가

『해동가곡海東歌曲』(규장각 소장)에 실려 있는「갑민가」(4음보를 1구로 계산하면 총 113구)를 텍스트로 삼았고, 필요할 경우,『청성잡기靑城雜記』(고려대학교 도서관 소장)에 실려 있는 이본을 참조했다. 본문은 "行행色색"처럼 한자와 한글을 나란히 표기했으나, 이해의 편의를 위해 한자로 된 부분은 앞에 한글을 적고 괄호 안에 한자를 병기하는 방식으로 처리하였고, 굳이 한자를 밝힐 필요가 없는 말은 본문에서 한자를 드러내지 않기로 하였으며, 가능한 한 현대어로 표기하려고 노력하였다. "갑민"이란 '(함경도) 갑산의 백성'이므로, "갑민가"는 '갑산의 백성이 지은 노래'라는 말이다. 이 텍스트 말미에 '갑산민소작가甲山民所作謌', 곧 '갑산의 백성이 지은 노래'라는 말이 보인다. 그가 어느 계층의 누구인지는 알려지지 않았다. 일부 연구에서 작가층을 '지방 하층의 사족층'이라고 한 바 있는데, 작품은 고향을 떠나 일정한 거처 없이 이리저리 떠돌아다니는 유민流民의 고통을 노래하고 있다. 갑산은 함경북도 갑산군에 있는 면으로 개마고원의 중심부로서 교통이 불편하고 바다에서 멀리 떨어져 있다. 작품에서도 갑산을 "극변極邊", 곧 '중심에서 아주 멀리 떨어져 있는 변두리 지역'이라는 말로 묘사하고 있다. '갑산甲山'이란 말은 사방이 갑주甲胄, 곧 갑옷과 투구처럼 산으로 둘러싸여 있다고 해서 붙여진 이름이다. "갑산과 산수, 두 고을은 첩첩의 고개와 큰 산줄기 밖에 있어서 들어가는 길이 단지 함흥咸興, 북청北青, 단천端川의 세 곳만이 있을 뿐이다. 함흥의 길은 삼수군三水郡과 9일 노정이고, 북청의 길은 갑산부甲山府와 4일 노정이며, 단천의 길은 갑산부와 5일 노정인데, 가파른 고개와 깎아 세운 듯한 골짜기에 위태로운 잔도棧道(험한 벼랑 같은 곳에 낸 길. 선반처럼 달아서 냄)와 돌길이어서 온 나라에 다시 없는 험한 곳이다."[남구만南九萬(1629~1711)의 『약천집藥泉集』 권4 「소차疏箚」 '북변삼사잉진지도소北邊三事仍進地圖疏'] 갑산은 삼수三水와 함께 우리나라에서 가장 험한 산골이라 이르던 곳으로 조선 시대 귀양지의 하나였다. 그래서 '삼수갑산三水甲山'이라는 말이 생겼다. 이곳으로 귀양을 간 윤선도尹善道(1587~1671)는 이곳을 "풍토가 매우 험악해서 어느 일 한 가지도 인간 세상과 같은 것이 없다風土甚惡, 百事無一如人世間者."고 하면서, '어매귀문禦魅鬼門', 곧 귀신이 출입하는 관문, 말하자면 저승으로 통하는 길이라 했다.[『고산유고孤山遺稿』 권4 「서書 · 단單」 '답안생서익서答安甥瑞翼書'] 갑산을 위시한 "함흥 이북은 산천이 험악하고 풍속이 사나우며 기후가 춥고 토지도 메말라 곡식은 조와 보리뿐이며, 벼는 적고 면화도 없다. 그 지방 사람들이 개가죽을 입고 추위를 막으며 굶주림을 견디는 것이 여진족과 똑같다. 산에는 잘[초피貂皮]과 인삼이 많이 난다. 백성은 잘과 인삼을 남쪽 장사꾼의 무명과 바꿔 바지를 입지만, 이것도 살림이 넉넉한 자가 아니면 하지 못한다."(『택리지擇里志』)

어져 어져[1] 저기 가는 저 사람아

네 행색行色[2] 보아하니 군사도망軍士逃亡[3] 네로구나[4]

요상要上[5]으로 볼작시면[6] 베적삼[7]이 깃[8]만 남고

허리 아래 굽어보니 헌 잠방이[9] 노닥노닥[10]

곱장할미[11] 앞에 가고 전태발이[12] 뒤에 간다[13]

십리 길을 할레[14] 가니 몇 리 가서 엎쳐지리[15]

내 고을의 양반 사람 타도타관他道他官[16] 옮겨 살면

천賤[17]이 되기 상사여든[18]

본토本土[19] 군정軍丁[20] 싫다 하고

자네 또한 도망하면 일국일토一國一土[21] 한 인심에[22]

근본[23] 숨겨 살려 한들 어디 간들 면할쏜가[24]

차라리 네 살던 곳에 아모케나[25] 뿌리 박아

칠팔 월에 채삼採蔘[26]하고 구시월에 돈피獤皮[27] 잡아

---

1 **어져.** 감탄사 '아, 아'. 황진이의 시조에 그 용례가 보인다. "어져 내 일이야 그릴 줄을 모르던가".

2 **행색行色.** 겉으로 드러나는 차림이나 태도.

3 **군사도망軍士逃亡.** 군대에서 복역하거나 군대의 진영陣營에서 부역하는 군역軍役의 고됨을 견디지 못하고 도망치는 것을 말한다. 이이李珥(1536~1584)는 "군역이 쉽고 고된 것이 고르지 못하여 그것이 쉬운 자는 그런대로 견디지만 고된 자는 기어이 도망하게 된다. 도망을 하면 그 해독이 일족一族에게 미치게 되고, 그 화禍가 연달아 끼치어 심지어는 한 마을이 텅 비게 된다."(『율곡선생전서栗谷先生全書』 권8, 「육조계六條啓」)고 했다.

4 **너로구나.** '~로구나'는 혼잣말에 쓰여, 화자가 새롭게 알게 된 사실에 주목함을 나타내는 종결어미로 흔히 감탄의 뜻이 수반된다. 어미 '~구나'보다 더 예스러운 표현이며, 더 분명한 표현이다. 행색이 초라한 것을 보니 도망 중에 있는 군사임이 분명하다는 확신에 찬 말이다.

5 **요상要上**. 허리 위.

6 **볼작시면**. '~ㄹ작시면'은 '그 동작을 한번 행하여 보면'이라는 뜻을 나타내는 연결어미로 우습거나 언짢은 경우에 잘 쓴다.

7 **베적삼**. 베로 지은, 여름에 입는 홑저고리. 삼베적삼. 홑적삼. '적삼'은 저고리 모양과 같은 홑옷으로 '단삼單衫'이라고도 한다.

8 **깃**. 저고리나 두루마기의 목에 둘러대어 앞에서 여밀 수 있도록 된 부분으로 위의 가장자리는 동정으로 싼다. 옷깃.

9 **잠방이**. 가랑이가 무릎까지 내려오도록 짧게 만든 홑바지.

10 **노닥노닥**. 해지고 찢어진 곳을 여기저기 깁거나 덧붙인 모양.

11 **곱장할미**. 척추장애인을 낮잡아 이르는 말인 곱사등이 노파.

12 **전태발이**. 절름발이.

13 **곱장할미 앞에 가고 전태발이 뒤에 간다**. 도망이 너무 힘들고 못 먹어서 병든 노인네와 함께 앞서거니 뒤서거니 힘없이 걸어간다는 말이다.

14 **할레**. 하루에.

15 **엎쳐지리**. 엎어질 것이다. '엎어지다'는 서 있는 사람이나 물체 따위가 앞으로 넘어지다.

16 **타관타도他官他道**. 자신이 속한 곳이 아닌 다른 도와 다른 고을.

17 **천賤**. 지체나 지위 따위가 낮은 신분. 천민. 천민은 신분 사회에서 천대를 받던 최하 계급으로 천한 일인 천역賤役에 종사하였다.

18 **상사여든**. 늘 있는 일인데. '상사常事'는 보통 있는 일. '~여든'은 '~거든', 곧 청자가 모르고 있을 내용을 가르쳐 줌을 나타내는 종결어미.

19 **본토本土**. 본향本鄕. 본디의 고향 혹은 시조始祖가 난 곳. 관향貫鄕. 대대로 살아오던 곳.

20 **군정軍丁**. 군인의 소속과 신원을 적어 놓은 명부인 군적軍籍에 들어있는 지방의 정남丁男(부역이나 군역에 소집된 남자, 16세 이상 60세 미만)으로 국가나 관아의 명령으로 병역이나 노역勞役에 종사하였다.

21 **일국일토一國一土**. 한 나라가 모두 같은 땅.

22 **한 인심에**. 한 나라가 모두 같은 땅이고 인심도 다 같은데.

23 **근본**. 根本. 자라 온 환경이나 혈통.

24 **면할쏜가**. 면하겠는가. '~ㄹ쏜가'는 '어찌 그럴 리가 있겠느냐'는 뜻으로 의문의 형식을 빌려 앞의 내용을 강하게 부인할 때 쓰는 종결어미. 주로 의문문 형식을 취한다.

25 **아모케나**. 아무렇게나.

26 **채삼采蔘**. 인삼을 캠.

27 **돈피獤皮**. 담비 종류 동물의 모피를 통틀어 이르는 말. 일반적으로 고급 모피로 인정받고 있으며 품질에 따라 검은담비의 모피인 '잘'을 상등으로 치고, 노랑담비의 모피인 '돈피'와 유럽소나무담비의 모피인 '초서피貂鼠皮'를 중등으로 치며, 흰담비의 모피인 '백초피白貂皮'를 하등으로 친다.

공채公債[28] 신역身役[29] 갚은 후에 그 남저지[30] 두었다가
함흥 북청 홍원[31] 장사[32] 돌아들어[33] 잠매潛賣[34]할 제
후가厚價[35] 받고 팔아내어 살기 좋은 너른 곳에
가사家舍[36] 전토田土[37] 고쳐[38] 사고 가장집물家庄汁物[39] 장만하여
부모처자 보전保全[40]하고 새 즐거물[41] 누리려문[42]
어와[43] 생원生員[44]인지 초관哨官[45]인지 그대 말씀 그만두고
이내 말씀 들어보소 이내[46] 또한 갑민[47]이라

---

28 **공채公債**. 공금公金을 소비하거나 공과금을 내지 못하여 진 빚이지만, 여기서는 환곡還穀을 말한다. 곡식이 다 떨어지고 햇곡식은 아직 익지 아니하여 식량이 궁핍한 춘궁기에 국가가 농민에게 대여했다가 추수 후에 회수하던 비축곡물 또는 그런 제도로 흔히 환자還子라고 했으며, 조선 후기에는 공채公債, 조적糶糴, 환향還餉이라고도 했다.

29 **신역身役**. 국가나 공공 단체가 지우는 의무인 공역公役을 부과하는 것으로, 크게 직역職役과 군역軍役으로 나눌 수 있다. 직역은 중앙 및 지방 행정 실무를 비롯한 모든 잡역에 종사하는 것이다. 「갑민가」에서 문제가 되고 있는 것은 군역인데, 군역은 16~60세 이상의 남정男丁으로서 직역을 지거나 죄를 지어 종이 되거나 속공屬公되어 관아에 속하게 된 종인 공천公賤과 개인에 의해 매매되고 사역使役 되던 종인 사천私賤을 제외한 모든 신분이 부담하는 국역國役이었다. 그런데 16세기부터 군역은 양반층이 이탈하면서 양반과 천민의 중간 신분으로 천역賤役에 종사하지 않던 양인良人이 주로 부담했고, 17세기 이후부터는 군역에 나가지 않는 사람에게 베를 바치게 하는 등 국가 재원을 마련하는 세금으로서의 기능이 강화되어 백성들에게 심각한 부담이 되었다.

30 **남저지**. 나머지.

31 **함흥 북청 홍원**. '함흥咸興'은 함경남도 중남부에 있는 시로 조선 왕조 발상지이며, 교통 요충지이다. '북청北靑'은 함경남도 동북부에 있는 읍으로 남대천 유역에 있어서 쌀, 콩, 보리 따위 농산물의 집산지이다. '홍원洪原'은 함경남도

홍원군에 있는 읍으로 수륙 교통의 요충지다.

32 **장사**. 이익을 얻으려고 물건을 사서 팖. 또는 그런 일.

33 **돌아들어**. 여기저기 돌다가 일정한 곳으로 들어오거나 들어가.

34 **잠매潛賣**. 물건을 몰래 팖. 암매暗賣.

35 **후가厚價**. 후한 값.

36 **가사家舍**. 사람이 사는 집.

37 **전토田土**. 논과 밭을 아울러 이르는 말. 논밭.

38 **고쳐**. 다시.

39 **가장집물家庄汁物**. 가장집물家藏什物. 집에 놓고 쓰는 온갖 살림 도구.

40 **보전保全**. 온전하게 보호하여 유지함.

41 **즐거물**. 즐거움을. 참고로 '청성잡기본'에서는 "새질기물", 곧 '새 즐거움을'이라고 했다.

42 **누리려문**. 누리려무나. '~려무나'는 부드러운 명령이나 허락을 나타내는 종결어미로 어미 '~렴'보다 한층 더 친근한 어감을 띤다. 여기까지가 생원生員 혹은 초관哨官이 갑민에게 한 말이다. 이후부터는 갑민의 말이 끝까지 이어진다. 갑민의 발언은 생원이나 초관의 말에 대한 구체적인 반박이자 항변이다.

43 **어와**. 대개 노래 따위에서, 흥에 취했을 때 내는 소리. 여기서는 몹시 괴로울 때나 기가 막힐 때 내는 소리.

44 **생원生員**. 원래 소과小科인 생원과에 합격한 사람을 말하는데, 관직을 받지 못하여 관리는 되지 못하였다. 조선 후기로 넘어오면서 나이 많은 선비에 대한 존칭어로 성씨에 붙여 사용하기도 하였다. 참고로 소과의 하나인 진사시進士試에 합격한 사람을 진사進士라고 했다. 생원과 진사와의 관계는 법제적으로는 우열이 없으나, 조선 초기는 생원이 진사보다 우대를 받았다. 그것은 조선 초기 진사시가 없이 생원시生員試만 있었기 때문으로 해석되며 실제 진사시가 생긴 뒤에도 성균관에서 좌석의 차례인 좌차座次가 생원 말석에 진사가 앉은 것으로도 입증된다. 그러나 후기에 내려오면 유교 경서經書의 뜻을 해석하는 경학經學보다 시와 산문을 짓는 사장詞章을 중시하는 풍조에 따라 생원의 사회적 존경도는 진사보다 하위에 놓이게 되었다. 그리하여 조선 후기는 유생들이 생원보다는 진사를 원했으며, 황현黃玹(1855~1910)의 『매천야록梅泉野錄』에 따르면 생원시에 합격한 사람들도 진사라고 말하는 사례까지 있었음을 볼 수 있다. 참고로 진사시는 소과의 하나로 생원시와 함께 사마시司馬試라고도 했는데, 생원시는 유교 경전에 대한 지식을, 생원시는 시詩와 부賦의 창작 능력을 시험하여 그 합격자를 각각 생원, 진사라 했다. 생원시가 조선 초기부터 실시되었던 반면, 진사시는 세종 20년(1438)에 처음 실시했다가 이내 폐지되었고, 단종 원년(1453)에 복설되어 고정 31년(1894)까지 계속되었다.

45 **초관哨官**. 조선 시대에 한 초哨를 거느리던 종구품 무관 벼슬. '초'는 병력을 배치하고 감시한다는 말로, 1초는 약 백 명을 단위로 하던 군대의 편제였다.

46 **이내**. '나'를 강조하여 이르는 말.

47 **갑민**. 甲民. 함경도 갑산군의 백성. 갑산민甲山民.

이 땅에서 생장[48]하니 이때 일[49]을 모를쏘냐[50]
우리 조상 남중南中[51] 양반 진사進士[52] 급제及第[53] 연면連綿[54]하여
금장옥패金章玉패[55] 빗기[56] 차고 시종신侍從臣[57]을 다니다가[58]
시기인猜忌人[59]의 참소[60] 입어[61] 전가사변全家徙邊[62]하온 후에
국내극변國內極邊[63] 이 땅에서 칠팔 대를 살아오니
선음先蔭[64] 입어 하는 일이 읍중邑中[65] 구실[66] 첫째로다
들어가면 좌수座首[67] 별감別監[68] 나가서는 풍헌風憲[69] 감관監官[70]
유사有司[71] 장의掌儀[72] 채지 나면[73] 체면 보아 사양터니[74]

---

48 **생장**. 生長. 나서 자람. 또는 그런 과정.

49 **이때 일**. 군정軍政의 폐해가 극심하여 수많은 군사들이 도망을 하던 당시의 상황을 말하는 것 같은데, 그것보다는 '청성잡기본'의 "이 땅 일을"이 훨씬 자연스럽다.

50 **모를쏘냐**. '~쏘냐'는 '어찌 그럴 리가 있겠느냐'의 뜻으로 강한 부정을 나타내는 종결어미. 주로 의문문 형식을 취한다.

51 **남중南中**. 경기도 이남의 충청도와 전라도, 경상도, 제주도를 통틀어 이르는 말.

52 **진사進士**. 과거의 예비 시험인 소과小科의 복시에 합격한 사람에게 준 칭호. 또는 그런 사람.

53 **급제及第**. 과거시험에 합격함.

54 **연면連綿**. 끊어지지 않고 계속 잇닿아 있음.

55 **금장옥패金章玉패**. 金章玉佩. '금장'은 금으로 만든 인장印章으로 대개 재상이 패용하였고, '옥패'는 옥으로 만든 패물로 금관조복金冠朝服에 늘이어 차는데 흰 옥을 서로 이어 무릎 밑까지 내려가도록 하며, 사紗로 긴 주머니를 만들어 그 속에 넣어 찬다. 참고로 '금관조복'은 관리들이 입던 금관과 조복을 아울러 이르는 말로 문무백관이 조하朝賀(동지冬至, 정조正朝, 즉위卽位, 탄일誕日 따위의 경축일에 신하가 조정에 나아가 임금에게 하례하는 일. 또는 그런 의식)나 경사 등에 입는 최상급의 공복公服이었다.

56 **빗기**. 비스듬히.

57 **시종신侍從臣**. 임금을 가까이 모시고 따라다니는 신하로 홍문관의 옥당玉堂, 예문관의 검열檢閱, 사헌부司憲府 또는 사간원司諫院의 대간臺諫 등을 통틀어 이르던 말이다. 근시近侍·시종신侍從臣·시종관侍從官·근신近臣·근밀지신近密之臣·시신侍臣·친신親臣이라고도 한다. 원래 시종은 임금을 수행하여 받든다는 뜻으로, 시종신인 예문관藝文館의 봉교奉教 이하 시교侍教·검열檢閱은 춘추관春秋館의 사관史官을 겸하였으므로, 시종의 목적은 임금의 언행을 기록하여 사초史草를 남기는 데 있었음을 알 수 있다. 조선 초에는 사관 한 사람이 시종하였으나, 그 기록이 소루하다고 하여 세종 7년(1425)에 사관 두 사람이 입시入侍토록 하였다.

58 **다니다가**. '다니다'는 직업을 나타내는 단어와 함께 쓰여, 그 직업에 종사한다는 뜻.

59 **시기인猜忌人**. 남이 잘되는 것을 샘하여 미워하는 사람.

60 **참소**. 讒訴/譖訴. 남을 헐뜯어서 죄가 있는 것처럼 꾸며 윗사람에게 고하여 바침.

61 **입어**. (도움, 손해 따위와 같은 말을 목적어로 하여) 받거나 당해.

62 **전가사변全家徙邊**. '전가'는 온 집안(식구), '사변'은 변방에 강제로 이주시킴. 범죄자와 그의 가족을 변경 지역인 평안도와 함경도로 이주시켰다.

63 **국내극변國內極邊**. 나라의 중심인 서울에서 아주 멀리 떨어져 있는 변방.

64 **선음先蔭**. 조상의 숨은 은덕.

65 **읍중邑中**. 지방 관아가 있던 마을. 읍내.

66 **구실**. 자기가 마땅히 해야 할 맡은 바 책임.

67 **좌수座首**. 지방의 자치 기구인 향청鄕廳의 우두머리. 수령권을 견제하는 기능을 담당하였다가 향원鄕員 인사권과 행정 실무의 일부를 맡아보았는데, 고종 32년(1895)에 향장鄕長으로 고치면서 유명무실한 존재가 되었다. 수향首鄕.

68 **별감別監**. 지방의 수령을 보좌하던 자문 기관으로 풍속을 바로잡고 향리를 감찰하며 민의를 대변한 유향소留鄕所(지방의 수령을 보좌하던 자문 기관으로 풍속을 바로잡고 향리를 감찰하며, 민의를 대변)에 속한 직책으로 고을의 좌수에 버금가던 자리였다.

69 **풍헌風憲**. 유향소에서 면面이나 이里의 일을 맡아보던 사람.

70 **감관監官**. 각 관아나 궁방宮房에서 금전·곡식의 출납을 맡아보거나 중앙 정부를 대신하여 특정 업무의 진행을 감독하고 관리하던 벼슬아치.

71 **유사有司**. 본래는 관청에서 해당 일을 맡은 관리. 나중에는 향교, 서원 등에서 임기제로 뽑은 임원.

72 **장의掌儀**. '장의掌議'라고 해야 함. 성균관이나 향교의 재임齋任(성균관이나 향교 따위에서 숙식하는 유생으로서 그 안의 일을 맡아보던 임원) 가운데 하나로 성균관의 유생이나 향교의 거재居齋(기숙사에서 숙식하며 학문을 닦던 일) 유생 등이 자율적으로 선발하여 유생들의 자치를 관장했다.

73 **채지 나면**. 임명장이 내려오면. '채지'는 '체지', 곧 '첩지帖旨'로 각 관아에 둔 구실아치인 이속吏屬을 임명할 때 쓰는 임명장을 말한다.

74 **사양터니**. 겸손하여 받지 아니하거나 응하지 아니하더니.

애슬푸다[75] 내 시절에 원수인怨讐人[76]의 모해謀害[77]로써

군사강정軍士降定[78] 되단말가[79] 내 한 몸이 헐어나니[80]

좌우전후[81] 수다일가數多一家[82] 차차次次[83] 충군充軍[84] 되거고야[85]

누대봉사累代奉祀[86] 이내 몸은 하릴없이[87] 매어 있고[88]

시름없는[89] 제족인諸族人[90]은 자취 없이 도망하고

여러 사람 모든 신역 내 한 몸에 모두 무니[91]

한 몸 신역 삼 냥 오전 돈피 이 장 의법依法[92]이라

십이 인명[93] 없는 구실[94] 합쳐보면 사십육 냥[95]

연부년年復年[96]에 맡아 무니 석숭石崇[97]인들 당할쏘냐

약간 농사 전폐[98]하고 채삼 하러 입산[99]하여

허항령虛項嶺[100] 보태산寶泰山[101]을 돌고 돌아 찾아보니

---

75 **애슬푸다**. 애달프고 서글프다.

76 **원수인怨讐人**. 원한이 맺힐 정도로 자기에게 해를 끼친 사람. '원수놈'의 점잖은 표현.

77 **모해謀害**. 꾀를 써서 남을 해침.

78 **군사강정軍士降定**. 무관武官에 대하여 벌로 벼슬을 낮추어서 군역軍役을 시키던 일. 또는 그런 징벌. 관원, 공신의 자손, 천민, 노비 등은 원칙적으로 군역에서 제외되었는데, 이 구절은 모함을 받아 군사의 계급으로 강등이 되었다는 말이다.

79 **되단말가**. 되었단 말인가.

80 **헐어나니**. 망치니. 깨지니. 무너지니.

81 **전후좌우**. 前後左右. 왼쪽과 오른쪽. 곧, 사방四方을 이른다.

82 **수다일가**. 數多一家. 한집에 사는 많은 가족.

83 **차차次次**. 어떤 사물의 상태가 시간의 흐름에 따라 일정한 방향으로 조금씩 진행하는 모양.

84 **충군充軍**. 군대에 편입시킴. 죄를 범한 자를 벌로써 군역에 복무하게 하던 제도. 신분의 고하와 죄의 경중에 따라 차등이 있었는데, 대개 천역賤役인 수군水軍이나 국경을 수비하는 군졸에 충당하였다.

85 **되거고야**. 되었구나. '~거고나'는 의도와 감탄을 나타내는 종결어미.

86 **누대봉사累代奉祀**. 여러 대 조상의 제사를 모심.

87 **하릴없이**. 달리 어떻게 할 도리가 없이.

88 **매어 있고**. 어떤 데에서 떠나지 못하고 붙잡혀 있고.

89 **시름없는**. 근심과 걱정으로 맥이 없는.

90 **제족인諸族人**. 여러 족인. '족인'은 성과 본이 같은 사람들 가운데 유복친 안에 들지 않는 겨레붙이.

91 **무니**. 갚아야 할 것을 치르니. 이 구절은 족징族徵에 대해 말한 것이다. '족징'은 군포세軍布稅를 내지 못하는 사람이 있는 경우에 그 일가붙이에게 대신 물리던 일을 말한다. 지방의 벼슬아치들이 공금이나 관곡官穀을 사사로이 썼거나, 군사가 도망하거나 사망하였을 때 물렸으므로 폐단이 많았다. 이것은 전정田政, 환곡還穀의 폐단과 함께 소위 '삼정三政의 문란'을 야기하여 조선 후기 빈발하는 민란의 도화선이 되었다.

92 **의법依法**. 법에 의거함. 정해놓은 법에 따름.

93 **인명**. 人名. 사람의 이름.

94 **구실**. 온갖 세납을 통틀어 이르던 말. "십이 인명 없는 구실"은 열두 명이 도망을 가서 그 사람들 몫의 세금을 대신 물게 되었음을 말한다.

95 12명의 신역을 돈으로 치면 모두 46냥이나 된다는 말이다.

96 **연부년年復年**. 해를 이어 계속. 매년. 해마다.

97 **석숭石崇**. 중국 서진西晉의 부호富豪로 형주荊州 자사刺史를 지냈고, 항해와 무역으로 거부가 되었다. 이후 '부자'의 대명사로 흔히 쓰이게 되었다.

98 **전폐**. 全廢. 아주 그만둠. 또는 모두 없앰.

99 **입산**. 入山. 살에 들어감.

100 **허항령虛項嶺**. 함경남도 혜산군 보천면과 함경북도 무산군 삼장면 사이에 있는 고개로 대단히 험하다. "무산茂山에서 갑산甲山과 삼수三水를 통과하여 평안도 길까지 다다랐다가 검천劒川에서 빠져나오는"『북관기사北關紀事』「산천도리山川道里」 "허항령이 있는데 길이 나 있어 혜산惠山, 운화雲化 등의 여러 진鎭과 삼수三水, 갑산甲山 가는 길로 바로 통하나 가파르고 험준하여 사람들이 감히 가지 못한다."『북새기략北塞記略』「백두산고白頭山考」

101 **보태산寶泰山**. '포태산胞胎山'의 오기인 듯. 포태산은 백두산의 동남쪽에 있는 고산이다.

인삼 싹은 전혀 없고 오가五加[102] 잎이 날 속인다[103]

하릴없이 공반空返[104]하여

팔구월 고추바람[105] 안고 돌아[106] 입산하여

돈피 산행山行[107]하려 하고

백두산 등에 지고[108] 분계강分界江[109] 하下[110] 내려가서

싸리[111] 꺾어 누대[112] 치고[113] 이깔나무[114] 우등 놓고[115]

하나님께 축수[116]하며 산신[117]님께 발원[118]하여

---

102 **오가五加**. 두릅나뭇과의 낙엽 활엽 관목으로 뿌리나 줄기의 껍질은 오갈피 혹은 오가피라고 하며 약용한다.

103 **속인다**. 오가피 잎과 산삼 잎이 비슷하여 자주 혼동, 착각을 하게 된다.

104 **공반空返**. 헛되이 되돌아옴.

105 **고추바람**. 살을 에는 듯 매섭게 부는 차가운 바람을 비유적으로 이르는 말.

106 **안고 돌아**. '안다'는 맞다, '돌다'는 방향을 바꾼다는 말이니, 고추바람을 맞고 방향을 바꾸었다는 뜻이다.

107 **산행山行**. 산길을 걸어감. 여기서는 사냥하러 가는 일.

108 **등에 지고**. (어떤 사람이나 사물이 다른 사람이나 사물을) 뒤쪽에 두고.

109 **분계강分界江**. “『성호사설星湖僿說』에 “『여지승람輿地勝覽』에 백두산은 회령부會寧府 서쪽에 있으니 7, 8일 거리이다. 이 절정에 못이 있는데 남으로 흐르는 것은 압록강鴨綠江이 되고, 북으로 흐르는 것은 송화강松花江과 혼동강混同江이 되고, 동북으로 흐르는 것은 소하강蘇下江과 속평강速平江이 되고, 동으로 흐르는 것은 두만강이 되었다.'라고 하였다. 『대명일통지大明一統志』에 '동으로 흐르는 것은 아야고하阿也苦河가 되었다.'라고 하였으니, 의심컨대 속평강을 분계강이라고도 지칭하는 것 같다.”라고 하였다.[『북관기사北關記事』「흥왕사적興王事蹟」] 참고로 『만기요람萬機要覽』에 따르면, “『여지도輿地圖』에는 분계강이 토문강의 북쪽에 있다 하였으니, 강의 이름이 분계 인만큼 정계비定界碑는 당연히 여기에 세워야 한다.”고 했다.[「백두산정계白頭山定界」'군려대성軍旅大成']

110 **하下**. 아래로.

111 **싸리**. 콩과의 낙엽 활엽 관목. 높이는 2~3미터이며, 잎은 세 잎이 나온다. 나무는 땔감, 잎은 사료, 나무껍질은 섬유의 원료로 쓴다.

112 **누대樓臺**. 사방을 바라볼 수 있도록 문과 벽이 없이 다락처럼 높이 지은 집인 누각樓閣(휴식을 취하거나 놀이를 하기 위해, 산이나 언덕, 물가 등에 높이 지은 다락집)이나 물가나 꽃밭 등 경관이 수려한 곳에 돌이나 흙으로 높고 평평한 바닥에 세운 대사臺榭(주변을 내려다보려고 크고 높게 세운 누각이나 정자)처럼 높은 건물을 말한다. '청성잡기본'에는 “누게”라고 되어 있는데, 누게는 비바람이나 피할 수 있게 간단히 얽어서 지은 자그마한 막집을 말한다.

113 **치고**. 벽 따위를 둘러서 세우거나 쌓고.

114 **이깔나무**. 잎갈나무. 소나무과의 큰키나무로 금강산 이북의 높은 산지 능선 및 고원에서 자라는데, 백두산과 개마고원 지역의 원시림을 이루는 대표적인 나무이다. 잎갈나무는 사시사철 푸른 소나무처럼 생겼으나 '잎을 가는(낙엽이 지는) 나무'라는 뜻에서 얻은 이름이다. 이깔나무 또는 잇가나무라고도 한다.

115 **우등 높고**. 일단 잎갈나무가 큰키나무이므로 '놉고'를 '높고'로 보면 자연스럽게 연결되고, 그렇다면 '우등'은 '優等'이거나 '우뚝'을 의미하는 '우둑'일 가능성이 있다. 즉 잎갈나무가 우뚝 높이 서 있다는 말이다. 그러나 이 풀이는 앞 구절과 연결지어 보면 적절치 않다. 앞에서는 “싸리 꺾어 누대 치고”라 했으니, 다음에도 그런 식의 대구가 필요해 보이는 것이다. 그렇다면 이 구절도 '잎갈나무로 ~ 하고'라는 식으로 푸는 것이 자연스럽다. 이렇게 볼 때 '놉고'는 '~을/를 놓고'로 이해하는 편이 좋겠다. 실제로『청성잡지』본에는 “놋고”라고 되어 있다. 문제는 '우등'인데, 그 유사한 말로 '우둥'이 있다. 옛말에 '우둥불'이라고 하면 '화톳불', 곧 한데다가 장작 따위를 모으고 질러 놓은 불을 말한다. 이렇게 미뤄 보면, 이 구절은 '잎갈나무로 화톳불을 지펴놓고'가 된다.

116 **축수**. 祝手. 두 손바닥을 마주 대고 빎.

117 **산신**. 山神. 산을 지키고 다스리는 신. 산신령.

118 **발원**. 發願. 신이나 부처에게 소원을 빎. 또는 그 소원.

믈채줄[119]을 갓초 곳고[120] 사망[121] 일기[122] 원망[123]하되
내 정성이 불급不及[124]한지 사망실[125]이 아니 붙네
빈손으로 돌아서니 삼지연三池淵[126]이 잘참[127]이라
입동立冬[128] 지나 삼 일 후에 일야설一夜雪[129]이 사뭇[130] 오니
대자 깊이[131] 하마[132] 너머 사오 보[133]를 못 옮기네
양진糧盡[134]하고 의박衣薄[135]하니 앞의[136] 근심 다 떨치고
묵숨 살려 욕심하여 자사위한至死爲限[137] 길을 헤어[138]
인가처人家處[139]를 찾아오니 검천거리劍川巨里[140] 첫 목[141]이라
계초명鷄初鳴[142]이 이슥하고[143] 인가적적人家寂寂[144] 한잠일레[145]

---

119 **믈채줄**. '물채줄'로 보아 '새끼줄을 꼬든가 소창(이불의 안감이나 기저귓감 따위로 쓰는 피륙)을 길게 꼬아 소원을 적어 꽂아놓고 비는 줄'이 아닌가 한다. 그렇게 보아야 바로 다음에서 "갓초 곳고"라고 한 것과도 잘 어울린다.

120 **갓초 곳고**. 갖추어 꽂아놓고.

121 **사망**. 事望. 사업이나 공무 따위에서 앞날에 예측되는 좋은 징조나 전망이라는 말인데, 여기서는 장사에서 이익을 많이 얻는 운수.

122 **일기**. 없던 현상이 생기기. 희미하거나 약하던 것이 왕성하여지기.

123 **원망**. 願望. 원하고 바람.

124 **불급不及**. 일정한 수준이나 정도에 이르지 못함.

125 **실**. '실'은 명사 뒤에 붙어 '일'의 뜻을 더하는 접미사.

126 **삼지연三池淵**. 오늘날 양강도 무산군 삼장면에 있는 네 개의 큰 호수. 백두산 주변에서 가장 경치가 뛰어난 곳으로 높이가 1,395m나 되는 고원 지대에 있다.

가장 큰 호수는 둘레가 2㎞에 달한다. 『북새기략北塞記略』에 "대택大澤(백두산 천지)의 아래 10여 리가 되지 않는 곳에 연지봉臙脂峯이 있고 그 아래에 소백산小白山이 있다. 소백산 아래에 삼소지三小池가 있다."[「백두산고白頭山考」]라고 했는데, 삼소지가 바로 삼지연이다.

127 **잘참**. 길옆에 만들어 놓은 숙소.

128 **입동立冬**. 24절기의 하나로 상강霜降과 소설小雪 사이에 들며, 이때부터 겨울이 시작된다고 한다. 양력 11월 8일경이다. 서리가 내린다는 상강 후 약 15일과 첫눈이 내린다는 소설 전 약 15일에 든다. 참고로 입동은 입춘立春, 입하立夏, 입추立秋, 춘분春分, 추분秋分, 동지冬至, 하지夏至와 함께 '팔절八節'이 된다. 그런데 '입立'은 대개 '서다', '세우다'의 뜻으로 쓰이는데, '입춘', '입하', '입추', '입동'처럼 시간이나 계절과 관련되어 쓰일 때는 '곧'이라는 부사의 기능을 한다. 말하자면 아직 본격적인 봄, 여름, 가을, 겨울이 오지는 않았지만 조만간 올 것이라는 의미다. 그러므로 '입동'을 '겨울이 왔다'고 풀이하는 것은 잘못이다. '입立'이지 '입入'이 아닌 것이다. 아직 겨울은 아니지만 이제 곧 겨울이 된다는 뜻으로 이해해야 한다.

129 **일야설一夜雪**. 밤에 내린 눈. '일야'는 해가 지고 나서 다음 날 해가 뜰 때까지의 동안, 곧 하룻밤.

130 **사뭇**. 거리낌 없이 마구. 내내 끝까지. 마음에 사무치도록 매우. 아주 딴판으로. 여기서는 '평상시와 다르게 대단히 많이'라는 뜻.

131 **대자 깊이**. 한 길 만큼 눈이 많이 내려 쌓였다는 말.

132 **하마**. 벌써. 예상보다 빠르게.

133 **보**. 步. 걸음.

134 **양진糧盡**. 양식이 다 떨어지고.

135 **의박衣薄**. 옷이 얇아.

136 **앞의**. 이전에 했던.

137 **지사위한至死爲限**. 죽을 때까지 자기의 의견을 굽히지 아니하고 뻗대어 나감. 죽음을 무릅쓰고.

138 **헤어**. 어려운 상태에서 벗어나려고 애써.

139 **인가처人家處**. 인가가 가까이에 있는 곳.

140 **검천거리劍川巨里**. 갑산 근방의 지명. 『일성록日省錄』에서 "압록강은 백두산 연지봉臙脂峯 아래에서 발원하여 서남쪽으로 흐르다가 갑산의 검천거리에 이르러서 방향을 돌려 서쪽으로 혜산진惠山鎭 앞에 이르러 오매강烏梅江과 합수合水하여 서쪽으로 내려간다."[정조 20년 병진(1796) 5월 8일]고 했다.

141 **목**. 통로 가운데 다른 곳으로는 빠져나갈 수 없는 중요하고 좁은 곳.

142 **계초명鷄初鳴**. 닭이 새벽에 처음으로 우는 소리.

143 **이윽하고**. 이슥하고. 지난 시간이 얼마간 오래고.

144 **인가적적人家寂寂**. 인가가 조용함.

145 **한잠일레**. 모두 깊은 잠에 빠진 듯하구나. '한잠'은 깊이 든 잠. '~ㄹ레'는 추측을 나타내는 종결어미.

집을 찾아 들어가니

혼비백산魂飛魄散[146] 반주검[147]이 언불출구言不出口[148] 넘어지니

더운 구들[149] 아랫목[150]에

송장[151]같이 누웠다가

인사수습人事收拾 하온[152] 후에

두 발끝을 굽어보니 열 가락이 간데없네[153]

간신조리艱辛調理[154] 생명生命하여[155] 쇠게[156] 실려 돌아오니

팔십당년八十當年[157] 우리 노모[158] 맞아[159] 나와 이른 말씀

살아왔네 내 자식아

사망 없이 돌아온들[160] 모든 신역 걱정하랴

전토가장田土家庄[161] 진매盡賣[162]하여

사십육 냥 돈 가지고 파기소疤記所[163] 찾아가니

중군파총中軍把摠[164] 호령號令[165]하되 우리 사또[166] 분부分付 내內[167]에

각 초군哨軍[168]의 제 신역을 돈피 외에 받지 말라[169]

---

146 **혼비백산魂飛魄散**. 혼백, 곧 정신이 어지러이 흩어진다는 뜻으로, 몹시 놀라 넋을 잃음을 이르는 말.

147 **반주검**. 거의 죽게 됨. 또는 그런 상태.

148 **언불출구言不出口**. 말이 입에서 나오지 않음.

149 **구들**. 고래(방의 구들장 밑으로 나 있는, 불길과 연기가 통하여 나가는 길)를 켜고 구들장(방고래 위에 깔아 방바닥을 만드는 얇고 넓은 돌)을 덮어 흙을 발라서 방바닥을 만들고 불을 때어 난방을 하는 구조물.

150 **아랫목**. 온돌방에서 아궁이 가까운 쪽의 방바닥. 구들목.

151 **송장**. 죽은 사람의 몸. 시체.

152 **인사수습人事收拾 하온**. 정신을 차리고 난. '인사'는 사람의 일. 또는 사람으로서 해야 할 일, '수습'은 어지러운 마음을 가라앉히어 바로잡음. '하온'은 '한'.

153 **간데없네**. 동상으로 열 발가락이 모두 잘려나가 없어졌네.

154 **간신조리艱辛調理**. 아픈 몸을 겨우 추스름. '간신'은 '힘들고 고생스럽게', '조리'는 건강이 회복되도록 몸을 보살피고 병을 다스림.

155 **생명生命 하여**. '생명生命 하다'라는 말은 없지만, 사람이 살아서 숨 쉬고 활동할 수 있게 되었다는 의미로 쓰인 듯하다. 그렇다면, 이 말은 '겨우 목숨을 건져서' 정도의 뜻이 되겠다.

156 **쇠게**. 소한테.

157 **팔십당년八十當年**. 여든 살. '당년當年'은 앞에 나오는 그 수에 해당하는 나이나 연대年代를 이르는 말.

158 **노모**. 老母. 늙은 어머니.

159 **맞아**. 맞이해.

160 **돌아온들**. '~ㄴ들'은 '~라고 할지라도'의 뜻을 나타내는 보조사로 어떤 조건을 양보하여 인정한다고 하여도 그 결과로서 기대되는 내용이 부정됨을 나타내므로, '돌아온들'은 자연스럽지 않다. 문맥상 '돌아왔으니'가 적절하겠다.

161 **전토가장田土家庄**. 논과 밭, 집과 농막을 아우르는 말. 전 재산.

162 **진매盡賣**. 모두 팜.

163 **파기소疤記所**. 파기를 하는 곳. '파기'는 정남丁男(부역이나 군역에 소집된 남자, 장정)의 몸을 검사하여 그 사람의 용모나 신체상의 특징을 적은 기록. 정남이나 노비 등이 군역 및 국역國役의 의무를 회피하는 사례가 발생하자 이를 방지하기 위해 호적이나 군안軍案(군인의 소속과 신원을 적어 놓은 명부), 노비안奴婢案(노비의 호적) 등에 정남이나 노비의 용모나 신체상의 특징을 적어 기록하는 것. 여기서는 군포를 거두기 위해 명부를 만들어 보관하던 부서로, 다음의 전언을 참고할 수 있다. "지금 경기 암행어사京畿暗行御史 홍영규洪永圭의 별단別單을 보았더니, 그 하나는 본도本道의 군정軍政에 관한 일이었습니다. 근래에 백성은 적고 부역賦役은 많아서 허명虛名을 가지고 억지로 불러서 중첩重疊해 파기疤記를 강행하여 점차 원망이 뼈에 사무치는 폐막弊瘼을 이루고 있었으니, 어찌 백성은 전일에 견주어 줄어들고 역명役名은 옛날에 비해 늘어나서 그러하겠습니까?"(『헌종실록』 권6, 헌종 5년 7월 12일)

164 **중군파총中軍把摠**. '중군'은 각 군영軍營에서 대장이나 절도사節度使, 통제사統制使 등의 밑에서 직속 부대를 통솔하던 장수. '파총'은 각 군영에 둔 종사품 무관 벼슬(종4품).

165 **호령號令**. 부하나 아랫사람을 지휘하여 명령함. 또는 그 명령.

166 **사또**. 일반 백성이나 하급 벼슬아치들이 자기 고을의 원員을 존대하여 부르던 말.

167 **분부分付 내內**. 분부(윗사람이 아랫사람에게 명령이나 지시를 내림 또는 그 명령이나 지시)한 내용.

168 **초군哨軍**. 역役을 지지 않은 양인良人과 천민으로 편성한 군대. 선조 27년(1594)에 두었으며, 평시에는 군포軍布를 바치게 하고 나라에 일이 있거나 훈련할 때 소집하였다. 속오군束伍軍.

169 신역을 돈피 이외에는 받지 말라고 한 것은 돈피를 거둬서 팔면 현금을 받는 것보다 훨씬 더 많은 이득을 얻을 수 있기 때문이다.

관령[170] 여차[171] 지엄[172]하니 하릴없어 퇴하놋다[173]

돈 가지고 물러나와 원정原情[174] 지어 발괄[175]하니

물위번소勿위燔訴[176] 제사題辭[177]하고

군노장교軍奴將校[178] 차사差使[179] 놓아[180] 성화같이[181] 재촉하니

노부모[182]의 원행치장遠行治裝[183] 팔 승升[184] 네 필匹[185] 두었더니[186]

팔 냥 돈을 빌어[187] 받고 팔아다가 채워내니[188]

오십여 냥 되거고야[189]

삼수三水[190] 각진各鎭[191] 두루 돌아 이십육 장 돈피 사니

십여 일 장근將近[192]이라

성화[193] 같은 관가 분부[194] 차지次知[195] 잡아 가두었네

불쌍할사[196] 병든 처는

---

170 **관령**. 官令. 관청의 명령.

171 **여차**. 如此. 상태, 모양, 성질 따위가 이와 같이.

172 **지엄**. 至嚴. 매우 엄함.

173 **퇴하놋다**. (돈으로는 안 받겠다니) 물러 나올 수밖에 없구나. '~놋다'는 '~는구나'의 뜻.

174 **원정原情**. 억울한 사정을 하소연함. 혹은 그것을 적은 글.

175 **발괄**. 자기편을 들어 달라고 남에게 부탁하거나 하소연함. 또는 그런 말. 백성이 관청에 올리는 일종의 소장訴狀. 흔히 '백활白活'이라고 썼다.

176 **물위번소勿위燔訴**. '물위번소勿爲煩訴'라고 해야 함. 번거롭게 관청에 호소하거나 소송을 걸지 말라는 말이다.

177 **제사題辭**. 백성이 올린 소장訴狀이나 청원서請願書, 진정서 등의 좌편 하단 여백에 관官에서 써주는 판결문 또는 처결문. 주로 관찰사나 순찰사에게 올린 의송議訟(민원서)에 내리는 판결문을 말하며, 수령에게 올린 민원서에 쓴 처분은 '뎨김[題音]'이라고 한다. 제사를 쓴 뒤 의송을 제출한 사람에게 돌려주었다. 제사에 '관청에 호소하거나 관청을 상대로 소송을 제기하지 말라'는 내용이 들어 있다는 말이다.

178 **군노장교軍奴將校**. '군노'는 군무軍務를 맡아보던 관아인 군아軍衙에 속한 사내종. '장교'는 각 군영과 지방 관아의 군무에 종사하던 낮은 벼슬아치. 참고로 '청성잡기본'에서는 "군노"를 "군뢰軍牢"라 했다. 군뢰는 군대에서 죄인을 다루는 일을 맡아보던 병졸을 말한다.

179 **차사差使**. 고을 원이 죄인을 잡으려고 내보내던 관아의 하인.

180 **놓아**. 어떤 목적을 위하여 사람을 내보내.

181 **성화같이**. 성화星火같이. 남에게 해 대는 독촉 따위가 몹시 급하고 심하게.

182 **노부모**. 老父母. 늙은 어버이.

183 **원행치장遠行治裝**. 먼 길을 가는 데 필요한 물건을 챙김. 여기서는 염습殮襲(시신을 씻긴 뒤 수의를 갈아입히고 염포로 묶는 일)할 때 주검에 입히는 옷을 비유적으로 표현함.

184 **승升**. 피륙의 날(천, 돗자리, 짚신 따위를 짤 때 세로로 놓는 실, 노끈, 새끼 따위)을 세는 단위. 한 승은 날실 여든 올이다.

185 **필匹**. 일정한 길이로 말아 놓은 피륙을 세는 단위. '필疋'로 써야 함.

186 **두었더니**. 사용하지 않고 보관하거나 간직해 두었더니.

187 **빌어**. 빌어서 간신히 여덟 냥을 받았다는 말이다.

188 **채워내니**. '채우다'는 일정한 공간에 사람, 사물, 냄새 따위를 가득하게 하다. 여기서는 신역을 대신할 돈피를 살 돈을 힘들게 마련해 냈다는 말이다. 결국 마흔여섯 냥에다 여덟 냥을 더했다는 말이다.

189 **되거고야**. 되었구나. '~거고나'는 의도와 감탄을 나타내는 어미.

190 **삼수三水**. 함경남도 북서단에 있는 군으로 압록강의 지류에 면해 있다. 갑산甲山과 함께 우리나라에서 가장 험한 산골이어서 '삼수갑산三水甲山'이라는 말이 생겨났다. 주요 귀양지의 하나였다.

191 **각진各鎭**. '진鎭'은 군사상 중요한 지역에 설치한 지방 행정 구역으로 신라 때에 처음 설치하여, 고려 · 조선 시대까지 이어졌다. 삼수와 갑산은 최북단에 있으므로 육진六鎭과 다름이 없다고 여겨 여러 진을 만들어 두었다. '육진'은 세종 때, 동북 방면의 여진족이 침입할 것에 대비하여 두만강 하류 지역에 설치한 여섯 개의 진을 말한다.

192 **장근將近**. '거의'의 뜻을 나타내는 말. '십여 일 장근이라'는 거의 10여 일이 되었다는 말이다.

193 **성화**. 星火. 성화는 지구의 대기권 안으로 들어와 빛을 내며 떨어지는 유성流星 혹은 유성이 떨어질 때의 불빛을 말하는데, 여기서는 몹시 급한 일을 비유적으로 이르는 말이다.

194 **분부**. 分付/吩咐. 윗사람이 아랫사람에게 명령이나 지시를 내림. 또는 그 명령이나 지시.

195 **차지次知**. 본인 말고 대신할 다음 사람. '지知'는 일을 맡는다는 뜻. 여기서는 자신의 죄로 처妻가 대신 벌을 받게 되었다는 말이다.

196 **불쌍할사**. 불쌍하구나. '~할사'는 뒤에 오는 체언을 꾸며 주는 연결어미로 주로 옛 말투의 시문詩文에서 쓰인다.

영어囹圄[197] 중에 더디여서[198] 결항치사結項致死[199] 하단 말가[200]
내 집 문전 돌아드니 어미 불러 우는 소리
구천九天[201]에 사무치고 의지[202] 없는 노부모는
불성인사不省人事[203] 누웠으니 기절하온[204] 탓이로다
여러 신역 바친 후에 시체 찾아 장사[205]하고
사묘祠廟[206] 뫼셔[207] 땅에 묻고 애끓토록[208] 통곡[209]하니
무지미물無知微物[210] 뭇[211] 조작鳥雀[212]이 저도 또한 슬피 운다
막중[213] 변지邊地[214] 우리 인생 나라 백성 되어 나서[215]
군사 싫다 도망하면 외화민化外民[216]이 되려니와[217]
한 몸에 여러 신역 물다가 할 세 없어[218]
또 금년이 돌아오니 유리무정流離無定[219] 하노매라[220]
나라님[221]께 아뢰자니 구중천문九重天門[222] 멀어 있고
요순堯舜[223] 같은 우리 성주聖主[224] 일월[225]같이 밝으신들

---

197 **영어囹圄**. 죄인을 가두어 두는 곳. 감옥.
198 **더디여서**. '더디다'는 '던지다'의 뜻인데, 여기서는 '감옥에 갇혀서'라는 뜻이다.

199 **결항치사結項致死**. 목을 매어 죽음.

200 **하단말가**. 했단 말인가.

201 **구천九天**. 가장 높은 하늘. 혹은 하늘을 아홉 방위로 나누어 이르는 말. 중앙을 균천鈞天, 동쪽을 창천蒼天, 서쪽을 호천昊天, 남쪽을 염천炎天, 북쪽을 현천玄天이라 하고 동남쪽을 양천陽天, 서남쪽을 주천朱天, 동북쪽을 변천變天, 서북쪽을 유천幽天이라 한다.

202 **의지**. 依支. 다른 것에 몸을 기댐. 또는 그렇게 하는 대상. 다른 것에 마음을 기대어 도움을 받음. 또는 그렇게 하는 대상.

203 **불성인사不省人事**. 인사불성. 제 몸에 벌어지는 일을 모를 만큼 정신을 잃은 상태.

204 **기절하온**. 기절한. '온'은 겸사이기도 하고, 글자 수를 맞추기 위한 것이기도 하다.

205 **장사**. 葬事. 죽은 사람을 땅에 묻거나 화장하는 일.

206 **사묘祠廟**. 조상의 신주神主를 모셔 놓은 사당祠堂. '신주'는 죽은 사람의 이름을 적은 나무패인 위패位牌.

207 **뫼셔**. 모셔. '모시다'는 웃어른이나 신주 따위를 어떤 곳에 자리 잡게 하다. 여기서는 '사당에 신주를 모신 후에'의 뜻.

208 **애끓토록**. 몹시 답답하거나 안타까워 속이 끓는 듯하게.

209 **통곡**. 痛哭/慟哭. 소리를 높여 슬피 욺.

210 **무지미물無知微物**. '무지'는 아는 것이 없음. 또는 미련하고 우악스러움, '미물'은 인간에 비하여 보잘것없는 것이라는 뜻으로 동물을 이르는 말.

211 **뭇**. 수효가 매우 많은.

212 **조작鳥雀**. 참새 따위의 작은 새를 통틀어 이르는 말.

213 **막중**. 莫重. 더할 수 없이 중대한.

214 **변지邊地**. 나라의 경계가 되는 변두리의 땅. 변경邊境.

215 **나서**. '~나다'는 앞말이 뜻하는 행동을 끝내어 이루었음을 나타내는 말.

216 **화외민化外民**. 임금의 교화가 미치지 못하는 곳에 사는 백성.

217 **되려니와**. 되겠거니와. '~려니와'는 앞 절의 사실을 추측하여 인정하면서 관련된 다른 사실을 이어 주는 연결어미.

218 **할 세 없어**. 할 세勢, 곧 능력이 없어서. 할 수 없어서.

219 **유리무정流離無定**. 일정한 집과 직업이 없이 이곳저곳 정처 없이 떠돌아다님.

220 **하노매라**. 하는구나. '~노매라'는 '~는구나'의 뜻.

221 **나라님**. 나라의 임자라는 뜻으로, '임금'을 이르는 말.

222 **구중천문九重天門**. '구중'은 겹겹이 문으로 막은 깊은 궁궐이라는 뜻으로, 임금이 있는 대궐 안을 이르는 말. '천문'은 대궐의 문을 높여 이르는 말. 구중궁궐九重宮闕.

223 **요순堯舜**. 고대 중국의 요임금과 순임금을 아울러 이르는 말. '요순시대'는 요임금과 순임금이 덕으로 천하를 다스리던 태평한 시대를 말하는데, 치세治世, 곧 잘 다스려져서 편안한 세상의 모범으로 삼는다.

224 **성주聖主**. 어질고 덕이 뛰어난 임금. 성군聖君.

225 **일월**. 日月. 해와 달을 아울러 이르는 말.

불점성화不沾聖化[226] 이 극변極邊[227]에 복분하覆盆下[228]라 비췰쏘냐[229]

그대 또한 내 말 듣소 타관소식他官消息[230] 들어보게

북청부사北青府使[231] 뉘실런고[232] 성명[233]은 잠깐 잊어 있네[234]

허다[235] 군정軍丁[236] 안보安保[237]하고 백골도망白骨逃亡[238] 해원解怨일레[239]

각대초관各隊哨官[240] 제신역諸身役[241]을 대소민호大小民戶[242] 분징分徵[243]하니

많으면 닷[244] 돈 푼수[245] 적으면 서[246] 돈이라

인읍隣邑[247] 백성 이 말 듣고 남부여대男負女戴[248] 모다드니[249]

---

226 **불점성화不沾聖化**. '성화'가 성인聖人이나 임금이 덕행으로써 사람이나 백성을 교화한다는 말이니, '불첨성화'는 그런 은덕을 입지 못한다는 뜻이다.

227 **극변極邊**. 중심이 되는 곳에서 가장 멀리 떨어져 있는 변경.

228 **복분하覆盆下**. 엎어놓은 동이의 아래.

229 **비췰쏘냐**. 비취겠는가. "복분하에 비췰쏘냐"는『명심보감明心寶鑑』에 보인다. "일월日月이 수명雖明이나 부조복분지하不照覆盆之下하고 도인刀刃이 수쾌雖快나 불참무죄지인不斬無罪之人하고 비재횡화非災橫禍는 불입신가지문不入愼家之門이니라." 이 말은 "해와 달이 비록 밝으나 엎어 놓은 동이의 밑은 비추지 못하고, 칼날이 비록 잘 들어도 죄 없는 사람을 베지는 못하며, 나쁜 재앙과 갑자기 닥친 불행은 조심하는 가문에는 들어가지 못하느니라."는 뜻이다.

230 **타관소식他官消息**. 다른 지방이나 고장의 소식.

231 **북청부사北靑府使**. '북청'은 함경남도 동북부에 있는 읍으로 남대천 유역에 있어서 쌀, 콩, 보리 따위 농산물의 집산지이다. '부사'는 변방 및 행정 중심지에 설치한 관직으로 정3품의 대도호부사大都護府使와 종3품의 도호부사都護府使를 가리키는 칭호이다. 여기서는 성대중成大中(1732~1812)을 가리킨다. 참고로 성대중은 북청부사로 오기 전에 경상도 흥해興海 군수로 있으면서 백성들을 진휼賑恤한 공로로 승서陞敍한 바 있다.[『정조실록』 정조 8년(1784) 4월 30일]

232 **뉘시던가**. 누구이던가. '~ㄹ런가'는 청자가 경험을 통하여 추측하고 있는 동작이나 상태의 가능성을 묻는 종결어미. '~겠던가'의 뜻을 나타내며 주로 옛 말투의 글에서 쓰인다.

233 **성명**. 姓名. 성과 이름을 아울러 이르는 말. 성은 가계家系의 이름이고, 명은 개인의 이름이다.

234 **있네**. 주로 동사 뒤에서 '~어 있다' 구성으로 쓰여 앞말이 뜻하는 행동이나 변화가 끝난 상태가 지속됨을 나타내는 말.

235 **허다**. 許多. 수효가 매우 많은.

236 **군정軍丁**. 군인의 소속과 신원을 적어 놓은 명부인 군적軍籍에 들어있는 지방의 정남丁男(부역이나 군역에 소집된 남자, 16세 이상 60세 미만)으로 국가나 관아의 명령으로 병역이나 노역勞役에 종사하였다.

237 **안보安保**. 안정적으로 유지함.

238 **백골도망白骨逃亡**. 조선 후기에, 죽은 사람의 이름을 군적軍籍(군인의 소속과 신원을 적어 놓은 명부)과 세금 장부에 올려놓고 군포軍布(병역을 면제하여 주는 대신으로 받아들이던 베)를 받던 '백골징포白骨徵布(죽은 사람의 이름을 군적과 세금 장부에 올려놓고 군포를 받던 일)'의 폐단으로 도망을 침.

239 **해원解怨일레**. 원통한 마음을 풀어주었네. '~ㄹ레'는 추측을 나타내는 종결어미. '~겠데'에서 '~더~'의 의미가 약해진 것으로서 주로 옛 말투의 시문에서 쓰인다.

240 **각대초관各隊哨官**. 각 부대의 초관. '초관'은 한 초哨를 거느리던 종구품 무관 벼슬. '초'는 병력을 배치하고 감시한다는 뜻으로, 1초는 약 백 명을 단위로 하던 군대의 편제를 말한다.

241 **제諸 신역身役**. 여러 신역身役(나라에서 성인 장정에게 부과하던 군역과 부역).

242 **대소민호大小民戶**. 일반 백성들이 사는 크고 작은 집.

243 **분징分徵**. 여러 사람에게 나누어 거두어들임 혹은 두 번 이상으로 나누어 거두어들임. 고을 전체 민호 당 혹은 한 사람당 얼마씩 균등하게 나누어 물림.

244 **닷**. 그 수량이 다섯임을 나타내는 말.

245 **푼수**. 얼마에 상당한 정도.

246 **서**. 그 수량이 셋임을 나타내는 말.

247 **인읍隣邑**. 가까운 고을. 또는 인근의 읍.

248 **남부여대男負女戴**. 남자는 지고 여자는 인다는 뜻으로, 가난한 사람들이 살 곳을 찾아 이리저리 떠돌아다님을 비유적으로 이르는 말.

249 **모다드니**. 모여드니.

군정 허오虛伍[250] 없어지고 민호民戶[251] 점점 늘어간다
나도 또한 이 말 듣고 우리 고을 군정 신역
북청[252] 일례一例[253] 하여지라[254] 영문營門[255] 의송議送[256] 정呈탄말가[257]
본읍[258] 맡겨[259] 제사題辭[260] 맡아[261] 본 관아에 부치온즉[262]
불문시비不問是非[263] 올려 매고[264] 형문刑問[265] 일차[266] 맞단말가[267]
천신만고千辛萬苦[268] 놓여나서[269] 고향 생애 다 떨치고[270]
인리隣里[271] 친구 하직[272] 없이 부로휴유扶老携幼[273] 자야반子夜半[274]에
후치영로厚致嶺路[275] 빗겨두고[276] 금창령金昌嶺[277]을 허위넘어[278]

---

250 **허오虛伍**. 군적에 등록만 되어 있고 실제로는 없던 군정軍丁.
251 **민호民戶**. 일반 백성들이 사는 집. 민가民家.
252 **북청**. 北青. 함경남도 중앙에 있는 읍으로 남대천 유역에 있어서 쌀, 콩, 보리 따위 농산물의 집산지이다.
253 **일례一例**. 하나의 보기. 또는 한 가지 실례. 여기서는 북청을 하나의 본보기로 삼고 심다는 말이다.
254 **하여지라**. 해 달라고. 북청의 사례를 자기 읍에도 적용해 달라는 말이다.
255 **영문營門**. 관찰사가 직무를 보던 관아.
256 **의송議送**. 백성이 고을 원의 판결에 불복하여 관찰사에게 올리던 민원서류.

257 **정呈탄말가**. 냈다는 말인가. 여기서는 '내야 하지 않은가', '알려야 마땅하지 않은가'의 뜻인 듯. '정'은 소장訴狀이나 원서願書 따위를 윗사람에게 제출해서 알리거나 의견을 표시함. '~ㄴ말가'는 '~는 말인가', '~는 것인가'.

258 **본읍**. 本邑. 자기가 살고 있는 읍.

259 **맡겨**. 백성이 감영에 의송을 올리려면 해당 고을의 수령을 통해야만 했다.

260 **제사題辭**. 백성이 올린 소장訴狀이나 청원서請願書, 진정서 등의 좌편 하단 여백에 관官에서 써주는 판결문 또는 처결문. 주로 관찰사나 순찰사에게 올린 의송議訟(민원서)에 내리는 판결문을 말하며, 수령에게 올린 민원서에 쓴 처분은 '뎨김[題音]'이라고 한다. 제사를 쓴 뒤 의송을 제출한 사람에게 돌려주었다.

261 **맡아**. 『청성잡기』에서처럼 "받아"라고 하는 것이 자연스럽다.

262 **부치온즉**. 부쳤더니.

263 **불문시비不問是非**. 옳고 그름을 묻지도 않고.

264 **올려 매고**. 형틀에 몰려 매어놓고.

265 **형문刑問**. 죄인의 정강이를 때리며 캐묻던 일.

266 **일차**. 一次. 조선 시대 법령을 기록한 『대전회통大典會通』「형전刑典」'囚禁(수금)'조에 따르면, 한 차례 형문刑杖(죄인의 정강이를 때리던 형벌)에 30대의 매까지 칠 수 있었고 하루 한 차례, 또 3일 이내에는 같은 형문을 실시할 수 없었으며, 죄인의 형벌을 최종결정하던 결벌決罰 때는 10일 후에 하도록 규정되어 있다. 여기서는 한 차례 형문을 당했다는 말이다.

267 **맞단말가**. 맞았단 말인가.

268 **천신만고千辛萬苦**. 천 가지 매운 것과 만 가지 쓴 것이라는 뜻으로, 온갖 어려운 고비를 다 겪으며 심하게 고생함을 이르는 말.

269 **놓여나서**. (잡혀있던 상태에서) 벗어나서.

270 **떨치고**. 버리고. 관찰사에게까지 의송을 내 호소를 했지만, 그것이 도리어 화를 불러와 더 이상 기대를 할 수 없게 되자 마침내 집과 고향을 버리고 떠나게 되었음을 말하고 있다.

271 **인리鄰里**. 이웃 마을.

272 **하직**. 下直. 먼 길을 떠날 때 웃어른께 작별을 고하는 것.

273 **부로휴유扶老携幼**. 노인은 부축하고 어린이는 이끈다는 뜻으로, 늙은이를 도와 보호하고 어린이를 보살펴 주는 것을 이르는 말.

274 **자야반子夜半**. 자시子時(밤 11시~새벽 1시) 무렵의 한밤중. 남의 눈을 피하여 한밤중에 도망을 가는 야반도주夜半逃走를 말한다.

275 **후치령로厚致嶺路**. 후치령길. 후치현厚致峴이라고도 하는 후치령은 『세종실록지리지世宗實錄地理志』에 따르면, 북청도호부北青都護府 북쪽의 요해지要害地다. '요해지'는 전쟁에서, 자기편에는 꼭 필요하면서도 적에게는 해로운 지점.

276 **빗겨두고**. 비스듬히 두고.

277 **금창령金昌嶺**. 함경남도 단천端川에 있는 고개로 서북쪽으로 향해 있다. 높이는 875미터.

278 **허위넘어**. 높은 곳을 허우적거리며 애를 써서 넘어.

단천端川[279] 땅을 바로 지나 성대산星岱山[280]을 넘어서면
북청 땅이 기[281] 아닌가 거처호부去處好否[282] 다 떨치고
모든 가속[283] 안보[284]하고 신역 없는 군사 되세
내 곳[285] 신역 이러하면 이친기묘離親棄墓[286] 하올쏘냐
비나이다 비나이다 하나님께 비나이다
충군애민忠君愛民[287] 북청 원님[288] 우리 고을 빌이시면[289]
군정[290] 도탄塗炭[291] 그려다가[292] 헌폐軒陛[293] 상上[294]에 올리리라[295]
그대[296] 또한 명년[297] 이때[298] 처자 동생 거느리고
이 영로嶺路[299]로 접어들 제[300] 그때 내 말 깨치리라[301]
내 심중[302]에 있는 말씀 횡설수설橫說竪說[303] 하려 하면
내일 이때 다 지나도 반나마[304] 모자라리
일모총총日暮悤悤[305] 갈 길 머니 하직하고 가노매라[306]

右靑城公位北靑時甲山民所作詞[307]

279 **단천**端川. 함경남도 북동부에 있는 고을 이름.
280 **성대산**星岱山. 함경남도 동북부 북청의 북쪽에 있는 성대산聖代山.
281 **기**. 그것이. 그곳이. 거기.
282 **거처호부**去處好否. 살기에 좋고 나쁘고.
283 **가속**. 家屬. 한집안에 딸린 구성원. 식솔食率.
284 **안보**. 安保. 편안히 보전됨. 또는 편안히 보전함.
285 **내 곳**. 내가 사는 곳.
286 **이친기묘**離親棄墓. 부모와 이별하고 조상의 무덤을 버리고 떠남.
287 **충군애민**忠君愛民. 임금에게 충성을 다하고 백성을 사랑함.
288 **원님**. 고을의 원을 높여 이르던 말. '원員'은 고려 · 조선 시대에, 각 고을을 맡아 다스리던 지방관들을 통틀어 이르는 말로 절도사, 관찰사, 부윤, 목사, 부사, 군수, 현감, 현령 따위를 이른다. 수령守令.
289 **빌이시면**. 중의적으로 해석될 수 있다. 우선 '지도나 도움을 받는다면'의 뜻으로 보면, '북청원님의 지도나 도움을 받는다면'의 뜻이 그 하나이고, '빌다'가 '기祈'나 '축祝'의 의미로 보면, 자기 고을이 잘 되기를 '바란다면'의 뜻이 다른 하나이다.
290 **군정**. 軍政. 삼정三政 가운데 정남丁男으로부터 군포軍布를 받아들이던 일. '삼정'은 전정田政, 군정軍政, 환곡還穀, 곧 토지세와 군역의 부과 그리고 양곡의 대여와 환수를 말한다.
291 **도탄**塗炭. 진흙탕에 빠지고 숯불에 탄다는 뜻으로, 몹시 곤궁하여 고통스러운 지경을 이르는 말이다.
292 **그려다가**. 도탄에 빠진 군정의 상황을 잘 서술하여.
293 **헌폐**軒陛. 조정.
294 **상**上. 임금.
295 **올리리라**. 올려줄 것이다. 임금이 알 수 있도록 조처해 줄 것이다.
296 **그대**. 그대도.
297 **명년**. 明年. 올해의 다음. 다음 해.
298 **이때**. 이맘때. 이때쯤.
299 **영로**嶺路. 고갯길.
300 **접어들 제**. 일정한 지점이나 길로 들어설 때.
301 **깨치리라**. 일의 이치 따위를 깨달아 알게 될 것이다.
302 **심중**. 心中. 마음속.
303 **횡설수설**横說竪說. 조리가 없이 말을 이러쿵저러쿵 지껄임.
304 **반나마**. 반 조금 지나게.
305 **일모총총**日暮悤悤. '일모'는 해가 짐. '총총'은 몹시 급하고 바쁜 모양.
306 **가노매라**. 가는구나. '~노매라'는 '~는구나'의 뜻.
307 "이상은 청성공이 북청부사로 있을 때 갑산의 백성이 지은 노래다." 여기서 '청성공'은 성대중成大中(1732~1812)을 가리킨다. 성대중이 북청부사로 재직하고 있던 것은 1792년이니, 이 전언에 따르면, 「갑민가」의 창작연대는 1792년임을 알 수 있다.

民歎歌

世上萬民 百姓들아
불상한게 百姓일다
聖神文武 우리 임금
民之疾苦 근심하사
[illegible] 하옵고
[illegible] 하옵시니
守令方伯 나시기산

晉비

國家之本 百姓이니
以民爲天 그아닌가
種種 나린 綸音 마션
하되 [illegible] 한 죠하사
扶植生龍 [illegible] 덜은
[illegible] 다
[illegible]

民 민 歎 탄 歌 가

한국가사문학관에 소장되어 있는 텍스트가 유일본이다. 국한문혼용체의 필사본으로 4음보를 1구로 계산하면 총 132구이다. 제목은 한자로 표기되어 있고, 그 아래에 "진주晉州"라고 적혀 있다. '민탄民歎'이라는 말이 '백성의 한탄(혹은 탄식)'이라는 뜻이므로, 「민탄가」는 '백성이 한탄하는 노래'라는 말이다. 이 가사는 삼정의 문란으로 고통받는 진주 읍민이 겪던 당시 부세 제도의 모순과 폐해를 고발하고, 그 시정을 촉구하는 한편으로 민란의 불가피함을 역설하는 내용으로 되어 있다. 이진풍李晉豊이 누구인지 미상이나, 진주의 공론을 대표하여 폐단을 시정하기 위해 읍과 감영監營에 정소呈訴(소장을 관청에 냄)하거나 비국備局(군국의 사무를 맡아보던 비변사備邊司)에 소訴를 올리는 데 앞장선 인물이다. 실제로 이 가사가 지어진 1859년에 진주의 백성들이 비변사에 소를 올린 바 있다. 이로 보아 이 가사는 1859년이거나 그 이후에 지어진 것으로 보인다. 그리고 이해의 편의를 위해 한자로 된 부분은 앞에 한글을 적고 괄호 안에 한자를 병기하는 방식으로 처리하였고, 굳이 한자를 밝힐 필요가 없는 말은 본문에서 한자를 드러내지 않기로 하였으며, 가능한 한 현대어로 표기하려고 노력하였다.

세상만민世上萬民[1]들아 불쌍한 백성일다[2]
국가근본國家根本 백성[3]이니 이민위천以民爲天[4] 그 아닌가
성신문무聖神文武[5] 우리 임금 민지질고民之疾苦[6] 근심하사
종종 내린 윤음綸音[7] 사연[8] 마디마디[9] 간측[10]하사
환곡還穀[11] 탕감蕩減[12] 하옵시고 상납上納[13] 정봉精奉[14] 하옵시니
부장왕청扶杖往聽[15] 부로父老[16]들은 죽지 말자 원願이로다[17]

---

1 **세상만민世上萬民**. 온 세상의 모든 백성. 또는 모든 사람.

2 **백성일다**. 백성이로다. 이 구절은 '세상만민아, 불쌍한 것이 너희 백성들이로구나'라는 말이다.

3 **국가근본國家根本 백성**. '백성은 국가의 근본'이라는 말이다. 다음 전언에서 그 용례를 잘 볼 수 있다. "백성은 곧 국가의 근본이니, 짐이 그들을 고향에서 편안히 살고 그 생업을 즐겁게 여기게 하고자 하기 때문에, 조신朝臣(조정에서 벼슬살이를 하고 있는 신하)을 지방에 보내어서 나의 근심을 분담하고 교화를 펼치게 하였다. 요사이 듣건대 수령이 급하지 않은 공사公事(국가나 공공 단체의 일)로써 백성을 침탈하고 괴롭히므로 그들이 폐단을 견디지 못하여 이리저리 떠나고 도망 다니다가 도랑과 골짜기에 쓰러져 죽는다고 하니, 짐이 이를 매우 가엾게 여긴다. 양계兩界(군사적으로 중시되던 동계東界와 서계西界를 아울러 이르던 말. 동계는 함경도와 강원도의 일부 지역에, 서계는 평안도 지역에 해당됨)의 군사를 통솔하는 병마사兵馬使와 5도(전국 십도十道를 고쳐 일곱 행정 구역으로 나눈 오도 양계 가운데 중부 이남의 다섯 구역. 양광도楊廣道, 경상도慶尙道, 전라도全羅道, 교주도交州道, 서해도西海道를 이름) 안찰사按察使(지방 군현을 다스리며 풍속과 교육을 감독하고 범법을 단속하던 벼슬)로 하여금 민간의 이롭고 폐 되는 점을 묻게 하여서, 유능한 수령을 승진하고 무능한 자를 쫓아내며, 원통하고 지체된 옥사獄事(반역, 살인 따위의 크고 중대한 범죄를 다스림)를 살펴 다스리고 농업을 권장하며, 군사를 불쌍히 여겨 돕고 세력 있는 자를 억누르며, 해마다 내는 특산물 외에 바치는 물품은 일체 폐지하게 하라."(『고려사절요高麗史節要』 권13, 명종明宗 무신戊申 18년)

4 **이민위천以民爲天**. 백성을 하늘로 여긴다. 이 말은 『사기史記』「역이기전酈食其

傳」의 "왕은 백성을 하늘로 삼고, 백성은 먹을 것을 하늘로 여긴다王者以民爲天, 而民以食爲天"라는 말에서 나왔다.

5 **성신문무聖神文武**. 임금이 덕이 거룩하고 신묘하며 문무를 겸비했다는 말이다. 『서경書經』「우서虞書 대우모大禹謨」에 "아! 훌륭하다. 임금의 덕이 광대하게 운행되어 거룩하고 신묘하며 무와 문의 덕을 모두 구비하사 하늘이 돌아보고 명하여 사해를 다 소유하고 천하의 군주가 되게 하였다都, 帝德廣運, 乃聖乃神, 乃武乃文, 皇天眷命, 奄有四海, 爲天下君."라고 하였다.

6 **민지질고民之疾苦**. '질고'는 병으로 인한 고통이라는 말이지만, 여기서는 백성의 고난과 고통을 말한다. 『통감절요通鑑節要』에 "짐이 18세 때까지도 민간에 있어서 백성들의 고통과 진위를 알지 못하는 것이 없으나, 황제의 지위에 거하여 세상일을 조처함에 오히려 잘못하는 것이 있다朕年十八, 猶在民間, 民之疾苦情僞, 無不知之, 及居大位, 區處世務, 猶有差失."(권37「당기唐紀」 태종황제 7)라고 했다.

7 **윤음綸音**. 임금이 신하나 백성에게 내리는 말. 오늘날의 법령과 같은 위력을 지닌다. 그 옆에 "논음"이라 부기한 것은 잘못이다. 이하 잘못된 것은 잘못임을 밝히지 않고 바른 표기를 적기로 한다.

8 **사연**. 辭緣/詞緣. 말의 내용.

9 **마디마디**. 말, 글, 노래 따위의 각각의 도막. 또는 그 모든 도막.

10 **간측**. 懇惻. 간절하고 지성스러움.

11 **환곡還穀**. 흉년을 당하여 가난한 백성을 도와주는 진휼책賑恤策의 하나로, 곡식이 다 떨어지고 햇곡식은 아직 익지 아니하여 식량이 궁핍한 춘궁기에 국가가 농민에게 대여했다가 추수 후에 회수하던 비축 곡물 또는 그런 제도이다. 흔히 환자還子라고 했으며, 조선 후기에는 공채公債, 조적糶糴이라고도 했다. 추수기에는 원곡元穀과 함께 모곡耗穀(곡식을 쌓아 둘 동안 축이 날 것을 미리 셈하여 한 섬에 몇 되씩 덧붙여 받던 곡식)을 붙여서 거두었다. 이때 모곡은 원곡의 1/10(쌀 1섬당 1.5두)에 해당하는 이자의 형태로서 원곡이 줄어드는 것을 보충한다는 명목으로 환수하였다.

12 **탕감蕩減**. 빚이나 요금, 세금 따위의 물어야 할 것을 삭쳐 줌.

13 **상납上納**. 나라에 조세를 바침. 또는 그 세금.

14 **정봉精奉**. 정봉精捧으로 써야 함. '정봉'은 나라에 조세로 바치는 곡식인 세곡稅穀을 정확하게 받아들인다는 말이다.

15 **부장왕청扶杖往聽**. 지팡이를 짚고 가서 들음. 『통감절요』에 그 용례가 보인다. "신臣이 들으니, 산동山東의 관리가 명령을 내리자, 백성들이 비록 늙고 병들었더라도 지팡이를 짚고 가서 듣고는 '잠시라도 죽지 말아서 덕화德化가 이루어짐을 보기를 생각한다.'고 말했다 합니다臣聞山東吏布詔令, 民雖老羸癃疾, 扶杖而往聽之, 願少須臾毋死, 思見德化之成也."(권7「한기漢紀」 태종효문황제太宗孝文皇帝 2년)

16 **부로父老**. 한 마을에서 나이가 많은 남자 어른을 높여 이르는 말.

17 **원願이로다**. 소원이다. '~로다'는 감탄을 나타내는 종결 어미. 장중한 어조를 띤다. '~도다'보다 예스러운 표현이다. 좋은 세상에서 죽지 않고 오래 살기를 바란다는 말이다.

수령방백守令方伯[18] 내시기는[19] 치민治民[20]하기 위함이라
사은숙배謝恩肅拜[21] 하직[22]할 제 칠사강七事講[23]을 받드시니[24]
수령방백 하는 사람 봉명지신奉命之臣[25] 아닐런가[26]
배삭추봉排朔秋奉[27] 관탈소출官頉所出[28] 시위소찬尸位素餐[29] 못하리라
해민지심害民之心[30] 없건마는[31] 간리奸吏[32]에게 너무 속네
이런 말을 들어보면 백성고락百姓苦樂[33] 알 것이오
치민지도治民之道[34] 유억[35]하면 선정비善政碑[36]가 아니 설까
만만慢慢한[37] 게 백성일다 극악極惡하다[38] 간리들아

---

18 **수령방백守令方伯**. '수령'과 '방백'을 합쳐 부르는 말. '수령'은 각 고을을 맡아 다스리던 지방관들을 통틀어 이르는 말로 절도사, 관찰사, 부윤, 목사, 부사, 군수, 현감, 현령 따위를 이른다. '방백'은 각도 최고의 벼슬로 그 지방의 경찰권, 사법권, 징세권 따위의 행정상 절대적인 권한을 가진 관찰사를 말한다.

19 **내시기는**. 임금이 수령과 방백을 내보낸 이유는.

20 **치민治民**. 백성을 다스림.

21 **사은숙배謝恩肅拜**. 임금의 은혜에 감사하며 공손하고 경건하게 절을 올리던 일.

22 **하직下直**. 서울을 떠나는 벼슬아치가 임금에게 작별을 아뢰던 일.

23 **칠사강七事講**. 새로 임명된 원이 행하던 부임 절차로 대궐에 하직하고 부임지로 갈 때 계판啓版(주의 사항을 적어 승정원에 걸어 두던, '계啓'라는 글자를 새긴 널빤지로, 그 앞에서 왕에게 보일 서류를 처리함) 앞에서 '농상성農桑盛(농사와 양잠을 번성

하게 함)', '호구증戶口增(호구, 곧 인구를 늘림)', '학교흥學校興(학교를 일으킴)', '군정수軍政修(군 행정을 잘 닦음)', '부역균賦役均(세금 부과를 균등하게 함)', '사송간詞訟簡(소송을 간단하게 함)', '간활식姦猾息(간사하고 교활한 풍속을 없앰)' 등 원이 지켜야 할 일곱 조목을 외웠다. 『경국대전經國大典』「이전吏典」'고과조考課條'에 실려 있다. 정조는 "수령칠사守令七事가 비록 원元 나라 때 시작된 것이기는 하지만, 실제로 목민牧民의 요긴한 방도가 된다."(『홍재전서弘齋全書』 권164 「일득록日得錄」 4)라고 하였다.

24 **받드시니**. 가르침이나 명령, 의도 따위를 소중히 여기고 마음속으로 따르니.

25 **봉명지신奉命之臣**. 임금이나 윗사람의 명령을 받든 신하.

26 **아닐런가**. 아니겠는가. '~ㄹ런가'는 청자가 경험을 통하여 추측하고 있는 동작이나 상태의 가능성을 묻는 종결 어미로 '~겠던가'의 뜻을 나타내며 주로 옛 말투의 글에서 쓰인다.

27 **배삭추봉排朔秋奉**. '배삭'은 한 달에 얼마씩 여러 달에 걸쳐 나눔. '추봉'은 가을에 결세와 잡세를 거두어들임. '배삭추봉'은 가을에 징수할 세금 등을 한 달에 얼마씩 여러 달에 걸쳐 나누어 걷는다는 말이다. '추봉'은 '秋捧'이라 써야 한다.

28 **관경소출官頃所出**. 확실치는 않으나, '경작지의 규모에 따라 나오는 곡식의 양을 관에서 마음대로 정했다'는 의미인 듯하다. 이럴 경우 '경頃'은 '탈頉'로 써야 할 듯. '탈'은 이두로 '꾀를 부리다', '핑계를 대다'라는 뜻이다.

29 **시위소찬尸位素餐**. 벼슬자리에 있으면서 직무를 행하지 않고 자리만 지키면서 녹만 받는 것을 뜻한다. "지금의 조정 대신들은 위로는 임금을 바로잡지 못하고 아래로는 백성을 이익되게 함이 없으니, 모두 시위소찬하는 것이다今朝廷大臣, 上不能匡主, 下亡以益民, 皆尸位素餐."(『한서漢書』 권67 「주운전朱雲傳」)에서 유래했다.

30 **해민지심害民之心**. 백성을 해치려는 마음.

31 **없겠지마는**.

32 **간리奸吏**. 간사한 아전, 곧 이서吏胥. '이서'는 '이서작간吏胥作奸'이라는 말에서 보듯이, 중앙과 지방의 각 관아에서 말단 행정 실무에 종사하면서 여러 농간을 부리던 간교한 아전들을 말한다. 조선 후기 수령의 평가는 세금을 얼마나 잘 걷느냐에 달려 있었기 때문에 수령의 심리적 부담은 대단히 컸다. 업무는 늘어나는데 임지의 실정이나 행정실무 능력을 갖추지 못한 수령의 입장에서는 세금을 효율적으로 거두어들이기 위해 이서들을 동원할 수밖에 없었고, 그 결과 점차 이서들의 영향력은 커져갔다. 이서들이 악랄한 농간을 서슴지 않게 되자, 그것이 민란을 야기하는 도화선이 되었다.

33 **백성고락百姓苦樂**. 백성의 괴로움과 즐거움.

34 **치민지도治民之道**. 백성을 다스리는 도리.

35 **유억**. 有憶. 생각.

36 **선정비善政碑**. 백성을 어질게 다스린 벼슬아치를 표창하고 기리기 위해 세운 비석.

37 **만만한慢慢한**. 부담스럽거나 무서울 것이 없어 쉽게 다루거나 대할 만하다는 '만만'을 '업신여길 만慢' 자로 표기했다.

38 **극악極惡하다**. 마음씨나 행동이 더할 나위 없이 악하다.

몽탈蒙頉[39]이며 미몽탈未蒙頉[40]을 대정[41] 마감[42] 표재[43]로다[44]

호조戶曹[45] 재감災減[46] 몇 만 결結[47]에 한 무시나[48] 백성 주나[49]

본무진처사기조本無陳處査起條[50]는 백성에게 첩징疊徵[51]일세

사진査陳[52]하라 조당공사廟堂公事[53] 연부년래年復年來[54] 몽탈조蒙頉條[55]라

매년 작부作夫[56] 결가結價[57]낼 제 연사풍흉年事豐凶[58] 보건마는[59]

---

39 **몽탈蒙頉**. 탈이 난다는 말로 재해를 입었다는 말. 탈이 나서 조세를 덜어 주는 것을 탈감頉減이라 하고, 해당 대상에서 빼 주는 것을 탈하頉下라 하며, 의무나 책임을 면제하는 것을 탈면頉免이라 하고, 탈이 있어서 면세할 때 그 사유를 장부에 등록한 것을 현탈懸頉이라 하며, 새로 생긴 탈을 신탈新頉이라 하고, 예전부터의 탈을 구탈舊頉이라 하며, 서원書員이 탈의 유무와 그 정도를 간심하여 기록해 놓은 장부를 탈책頉冊이라 하였는데, 이 과정에서 서원이 허위로 기재하는 위탈僞頉 등의 농간을 부려 농민의 고통을 가중시키는 사례가 비일비재하였다.

40 **미몽탈未蒙頉**. 재해를 입지 않았다는 말.

41 **대정**. 大定. 결정적인 판단이나 단정을 내려서 정함.

42 **마감**. 하던 일을 끝냄. 또는 그런 때. 정해진 기한의 끝.

43 **표재**. 俵災. 흉년이 든 때에 조세를 줄임.

44 재해를 입은 논밭인지 아닌지를 확정해서 기한을 정한 다음 조세를 줄여야 한다는 말이다.

45 **호조戶曹**. 국가의 정무政務를 나누어 맡아보던 여섯 관부官府인 육조六曹(이조, 호조, 예조, 병조, 형조, 공조)의 하나로, 호구戶口, 전토田土, 전곡錢穀 등의 일을 맡아보던 관아.

46 **재감**災減. 재해를 입은 논밭에 대하여 세금을 덜어 줌.

47 **결**結. 조선 후기에, 균역법均役法의 실시에 따른 나라 재정의 부족을 메우기 위하여 전결田結(논밭에 물리는 세금)에 덧붙여 거두어들이던 돈. 균역법은 영조 때 백성의 세금 부담을 줄이기 위하여 만든 납세 제도로 종래의 군포軍布(병역을 면제하여 주는 대신으로 받아들이던 베)를 두 필에서 한 필로 줄이고, 부족한 액수는 어업세 · 소금세 · 선박세 · 결작結作(균역법의 실시에 따른 나라 재정의 부족을 메우기 위하여 논밭의 소유자에게 부과한 부가세) 따위를 징수하여 보충한 제도이다.

48 **무시나**. 뭇이나. '뭇'은 베어서 묶어놓은 볏단을 세는 단위.

49 **백성 주나**. 호조에서 재해를 입은 논밭에 세금을 감해주라고 했지만, 단 한 무에서도 그 혜택을 받지 않았다는 말이다.

50 **"본무진처사기조本無陳處査起條"라는 말을 보자**. '본래 진처사기陳處査起의 조목은 없다'는 말이다. '진처'는 농사를 짓지 않고 묵히는 땅이라는 말이고, '사기'는 과세 대상을 조사하여 장부에 올리는 것을 말한다. 조세 부과를 목적으로 논밭을 측량하여 만든 토지 대장인 전안田案에는 경지耕地로 되어 있으나, 오랫동안 경작하지 않은 토지인 진전陳田과 진전 중에서 다시 농사를 시작하게 된 기경지起耕地를 조사하여 진전에는 세금을 물리지 않고 기경지에만 세금을 물렸다. 그런데 간리奸吏들은 진전을 기경지라고 우겨서 세금을 매겼다. 백성들은 결국 세금을 중복해서 내야만 했다. 본문에서 '진처陣處'라고 한 것은 '진처陳處'라고 써야 한다.

51 **첩징**疊徵. 거듭 징수함.

52 **사진**査陳. 진전陳田을 조사함. 정약용은 "사진은 전정田政의 주요 조목이다. 진전에 세금을 물리는 것에는 억울함이 많으니 진전을 정확히 조사하지 않으면 안 된다査陳者, 政之大目也. 稅多冤者, 可不査陳也."(『목민심서牧民心書』 권4「호전육조戶典六條」'전정田政')라고 했다.

53 **묘당공사**廟堂公事. '묘당'은 백관百官을 통솔하고 정사를 총괄하던 최고의 행성기관인 의정부議政府, '공사'는 공무公務.

54 **연부연래**年復年來. 해마다. 매년.

55 **탈몽조**頉頃條. 탈이 나는 조목條目(법률이나 규정 따위의 낱낱의 조나 항). 조정에서 해마다 사진査陳하라고 하니 탈을 불러일으킬 수밖에 없다는 말이다.

56 **작부**作夫. 조선 시대에 토지 여덟 결結을 한 부夫로 조직하여 결세結稅(농토의 면적 단위인 결을 기준으로 매기던 토지세)를 거두어들이던 일. 또는 그 징세 책임을 지던 사람. 논밭에 부과하는 세금인 전세田稅를 거두어들이는 조직의 일환인 이들은 결환結還(토지의 한 결에 대하여 매기던 조세의 액수)의 등급을 매겼다. 본문에서는 "결가結價를 낸다"고 했다.

57 **결가**結價. 토지의 한 결에 대하여 매기던 조세의 액수.

58 **연사풍흉**年事豊凶. 한 해 농사의 풍작과 흉작.

59 **보건마는**. 농사의 풍흉을 보고 그에 따라 알맞게 결가가 정해져야 하는데, 그것을 간리奸吏가 마음대로 정했다는 말이다.

전세田稅[60] 대동大同[61] 여사餘事[62]되고 인정人情[63] 잡비雜費[64] 첫째
삼아[65]
상경색리上京色吏[66] 노자路資[67]까지 넉넉하게 마련하여
시가時價[68]보다 오륙 냥을 매결每結[69]에서 더 증[70]하여[71]
십일조十一條[72] 초지쵀[73] 매명하每名下[74]에 입내조條[75]는
원결原結[76]에서 가결加結[77]이고 각면서원各面書員[78] 아록兒錄[79]이라

---

60 **전세田稅**. 논밭에 부과되는 조세.

61 **대동大同**. 대동세大同稅. 대동법大同法에 따라 거두던 세금. 대동법은 여러 가지 공물貢物을 쌀로 통일하여 바치게 한 납세 제도로 방납防納의 폐해, 곧 하급 관리가 공물을 백성을 대신하여 나라에 바치고 백성에게서 높은 대가를 받아내던 일을 시정하기 위하여 실시했다. 지역에 따라 쌀 대신에 베를 거두기도 하였는데, 고종 31년(1894)에는 쌀 대신 돈으로 바치게 하였다.

62 **여사餘事**. 그다지 중요하지 않은 일.

63 **인정人情**. 벼슬아치들에게 몰래 주던 선물. 뇌물.

64 **잡비雜費**. 잡다하게 쓰는 비용.

65 보통 바치던 전세나 대동세보다 결가를 정하는 아전들에게 바치는 뇌물이나 잡비 등이 더욱 많았다는 말이다. "첫째 삼아"는 '우선해서 중요한 것으로 여긴다'는 뜻이다.

66 **상경색리上京色吏**. 상경하는 색리. '상경'은 서울로 올라간다는 말. '색리'는 감영監營(팔도에 파견된, 각도의 장관인 감사監司가 직무를 보는 관아)이나 군아軍衙(고을의 수령이 사무를 맡아보는 관청)에서 돈이나 곡물을 출납하고 간수하는 일을 맡아보던 말단 구실아치. 참고로 '색色'은 맡은 분야라는 뜻.

67 **노자路資**. 먼 길을 떠나 오가는 데 드는 비용.

68 **시가時價**. 일정한 시기의 물건값. 시세時勢.

69 **매결每結**. 결마다.

70 **증增**. 붙임. 더함.

71 전세田稅와 대동세大同稅를 합친 것보다 뇌물, 잡비, 상경색리의 노잣돈이 더 많이 들어가 5~6냥을 더 물어야 했다는 말이다.

72 **십일조十一條**. 세금을 거두거나 어떤 일의 수수료로 10분의 1을 거두어들이는 일. 이와 관련하여 취모율取耗律을 생각해 볼 수 있다. 취모율은 환곡을 받을 때, 곡식을 쌓아 둘 동안 축이 날 것을 미리 셈하여 한 섬에 몇 되씩 덧붙여 받던 곡식인 모곡耗穀의 비율을 말하는데, 그것은 대개 원곡元穀(예전에, 봄철에 각 고을에서 농가에 꾸어주는 양곡)의 1/10이었다. 그런데 갚지 못한 환곡에 대해서는 모곡을 원곡에 첨부하여 원곡화元穀化함으로써 모곡에 다시 모곡을 더하는 '모상첨모耗上添耗'의 방식이 적용되었다. 따라서 환곡이 기하급수적으로 증가하여 환곡 총량이 증가되어 농민을 더욱 압박하게 되었다. 참고로 이것은 당시 빌린 돈인 채전債錢이 2/10, 갑리甲利(고리대금업자들이 본전에 곱쳐서 받는 높은 변리. 돈을 빌린 사람이 제 달에 갚지 못했을 때에, 한 달이 지나면 두 배, 두 달이 지나면 세 배로 받음)가 1/2의 이자율인 것에 비하면 비교적 저리低利에 해당했다. 그러나 환곡을 매년 갚을 수 없는 빈농층에게는 이 취모율이 '모상첨모'의 원리에 따라 복리複利로 적용되었기 때문에 채전보다 더 많은 이자를 내야만 했었다.

73 **초지**채. 미상. 혹시 '초지최招之催', 곧 세금 납부를 독촉한다는 뜻일지 모른다. 그리고 이 노래의 글자수에 따르면, 그다음에 몇 글자가 빠진 것으로 보인다.

74 **매명하每名下**. 각각 한 사람에게.

75 **입내조條**. 미상이나, 문맥상 '입내入內'는 '들어오는'이라는 의미로 보이는데, 그렇다면 '들어오는 조목', 다시 말해 한 사람마다 매겨지는 조목을 말하는 듯함.

76 **원결原結**. 세금을 매기기 위하여 계산하여 놓은 원래의 토지 면적.

77 **가결加結**. 농토의 단위 면적에 따라 매기는 조세의 비율을 원래보다 더 올리던 일.

78 **각면서원各面書員**. 각 면의 서원. '서원'은 서리書吏가 없는 관아에 두었던 말단의 벼슬아치로 각 고을의 세금을 거두어들이던 일 등을 했다.

79 **아록兒錄**. 현직을 떠난 관리에게 계속해서 녹봉을 주려고 만든 벼슬인 체아직遞兒職에게 지급하던 녹봉인 체아록遞兒祿.

목화木花[80] 동령動鈴[81] 남초南草 선물善物[82] 연분취렴年分聚斂[83] 뉘 안물까[84]

이것저것 분수[85]하면 구실한[86] 먹[87] 정한 금[88]에

십사 냥씩 더 무너니[89] 그도 그러하거니와

허명허복虛名虛卜[90] 출질出秩[91]하여 당년치當年치[92]로 돈을 받고[93]

주찬상酒饌床[94]에 탈頉을 치너[95]

후년後年[96] 서원[97] 또 나오면 업표業表[98] 보고 즉탈卽頉[99]하네

---

80 **목화木花.** 목화의 솜을 자아 만든 무명실로 짠 면포綿布는 세금으로 냈다. 영조 때는 대동군포大同軍布와 노비공奴婢貢(노비들이 군역이나 노역의 의무 대신 자신의 소유주에게 납부하던 공물) 중 돈과 목화를 반씩 섞어서 내던 것을 목화로만 내도록 하라는 '순목령純木令'을 내리기도 했다.(『승정원일기承政院日記 영조 3년 5월 5일) 다음 『갈암집葛庵集』의 전언이 참고된다. "영남 지방의 목화가 연이어 작황이 형편없지만, 국가에 경비가 없어서도 안 되니 대동세와 전세, 면포에 대한 징수를 중단할 수가 없을 듯합니다. 그러나 막 기근에 허덕이던 백성들이 백방으로 손을 놀려 겨우 한 필이나마 이루어 몸을 가리기에도 겨를이 없는데, 그것을 관에 납부하면 관리들은 또 올이 거칠고 색이 나쁘다느니 길이가 길다느니 짧다느니 하면서 조사하여 퇴짜를 놓고 있으니, 백성들은 장차 저잣거리에서 울부짖어도 다시 충당할 길이 없는 형편입니다. 이는 현재 백성들이 처한 절박하고 안타까운 사정입니다."[권6「경연강의經筵講義」10월 20일(신축)]

81 **동령動鈴.** 동냥, 곧 거지나 동냥아치가 돌아다니며 돈이나 물건 따위를 거저 달라고 비는 일. 또는 그렇게 얻은 돈이나 물건.

82 **남초선물南草善物**. 담배 선물. '남초'는 담배. '선물'은 '膳物'로 써야 한다.

83 **연분취렴年分聚斂**. '연분'은 그해의 수확을 농사의 풍흉豐凶에 따라 지역 단위로 상상년上上年에서 하하년下下年까지 아홉 등급으로 나누어, 토지 1결당 세액을 최고 스무 말에서 최하 네 말까지 부과한 것을 말하고, '취렴'은 재물을 탐내어 마구 거두어들인다는 말이다. 그런데 여기서 '연분'은 '한 해 동안 내내' 정도의 의미로 보는 것이 적절하겠다. 그렇다면 이 말은 한 해 동안 내내 마구 거두어들인다는 뜻이 된다.

84 **뉘 안물까**. 그 누가 물지 않을 수 있겠는가.

85 **분수分收**. 수입이나 수익을 나눔.

86 **구실한**. '구실'이 온갖 세납을 통틀어 이르던 말이니, '구실한'은 '온갖 구실로 매긴' 정도의 뜻인 듯.

87 **먹**. 몫.

88 **정한 금**. 낼 돈.

89 **무너니**. 돈을 내니.

90 **허명허복虛名虛卜**. '허명'은 없는 이름 혹은 명분, '허복'은 땅을 가지지 못한 사람이 공연히 물던 조세. 이렇게 보면, 이 구절은 땅을 가지지 않은 사람에게도 세금을 물린다는 말이다.

91 **출질出秩**. 납입 고지. 세금을 내라고 고지함.

92 **당년치當年치**. 올해의 값. '~치値'는 '값'의 뜻을 더하는 접미사.

93 이 구절은 땅이 없는 사람에게도 세금을 매겨 내라고 독촉하는데, 더군다나 올해의 값으로 쳐서 물게 한다는 말이다. 이에 대해서는 다음 전언이 참고된다. "요즘 농사가 거듭 흉년이 듦으로 인하여 임진년(1832년)과 계사년(1833년) 두 해의 각 읍邑의 세납稅納이 대부분 기일을 넘겨 끌고 있었는데 작년 추수 뒤에야 비로소 새로 받아 수효를 채우고, 당년에 상납해야 할 것도 다시 전례와 같이 출질하여 이따금 저절로 다시 징수하는 데로 돌리는 것이 있다고 하니, 보두 민간에서 당연히 상납해야 할 것이라고 핑계를 대지만, 갑甲에게서 받지 못한 것을 을乙에게서 다시 거두는 것 때문에 이미 뼈에 사무치는 원한을 면치 못하는데, 더구나 교활한 이서吏胥와 간사한 아전이 그 틈을 이용하여 마음대로 몰수하여 백성에게 병통을 옮겨주는 것이 또한 반드시 이루 말할 수 없이 많으니, 그 놀랍고 통분한 마음이 무엇이 이보다 크겠습니까?"[『각사등록各司謄錄』「충청감영계록忠淸監營啓錄」 헌종憲宗 원년(1835)]

94 **주찬상酒饌床**. 술과 안주를 차려놓은 상.

95 **탈頉을 치너**. 트집을 잡네. 여기서 '탈'은 핑계나 트집, '치다'는 ('사기를 치다'처럼) 속이는 짓이나 짓궂은 짓, 또는 좋지 못한 행동을 하다. "치너"는 '치네'의 오기인 듯. 주찬상이 마음에 안 든다고 트집을 잡아서 돈을 뜯어냈다는 말이다.

96 **후년後年**. 다음 해. 내년.

97 **서원書員**. 서리書吏가 없는 관아에 두었던 벼슬아치.

98 **업표業表**. 미상. 혹시 '해야 할 일, 곧 업무를 적어 놓은 표'인 듯.

99 **즉탈卽頉**. 즉시 트집을 잡음.

관가정소官家呈訴[100]하랴 하고 외촌外村[101] 백성 읍내 오면[102]
식채주채食債酒債[103] 백지[104] 값이 구실 몇 짐[105] 허비하네
천신만고[106] 정呈○[107] 내니 관가제사官家題辭[108] 명안明案하다[109]
사안이정査案移定 서원書員 맡겨[110] 물에 불탄 공사公事[111]로다
군정軍丁[112]으로 일러서는 수궐충대隨闕充隊[113] 국전國典[114]이라
동네마다 백골징포白骨徵布[115] 각읍各邑[116]마다 읍보邑保[117] 도계[118]

---

100 **관가정소官家呈訴**. 소송을 제기하기 위해 소장訴狀을 관청에 냄.

101 **외촌外村**. 고을 밖에 있는 마을. 자기가 살고 있는 마을이 아닌 마을.

102 읍내에 살고 있지 않은 사람이 정소呈訴하러 읍내에 오면.

103 **식채주채食債酒債**. '식채'는 여관이나 음식점에서 음식을 먹고 갚지 못한 빚. '주채'는 술값으로 진 빚.

104 **백지白紙**. 소송을 제기하는 소장訴狀으로 쓸 종이.

105 **짐**. (수량을 나타내는 말 뒤에 쓰여) 한 사람이 한 번 지어 나를만한 분량의 꾸러미를 세는 단위. 여기서는 '상당한 양' 정도의 뜻.

106 **천신만고**. 천 가지 매운 것과 만 가지 쓴 것이라는 뜻으로, 온갖 어려운 고비를 다 겪으며 심하게 고생함을 이르는 말.

107 **정呈○**. ○는 판독 불가. 문맥상 '정소呈訴'로 보임.

108 **관가제사官家題辭**. 관가에서 보낸 제사. '제사'는 백성이 올린 소장訴狀이나 청원서請願書, 진정서 등의 좌편 하단 여백에 관에서 써주는 판결문 또는 처결문. 주로 관찰사觀察使나 순찰사巡察使에게 올린 의송議訟(민원서)에 내리는 판결문을 말하며, 수령에게 올린 민원서에 쓴 처분은 '뎨김[題音]'이라고 한다. 제사를 쓴 뒤 의송을 제출한 사람에게 돌려주었다.

109 **명안明案하다.** 명안明案은 '명안名案, 곧 훌륭한 안건이나 좋은 생각인 듯. 다음 구절과 연결지어 볼 때, 이 말은 반어적으로 빈정대는 말로 쓰인 것 같다. 다시 말해 관가에 올린 정소에 대해 관가에서 내린 판결이 참으로 어처구니없다는 말이다.

110 **사안이정査案移定 서원書員 맡겨.** '사안'은 사건을 조사하여 적은 문서, '이정'은 옮기어 정함. 이 말은 비리의 당사자인 서원에게 사건의 조사를 맡겼다는 말이다.

111 **공사公事.** 국가나 공공 단체의 일, 곧 공무公務라는 말이지만, 여기서는 소송을 속되게 이르던 말로 쓰였다. 참고로 "물에 불탄"이란 용례는 보이지 않는다. 다만, '물에 물 탄 듯 술에 술 탄 듯'이라는 속담이 있는데, 주견이나 주책이 없이 말이나 행동이 제멋대로임을 비유적으로 이르는 말이다.

112 **군정軍丁.** 군인의 소속과 신원을 적어 놓은 명부인 군적軍籍에 들어있는 지방의 정남丁男(부역이나 군역에 소집된 남자, 16세 이상 60세 미만)으로 국가나 관아의 명령에 따라 병역이나 노역勞役에 종사하였다.

113 **수궐충대隨闕充隊.** 모자라는 인원을 채워 군대에 편입시킴.

114 **국전國典.** 나라의 법.

115 **백골징포白骨徵布.** 조선 후기 삼정문란三政紊亂의 한 사례인 군정軍政의 폐해, 곧 죽은 사람을 군적軍籍(군인의 소속과 신원을 적어 놓은 명부)에 올려놓고 강제로 세금을 거둬들인 폐해를 말한다. 군정이란 군사 전반에 걸친 광의적인 면보다 군역軍役, 즉 병역兵役을 주로 한 군적과 군포軍布(병역을 면제하여 주는 대신으로 받아들이던 베)에 관한 행정을 말한다. 국법에는 45년간(15~60세) 군역에 응하여 만 60세가 되면 물고자物故者, 즉 사망자와 함께 으레 면역免役(특별한 사정이 있는 자에게 신역身役을 면제하여 주던 일)을 하게 되어 있다. 그러나 서리배胥吏輩가 농간을 부려 군역을 다 마친 자의 연령을 낮추어놓고 강년채降年債(고을의 아전들이 불법으로 백성들에게서 징수하던 군포軍布. 군역軍役의 의무가 끝난 60세 이상의 남자들의 나이를 문서상으로 실제보다 낮추어 그들에게서 계속 군포를 징수하였음)라는 것을 징수하는가 하면, 사망자에 대해서는 체납을 구실삼아 이른바 물고채物故債(죽은 사람의 이름이나 가짜 이름을 군적軍籍에 넣고 부당하게 물리던 군포)로 그 자손에게 백골징세白骨徵稅를 감행하였다.

116 **각읍各邑.** 각각의 읍.

117 **읍보邑保.** 읍의 보포保布. '보포'는 번상番上(지방의 군사를 뽑아서 차례로 서울의 군영으로 보내던 일)하여 군역에 복무하는 대신에 번상군인들의 경비를 위해 바치던 베. 시간이 지날수록 보포의 부담이 증가하면서 그 부담을 감당하지 못한 경우에는 족징族徵(군포세軍布稅를 내지 못하는 사람이 있는 경우에 그 일가붙이에게 대신 물리던 일)이나 인징隣徵(군정軍丁이 죽거나 도망하여 군포軍布를 받지 못하게 되었을 경우에 이를 그 이웃에게 물리던 일) 등의 방법으로 징수하거나 심지어는 황구첨정黃口添丁(어린아이를 군적軍籍에 올려 군포를 징수하던 일)이나 백골징포와 같은 폐단이 발생했다.

118 **도계.** 到界. 관찰사가 임지에 도착한다는 말인데, 여기서는 '도계전到界錢'을 말한다. '도계전'은 수령의 부임과 이임 혹은 왕래 등에 책정된 말의 필수匹數에 따라 지급된 여비를 말한다.

위국호爲國乎 위민호爲民乎[119]아 법외사法外事[120]를 어이하리[121]
환곡還穀[122] 마련 본번[123]에는 심모원려深謀遠慮[124] 거룩하다[125]
지상창문紙上窓文[126] 한심하오 백성들만 죽여내네
정포곡精宗穀[127]을 감색[128]하여 휘둘러서[129] 받은 환자[130]
분분시分紛時[131]에 매석속每石粟[132]이 벼잡색雜色[133]이 삼사두三四斗[134]라

---

119 **위국호爲國乎, 위민호爲民乎.** 『논어』에서 "예禮와 겸양謙讓으로 나라를 다스릴 수 있는가能以禮讓爲國乎"(「이인里人)라고 한 데서 나온 말이다. 여기서는 '그런 식으로 해서 나라를 다스릴 수 있겠는가'라는 한탄이다. "위민호"는 역시 '그런 식으로 해서 과연 백성을 다스릴 수 있겠는가'라는 탄식이다.

120 **법외사法外事.** 법에서 정한 이외의 일.

121 불법, 위법, 비법을 서슴지 않는 관리들을 비난하는 말이다.

122 **환곡還穀.** 흉년을 당하여 가난한 백성을 도와주는 진휼책賑恤策의 하나로 곡식이 다 떨어지고 햇곡식은 아직 익지 아니하여 식량이 궁핍한 춘궁기에 국가가

농민에게 대여했다가 추수 후에 회수하던 비축 곡물 또는 그런 제도이다. 흔히 환자還子라고 했으며, 조선 후기에는 공채公債, 조적糶糴이라고도 했다. 추수기에는 원곡元穀과 함께 모곡耗穀(곡식을 쌓아 둘 동안 축이 날 것을 미리 셈하여 한 섬에 몇 되씩 덧붙여 받던 곡식)을 붙여서 거두었다. 이때 모곡은 원곡의 1/10(쌀 1섬당 1.5두)에 해당하는 이자의 형태로서 원곡이 줄어드는 것을 보충한다는 명목으로 환수하였다.

123 **본번**. 本藩. 군대 · 무기 · 군비軍備 따위의 전쟁에 관한 모든 일을 통틀어 이르는 말인 병마兵馬를 책임진 장군을 병마절도사兵馬節度使라고 하는데, 그를 곤외閫外 혹은 번곤藩閫이라 한다. 이 말은 설문 밖, 곧 변방, 다시 말해 지방을 의미한다. 이는 『사기史記』 「풍당전馮唐傳」에서 임금이 출정하는 장군의 수레바퀴를 밀면서 "성문 안은 과인이 주재할 것이니, 성문 밖[閫外]은 장군이 주재하라."고 한 데서 나온 말이다. 후에 뜻이 변하여 병사兵使나 병마절도사 혹은 수사水使와 같은 지방관을 가리키거나 그 직분을 이르기도 한다. 곤기閫寄 · 곤얼閫臬 · 곤외지사閫外之事 · 곤외지표閫外之票 · 곤임閫任 등으로도 부른다. 이렇게 볼 때, 여기서 '본번'이라고 한 것은 '변방의 우리 고장' 정도의 의미가 될 것 같다. 대개 '본읍'이라고 하면 되는데, '본번'이라고 한 것은 진주가 경상우병영慶尙右兵營과 진주목사영晉州牧使營이 있기에 한 말이다.

124 **심모원려深謀遠慮**. 깊이 생각하여 낸 꾀와 먼 장래를 내다보는 생각.

125 **거룩하다**. 성스럽고 위대하다. 이것은 비아냥대는 말이다.

126 **지상창문紙上窓文**. 지상공문紙上空文의 잘못. '지상공문'은 종이 위의 헛된 글이라는 뜻이다. '공문'은 실제 효력이 없는 법률이나 조문條文 혹은 아무런 결과도 기대할 수 없거나 실행이 불가능한 헛된 글을 말한다.

127 **정포곡精宲穀**. 정실곡精實穀의 잘못. '정실곡'은 낟알이 몽글고 옹골찬 벼를 말한다. 환곡의 폐단 중 하나가 관에서 옹골찬 벼를 받아가고 환곡 때는 오래 묵어 썩은 벼를 나누어주는 것이었다. 다음 용례를 참고할 수 있다. "(간리들이) 매번 훔치고 농간을 부리는 과정에서 번번이 백성들이 새로 바치는 정실곡을 가져가고 오래 묵어 썩은 것을 농민들에게 나누어 주었습니다."(『일성록日省錄』 정조 23년 7월 1일)

128 **감색監色**. 물건의 질을 살펴보기 위하여 그 일부분을 살펴봄.

129 **휘둘러서**. 남을 정신 차릴 수 없도록 얼떨떨하게 만들어서.

130 **환자還子**. 환곡. 이 구절은 환곡을 나누어줄 때 농민들을 정신없게 만들어서 좋은 벼인 양 속여 오래 묵고 썩은 벼를 내어준다는 말이다.

131 **분분시分紛時**. '분급시分給時'의 잘못. 분급할 때. '분급'은 각각의 몫에 따라 (환곡을) 나누어 줌.

132 **매석속每石粟**. 한 섬의 벼마다. '석'은 부피의 단위로 곡식, 가루, 액체 따위의 부피를 잴 때 쓴다. 한 석은 한 말의 열 배로 약 180리터에 해당한다. '속'은 찧지 않은 곡식으로 여기서는 벼를 말한다.

133 **벼잡색雜色**. 벼에 뒤섞여 있는 온갖 것.

134 **삼사두三四斗**. '두'는 부피의 단위로 곡식, 액체, 가루 따위의 부피를 잴 때 쓴다. 한 두는 한 되의 열 배로 약 18리터에 해당한다.

창졸倉卒[135]놈의 휘키[136]와 고안庫案[137]의 분석질分石秩[138]과
폐환薉환[139]하고 환입고還入庫[140]면 돈 받고 사작전私作錢[141]을
창색倉色[142]놈의 장사질을 어느 관가 살필쏘냐[143]
이름 좋은 막중국곡莫重國穀[144] 아전衙前[145]놈들 취리조利條[146]라
천석포千石逋[147]를 지게 되면[148] 국법에는 죽이는데
아전놈들 묘계妙計[149] 보소
세도댁勢道宅[150]에 청촉請囑[151]하고 주석朱書 끝에[152] 변통變通[153]
나네[154]

---

135 **창졸倉卒**. 곡식을 넣어두는 창고를 지키는 군사. 창노倉奴라고도 불렀다.

136 벼잡색을 3~4두斗나 섞어 1석石을 실제로는 6~7두밖에 되지 않게 주는 것을 말한다.

137 **고안庫案**. 창고에 저장되어 있는 쌀의 양을 기록한 장부.

138 **분석질分石秩**. '분석'은 지방의 아전들이 환곡에 돌이나 쭉정이를 섞어서 분량을 늘려 곡식을 횡령하던 일. '질秩'은 '추秋'라고 되어 있는 것을 바로 잡은 것이다. '질秩'은 원래 관직官職, 녹봉祿俸 따위의 등급을 말하는데, 여기서는 주로 좋지 않은 행위에 비하하는 뜻을 더하는 접미사인 '~질'의 한자 표기로 보인다. "고안의 분석질"은 창고에 저장되어 있는 쌀의 양을 기록한 장부에 예를 들어 2석을 3석으로 거짓 기재해 놓는 것을 말한다.

139 **폐환薉환**. 미상. 혹시 '발환發還'이 아닌가 한다. '발환'은 되돌려 받는다는 말이다. '근심발환根尋發還'이라고 하면 도망한 사람을 찾아내어 본디 살던 곳으로 돌려보내는 일을 일컫는다. 여기서는 꿔어준 곡식을 되돌려 받는다는 말인 듯하다. 그렇게 하면 곧이어 나오는 "환입고還入庫"와도 잘 어울린다.

140 **환입고還入庫**. 추수기에 환곡을 되돌려 받아 창고에 넣어둠.

141 **사작전私作錢**. 사사로이 물건을 팔아서 돈을 마련함. 이 말은 환곡을 돈으로 받아 돈놀이를 한다는 뜻이다. '작전'은 현물로 내던 세금을 돈으로 환산하여 내는 것을 말한다. 조선 후기에 현물 납부의 곤란을 해소하고 유통을 활성화하기 위해 일정 현물세를 돈으로 환산하여 내게 했는데, 작전의 비율은 일정하지 않았고 지역에 따라 편차를 두었다.

142 **창색倉色**. '색고色庫'라고 하는 지방관청에서 창고의 일을 맡았던 말단 관리가 있었는데, 아마 그와 유사한 말인 것 같다. "경성창의 색고들이 허다히 포흠逋欠했다"(『일성록日省錄』 정조 원년 7월 21일)라는 기록이 보인다. 여기서 '포흠'은 관청의 물건을 사사로이 써 버렸다는 말이다.

143 **살필쏘냐**. 살피겠는가. '~ㄹ쏘냐'는 '어찌 그럴 리가 있겠느냐'의 뜻으로 강한 부정을 나타내는 종결 어미. 주로 의문문 형식을 취한다.

144 **막중국곡莫重國穀**. 더할 나위 없이 중대한 나라의 곡식. 앞에 "이름 좋은"이라는 말이 있으니, 말로는 그렇게 말하면서 실제로는 자기 잇속 챙기기에 여념이 없음을 말하고 있다. 『무명자집無名子集』의 다음 전언이 저간의 사정을 잘 말해주고 있다. "군교軍校와 간악한 아전이 짜리를 틀고 저들끼리 자리를 주고받으며 막중한 나라의 전곡을 자기 물건인 양 마음대로 훔쳐 먹기 때문입니다. 그러면서도 감쪽같은 솜씨로 교묘하게 꾸며내고 간혹 발각되는 것은 족징族徵 · 인징隣徵 등의 수법으로 채워 넣어 그 피해가 양민들에게 돌아가는데, 이런 일이 없는 해가 없습니다. 은폐에 능한 자는 전부터 누적된 포흠으로 장부를 어지럽히는데, 통틀어 계산하면 그 액수가 많습니다."(「문文」 '포흠逋欠한 아전 김언일의 일로 감영에 올린 보고서以逋吏金彦一事報監營狀')

145 **아전衙前**. 관아의 군뢰軍牢(군대에서 죄인을 다루는 일을 맡아보던 병졸), 심부름하는 사령使令 따위의 말단 하급 구실아치(관아의 벼슬아치 밑에서 일을 보던 사람).

146 **취리조利條**. '취'는 '取'로 보인다. 그렇다면 이 구절은 '이익을 취하는 조문(조항, 조목)' 정도의 뜻이 된다. 그런데 '조'는 예를 들어 '보상금 조로 받는다'는 말에서처럼 어떤 명목이나 조건을 의미하기도 하므로, '이익을 취하는 명목 혹은 구실'로도 이해할 수 있다.

147 **천석포千石逋**. 천 석의 포흠逋欠. '포흠'은 관청의 물건. 여기서는 세금을 써버리고 갚지 않은 채로 장부상에 남아 있는 것을 말한다.

148 **지게 되면**. (사람이 잘못이나 사고 따위를) 일으키는 행동을 하게 되면. 여기서는 '세금을 훔치는 죄를 짓게 되면'의 뜻.

149 **묘계妙計**. 매우 교묘한 꾀.

150 **세도댁勢道宅**. 정치상의 권세를 휘두르는 사람. 또는 그런 집안. 세도가勢道家.

151 **청촉請囑**. 청을 들어주기를 부탁함.

152 **주서朱書 끝에**. 청탁으로 뇌물을 주고받은 후에. '주서'는 각사各司에서 바치는 물품을 회감會減, 곧 서로 주고받을 것을 셈 쳐 보고 남은 것을 셈하는 방법의 하나.

153 **변통變通**. 형편과 경우에 따라서 일을 융통성 있게 잘 처리함.

154 **나네**. (보람이나 결과 따위가) 나타나네.

부자형제[155] 각명하에[156] 많은 포흠[157] 나눠 매고[158]

죽은 사람 이름 녜러[159] 귀록조鬼錄條[160]라 문서 꾸며[161]

저진[162] 포흠 죽거이와[163] 없던 미환[164] 또 물리네

반조반미半租半米[165] 육두미六斗米[166]로 조환租還[167] 한 섬[168] 불충[169]한다

일곱 돈[170]의 환자還子[171] 한 섬 와환臥還[172]조條[173]로 출앙出秧[174]한다

경사작전京使作錢[175] 영작전營作錢[176] 환곡 충수充數[177] 마련하여

---

155 **부자형제**. 父子兄弟. 부모와 자식, 그리고 형제. 아전들이 대를 이어 계속 비리를 저지른다는 것이다. 아전은 무급의 세습직이었다.

156 **각명하**. 各名下. 각각의 이름으로.

157 **포흠**. 逋欠. 관청의 물건을 사사로이 써 버림. 조세 포탈. 조세를 포탈한 주체에 따라 관원에 의한 '관포官逋'와 말단관리인 이서吏胥에 의한 '이포吏逋'가 있었고, 백성들이 조세를 미납하는 '민포民逋'도 포흠에 속했다. 조선 후기 포흠은 주로 이서층을 중심으로 이루어졌다. 이서들의 포흠은 대개 지방의 부세

제도와 관련해서 발생한다. 특히 18세기 말 19세기 초 발생한 포흠은 지방 재정 운영의 실무를 담당하는 이서들이 상품화폐경제 발전 구조에 편승하거나 부세 운영의 파행적인 전개 상황을 이용하여 지방 재정에 결손을 초래하였다.

158 **매고**. '매다'는 '붙들어매다'와 같이 꽉 잡고 놓지 않는다는 말이다.

159 **녜러**. 미상. 문맥상 '가져다가' 정도의 의미인 듯.

160 **귀록조鬼錄條**. '귀록'은 거짓 기록. 또는 거짓으로 기록한 문서. '조'는 조항이나 조목의 뜻으로 여기서는 명단. 귀신의 명단.

161 죽은 사람에게도 세금을 물리려고 납세자 명단을 적은 가짜 문서를 만들어냈다는 말이다.

162 **저진**. 미상. 아마도 '지난'의 의미인 듯. "여러 도道의 지난해 포흠된 공부貢賦(나라에 바치는 물건과 세금)를 면제해 주었다."(『태조실록』 태조 7년 무인 12월 8일)라는 기록에서 보듯이, 지난 포흠은 대개 탕감해 주었다. 그런데 이것은 명나라 제도여서 조선 초기에 가끔 해주었지만, 조선 후기에는 거의 시행하지 않았다.

163 **죽거이와**. 죽겠거니와. 죽겠는데.

164 **미환**. 미환米還. 벼가 아니라 쌀로 받아 간 환곡還穀을 말한다.

165 **반조반미半租半米**. 쌀이 반, 찧어 속꺼풀을 벗긴 쌀 속에 등겨가 벗겨지지 않은 채로 섞인 벼 알갱이인 뉘가 반이라는 뜻으로, 쌀에 뉘가 아주 많이 섞여 있음을 이르는 말이다.

166 **육두미六斗米**. 뉘가 많이 섞인 쌀.

167 **조환租還**. 벼를 뀌어주었다가 이자를 붙여 돌려받던 고리대다. 참고로 보리 환곡은 모환牟還이라 했다. '모환'은 관아에서 백성들에게 보리쌀을 뀌어주었다가 이자를 붙여 돌려받던 고리대를 말한다.

168 **섬**. 곡식 따위를 담기 위하여 짚으로 엮어 만든 그릇.

169 **불충不充**. 채우지 못함.

170 **돈**. 엽전을 세던 단위. 한 돈은 한 냥의 10분의 1이고, 한 푼의 열 배.

171 **환자還子**. 환곡.

172 **와환臥還**. 봄에 관아에서 백성들에게 대여하였던 환자곡還子穀을 가을에 거두어들이지 않고 해마다 모곡耗穀(곡식을 쌓아 둘 동안 축이 날 것을 미리 셈하여 한 섬에 몇 되씩 덧붙여 받던 곡식)만을 받아들이던 일을 말한다. '모곡'은 환자還子를 받을 때, 곡식을 쌓아 둘 동안 축이 날 것을 미리 셈하여 한 섬에 몇 되씩 덧붙여 받던 곡식이다. 이것은 원곡은 받지 않고 이자만 받는다는 말이다. 간리奸吏들은 받지 않는 원곡분에 대해 다시 이자놀이를 했다.

173 **조條**. 어떤 명목이나 조건.

174 **출앙出秧**. 미상이나 아마 '출앙出殃', 곧 '재앙을 일으킨다'는 의미로 보인다.

175 **경사작전京使作錢**. 서울에 낼 환곡을 작전作錢함. '작전'은 전세田稅를 받을 때 곡식 대신에 돈으로 환산하여 바치게 하던 일을 말한다.

176 **영작전營作錢**. 관찰사가 직무를 보던 관아인 감영監營에 낼 환곡을 작전作錢함.

177 **충수充數**. 일정한 수효를 채움.

매석每石에서[178] 일이 두씩 도합都合[179] 매겨[180] 몇백 석을[181]

순영巡營[182] 감결甘結[183] 내려온들 백성이야 듣나 보나[184]

포리逋吏[185]에게 물리기는[186] 매석 닷 돈 상정常定[187]이요

백성들은 한 섬에서 오륙 두[188]씩 분배分排[189]하여[190]

작전 전령傳令[191] 돌린[192] 후에 형리장교刑吏將校[193] 열 이었다[194]

팔 잘라서[195] 태나 놓고[196] 면주인面主人[197]놈 쥬란 됴다[198]

장지수지杖之囚之[199] 성화星火같이[200] 불류시각不留時刻[201] 즉납卽納[202]하네[203]

그도 그러하거니와

민렴民斂[204]할 일 이사오면[205] 아전놈들 횡재橫財[206]로다

---

178 **매석每石에서**. 한 섬마다.

179 **도합都合**. 모두 합한 셈.

180 **매겨**. 일정한 기준에 따라 사물의 값이나 등수 따위를 정해.

181 서울과 감영에서는 한 석당 1두씩 몇백 석만 내도 된다고 명이 내려오면, 진주목에서는 이를 무시하고 더 많이 걷는다는 말이다.

182 **순영巡營**. 관찰사가 직무를 보던 관아인 감영監營.

183 **감결甘結**. 상급 관아에서 하급 관아에 보내던 공문. 훈령訓令.

184 관찰사가 폐단을 시정하라고 공문을 내려보내더라도 각 고을에서는 듣고 보지도 않아 실제로 백성에게 도움이 되지 못한다는 말이다.

185 **포리逋吏**. 관아의 물건을 사사로이 써 버린 구실아치나 그 무리.

186 **물리기는**. 물리는 것은. '물리다'는 갚아야 할 것을 치르게 하다. 남에게 입힌 손해를 돈으로 갚게 하거나 본래의 상태로 해주도록 시키다.

187 **상정常定**. 정해져 고정된 것. 감영에서는 1~2두씩 걷으라는 것을 진주목에서 항상 5두씩 내도록 되어 있다고 주장하면서 걷어간다는 말이다.

188 **두斗**. 부피의 단위. 곡식, 액체, 가루 따위의 부피를 잴 때 쓴다. 한 두는 한 되의 열 배로 약 18리터에 해당한다.

189 **분배分排**. 몫몫이 나눔. 배분.

190 포리捕吏에게 포흠한 몫으로 겨우 닷돈을 물리지만, 백성에게는 그 10배에 달하는 5~6두를 물렸다는 말이다.

191 **전령傳令**. 명령이나 훈령, 고시 따위를 전하여 보냄. 또는 그 명령이나 훈령, 고시.

192 **돌린**. (사람이 물건이나 문서를) 다른 사람에게로 차례로 전한.

193 **형리장교刑吏將校**. 지방 관아의 형방刑房(지방 관아에서 형률에 관한 사무를 맡아보던 직책)에 속한 구실아치인 형리와 각 군영과 지방 관아의 군무軍務(군사에 관한 일)에 종사하던 낮은 벼슬아치인 장교.

194 **열이었다**. 늘어섰다. '열列'은 사람이나 물건이 죽 벌여 늘어선 줄. '잇다'는 많은 사람이나 물체가 줄을 이루어 서다.

195 **잘라서**. 잘록할 정도로 단단히 동여매서.

196 **태나 놓고**. '태'가 '笞', 곧 볼기를 때리는 태형笞刑인 듯하니, 팔을 묶어서 형틀에 올려놓는다는 뜻이 아닌가 하는데, 확실치는 않다.

197 **면주인面主人**. 특정한 면과 다른 행정 구역 사이를 왕래하면서 물건을 전달하거나 행정 서류 업무를 수행하던 구실아치. 조선 시대에는 지방의 행정 단위에서 행정 사무의 편의와 효율을 기하기 위해 행정 소재지 및 서울에 관련 업무를 담당하는 사람들을 배치하였는데, 이들을 '주인主人'이라 하였으며, 서울에 주재하던 사람을 '경주인京主人'이라 불렀다.

198 **쥬란**. 미상. 혹시 '주란酒亂', 곧 습관적으로 술에 취하여 날뛰는 일을 말하는 것이 아닌가 한다. '됴다'는 '좋다'. 이렇게 보면 이 구절은 '면주인이 술에 취해 날뛰는 꼴이 참 보기 좋다'고 비아냥거리는 말이 된다.

199 **장지수지杖之囚之**. 곤장으로 때린 뒤에 다시 옥에 가둠을 이르던 말.

200 **성화星火같이**. 몹시 빠르고 급하게. 곤장을 때리고 옥에 가두라고 재촉한다는 말이다.

201 **불류시각不留時刻**. 짧은 시각이라도 지체하지 않고.

202 **즉납卽納**. 돈이나 물건 따위, 여기서는 세금을 그 자리에서 당장 바침.

203 간리들이 형틀을 만들어 사람들을 묶어 곤장을 치고 가두고 하면서 윽박을 지르니, 백성들이 즉시 납부할 수밖에 없었다는 말이다.

204 **민렴民斂**. 백성으로부터 돈이나 물품을 거두어들임.

205 **이사오면**. 미상. 문맥상 '있으면'일 듯.

206 **횡재橫財**. 뜻밖에 재물을 얻음. 또는 그 재물.

신구新舊[207] 쇄마[208] 도계전[209]과 재상가댁宰相家宅[210] ○○시時[211]
에

이삼백 금 드는 일을 삼사천 금 늘려놓고

불쌍하다 백성들이 손톱 발톱 젖혀지게

한적전토汗滴田土[212] 애를 썩여[213] 일 년 농사 지어 내니

관납官納[214]하고 남지 않네

부모형제 처자식이 뭣을 먹고 살잔말고[215]

목불식정目不識丁[216] 우맹愚氓[217]들은 문서 속[218]을 모르나니

유식하온[219] 수령들아 하는 일이 무엇이오

글러[220] 요티[221] 살피시오

패자牌子[222] 전령傳令[223] 세올어면[224] 보도[225] 않고 수결手決[226] 두네[227]

마르시오 마르시오 그러하고[228] 백성 살까

---

207 **신구新舊**. 새것과 헌것을 아울러 이르는 말.

208 **쇄마**. 刷馬. 지방에 배치하여 관용官用으로 쓰던 말. 또는 이러한 말의 이용을 규정한 법. 주로 사신의 왕래나 진상품의 운반 및 지방관의 교체 시에 이용되었다. 조선 전기에는 역참驛站(관원이 공무로 다닐 때에 숙식을 제공하고 빈객을 접대하기 위하여 각 주와 현에 둔 객사)에 소속된 말과 인부가 주로 이용되다가 임진왜란 이후부터 민간의 말을 대가를 지불하고 사용하는 것이 일반화되었다. 숙종 7년(1681)에 이를 법제화하였는데, 이에 따르면 말 이용에 대한 대가는 대동미로 지불하며, 진상품의 운반과 공무로 왕래할 때에는 거리의 원근에 따라 그 대가에 차이가 있었다.

209 **도계전**. 到界錢. '도계'는 관찰사가 임지에 도착한다는 말인데, '도계전'은 수령의 부임과 이임 혹은 왕래 등에 책정된 말의 필수匹數에 따라 지급된 여비를 말한다.

210 **재상가댁宰相家宅**. (임금을 돕고 모든 관원을 지휘하고 감독하는 일을 맡아보던 이품 이상의 벼슬인) 재상의 집.

211 **○○시**. 미상. 다만 문맥상 장사葬事와 관련된 말이 아닌가 한다. 이와 관련하여 '민부民賻'라는 말을 생각해 볼 수 있겠다. 민부는 국상國喪이나 수령의 상사喪事에 백성들이 하는 부조扶助를 말한다. 국상이 나거나 지방관이 근무지에서 불의의 상을 당했을 때 백성들이 갹출하여 부조를 하였다. 나중에 이것이 문제가 되자 국상은 공인貢人(조선 후기에 성행하던 공계貢契의 계원契員. 광해군 이후 대동법의 실시로 모든 공물을 대동미로 바치게 되어 국가에서 여러 가지 수요품이 필요하게 되자, 국가로부터 대동미를 대가로 받고 물품을 납품하였음)이 담당하게 하고, 수령의 상사는 지방 재원으로 담당케 하였다. 빈번하게 발생하는 국상 때마다 거액의 경비를 외방外方(서울 이외의 지방)에 나누어 배정하여 백성의 원성을 샀다. 수령의 상사에 대한 민부도 때마다 갹출하는 번거로움과 봉름俸廩(벼슬아치들에게 주던 봉급으로 18등급으로 나누어서 줌)이 있는데도 또 징수한다는 비난을 고려하여 아예 지방 재정의 정규 예산에 포함하게 되었다.

212 **한적전토汗滴田土**. 땀방울을 뚝뚝 떨어뜨릴 정도로 힘들게 노동을 바친 논밭.

213 **애를 썩여**. 창자가 썩도록 애를 써서.

214 **관납官納**. 관청에 세금을 납부함.

215 **살잔 말고**. 살라는 말인가.

216 **목불식정目不識丁**. 간단한 글자인 고무래를 보고도 '정丁' 자인 줄 모른다는 뜻으로, 까막눈임을 이르는 말.

217 **우맹愚氓**. 어리석은 백성. 우민愚民.

218 **속**. 감추어진 일의 내용.

219 **유식하온**. 유식한.

220 **글러** 미상.

221 **요티**. 미상. 아마도 '요치療治', 곧 병이나 상처 따위를 잘 다스려 낫게 한다는 말인 듯. 이렇게 보면 이 구절은 백성의 아픈 마음을 어루만져 달라는 말이 된다.

222 **패자牌子**. 관공서의 직인 따위가 찍힌 문서류. 관청에서 발행하던 일종의 신분증명서. 군사상의 명령인 군령軍令을 전하는 문서류. 지위나 신분이 높은 사람이 아랫사람에게 전하는 문서. 상관이 아랫사람에게 권한을 위임하던 공식 문서.

223 **전령傳令**. 명령이나 훈령, 고시 따위를 전하여 보냄. 또는 그 명령이나 훈령.

224 **세올어면**. 미상이나, 문맥상 '내려오면'의 뜻인 듯.

225 **보도**. 보지도.

226 **수결手決**. 결재할 때 자기의 성명이나 직함 아래에 도장 대신에 자필로 글자를 직접 쓰던 일 또는 그 글자. 서명署名.

227 **두네**. 수결은 '착명着名'이라고도 하는데, 여기서 '착着'은 '두다[置]'의 뜻이 있어서 한글 문헌에는 수결하는 행위를 '일홈 두다'로 표현한다.

228 **그러하고**. 그렇게 하고도.

역남고도驛南古道[229] 진주晉州[230] 골[231]은 칠십일 면 대읍이라

양수양발[232] 관방중지官房重地[233] 사직지공[234] 두참[235]이라

사십 년 전 기묘년己卯年[236]에 보국위민保國爲民[237] 서정승徐政丞[238]이

교폐지방[239] 떼어[240] 내어 읍보邑保[241] 도계[242] 연풍[243]하니

순종대왕純宗大王[244] 판하공사判下公事[245] 하늘 같은 성은聖恩[246]

이라

---

229 **역남고도驛南古道**. 역도驛道의 맨 남쪽으로, 예부터 이어온 교통의 요지. 진주에는 소촌도召村道[조선시대 경상도 진주의 소촌역召村驛을 중심으로 한 역도驛道]가 설치되어 하동, 진주부터 시작하여 고성, 남해, 의령, 진해에 이르는 지역의 역로驛路 전체를 관할하였다. '역남고도'는 바로 이 소촌도를 말한다.

230 **진주晉州**. 진주는 삼국 시대의 거열성居列城에서 기원한다. 신라의 삼국통일 후에는 신라 9주 중 하나인 강주康州로 중시되었다. 고려 시대에는 진주목이 되었으며, 9개의 속군현屬郡縣을 관할하는 대읍으로 편성되었다. 진주는 조선 건국 직후 진양대도호부晉陽大都護府가 되었다가 1402년(태종 2)에 진주목으로 환원되었다. 조선 시대에 경상도에는 진주를 포함하여 목이 단 세 곳밖에 없었으므로, 진주의 지역적 중요성은 높게 평가되었다. 진주목에는 목사牧使가 임명되었으며, 초기에는 판관判官과 교수敎授 등이 함께 파견되었으나, 후기에는 두 직책이 모두 폐지되었다. 진주에는 1603년(선조 36) 이래로 경상우병영慶尙右兵營이 위치하였다. 1895년(고종 32)에 전국을 23부로 나누었을 때 진주목은 진주군이 되어 23부의 하나인 진주부晉州府의 치소治所(어떤 지역의 행정 사무를 맡아보는 기관이 있는 곳)로 설정되었다. 1896년(고종 33)에 13도제가 실시되면서 진주군은 경상남도의 관찰사영觀察使營이 위치한 곳으로 중시되었다. 조선 시대에 진주의 읍치邑治(군무軍務를 맡아보던 군아郡衙가 있던 곳)는 현재의 경상남도 진주시 중심 시가지 북쪽에 있었다. 중심 시가지 남쪽에 위치한 진주성은 경상우병영慶尙右兵營이었다.

231 **고을**. 주州 · 부府 · 군郡 · 현縣 등을 두루 이르던 말.

232 **양수양발**. 미상이나, 문맥상 '양수양방兩水兩傍', 곧 두 줄기의 물이 양쪽으로 펼쳐져 있다는 말인 듯. 여기서 두 줄기 물은 진주성 남쪽으로 흐르는 남강과 그 북쪽의 연못(지금은 없어짐)을 말하는 것으로 보인다. 이렇게 보아야 다음의 '관방중지'라는 요새에 대한 설명과도 잘 어울린다.

233 **관방중지官房重地**. '관방중지關防重地'의 잘못. 관방중지는 국경 지방에 있는 요새要塞(군사적으로 중요한 곳에 튼튼하게 만들어 놓은 방어 시설. 또는 그런 시설을 한 곳) 지대.

234 **사직지공**. 社稷之功. 나라 또는 조정인 사직에 공로를 끼침. 고려 현종 때 장군 강민첨姜民瞻(963~1021)이 동여진東女眞을 물리쳤으며, 강감찬의 부장副將으로서 흥화진興化鎭과 자산慈山에서 거란군을 대파하였다. 강민첨이 진주 출신이었기 때문에 그 공로를 인정하여 진주를 '목牧'으로 승격하였다.

235 **두참**. 頭站. 으뜸가는 역참驛站. 여기서는 진주에 있는 소촌역召村驛으로 소촌도召村道 전체를 관할했다.

236 **기묘년己卯年**. 이어 나오는 '서정승 서용보'와 '순조대왕' 등을 고려해 보았을 때, 기묘년은 1819년이 된다.

237 **보국위민保國爲民**. 나라를 보호하여 지키며 백성을 위함.

238 **서정승徐政丞**. 조선 순조 때의 문신 서용보徐龍輔(1757~1824)로 자는 여중汝中, 호는 심재心齋이다. 판서 서유령徐有寧의 아들이다. 1774년(영조 50) 생원시와 증광 문과 병과에 급제하였다. 1783년(정조 7)에 규장각 직각奎章閣直閣으로 등용되어 연사례燕射禮(국왕과 신하들이 어울려 활쏘기 시합을 벌이는 일)에 참여하였다. 1792년에 사은부사謝恩副使로 청 나라에 다녀왔으며, 경기도 관찰사를 거쳐 규장각 직제학奎章閣直提學이 되었다. 1802년 좌의정에 오르고, 1805년 사은사謝恩使로 청 나라에 다녀와서 판중추부사判中樞府事가 되었다가 1819년 영의정에 올랐다. 시호는 익헌翼獻이다.

239 **교폐지방**. 矯弊之方. 폐단을 고쳐 바로잡는 방안. 서용보는 영의정으로 있으면서, 이지연李止淵(1777~1841)의 건의를 받아들여 양전量田(경작 상황을 알기 위하여 토지의 넓이를 측량하던 일)을 실시할 것을 건의하여 삼정의 문란을 시정하려 한 바 있다.

240 **떼어**. 어떤 문건을 발행하거나 받아.

241 **읍보邑保**. 읍에서 올린 보고인 '읍보邑報'라고 해야 한다.

242 **도계**. 道啓. 도계는 각도道의 장관인 감사監司, 곧 관찰사觀察使가 국왕에게 보고하는 일. 또는 그와 관련한 문서를 말하는데, 여기서는 서용보가 양전量田에 관해 올린 건의문을 말한다.

243 **연풍**. 連豐. 여러 해를 계속하여 드는 풍년이라는 뜻인데, 여기서는 일들이 연이어 잘 풀리게 되었음을 말한다. 읍에서 폐단을 지정해달라는 보고를 올리고, 이어 서용보가 국왕에서 폐단을 없애달라는 건의문을 올리자 일이 연이어서 잘 풀리게 되었다는 말이다.

244 **순종대왕純宗大王**. 앞에서 기묘년(1819)을 40년 전이라 했으니, '순조대왕純祖大王(재위 1800~1834)'이 옳다. 이렇게 본다면, 이 작품은 1819년의 40년 후인 1859년에 지어졌음을 알 수 있다.

245 **판하공사判下公事**. '판하'는 신하가 특정 사안에 대해 올린 제안에 대하여 왕이 검토하여 그 가부를 재가하는 것이고, '공사'는 국가나 공공 단체의 일인 공무公務를 말한다.

246 **성은聖恩**. 임금의 큰 은혜.

구 냥 오 전 결結[247]이요 이 냥 오 전 군전軍錢[248]이라

인정[249] 잡비雜費[250] 일병一倂[251]하여 ○○으로[252] 상납上納[253]하니

요순우탕堯舜禹湯[254] 세상인가

살겠구나 살겠구나 백성이 살겠구나

거룩하다 조선 천지 이런 성덕聖德[255] 또 있는가

난신적자亂臣賊子[256] 많다 한들 판하공사 고칠쏘냐[257]

불행하다 불행하다 이 근년을 당하여서[258]

해민지적害民之賊[259] 그 뉘런가[260]

세도[261] 방백方伯[262] 수령[263] 간리奸吏[264]로다

---

247 **결結**. 조선 후기에 균역법의 실시에 따른 나라 재정의 부족을 메우기 위하여 논밭의 결복結卜(지세 징수의 기준이 되는 논밭의 면적에 매기던 단위인 결, 짐, 뭇을 통틀어 이르는 말)에 덧붙여 거두어들이던 돈. 앞에 '전田' 자가 빠진 듯하다. '전결田結(논밭에 물리는 세금)'은 논밭에 대하여 물리는 세금.

248 **군전軍錢**. 병역을 면제하여 주는 대신으로 받아들이던 베인 군포軍布(병역을 면제하여 주는 대신으로 받아들이던 베)를 대신해 내는 돈. 전결田結(논밭에 물리는 세금)이든 군포軍布(병역을 면제하여 주는 대신으로 받아들이던 베)든 다 알맞게 고쳐졌다는 말이다.

249 **인정人情**. 벼슬아치들에게 몰래 주던 선물. 뇌물.

250 **잡비雜費**. 잡다하게 쓰는 비용. '인정'과 '잡비'는 묶어서 인정으로 주는 돈이나 물건 등의 잡비를 통틀어 말한다. 대개 민간이 벼슬아치를 상대로 무슨 일을 잘 성취하기 위하여 은근히 건네주는 선물이나 예물에 대한 통칭이다.

251 **일병一併**. 한꺼번에.

252 **○○으로**. 판독 불가.

253 **상납上納**. 나라에 조세를 바침. 또는 그 세금. 윗사람에게 돈이나 물건을 바침. 또는 그 돈이나 물건.

254 **요순우탕堯舜禹湯**. 고대 중국의 요임금은 순임금과 함께 상고시대의 대표적인 성군聖君으로 손꼽히고 있다. 그래서 중국 문화권에서는 훌륭한 군주를 가리켜 요순과 같다고 찬양하는 관용표현이 널리 사용되었다. 하夏 나라의 우왕, 은殷 나라의 탕왕을 합쳐 '요순우탕堯舜禹湯'이라 부르기도 한다. 또한 뛰어난 군주의 치세를 일컬어 '요순시대堯舜時代'라 부르기도 한다. 요순시대는 태평성대와 같은 의미의 관용표현이기도 하다. 요순시절의 태평성대는 중국 역사상 주로 "되돌아갈 수 없는 좋은 옛 시절"을 나타내는 표현으로 자주 사용되었으며, 각종 시, 노래, 민요, 상소문 등에서 용례를 찾아볼 수 있다.

255 **성덕聖德**. 성인聖人의 덕. 임금의 덕을 높여 이르는 말.

256 **난신적자亂臣賊子**. 나라를 어지럽히는 충성스럽지 못한 무리.

257 **고칠쏘냐**. 고치겠는가. '~ㄹ쏘냐'는 '어찌 그럴 리가 있겠느냐'의 뜻으로 강한 부정을 나타내는 종결 어미. 주로 의문문 형식을 취한다.

258 **당하여서**. 때나 형편에 이르거나 처하여서.

259 **해민지적害民之賊**. 백성을 해치는 도적.

260 **뉘런가**. 누구이던가. '~런가'는 '~던가'의 뜻으로 예스럽게 사용하는 종결 어미. 주로 옛 말투의 시문詩文에 쓰인다.

261 **세도**. 勢道. 정치상의 권세 또는 그 권세를 마구 휘두르는 일. 여기서는 당대의 세도가인 장동김씨壯洞金氏를 말한다.

262 **방백方伯**. 각 도의 으뜸 벼슬. 그 지방의 경찰권, 사법권, 징세권 따위의 행정상 절대적인 권한을 가진 종이품 벼슬. 관찰사觀察使.

263 **수령**. 守令. 각 고을을 맡아 다스리던 지방관들을 통틀어 이르는 말로 절도사, 관찰사, 부윤, 목사, 부사, 군수, 현감, 현령 따위를 이른다.

264 **간리奸吏**. 간사한 이서吏胥. '이서작간吏胥作奸'이라는 말에서 보듯이, 중앙과 지방의 각 관아에서 말단 행정 실무에 종사하면서 여러 농간을 부리던 간교한 아전들을 말한다. 조선 후기 수령의 평가는 세금을 얼마나 잘 걷느냐에 달려 있었기 때문에 수령의 부담은 대단히 컸다. 그런데 당시 수령의 임기는 몇 달에 불과했다. 돈을 바치고 수령 자리를 산 수령이 본전의 몇 배를 뽑고 가면 곧바로 다음 수령이 왔다. 1870년대 민씨 족척정치 때 수령의 평균 임기는 2개월에 불과했다. 앞에서 '이서작간'이라고 했지만, 실상은 좀 달랐다. 수령이 뽑아간 돈을 채우지 못하면 그것이 고스란히 이서의 포흠逋欠으로 되어 이서가 벌을 받았다. 겉으로는 권력을 행사해 그럴듯해 보였지만, 이서들은 모두 상당량의 포흠을 지고 있었고, 시간이 지나면 파산이 줄을 이었다. 「덴동어미화전가」에서 상주 이방이었던 댄동어미의 집안이 몰락한 이유이기도 하다.

성조판하聖朝判下[265] 기휘忌揮[266] 없어 가결加結[267]하여 결포[268]하네
군전軍錢[269] 천 냥[270]에서 이천移錢[271] 십 냥 또 얻어서
용지무처用之無處[272] 소[273]를 하니 거폐생폐祛弊生弊[274] 그 아닌가
구실금[275]을 더 받으며 대동大同[276] 무면[277] 어인 일고[278]
한양성중漢陽城中[279] 깊이[280] 계신 성군聖君[281]이나 곧이[282] 듣지[283]
지우차우至愚且愚[284] 백성들은 그 뉘라서[285] 소계블가[286]
피리춘추皮裏春秋[287] 다 있나니 공론公論[288]이야 없을쏘냐[289]
의기義氣[290]있다 이진풍李晉豊[291]이 일읍사一邑事[292]를 담당하여

---

265 **성조판하聖朝判下**. 임금의 결정과 조처.

266 **기휘忌揮**. '기휘忌諱'라고 써야 함. 꺼리거나 두려워 피함.

267 **가결加結**. 농토의 단위 면적에 따라 매기는 조세의 비율을 원래보다 더 올리던 일.

268 **결포**. 結布. 양역良役(16세부터 60세까지의 양인 장정에게 부과하던 공역公役) 문제를 해결하기 위해 그 일부를 줄이거나 없애고 그 대신 토지에 부과했던 세금. 결렴結斂.

269 **군전軍錢**. 군포軍布(병역을 면제하여 주는 대신으로 받아들이던 베)를 대신해서 내는 돈.

270 진주읍에 할당된 세금의 총액수를 말한다.

271 **이전移錢**. 세금을 현물 대신 돈으로 낼 때 지불하는 웃돈. "서명선이 아뢰기를, '지난해에 영남에서 정봉停捧(흉년이 들거나 하였을 때에 납세를 중지하던 일)한

수량이 근래에 유례가 없을 정도로 많았기 때문에, 도신道臣(간찰사)이 이전移錢하자는 의견을 내기까지 하였다고 합니다. 내년에 불행하게도 농사가 잘되지 않고 게다가 비축된 나라의 곡식을 쓸 곳이라도 생기게 된다면, 장차 무슨 수를 쓰겠습니까.'라고 하였다."[『정조실록』 정조 3년 기해(1779) 11월 5일]

272 **용지무처用之無處**. 반드시 필요한 곳이 아닌 데에 쓴다는 말.

273 **소**. 미상. 그런데 문맥상 '쓰다, 없애다, 소비하다'의 뜻을 가진 '소消'가 아닌가 한다. 그렇다면 이 구절은 '필요하지도 급하지도 않은 데에 돈을 다 써 없앤다'는 말이 된다.

274 **거폐생폐祛弊生弊**. 폐단을 없애려다 도리어 새로운 폐단이 생김.

275 **구실금**. '구실'이 온갖 세납을 통틀어 이르던 말이니, '구실금'은 온갖 세금.

276 **대동大同**. 대동법에 따라 거두던 쌀인 대동미大同米.

277 **무면**. 無麪/無面. 돈이나 곡식 따위의 물건에 부족이 생기는 일.

278 **어인 일고**. 어찌된 일인가. '어인'은 '어찌 된'을 예스럽게 이르는 말이고, '일고'는 '일인가'의 뜻.

279 **한양성중漢陽城中**. 한양 성안.

280 **깊이**. 여기서는 '구중심처九重深處', 곧 겹겹이 문으로 막은 깊은 궁궐이라는 뜻으로, 임금이 있는 대궐 안을 묘사한 것으로 보인다. 임금이 일상적으로 받고 있는 백성의 고통을 모르고 있다는 점을 부각하고 있다.

281 **성군聖君**. 어질고 덕이 뛰어난 임금.

282 **곧이**. 바로 그대로.

283 여기에는 소위 '성군'에 대한 비판이 들어 있다. 성군이라고 하지만, 임금은 구중궁궐에 깊이 틀어박혀 백성이 처한 현실을 전혀 모른 채 "세도 方伯 수령 奸吏"의 속임수를 곧이곧대로 믿고 있으니, 한심하다는 것이다.

284 **지우차우至愚且愚**. 지극히 어리석고 또 어리석은.

285 **뉘라서**. '뉘'는 누구. '~라서'는 특별히 가리켜 강조하며 주어임을 나타내는 격 조사로 '감히', '능히'의 뜻.

286 **소계블가**. 속일 수 있겠는가. 무식하지만 백성들은 감히 속이지 못한다는 말이다.

287 **피리춘추皮裏春秋**. 말로는 잘잘못을 가리지 않는 사람도 마음속으로는 셈속과 분별력이 있다는 말이다.

288 **공론公論**. 공정하게 의논함. 또는 그런 논의.

289 **없을쏘냐**. 없겠는가. '~ㄹ쏘냐'는 '어찌 그럴 리가 있겠느냐'의 뜻으로 강한 부정을 나타내는 종결 어미. 주로 의문문 형식을 취한다.

290 **의기義氣**. 정의감에서 우러나오는 기개氣槪.

291 **이진풍李晋豊**. 누구인지 미상이나, 「만탄가」에 따르면, 진주의 공론을 대표하여 폐단을 시정하기 위해 읍과 감영監營에 정소呈訴(소장을 관청에 냄)하거나 비국備局(군국의 사무를 맡아보던 비변사備邊司)에 소訴를 올리는 데 앞장선 인물이다. 실제로 이 가사가 지어진 1859년에 진주의 백성들이 비변사에 소를 올린 바 있다.

292 **일읍사一邑事**. 한 고을의 일.

결포색명結布色名[293] 깨이라고[294] 정읍정영呈邑呈營[295] 비국比局[296]
까지
경향京鄕[297]으로 다니면서 비진심력費盡心力[298] 사 년 만에
결포색명 깨었으나 우리 성군판하聖君判下[299]대로
못 될 뿐 아니오라 군전軍錢 천 냥 도로 무니[300]
소경[301]의 잠 자나마나 조삼모사朝三暮四[302] 공사公事[303]로다
이리하나 저리하나 만만한 게 백성일다[304]
백성인들 모를쏘냐[305] 하느님아 하느님아
죽을 일이 또 생기어 비장청裨將廳[306]과 연리청掾吏廳[307]에
돈을 들여 청촉請囑하고 사람 사서 의송議訟[308]하여
대소민인大小民人[309] 소원이라 하니 가소롭다[310] 사람들아
이런 말을 들어보소 양반 명색名色[311] 하는 이가
군포軍布[312] 물기 좋아하며[313] 구 냥 오 전 어렵거든[314]
가결加結[315]하여 삼십 냥 어느 백성 좋다 하여
자원自願[316]하고 내다를까[317] 삼십 냥 적다 하여

---

293 **결포색명結布色名**. '결포'는 양역良役(16세부터 60세까지의 양인 장정에게 부과하던 공역公役) 문제를 해결하기 위해 그 일부를 줄이거나 없애고 대신 토지에 부과했던 세금을, '색명'은 '잡색명목雜色名目'의 준말로, 잡다한 구실이나 이유를 말한다.

294 **깨이라고**. '깨다'의 활용형. '깨다'는 단단한 물체를 쳐서 조각이 나게 하다. 여기서는 '폐단을 없애려고'의 뜻.

295 **정읍정영呈邑呈營**. 읍과 감영監營에 소장訴狀을 올림.

296 **비국比局**. 비국備局의 잘못. 비국은 군국軍國(군사軍事와 나라의 정치)의 사무를 맡아보던 비변사備邊司. 비변사에까지 소장을 올렸다는 말.

297 **경향京鄕**. 서울과 지방을 아울러 이르는 말.

298 **비진심력費盡心力**. 마음과 힘을 다 씀.

299 **성군판하聖君判下**. 임금의 판결. '판하'는 신하가 청한 사안에 대하여 왕이 결정하여 조처하는 것을 말한다.

300 **도로 무니**. '도로'는 '먼저와 다름없이'. 또는 '본래의 상태대로', '무니'는 '갚아야 할 것을 치르니'라는 뜻. 결국 헛수고를 했다는 말이다. 구체적으로는 결포結布, 곧 결렴結斂의 폐지로 호당 세금이 줄어야 마땅한데, 현실은 그렇게 되지 못하고 과거의 상태로 되돌아가고 말았다는 말이다.

301 **소경**. '시각 장애인'을 낮잡아 이르는 말.

302 **조삼모사朝三暮四**. 간사한 꾀로 남을 속여 희롱함을 이르는 말. 중국 송 나라 저공狙公의 고사로, 먹이를 아침에 세 개, 저녁에 네 개씩 주겠다는 말에는 원숭이들이 적다고 화를 내더니 아침에 네 개, 저녁에 세 개씩 주겠다는 말에는 좋아하였다는 데서 유래한다.

303 **공사公事**. 국가나 공공 단체의 일. 공무公務.

304 **일다**. "~일다"는 '~이로다'.

305 **모를쏘냐**. 모르겠는가. '~ㄹ쏘냐'는 '어찌 그럴 리가 있겠느냐'의 뜻으로 강한 부정을 나타내는 종결 어미. 주로 의문문 형식을 취한다.

306 **비장청裨將廳**. 비장裨將(감사監司 · 유수留守 · 병사兵使 · 수사水使 · 사신使臣을 따라다니며 일을 돕던 무관 벼슬)들이 대기하거나 사무를 보던 곳.

307 **연리청掾吏廳**. '연리'는 각 관청에 딸려 벼슬아치 밑에서 일을 보는 중인 신분의 사람, 연리청은 그들이 대기하거나 사무를 보던 곳.

308 **의송議訟**. 백성이 고을 원의 판결에 불복하여 관찰사에게 올리던 민원서류인데, 여기서는 사람을 사서 거짓으로 지금 세금은 30냥이 적당하다고 호소하게 했다는 말이다.

309 **대소민인大小民人**. 글자 그대로는 '크고 작은 백성'이지만, 구체적으로는 농민을 비롯해 사족층까지를 포함하는 말이다. 이것은 진주에서 일어나게 될 민란의 담당층을 이해하는 데 도움을 준다.

310 **가소롭다**. 같잖아서 우스운 데가 있다. 의송의 결과가 가소로울 정도로 한심했다는 말이다.

311 **명색名色**. 어떤 부류에 붙여져 불리는 이름. 실속 없이 그럴듯하게 불리는 허울만 좋은 이름.

312 **군포軍布**. 병역을 면제하여 주는 대신으로 받아들이던 베.

313 군포 물기를 좋아하겠느냐는 말이다.

314 **어렵거든**. 어려운데. '~거든'은 앞 절의 사실과 뒤 절의 사실을 비교하여, 앞 절의 사실이 이러하니 뒤 절의 사실은 더욱 당연히 어떠하다는 뜻을 나타내는 연결 어미.

315 **가결加結**. 농토의 단위 면적에 따라 매기는 조세의 비율을 원래보다 더 올리던 일.

316 **자원自願**. 어떤 일을 자기 스스로 하고자 하여 나섬.

317 **내다를까**. 감히 어떤 일을 하려고 덤벼들겠는가.

삼십오 냥 도두라네[318] 어이하여 도두는고

거폐생폐祛弊生弊[319]한다 하여 무슨 거폐祛弊[320]한다던고[321]

삼십여 건[322] 이러하데

일읍 백성 다 죽어도 이노포吏奴逋[323]나 벗겨주소[324]

아전 이노吏老[325] 경자[326] 수리[327] 퇴락頹落[328] 하안[329] 향교鄕校[330]

수리

백성 가둘 옥 고치지[331]

허다[332] 사업 한다 하데

간리奸吏[333]놈들 부동浮動[334]하고 일하기는 좋거니와

죽어 가는 백성이야 아주[335] 죽지 불쌍하다

고쳐 주소 고쳐 주소 진주 객사客舍[336] 고쳐 주소

천상에는 세우細雨[337] 와도 전패殿牌[338] 전前에 대수大水 지니[339]

허사로다[340] 허사로다 전패 집도 허사로다

---

318 **도두라네**. 돋우라 하네. '돋우다'는 정도를 더 높이다. 35냥으로 올리라 한다는 말이다.

319 **거폐생폐祛弊生弊**. 폐단을 없애려다 도리어 새로운 폐단이 생김.

320 **거폐祛弊**. 폐단을 없앰.

321 **한다던고**. 한다는 말인가.

322 새롭게 폐단을 만든 건수가 그렇다는 말이다.

323 **이노포吏奴逋**. 환곡 등 국가 부세곡賦稅穀을 서리胥吏나 관노官奴들이 빌린 후 갚지 않는 행위. '포逋'는 포흠逋欠을 말하는데, 환곡의 포흠이란 환곡을 대여한 후 상환받지 못하여 결손분이 발생한 것이다. 이 가운데 이포吏逋 혹은 이노포는 서리층에 의하여 일어난 포흠을 말한다. 환곡이 무리하게 운영되면서 빚어진 포흠에 대하여 담당자인 서리의 책임으로 돌려져 이노포가 생겨나는 경우도 있었다. 수령한테 무리하게 바친 것이 결국 아전의 포흠으로 기록된 것이다.

324 **벗겨주소**. 고통이나 괴로운 상태를 감당하지 않게 해주시오.

325 **이노吏老**. '늙은 아전'이라면 '노이老吏'라고 해야 함. 아마 '老'는 '奴'로 보아, '이노吏奴', 곧 지방 관아에 딸린 아전衙前과 관노官奴를 아울러 이르는 말로 보는 것이 좋겠다.

326 **경자**. 경치가 좋은 곳에 한가히 노는 곳으로 쓰려고 지은 집. 벽이 없어 기둥과 지붕만 있게 지었다.

327 **수리**. 修理. 고장 나거나 허름한 데를 손보아 고침.

328 **퇴락頹落**. 낡아서 무너지고 떨어짐.

329 **하안**. 미상. 아마 '한'의 오기인 듯.

330 **향교鄕校**. 지방에 있던 문묘文廟(공자를 모신 사당)와 그에 속한 관립官立 학교. 중앙의 사부 학당과 같은 역할을 하였으며, 조선 중기 이후 서원書院이 발달하자 기능이 약화되었다. 진주향교를 말한다.

331 이 말은, 경자와 향교를 수리하는 것은 실제로는 백성을 가둘 감옥을 수리하는 것과 다름없다는 것이다.

332 **허다許多**. 수효가 매우 많음.

333 **간리奸吏**. 간교한 아전. 자세한 것은 앞의 264번 주석을 참고할 것.

334 **부동浮動**. 고정되어 있지 않고 움직임. 진득하지 못하고 들뜸. 여기서는 함부로 날뜀.

335 **아주**. 어떤 행동이나 작용 또는 상태가 이미 완전히 이루어져 달리 변경하거나 더 이상 어찌할 수 없는 상태에 있음을 나타내는 말.

336 **객사客舍**. 각 고을에 설치하여 외국 사신이나 다른 곳에서 온 벼슬아치를 대접하고 묵게 하던 숙소로 왕의 위패를 봉안하고 공식 행사를 했다.

337 **세우細雨**. 가늘게 내리는 비. 가랑비.

338 **전패殿牌**. 임금을 상징하는 '전殿' 자를 새겨 각 고을의 객사客舍에 세운 나무패. 공무公務로 간 관리나 그 고을 원이 매월 초하루나 보름에 절을 하고 예禮를 표시하였다.

339 **대수大水 지니**. 큰물이 떨어지니. '대수'는 비가 많이 와서 강이나 개천에 갑자기 크게 불은 물. '지다'는 떨어지다. 밖에서는 가랑비가 와도 객사에는 큰비가 온다는 말이다. 객사가 비가 와도 수리하지 않으니 불충不忠하다는 뜻. 객사가 각 군현에서 가장 중요한 건물인 이유는, 그곳이 임금에게 예를 표하는 곳이기 때문이다.

340 **허사로다**. '허사'는 보람을 얻지 못하고 쓸데없이 한 노력. '~로다'는 감탄을 나타내는 종결 어미로 장중한 어조를 띤다.

장동김씨壯洞金氏[341] 서원書院[342]이면 시각時刻[343]인들 머물쏘냐[344]

유회儒會[345]한단 말은 좋다 진주 일읍 향원鄕願[346]인가

각하인各下人[347]의 수교[348]로다 대소민인 몇 있구나[349]

다른 선비 쓸데없어 별경론別經綸[350] 꾸며내니

방하승方何僧[351]도 별유사別有司[352]라

장의掌議[353] 색장色掌[354] 임명으로[355] 의송 참에[356] 아니갈까

등장[357] 가세 등장 가세 유회소儒會所[358]에 등장 가세

유회소에 아니 되니 영문營門[359]으로 의송 가세

근래 영문 쓸데없다 의송 가기 무엇할꼬

비장裨將[360] 먹일 돈이 없다 비국比局[361]인들 못할쏜가

비국에도 아니 되면 상언上言[362]이나 하여 보세

---

341 **장동김씨壯洞金氏**. 신 안동김씨라고 하는 장동김씨는 정조 사후 김상헌金尙憲(1570~1652)의 후손인 김조순金祖淳(1765~1832)의 딸이 순조비(순원왕후)가 되면서부터 세도정치勢道政治(국왕에게 정권을 위임받은 특정인과 그 추종세력에 의해 이루진 정치형태)의 중심 가문이 되었다. 그 후 60년 동안 정승과 판서를 독차지하면서 세도정치를 펼쳤는데, 이 집안에서만 정승이 열다섯 명(영의정 여덟 명, 좌의정 네 명, 우의정 세 명), 판서가 쉰 명 이상이 나오게 된다. 결국 세도정치로 소수 귀족 가문이 권력을 독점하면서 조선은 점차 개혁 의지를 상실하고 부패해갔다.

342 **서원書院**. 선비가 모여서 학문을 강론하고, 석학이나 충절로 죽은 사람을 제사 지내던 곳. 중종 38년(1543)에 풍기 군수 주세붕이 안향安珦(1243~1306)을 배향하기 위하여 만든 백운동서원白雲洞書院이 그 시초이다.

343 **시각時刻**. 시간의 어느 한 시점인데, 여기서는 '짧은 시간'.

344 **머물쏘냐**. 지체하겠는가. 장동김씨의 누군가를 모신 서원이라면 곧바로 수리했을 것이라는 말. 이는 임금보다 장동김씨 가문이 더 위였다는 뜻이다.

345 **유회儒會**. 유학을 공부하는 선비들의 모임. 여기서는 마을의 폐단을 시정하기 위한 선비들의 모임을 말한다.

346 **향원鄕願**. 향원鄕愿의 잘못. 향원은 겉으로는 성실한 척하지만 사실은 매사에 옳고 그름을 분명하게 따지지 않고 시속時俗에 맞추어 두루뭉술하게 살거나 뚜렷한 가치관이 없고 삶의 태도가 진지하지 않아 위선적인 사람이라는 의미를 내포하고 있다. 공자는 『논어』에서 "향원은 덕을 해치는 자이다鄕原, 德之賊也."라고 했다. 여기서는 유회에 모인 자칭 선비들을 비판하고 있다. 조선 시대에는 수령을 속이고 양민을 괴롭히던 촌락의 토호를 향원이라고도 했다. 그들은 겉으로는 선량한 척하면서 환곡이나 공물을 중간에서 가로채는 따위의 일을 하였다.

347 **각하인各下人**. 낱낱의 하인들.

348 **수교**. '수고'의 잘못인 듯. 유회를 벌여놓고 아무 일도 하지 않거나 못한 채 하인들만 고생시킨다는 말이겠다.

349 **대소민인 몇 있구나**. '대소민인'은 상하층의 인민들을 아울러 지칭하는 말. 유명무실한 유회에 실제로 참가한 사람들이 몇 안 된다는 말이다.

350 **별경륜別經綸**. '경륜'이 일정한 포부를 가지고 일을 조직적으로 계획함. 또는 그 계획이나 포부. '별경륜'은 별난 경륜이 아닐까 한다.

351 **방하승方何僧**. 미상. 다음에 나오는 글자도 한글 '도'인지 한자 '之'인지도 불분명함. 다만 다음에 별유사가 나오는 것으로 보아 아마도 사람 이름이 아닐까 한다.

352 **별유사別有司**. 사전에서는 '서울 각 방坊에서 호적 및 공공사무를 맡아보던 사역使役'이라 풀이하고 있으나, 별유사가 호적만 관리했던 것은 아니다. 『목민심서牧民心書』에는 "연분별유사年分別有司라는 것이 있어 전결田結(논밭에 물리는 세금)을 관장하고, 수단별유사收單別有司라는 것이 있어 호적을 관장한다"는 말이 나온다. 『목민심서』에서는 이들이 "문서를 고치고, 법규를 농락하여 부정을 함이 아전보다도 더 심하였다. 무릇 상납하는 물건이 그들의 손에 들어가면 태반이 없어져 밑돌이 윗돌이 되어 버리는 장난이 이뤄진다"고 하면서 "한 명목만 가지면 모두가 잔악한 백성을 침학하고 마을에 해를 끼친다"고 했다.

353 **장의掌議**. 성균관·향교에 머물러 공부하던 유생의 임원 가운데 으뜸 자리.

354 **색장色掌**. 성균관 유생 자치회의 간부. 식당의 검찰檢察을 주 임무로 하였다.

355 **임명으로**. 임명任命하여. '임명'은 일정한 지위나 임무를 맡긴다는 말. '~으로'는 '~하여'.

356 **참에**. 미상. 문맥상 '참여參與'일 듯함.

357 **등장**. 等狀. 여러 사람이 이름을 잇대어 써서 관청에 올려 하소연함. 또는 그 일.

358 **유회소儒會所**. 유회儒會, 곧 유학을 공부하는 선비들의 모임이 열리는 곳.

359 **영문營門**. 관찰사가 직무를 보던 관아. 감영監營.

360 **비장裨將**. 감사監司·유수留守·병사兵使·수사水使·사신使臣을 따라다니며 일을 돕던 무관 벼슬.

361 **비국比局**. 비국備局의 잘못. 비국은 군국軍國, 곧 군사軍事와 나라의 정치 사무를 맡아보던 비변사備邊司.

362 **상언上言**. 백성이 임금에게 글을 올리던 일.

그도 저도 아니 되면 죽을 밖에 할 일 없네

죽음 터니[363] 되거드면 아물하면 오직할까[364]

이런 일을 하는 놈들 우리 먼저 겨보세[365]

이 노래를 돌려[366] 듣고 가부간可否間[367]에 말을 하소[368]

363 **터니**. 미상. 아마도 '터수', 곧 처지나 형편의 뜻일지 모름. 그렇다면 이 구절은 '죽을 처지가'라는 말이 된다.

364 **아물하면 오죽할까**. '아물하면'은 문맥상 '아무려면'인 듯함. '아무렴'은 말할 나위 없이 그렇다는 뜻. '오죽할까'는 정도가 매우 심하거나 대단하다는 뜻. 그렇다면 이 말은 '아무렴 오죽하면 이 정도로 나서겠는가' 정도의 의미인 듯함.

365 **겨보세**. 앞에 '죽' 자가 빠진 듯함. 그렇다면 '죽여보세'.

366 **돌려**. 돌려가면서.

367 **가부간可否間**. 옳거나 그르거나, 찬성하거나 반대하거나 어쨌든.

368 이 노래를 돌려가면서 듣고, 이 노래의 뜻과 주장에 동의하거나 찬성하면 앞으로 있을 민란에 동참하라는 말이다.

合江亭歌

全羅監使鄭民始가壬子秋九月에巡歷淳昌하야合江亭에船遊할새守令數十을불너가지고差使員을定할서妓生차지差使員도잇고魚物맛흔差使員도잇고그남은小〻한差使員名色이無數하야이로記錄지못하니그ᄯᆡ全羅道사람이이노리를지어서記錄하나노리지은사람의姓名은누구지아지못

求景가셰求景가셰合江亭에求景가셰時維九月

합강정가
合江亭歌

현재까지 조사 보고된 이본은 총 여덟 종인데, '윤성근본', '아악부가집본', '가집본', '악부본', '삼족당본', '전가보장본', '홍길동전본', '목동가본', '가사소리본', '쌍녀록본'이 그것이다.[이상의 명칭은 고순희의 『현실비판가사 자료 및 이본』(2018)의 것임. 이하 모두 이것을 따르기로 함] 이번 주석은 이들 중에서 '가집본', 곧 『한국역대가사문학집성』의 1003번 작품을 텍스트로 삼았다. 맥락이 잘 맞지 않거나 의미가 불분명한 부분에서는 나머지 이본들을 두루 참고하면서 문제를 해결하려고 하였다. 그리고 이해의 편의를 위해 한자로 된 부분은 앞에 한글을 적고 괄호 안에 한자를 병기하는 방식으로 처리하였고, 굳이 한자를 밝힐 필요가 없는 말은 본문에서 한자를 드러내지 않기로 하였으며, 가능한 한 현대어로 표기하려고 노력하였다. 이 가사는 1792년에 지어진 작자 미상의 노래로 「합강정선유가合江亭船遊歌」라고도 부른다. 작품 첫머리에 이런 말이 적혀 있다. "전라감사全羅監司 정민시鄭民始가 임자壬子 추구월秋九月에 순력巡歷(관찰사나 원 등이 관할 지역을 순회하던 일) 순창淳昌하여 합강정合江亭에 선유船遊(뱃놀이)할 때, 수령守令 수십數十을 불러 차사원差使員을 정할 때, 기생 차지 차사원도 있고, 어물魚物 맡은 차사원도 있고, 그 남은 소소小小한 차사원 명색名色이 무수하여 이루 다 기록지 못하니, 그때 전라도 사람이 이 노래를 지어서 기록하니, 노래 지은 사람의 성명은 누군지 알지 못". 그런데 윤성근이 활자본으로 보고한 이본에는 조금 다른 내용이 한문으로 적혀 있다. 이 노래를 짓게 된 배경과 그 이후의 사태를 다음과 같이 전하고 있다. "전라감사 정민시가 일찍이 임자년 9월 23일 국기일에 합강정에서 뱃놀이를 크게 열어 수십 읍의 수령들이 와 참여하였다. 그 비용이 수천 냥이나 들었고, 삼십 리에 걸쳐 횃불을 밝혔으며, 삼일 동안 잔치를 벌였는데, 기생 풍류의 성대함이 어느 정도였는지 상상할 수 있을 것이다. 호남 사람이 그 폐단을 보고 참지 못하고 익명으로 글을 써서 고발했는데 걸작이었다. 정민시가 그 고발을 무마하려고 크게 상벌을 내리고 과거시험도 베풀었는데, 그로 인해 사람들의 입에 오르내렸다. 어떤 사람이 그 글을 베껴 숭례문에 걸었는데, 장안의 사람들이 서로 돌려보았고, 결국 궁중에도 들어가 그로 인해 관련자를 유배 보내라는 명령이 내려졌다全羅監司鄭民始, 嘗以壬子九月二十三日(國忌), 大設合江亭船遊, 守令來參者數十邑. 費錢數千兩, 植炬三十里, 做三日之宴, 其妓樂威儀之盛, 從可想矣. 湖民不勝其弊, 因投○(匿인 듯)名書, 乃傑作也. 民始見之, 大加賞罰, 加考試, 然因膾炙於世. 有人翻謄掛於崇禮門, 都下人士傳播, 因流入九重, 仍施流配之律耳."

전라감사全羅監司[1] 정민시鄭民始[2]가 임자壬子[3] 추구월秋九月[4]에 순력巡歷[5] 순창淳昌[6]하여 합강정合江亭[7]에 선유船遊[8]할 때, 수령守令[9] 수십數十[10]을 불러가지고 차사원差使員[11]을 정할 때, 기생[12] 차지[13] 차사원도 있고, 어물魚物[14] 맡은 차사원도 있고, 그 남은 소소小小한[15] 차사원 명색名色[16]이 무수하여[17] 이루 다 기록지 못하니, 그때 전라도 사람이 이 노래를 지어서 기록하니, 노래 지은 사람의 성명은 누군지 알지 못[18].

---

1 **전라감사全羅監司**. 감사監司는 조선 시대 각 도의 장관으로 일명 관찰사觀察使이다. 품계는 종2품. 중요한 정사에 대해서는 중앙의 명령에 따라 시행하였으나 자신이 관할하고 있는 도에 대해서는 경찰권, 사법권, 징세권 등 절대적인 권한을 행사였다. 문관직으로서 각 도마다 한 사람씩 두었다. 감사가 근무하는 관청을 감영監營이라고 하는데, 전라감영은 전주에 있었다.

2 **정민시鄭民始**. 정조 정권의 핵심 인물이었던 정민시(1745~1800)는 왕세손 시절의 정조를 보도輔導(도와서 올바른 데로 이끌어 감)하여 정조 즉위 후 총애를 받았으나, 순조 때 가렴주구했다는 이유로 삭탈관직 되었다가 후에 복직되었다. 이 노래가 지어진 해인 정조 16년(1792)은 정민시가 출세 가도를 달릴 때였다. 이 가사는 정민시를 공격하면서 정조를 비판하려는 의도를 가지고 있다.

3 **임자壬子**. 임자년. 1792년.

4 **추구월秋九月**. 가을인 9월. '윤성근본'에는 "이십삼일二十三日"이라고 일자를 특정했는데, 이것은 이 노래의 본문에서도 "구월 염삼일九月 念三日"이라 하였다. "염念"은 스물을 뜻하는 입廿의 음이 와전訛轉한 것이다. '윤성근본'에서는 거기에 "국기國忌"라는 말을 덧붙였다. '국기'는 대개 임금이나 왕후의 제삿날을 말한다. 1792년 9월 23일의 『정조실록』에 따르면, "인평대군의 묘소에 제사를 올리라는 명이 내렸다麟坪大君墓致祭命下." '국기'는 아마 이 일을 말하는 것으로 보인다. 국기일에는 근신을 하는 것이 상례인데, 정민시는 그날 뱃놀이를 즐길 만큼 세도가 당당하였다.

5 **순력巡歷**. 감사가 도내의 여러 마을을 돌아다니던 일.

6 **순창淳昌**. 전라북도 남부 노령산맥의 동쪽 사면 산간 지대에 있는 군.

7 **합강정合江亭**. 순창 적성강赤城江 부근, 곧 전남 곡성군 옥과면 합강리에 있는 정자. 적성강은 순창군 동계면 구미리를 통과한다. 섬진강의 줄기로 장구목으로부터 순창군 적성면 일대에 있는 섬진강을 적성강이라고 부른다. 적성강이 흐르는 적성현은 뒤로 두류봉이 서 있고 건너편으로 채계산이 가로누워 있는 아름다운 고장이다. 남원, 임실, 옥과, 곡성 등의 지방 수령들이 탐하는 고을로, 인근 지방 수령들이나 풍류객들이 적성강에 배를 띄워 놀다가 시흥이 나면 서로 화답하곤 하였다. 합강정은 1792년 이후 얼마 지나지 않아 없어진 것으로 보인다.

8 **선유船遊**. 뱃놀이. 배 위에서 경치를 관람하며 시를 짓거나 소리를 하는 이 놀이는 동파東坡 소식蘇軾(1036~1101)이 일찍이 임술년(1082) 가을 7월 16일과 10월 보름, 두 차례에 걸쳐 적벽 아래 강에서 객客들과 함께 배를 타고서 풍류를 만끽했던 일을 흉내 낸 것이다.

9 **수령守令**. 각 고을을 맡아 다스리던 지방관들을 통틀어 이르는 말.

10 **수십數十**. 수십 명. 앞으로 굳이 한자를 드러내지 않아도 쉽게 알 수 있는 말은 한자를 드러내지 않기로 한다.

11 **차사원差使員**. 조선 시대 각종 특수임무의 수행을 위하여 임시로 차출, 임명되는 관원으로 정3품 이하의 당하관堂下官 중에서 임명되었다. 조선 초기에는 오직 관찰사만이 수령을 차사원으로 정하여 파견할 수 있었으나, 차츰 병마절도사兵馬節度使, 수군절도사水軍節度使도 임의로 차사원을 차정差定(사무를 맡김)하는 경우가 있었다. 여기서는 진짜 차사원이라기보다는 어느 고을에서는 무슨 물품을 책임지고, 어느 고을에서는 무슨 일을 책임졌으니 '무슨 차사원'이라고 자기들끼리 농담조로 말한 것으로 보인다.

12 **기생**. 어느 고장에나 관기官妓(궁중 또는 관청에 속하여 가무歌舞, 기악技樂 따위를 하던 기생)가 있었는데, 특히 적성강이 흐르는 적성현에는 미색의 관기官妓나 여기女妓들이 많은 것으로 잘 알려져 있다. 그중에도 풍류객의 흥을 돋울 가무뿐만 아니라 교양과 아름다움을 두루 갖춰 '적성삼화赤城三花'라 불린 세 기생, 곧 월화, 월선, 월계가 유명했다고 한다. 『순창의 구전설화』(순창문화원, 2002)에 따르면, 보름달이 뜨는 밤이면 적성강에 배를 띄우고 '적성삼화'와 함께 달맞이를 즐기려는 풍류객들이 줄을 이었다고 한다.

13 **차지**. 사물이나 공간, 지위 따위를 자기 몫으로 가짐. 여기서는 기생을 담당하는 역할을 말한다.

14 **어물魚物**. 생선 또는 생선을 가공하여 말린 것.

15 **소소小小한**. 작고 대수롭지 아니한.

16 **명색名色**. 어떤 부류에 붙여져 불리는 이름.

17 차사원은 중앙정부에서 지방으로 파견되는 경우와 각도에서 중앙으로 보내는 경우의 두 종류가 있었다. 중앙에서 파견하는 경우는 이조吏曹가 중앙관료들 중에서 선임하였는데, 점마차사원點馬差使員 · 반사차사원頒赦差使員 · 교량차사원橋梁差使員 등이 있었다. 그리고 지방에서 중앙으로 보내는 경우는 관찰사가 수령이나 변장邊將 혹은 찰방察訪들 중에서 선임하였는데, 약재차사원藥材差使員 · 승호차사원

구경求景[19]가세 구경가세 합강정에 구경가세
시유구월時維九月[20] 염삼일念三日[21]에 길일吉日[22]인가 가절佳節[23]인가
관풍찰속觀風察俗[24] 우리 순상巡相[25] 이날에 선유船遊[26]하니
천추성절千秋聖節[27] 즐거운들 창오모운蒼梧暮雲[28] 비감悲感할사[29]
북궐분우北闕分憂[30] 몽외사夢外事[31]나 남주민막南州民瘼[32] 내 아닌가[33]

陞戶差使員 · 전문차사원箋文差使員 · 조운차사원漕運差使員 · 가포차사원價布差使員등이 있었다. 점마차사원은 각도의 목장과 말을 점검하기 위하여, 반사차사원은 죄인의 사면을 반포하기 위하여 임명되었고, 교량차사원은 왕의 능행시 교량을 정비하기 위하여 해당 지역의 수령으로 임명되었다. 약재차사원은 각도의 약재 수송을 위하여, 승호차사원은 훈련도감에 승호陞戶/升戶(중앙과 지방에서 공사천公私賤을 양민호良民戶로 승격하여 훈련도감의 포수 정군正軍에 소속하게 함)된 포수를 보고하기 위하여, 조운차사원과 가포차사원은 각각 세곡稅穀의 조운漕運과 군병軍兵의 가포價布(역役에 나가지 않는 사람이 그 대신으로 군포에 준하여 바치던 베)를 수송하기 위하여, 전문차사원은 국왕을 위한 하례식에 축하전을 올리기 위하여 각기 임명되었다. 이 외에도 중앙정부에서는 각종 특수임무를 수행하기 위하여 수시로 차사원을 임명하여 내려보내기도 하였다. 이러한 차사원들을 약칭하여 통상 차사差使라고 부른 것으로 보인다.

18 **못**. '못한다'를 줄여서 한 말. 참고로 윤성근이 활자본으로 보고한 이본에는 조금 다른 내용이 한문으로 적혀 있는데, 다음과 같다. "全羅監司鄭民始, 嘗以壬子九月二十三日(國忌), 大設合江亭船遊, 守令來參者數十邑. 費錢數千兩, 植炬三十里, 做三日之宴, 其妓樂威儀之盛, 從可想矣. 湖民不勝其弊, 因投○(匿 자인듯)名書, 乃傑作也. 民始見之, 大加賞罰, 加考試, 然因膾炙於世. 有人翻謄掛於崇禮門, 都下人士傳播, 因流入九重, 仍施流配之律耳." 이 노래를 짓게 된 배경과 그 이후의 사태를 전하고 있다. 풀이하면 다음과 같다. "전라감사 정민시가 일찍이 임자년 9월 23일 국기일에 합강정에서 뱃놀이를 크게 열어 수십 읍의

수령들이 와 참여하였다. 그 비용이 수천 냥이나 들었고, 삼십 리에 걸쳐 횃불을 밝혔으며, 삼 일 동안 잔치를 벌였는데, 기생 풍류의 성대함이 어느 정도였는지 상상할 수 있을 것이다. 호남 사람이 그 폐단을 보고 참지 못하고 익명으로 글을 써서 고발했는데 걸작이었다. 정민시가 그 고발을 무마하려고 크게 상벌을 내리고 과거시험도 베풀었는데, 그로 인해 사람들의 입에 오르내렸다. 어떤 사람이 그 글을 베껴 숭례문에 걸었는데, 장안의 사람들이 서로 돌려보았고, 결국 궁중에도 들어가 그로 인해 관련자를 유배 보내라는 명령이 내려졌다."

19 **구경求景**. '求景'은 흥미나 관심을 가지고 본다는 의미의 순우리말을 한자로 표기한 것이다. '아악부가집본'에서는 '구경究景', '윤성근본'에서는 '관경觀景'이라고 했다.

20 **시유구월時維九月**. '때는 구월'. 여기서 '유維'는 '유세차維歲次'처럼 제문祭文의 첫머리에 관용적으로 쓰는 말로, '간지干支를 따라서 정한 해로 말하면'의 뜻을 나타내는 말이다.

21 **염삼일念三日**. 23일. '염念'은 스물을 뜻하는 '입廿'의 음이 와전訛轉한 것이다. 참고로 '악부본' 등 여러 이본에서는 "염이일"로 되어 있는데, '윤성근본'에 "국기國忌"라고 한 것에 비추어 볼 때 잘못인 것으로 보인다.

22 **길일吉日**. 운이 좋거나 상서로운 날.

23 **가절佳節**. 좋은 시절이나 계절.

24 **관풍찰속觀風察俗**. 왕명을 받들어 지방을 순시하며 풍속과 기강을 살핌. '관찰사'는 그런 일을 하는 관리를 말한다. 참고로 관찰사는 '관풍觀風'이라고도 부르는데, 이 '관풍찰속'을 줄인 말이다.

25 **순상巡相**. 재상으로서 왕명을 받아 군무軍務를 통찰하던 순찰사巡察使의 별칭. 순찰사와 관찰사를 겸하는 경우가 흔했다.

26 **선유船遊**. 뱃놀이. 배 위에서 경치를 관람하며 시를 짓거나 소리를 하는 놀이.

27 **천추성절千秋聖節**. 임금의 출생일을 축하하던 명일. 아마도 건륭제乾隆帝의 생일을 말하는 것 같음.

28 **창오모운蒼梧暮雲**. '창오산의 저녁 구름'이라는 말로, 국상國喪으로 인하여 서글픈 기운이 가득하다는 것을 표현한 것이다. '창오산蒼梧山'은 순 임금이 죽은 곳이다. 이것은 앞에서 말한 인평대군의 묘소에 제사를 올리는 것을 비유하여 한 말인 듯하다.

29 **비감悲感할사**. 슬프구나. '비감'은 처량하고 슬픈 느낌. '~할사'는 뒤에 오는 체언을 꾸며 주는 연결어미로 주로 옛 말투의 시문詩文에서 쓰인다.

30 **북궐분우北闕分憂**. 임금이 백성의 근심을 나누어 가짐.

31 **몽외사夢外事**. 꿈 밖의 일. '몽외夢外'는 꿈에도 전혀 생각지 않음.

32 **남주민막南州民瘼**. 남쪽 지방 백성들의 괴로움.

33 **내 아닌가**. 문맥상 어색하다. 다른 이본들에서는 "내 알쏜가"(윤성근본), "내 알쏘냐"(홍길동전본), "내 아든가"(악부본, 삼족당본, 전가보장본, 목동가본, 가사소리본, 쌍녀록본)으로 되어 있다. 문맥상 '내가 알았겠는가'로 보는 것이 옳겠다.

음주유련飮酒流連[34] 좋을시고[35] 추사방극秋事方劇[36] 고념顧念하랴[37]
유석한강劉石塞江[38] 하올 적에[39] 일월공정一月工程[40] 드단말가[41]
착산통도鑿山通道[42] 하올 적에 이민총기移民塚基[43] 하는구나
호원呼寃[44]하는 저 귀신아 풍경의[45] 탓이로다
범 같은 우리 순상 생심生心[46]도 원망怨望[47]말라[48]
주부장막廚傅帳幕[49] 온갖 채비[差備][50] 밤낮으로 준비하네
은린옥척銀鱗玉尺[51] 낚아내어 주중舟中에[52] 회팽膾烹[53]하고

---

34 **음주유련飮酒流連**. 술과 유흥에 빠져 잔치를 끝없이 계속함. '유련流連'은 『맹자』의 "뱃놀이에 빠져 물길을 따라 아래로 내려가서 돌아올 줄 모르는 것을 '유流'라 하고, 물길을 거슬러 위로 올라가서 돌아올 줄 모르는 것을 '련連'이라 한다從流下而忘反謂之流, 從流上而忘反謂之連."(「양혜왕梁惠王 하」)라고 한 데서 가져왔다. 참고로 '윤성근본' 등 여러 이본에는 "음주유산飮酒遊山(술을 마시면서 산으로 놀러다님)", "음주유상飮酒流觴(술을 마신 후 잔을 물에 띄워 보냄)"이라고 했다.

35 **좋을시고**. 좋구나. '~ㄹ시고'는 예스러운 표현으로 감탄의 뜻을 나타내는 종결어미. 여기서는 비꼬는 말로 쓰였다.

36 **추사방극秋事方劇**. '추사秋事'는 가을에 할 일, 곧 추수를, '방극'은 '方極'으로 써서 몹시 바쁜 때를 말한다. '홍길동전본'에는 '추시방극', 곧 가을 한창 바쁠 때라고 했다.

37 **고념顧念하랴**. '고념'은 남의 사정이나 일을 돌보아 줌. 여기서는 '노느라고 백성들의 바쁘고 힘든 일을 돌아보기나 하겠는가'라는 비난의 뜻을 담았다. 참고로 "북궐분우~내 아든가"와 "음주유산~고렴하랴"의 순서가 뒤바뀌어 있는 '악부본'에는 이어서 "주중포의舟中布衣 각차비各差備는 밤낮으로 준비準備 후後에"라는 말이 이어진다. '배에 탄 포의(벼슬이 없는 선비를 비유적으로 이르는 말)들이 각각 채비(어떤 일이 되기 위하여 필요한 물건, 자세 따위가 미리 갖추어져 차려지거나 그렇게 되게 함. 또는 그 물건이나 자세)를 밤낮으로 준비한 후에'라는 뜻이다.

38 **유석색강劉石塞江**. 다른 이본들에서처럼 '축석색강築石塞江'이라고 해야 한다. '축석색강'은 돌을 쌓아 강을 막는다는 뜻이다. 뱃놀이를 즐기려고 강에 물을 담아놓았다는 말이다.

39 **하올 적에**. 할 때에.

40 **일월공정一月工程**. 공사하는 데 한 달이 걸림.

41 **들단말가**. 들었단 말인가. '들다'는 어떤 일에 돈, 시간, 노력, 물자 따위가 쓰이다.

42 **착산통도鑿山通道**. 산을 뚫어 길을 냄.

43 **이민총기移民塚基**. '가집본'과 '전가보장본'에서처럼 "이민총묘移民塚墓"라고 해야 하는데, 길을 내느라 백성의 무덤을 옮겼다는 말이다. '총묘'는 무덤이다. 참고로 여러 이본들에서 "이인총수夷人塚藪"(윤성근본), "이민총대夷民塚隊"(악부본), "어민가색"(삼족당본), "이인동수"(홍길동전본), "이인총수"(목동가본), "이민총수"(가사소리본), "임인총대"(쌍녀록본)라고 했는데, 모두 잘못이다.

44 **호원呼寃**. 원통함을 하소연함.

45 **풍경의**. 다른 이본에서는 "풍경 좋은"이라고 했다. 경치가 좋아서 그곳의 무덤들이 다 헐리거나 옮겨졌다는 말이다.

46 **생심生心**. 어떤 일을 하려고 마음을 먹음. 또는 그 마음.

47 **원망怨望**. 못마땅하게 여기어 탓하거나 불평을 품고 미워함.

48 이 구절은 못마땅하더라도 순상이 호랑이처럼 무서우니 감히 원망할 생각도 하지 말라는 말이다. 그런데 몇몇 이본에서는 그다음에 "생민도탄生民塗炭 이렇거든 긍휼고골肯恤枯骨 하올쏜가"(윤성근본), "맹민도탄 이러할 제 구중공우 아올쏘냐"(삼족당본), "생민도탄 이러할 제 궁휼고휼 하올쏘냐"(전가보장본), "생민도탄 이렇거든 긍휼고휼 하올쏘냐"(홍길동전본), "생민도탄 모르거든 긍휼고골 호올쏘냐"(목동가본), "생민도탄 이러하니 궁휼고골 하올쏘냐"(가사소리본), "생민탄 이러할 제 긍슐골 하올쏘냐"(쌍녀록본) 등이 한 구 더 들어 있다. 백성이 고통스러운 지경에 처해 있다는 '생민도탄'과 살이 썩어 없어진 시체의 뼈처럼 된 백성을 불쌍이 여긴다는 '긍휼고골'이 공통적으로 들어 있다. '노는 데 정신이 팔려서 도탄에 빠진 채 뼈골이 다 드러난 백성을 불쌍히 여기겠는가'라는 한탄이다.

49 **주부장막廚傳帳幕**. '주부'는 '주전廚傳'이라 해야 한다. '주전'은 음식과 역사驛舍를 말한다. 다음에 그 용례가 보인다. "간혹 지방의 관리가 제멋대로 주전을 잘 꾸며서 과객過客들을 후하게 대접하고 있는데, 이는 직무를 넘어서고 국법을 벗어나서 명예를 취하는 일이다."(『한서漢書』) '장막'은 한데에서 볕 또는 비바람을 피할 수 있도록 둘러치는 막. 참고로 '윤성근본'에서는 "주즙의막舟楫依幕"이라 했는데, '주즙'은 배와 삿대라는 뜻으로, 배 전체를 이르는 말이고, '의막'은 막사로 쓰는 천막이나 장막이라는 뜻으로, 임시로 거처하게 된 곳을 이르는 말이다. 그런데 지금 뱃놀이가 문제 되고 있으니, '주부장막廚傳帳幕', 곧 '배에 친 장막'이라는 이 말도 일견 적절해 보인다.

50 **채비[差備]**. 어떤 일이 되기 위하여 필요한 물건, 자세 따위가 미리 갖추어져 차려지거나 그렇게 되게 함. 또는 그 물건이나 자세.

51 **은린옥척銀鱗玉尺**. 비늘이 은빛으로 빛나고 모양이 좋은 큰 물고기.

52 **주중舟中에**. 배 안에서.

53 **회팽膾烹**. 생선을 날 것, 곧 회로 먹거나 삶아 먹음.

응향각凝香閣[54] 숙소宿所[55]하고 셰여을[56] 배를 탄다
범범중류泛泛中流[57] 내려가니 강산도 좋을씨고
순상의 풍정風情[58]이요 백성의 원수로다[59]
인간에 남은 액운厄運[60] 수국水國[61]에 미쳤도다
오리五里 밖 기회정막期會亭幕[62]에 낭자狼藉[63]할사 주육酒肉이야
열읍관리列邑官吏[64] 겪이[65]로다 준민고택浚民膏澤[66] 아니신가
다담상茶啖床[67]의 수팔련壽八蓮[68]은 향곡우맹鄕曲愚氓[69] 초견初見[70]
이라
기이하고 번화繁華[71]할사 일상백금一床百金[72] 드단말가[73]
민원民怨[74]은 철천徹天[75]이요 풍악風樂[76]은 동지動地[77]하네

---

54 **응향각凝香閣**. 순창 관아 안의 동헌 옆 연못가에 있었던 누각.

55 **숙소宿所**. 집을 떠난 사람이 임시로 묵음. 또는 그런 곳.

56 **셰여을**. 다른 이본들에서는 "소여흘"(윤성근본, 전가보장본, 홍길동전본, 가사소리본), 혹은 "쇠여흘"(목동가본, 쌍녀록본)로 되어 있다. '여흘'은 강이나 바다 따위의 바닥이 얕거나 폭이 좁아 물살이 세게 흐르는 곳인 '여울'의 고어이다. 이로 볼 때, "셰여을"은 '소(쇠)여울'인 것으로 보이는데, 적성강의 한 지류인 것 같다. 그런데 이것이 혹시 사천沙川을 지시하는 것이지 않을까 싶기도 하다. 순창 객사 앞을 경천鏡川이 흐르는데, 그 경천을 타고 내려오다 조금 아래에서 사천과 합류한다. 이것이 곧바로 섬진강 본류인 적성강으로 들어간다. 이렇게 볼 때, 이 구절은 '응향각에서 자고 사천에서 배를 탔다'는 말이 된다. 다시 말해 사천 합류 지점부터 배를 타고 내려갔다는 말이다.

57 **범범중류泛泛中流**. 배를 타고 강 가운데로 떠내려감.

58 **풍정風情**. 정서와 회포를 자아내는 풍치나 경치. 여기서는 풍류를 즐길 줄 아는 마음.

59 "주전장막"부터 "원수로다"는 이본마다 그 순서가 조금씩 다르다. 이하에서도 몇 군데에서 그런 변화가 보인다.

60 **액운厄運**. 액을 당할 운수. 나쁜 운수.

61 **수국水國**. 물나라. 강이나 호수 따위가 많거나 바다로 둘러싸인 곳을 비유적으로 이르는 말. 사람에게 미친 액운이 강에까지 미쳤다는 말이다.

62 **오리五里 밖 기회정막期會亭幕**. 이 구절은 이본마다 큰 차이를 보인다. "오리五里 방주芳洲 장막帳幕 안에"(윤성근본), "오리 밧 주막에"(삼족당본), "오리 밧 주점막에"(전가보장본), "우리 방중 ○막 안에"(홍길동전본), "오리 밧 주정막에"(목동가본), "오리 밧 화장막에"(가사소리본), "오리 방죽 장막 안에"(쌍녀록본). 확실한 근거가 있는 것은 아니지만, 문맥상 '윤성근본'이 가장 그럴듯해 보인다. 지금 뱃놀이를 하면서 잔치를 벌이고 있으니, 잔치를 벌이는 곳에 햇볕을 가리는 큰 장막을 칠 필요가 있을 터인데, 그곳으로 "방주", 곧 모래섬 혹은 물가가 적절할 것이다. "오리"라고 한 것은 그 규모가 대단히 컸다는 의미로 받아들이면 된다. 요컨대 이 말은 "드넓은 물가에 친 장막"이라고 해석할 수 있겠다.

63 **낭자狼藉**. 여기저기 흩어져 어지러움.

64 **열읍관리列邑官吏**. 여러 고을의 관리들.

65 **겪이**. 음식을 차려 남을 대접하는 일.

66 **준민고택浚民膏澤**. 백성의 고혈을 뽑아낸다는 뜻으로, 재물을 마구 착취하여 백성을 괴롭힘을 이르는 말.

67 **다담상茶啖床**. 손님을 대접하기 위하여 내놓은 다과茶菓 따위를 차린 상. 잔치에서 흔히 쓰는 1인용이 아닌 다인용 큰상으로 잔치의 주인이나 큰손님, 귀한 손님에게 제공했다. 귀한 음식 여러 가지를 한꺼번에 올려 놓고 먹었다. 다담상을 차리려면 비용이 많이 들었다. 참고로 「일동장유가日東壯遊歌」에 보면, 각 고을에서 지공支供(음식 따위를 대접하며 받듦)할 때 세 사신에게만 다담상이 제공된다.

68 **수팔련壽八蓮**. 미상. '팔련'은 '판련瓣蓮'이라 써야 할 듯. '판련'은 천남성과의 다년생 상록 초본 식물로 줄기가 굵고 껍질이 다갈색이며 잎이 토란처럼 크고 코끼리의 귀와 비슷하여 코끼리 토란이라고도 함. 다담상을 이 꽃으로 장식했다는 말로 보인다.

69 **향곡우맹鄕曲愚氓**. 시골의 어리석은 백성.

70 **초견初見**. 처음으로 봄.

71 **번화繁華**. 번성하고 화려함.

72 **일상백금一床百金**. 한 상을 차리는 데 백금이나 들었다는 말이다.

73 **드단말가**. 들었다는 말인가. '들다'는 어떤 일에 돈, 시간, 노력, 물자 따위가 쓰이다.

74 **민원民怨**. 백성의 원망.

75 **철천徹天**. 하늘에 사무친다는 뜻으로, 두고두고 잊을 수 없도록 뼈에 사무침을 이르는 말.

76 **풍악風樂**. 예로부터 전해 오는 우리나라 고유의 음악. 주로 기악을 이른다.

77 **동지動地**. 땅을 움직임. 커다란 세력이나 사태가 크게 세상을 놀라게 함을 비유적으로 이르는 말.

종일終日[78]도 부족하여 병촉거화秉燭擧火[79] 하단말가[80]

산읍민역山邑民役[81] 송병거松柄炬[82]에 수륙조요水陸照耀[83] 하는 구나

적벽강赤壁江[84] 연화선連火船[85]에 주랑周郞[86]의 지은 불가

방석불方席불[87] 내어걸 제 십이강상十二江上[88] 꽃바칠다[89]

삼경월三更月[90] 거워갈 제[91] 응향각凝香閣[92] 돌아드니[93]

장정거화長程擧火[94] 삼십리에 동민식거動民植炬[95] 하단말가

기패절월旗牌節鉞[96] 전도前導[97]하고 아전장교衙前將校[98] 후배後陪[99]할 제

아리따운 담양 여기女妓[100] 무삼[101] 봉명奉命[102] 하였는고

---

78 **종일終日**. 아침부터 저녁까지의 동안. 온종일.

79 **병촉거화秉燭擧火**. '병촉'은 촛불을 손에 잡는다는 뜻으로, 촛불을 켬을 비유적으로 이르는 말. '거화'는 횃불을 켬. 여기서는 밤 뱃놀이를 하느라고 밤에도 불을 켰다는 말로, 그 수고를 백성들이 도맡아 했다는 말을 하고 있다.

80 **하단말가**. 한다는 말인가.

81 **산읍민역山邑民役**. 산간에 사는 백성들이 부담하는 구실. 참고로 다른 이본들에서는 대개 '삼읍三邑'으로 되어 있는데. '삼읍'은 지금 뱃놀이가 벌어지고 있는, 옥과玉果 등 순창 인근의 세 고을을 말하는 것으로 보인다.

82 **송병거松柄炬**. 다른 이본들에서는 대개 "명송화明松火"로 되어 있다. '명송화'는 관솔불, 곧 송진이 많이 엉긴, 소나무의 가지나 옹이에 붙인 불을 말한다. 관솔에는 불이 잘 붙으므로 등불 대신 사용하였다. 관솔은 '송명松明'이라고도 했다.

83 **수륙조요水陸照耀**. 강과 땅이 모두 대낮처럼 환함. 참고로 '수륙'이 '천륙天陸', 곧 하늘과 땅으로 되어 있는 이본들도 있다.

84 **적벽강赤壁江**. 중국 삼국 시대인 208년에 손권孫權과 유비劉備의 소수 연합군이 조조曹操의 대군을 크게 무찌른 적벽대전의 무대가 된 강.

85 **연화선連火船**. 연환선連環船. 전선戰船들이 많이 집결했을 때 배들이 흩어지는 것을 방지하기 위해 배들을 서로 연결한 것을 말한다. 적벽대전赤壁大戰 때 조조曹操 는 배에 익숙하지 않은 북쪽 병사들을 위해 배를 서로 묶어두었다. 구체적으로는 앞 배에 큰 쇠고리를 고정하고, 뒷배는 쇠고리 고리로 걸었다. 그리고 앞쪽의 뱃머리에는 여러 개의 못이 박혀 있고, 화총을 쏠 수 있게 만들었다. 뒷배 양쪽에는 노를 달아 병사를 태웠다. 순풍을 타거나 상류에서 적진을 향해 직진해 앞머리의 큰 못을 이용하여 적선에 못을 박고 각종 화기에 불을 붙였다.

86 **주랑周郞**. 주유周瑜(175~210). 중국 삼국 시대 오吳 나라의 명신名臣. 유비의 요청으로 제갈공명과 함께 조조의 위魏 나라 군사를 적벽赤壁에서 크게 무찔렀다. 적벽대전에서 주유는 조조의 연환선에 불을 놓아 태움으로써 승리의 전기를 마련한다.

87 **방석불方席불**. 밤 뱃놀이를 할 때 섶(잎나무, 풋나무, 물거리 따위의 땔나무를 통틀어 이르는 말)을 방석 모양으로 만들어 불을 놓고 강물에 띄워 주위를 밝힘.

88 **십이강상十二江上**. '열두 강'이 어색하므로 여러 이본에 있는 대로 "십리장강十里長江"으로 보는 것이 적절하다. 십 리나 되는 긴 강.

89 **꽃바칠다**. 꽃밭이라. 강에 방석불을 많이 띄워 놓으니 마치 꽃밭 같다는 말이다.

90 **삼경월三更月**. '삼경'이 밤 열한 시에서 새벽 한 시 사이니, 삼경월은 한밤중에 떠 있는 달을 의미한다.

91 **겨워갈 제**. 기울어갈 때. '기울다'는 해나 달 따위가 지다.

92 **응향각凝香閣**. 순창 관아 안의 동헌 옆 연못가에 있었던 누각. '윤성근본'에서는 '수곡루水曲樓'라고 했다.

93 **돌아드니**. 여기저기 돌다가 일정한 곳으로 들어오니. 뱃놀이를 끝낸 후에 숙소인 응향각으로 되돌아왔다는 말이다.

94 **장정거화長程擧火**. 매우 먼 길을 횃불로 밝혔다는 말이다.

95 **동민식거動民植炬**. '동민'은 백성을 동원함. '식거'는 밤에 임금 등 관리가 나들이할 때, 길 양쪽에 횃불을 늘여 세우던 일이나 그 횃불.

96 **기패절월旗牌節鉞**. '기패'는 옛날 군대에서 명령을 전달하는 데 사용한 기. '절월'은 관찰사 · 유수留守 · 병사兵使 · 수사水使 · 대장大將 · 통제사들이 지방에 부임할 때 임금이 내어 주던 물건으로 '절'은 수기手旗와 같이 만들고, '부월斧鉞'이라고도 하는 '월'은 '부월은 도끼와 같이 만든 것으로, 군령을 어긴 자에 대한 생살권生殺權을 상징하였다.

97 **전도前導**. 앞길을 인도함. 또는 앞서서 이끎.

98 **아전장교衙前將校**. '아전'은 중앙과 지방의 관아에 속한 구실아치. '장교'는 각 군영과 지방 관아의 군무에 종사하던 낮은 벼슬아치.

99 **후배後陪**. 벼슬아치가 다닐 때 뒤를 따름. 또는 뒤따르던 하인.

100 **여기女妓**. 의약, 침구, 재봉, 노래와 춤을 익히던, 관청에 소속된 기생.

101 **무삼**. 무슨.

102 **봉명奉命**. 임금이나 윗사람의 명령을 받듦.

오역역마鰲驛驛馬[103] 빗겨[104] 타고 의기양양意氣揚揚[105] 하는구나
약지[106] 못한 함열현감[107] 공갈恐喝[108]은 무삼일고[109]
승명상사承命上司[110] 수령분네 누구누구 와 계신고[111]
연근칠십年近七十[112] 능성쉬綾城倅[113]는 백리구치百里驅馳[114]에 갓블시고[115]
남원부사[116] 순창군수[117] 지공차사支供差使[118] 골몰汨沒[119]한다
담양부사 창평현감 기생영거妓生領去[120] 근간勤幹[121]하다
중폄中貶[122] 맞은 나주목사[123] 아첨阿諂[124]으로 와 계신가
명가후예名家後裔[125] 남평현감 추수승풍追隨承風[126] 무삼일고
내조고풍廼祖高風[127] 생각하면 이수산림貽羞山林[128] 그지없다[129]

---

103 **오역역마鰲驛驛馬**. 오역鰲驛은 남원 오수獒樹의 역마驛馬를 말한다. 역마는 각 역참驛站(공공의 기별, 역마, 역원 등 여행 체계를 합쳐서 이르는 말로 대개 25리마다 1참을 두고 50리마다 1원을 두었음)에 갖추어 둔 말로 관용官用의 교통 및 통신 수단을 말한다. 그런데 기생이 역마를 탔으니, 참으로 한심하다는 말을 하고 있다. 참고로 역마를 이용하려는 자는 지위에 따라 마문馬文(벼슬아치가 공무로 지방에 내려갈 때 역마를 이용할 수 있게 주었던 공문)과 마패馬牌(벼슬아치가 공무로 지방에 나갈 때 역마를 징발하는 증표로 쓰던 둥근 구리 패)를 지급받았는데, 역참에 속한 구실아치인 역리驛吏는 역마를 이용한 자의 관직과 성명, 시간 등을 기록하여 매 계절의 마지막 달에 병조兵曹에 보고했다.

104 **빗기**. 비스듬히. 말을 거만한 자세로 탔다는 말이다.

105 **의기양양意氣揚揚**. 뜻한 바를 이루어 만족한 마음이 얼굴에 나타난 모양.

106 **약지**. 약하지. '약다'는 어려운 일이나 난처한 일을 잘 피하는 꾀가 많고 눈치가 빠르다.

107 **현감**. 縣監. 작은 현에 둔 지방 수령으로서 가장 낮은 관직. 종6품.

108 **공갈恐喝**. 공포를 느끼도록 윽박지르며 을러댐.

109 **무삼일고**. 무슨 일인가. 이 구절은 기생이 거만하게 말을 타고 가자, 눈치 없는 함열 현감이 우스꽝스럽게도 기생을 윽박질렀다는 말이다.

110 **승명상사承命上司**. 임금이나 상관의 명령을 받듦.

111 '전라감사의 명을 받고 뱃놀이 잔치에 와 있는 수령들이 누구인가'라는 말이다.

112 **연근칠십年近七十**. 나이가 일흔에 가까움.

113 **능성쉬綾城倅**. '능성'은 '능주綾州', 곧 전라남도 화순 지역의 옛 지명이다. '쉬倅'는 고을의 원員, 곧 수령.

114 **백리구치百里驅馳**. 백리 길을 말이나 수레를 타고 내달림. 능성은 순창에서 실제로 백 리 길이다.

115 **갓블시고**. 숨이 가쁘고. 나이 든 사람이 백리 길을 달려오느라 숨이 가빴다는 말이다. 참고로 몇몇 이본('윤성근본', '삼족당본', '전가보장본', '홍길동전본')에서는 "잇불시고"라고 했는데, '나이가 일흔이나 된 능성의 수령은 백 리 길도 마다하지 않고 말을 달려와 있다'는 뜻이 된다.

116 **부사**. 府使. 대도호부사大都護府使(군사적인 요충지에 설치했으나 점차 일반 행정기구로 바뀜. 그 으뜸 벼슬의 품계는 정삼품)와 도호부사都護府使(으뜸벼슬은 종삼품)를 통틀어 이르던 말.

117 **군수**. 郡守. 군의 행정을 맡아보던 수령으로 종4품.

118 **지공차사支供差使**. '지공'은 음식 따위를 대접하여 받듦. '차사'는 중요한 업무를 주어 특별히 파견하는 임시의 벼슬을 이르던 말.

119 **골몰汨沒**. 다른 생각을 할 여유도 없이 한 가지 일에만 파묻힘.

120 **기생영거妓生領去**. 기생을 인솔함.

121 **근간勤幹**. 부지런하고 성실함.

122 **중폄中貶**. 평가에서 중간 성적을 받음.

123 **목사**. 牧使. 관찰사 밑에서 지방의 목牧을 다스리던 정3품의 외직 문관. 참고로 조선시대 통치의 기본 단위는 부府, 목牧, 군君, 현縣의 순이었다.

124 **아첨阿諂**. 남의 환심을 사거나 잘 보이려고 알랑거림. 또는 그런 말이나 짓.

125 **명가후예名家後裔**. 사회적 신분이나 지위가 높고 학식과 덕망을 갖춘 훌륭한 집안인 명문가의 후손.

126 **추수승풍追隨承風**. '추수'는 뒤쫓아 따름. '승풍'은 상관의 뜻인 풍지風指에 영합함.

127 **내조고풍廼祖高風**. 네 조상의 높은 품격.

128 **이수산림貽羞山林**. 부끄러움을 산림에 남김. 남조南朝 때 제齊나라의 공치규孔稚珪가 지은 「북산이문北山移文」의 '산에 숨었던 사람이 벼슬을 하러 세상에 나오면 숲과 시내도 부끄러워한다'는 '임참여간괴林慚與澗愧'라는 말과 비슷한 뜻이다.

129 **그지없다**. 이루 다 말할 수 없다.

임실현감 곡성쉬는 연옹지치吮癰舐痔[130] 사양할까

익산군수 전주판관[131] 협견첨脅肩諂[132] 보기 싫다

애잔哀殘[133]할사 화순옥과和順玉果[134] 생심生心[135]이나 낙후落後[136] 할까

청하이천淸河二天[137] 다 두었네 명일거취明日去就[138] 묻도 마소[139]

왕래관개往來冠盖[140] 상망相望[141]하니 도로분주道路奔走[142] 기천幾千[143]인고

수한水旱[144]에 상傷한[145] 백성 방백추순方伯秋巡[146] 바라기는

보추부족補秋不足[147] 할까더니 제도적간除道摘奸[148] 폐단이다[149]

---

130 **연옹지치**吮癰舐痔. 종기의 고름을 빨고 치질 앓는 밑을 핥는다는 뜻으로, 남에게 지나치게 아첨함을 이르는 말.

131 **판관**. 判官. 지방장관에게 속한 관리로 민정民政의 보좌 역할을 담당함. 종5품.

132 **협견첨脅肩諂**. 뒤에 '소笑' 자가 빠져 있음. '협견첨소'는 어깨를 웅크리고 아첨하며 웃음.

133 **애잔哀殘**. 애처롭고 애틋함.

134 **화순옥과和順玉果**. 화순과 옥과의 수령.

135 **생심生心**. 어떤 일을 하려고 마음을 먹음. 또는 그 마음.

136 **낙후落後**. 기술이나 문화, 생활 따위의 수준이 일정한 기준에 미치지 못하고 뒤떨어짐. 이 구절은 화순과 옥과의 수령들이 남들보다 뒤처질까 근심하는 꼴이 애처롭다는 말이다.

137 **청하이천淸河二天**. '이천'은 다른 사람의 특별한 은혜를 하늘에 비겨 이르는 말. 후한後漢 순제順帝 때 소장蘇章이 기주자사冀州刺史가 되어 관할을 순행하다가 청하淸河에 이르렀는데, 마침 청하 태수는 옛 친구로 부정이 매우 많았다. 소장은 그 부정을 다 조사해 놓고서 곧 태수를 청하여 술을 마시며 친구 간의 우의를 담론하니, 태수가 매우 기뻐하면서 말하기를, "남들은 모두 '하늘이 하나[一天]'뿐이지만 나만은 '하늘이 둘[二天]'이다."라고 한 고사에서 나온 말이다.(『후한서後漢書』 권31 「소장열전蘇章列傳」)

138 **명일거취明日去就**. '명일'은 내일. '거취'는 사람이 어디로 가거나 다니거나 하는 움직임.

139 **묻도 마소**. 든든한 뒷줄이 있으니, 앞으로 어떻게 될지 묻지도 말라, 곧 전혀 걱정하지 말라는 말이다. 물론 비아냥거리는 말이다.

140 **왕래관개往來冠蓋**. 오고 가는 수레. '왕래'는 오고 감. '관개'는 높은 벼슬아치가 타고 다니던, 네 마리 말이 끄는 수레.

141 **상망相望**. 서로 바라봄.

142 **도로분주道路奔走**. 길에서 바삐 다님. '분주'는 몹시 바쁘게 뛰어다님.

143 **기천幾千**. 천의 몇 배가 되는 수.

144 **수한水旱**. 장마와 가뭄.

145 **상傷한**. 상하다. 근심, 슬픔, 노여움 따위로 마음이 언짢아지다. 몸을 다쳐 상처를 입다. 몸이 여위어 축이 나다.

146 **방백추순方伯秋巡**. 관찰사가 가을에 풍년이 들었는지 흉년이 들었는지 살피러 돌아다니며 살핌.

147 **보추부족補秋不足**. 가을걷이, 곧 추수의 부족함을 세금을 줄여줌으로써 도와줌. 원래는 '보민부족補民不足'이라 해야 옳다. '보민부족'은 중국 고대 역사서인 『국어國語』의 "거민지소악去民之所惡, 보민지불족補民之不足", 곧 백성의 악을 없애고 부족한 것을 보충해준다는 말에서 나왔다.

148 **제도적간除道摘奸**. '제도'는 길을 닦음. '적간'은 죄상이 있는지 없는지를 밝히기 위하여 캐어 살핌. 참고로 몇몇 이본에서는 "제도거화"라고 했는데, '거화擧火'가 횃불을 든다는 말이니, 그렇게 보는 것이 더욱 적절하다.

149 부족한 수확을 보충해주기는커녕 자신의 행차를 위한 길을 닦고 횃불을 들게 해 백성들을 괴롭힌다는 말이다.

수전재水田災[150]도 묻었거든[151] 면전[152]이야 거론할사[153]
빨가온[154] 백묘전百畝田[155]에 백지징세白地徵稅[156] 하는구나
인자할사 우리 주상 일속복사一束覆砂[157] 위념爲念[158]커든
불쌍한 제민전齊民田[159]에 좁은 길 널이란다[160]
각읍색리各邑色吏[161] 독촉하니 편박鞭朴[162]조차 낭자하다
허다許多[163]한 관인官人 축[164]이 대소호大小戶[165]를 분정分定[166]하여
사방 부근 십리 안에 계견鷄犬[167]이 멸종하네
부자는 가可커니와[168] 가련可憐할사[169] 빈자貧者[170]로다
석양은 내려가고[171] 이정里正[172]은 촉반促飯[173]할 제

---

150 **수전재水田災**. 수전의 재해. '수전'은 물을 쉽게 댈 수 있는 무논.

151 **묻었거든**. 묻었는데. '묻다'는 일을 드러내지 않고 숨기어 감추다. '~거든'은 앞 절의 사실과 뒤 절의 사실을 비교하여, 앞 절의 사실이 이러하니 뒤 절의 사실은 더욱 당연히 어떠하다는 뜻을 나타내는 연결어미.

152 **면전綿田**. 목화밭.

153 **거론할사**. 문맥상 '거론할까' 혹은 '거론하랴'고 해야 함. 목화밭이야 말할 필요도 없다는 말이다. 참고로 목화의 솜을 자아 만든 무명실로 짠 면포綿布는 세금으로 냈다. 영조 때는 대동군포大同軍布와 노비공奴婢貢(노비들이 군역이나 노역의 의무 대신 자신의 소유주에게 납부하던 공물) 중 돈과 목화를 반씩 섞어서 내던 것을 목화로만 내도록 하라는 '순목령純木令'을 내리기도 했다.(『승정원일기承政院日記 영조 3년 5월 5일) 다음 『갈암집葛庵集』의 전언이 참고된다. "영남 지방의 목화가 연이어 작황이 형편없지만, 국가에 경비가 없어서도 안 되니 대동세와 전세, 면포에 대한 징수를 중단할 수가 없을 듯합니다. 그러나 막 기근에 허덕이던 백성들이 백방으로 손을 놀려 겨우 한 필이나마 이루어 몸을 가리기에도

겨를이 없는데, 그것을 관에 납부하면 관리들은 또 올이 거칠고 색이 나쁘다느니 길이가 길다느니 짧다느니 하면서 조사하여 퇴짜를 놓고 있으니, 백성들은 장차 저잣거리에서 울부짖어도 다시 충당할 길이 없는 형편입니다. 이는 현재 백성들이 처한 절박하고 안타까운 사정입니다."[권6「경연강의經筵講義」10월 20일(신축)]

154 **빨가온**. 빨간. 빨간 땅을 의미하는 '적지赤地'는 흉년이 들어 거둘 만한 농작물이 하나도 없게 된 땅을 말한다.

155 **백묘전百畝田**. 백 묘나 되는 논밭. '묘'는 논밭 넓이의 단위로 한 묘는 한 단段의 10분의 1, 곧 30평으로 약 99.174㎡에 해당한다.

156 **백지징세白地徵稅**. 조선 후기 불법 징세의 하나로 수확이 없어서 조세의 면세를 받아야 할 땅에 억지로 세금을 매기어 받은 것을 말한다.

157 **일속복사一束覆砂**. '일속'은 한 묶음. 또는 다발. '복사'는 모래가 밀려서 논밭 같은 데 덮여 쌓임. 벼 한 묶음이라도 모래에 묻히는 것을 걱정한다는 말이다.

158 **위념爲念**. 염려함.

159 **제민전齊民田**. 백성의 논밭. '제민'은 일반백성. '저 민전'으로 읽을 수도 있는데, '민전'은 민간인의 사유지私有地를 이르던 말.

160 **널이란다**. 넓히라고 한다. '널이다'는 '넓히다'. '~란다'는 '~라고 한다'.

161 **각읍색리各邑色吏**. 각 읍의 아전들. '색리'는 감영이나 고을의 관아에서 잡무를 맡아보는 아전을 일반적으로 이르던 말.

162 **편박鞭朴**. 채찍이나 회초리를 뜻하는 '편복鞭扑' 혹은 '편복鞭撲'이라 해야 한다.

163 **허다許多**. 수효가 매우 많음.

164 **관인官人 축**. '관인'은 관직에 있는 사람인 관리. '축'은 일정한 특성에 따라 나누어지는 부류.

165 **대소호大小戶**. 대호와 소호. '대호'는 살림이 넉넉하고 식구가 많은 집안. 계전법計田法의 다섯 등급 가운데 첫째 등급으로 대개 50ha 이상의 땅을 가진 민호를 이른다. 논과 밭의 면적을 기준으로 대호大戶, 중호中戶, 소호小戶, 잔호殘戶, 잔잔호殘殘戶의 등급으로 나누었다. '소호'는 대개 십 결 이상 이십 결 미만의 땅을 가진 민호를 이른다.

166 **분정分定**. 몫을 나누어 정함.

167 **계견鷄犬**. 닭과 개.

168 **가可커니와**. 가능하지만. 괜찮지만. '~거니와'는 앞 절의 사실을 인정하면서 관련된 다른 사실을 이어 주는 연결어미.

169 **가련可憐할사**. 가련하구나. '가련하다'는 가엾고 불쌍하다.

170 **빈자貧者**. 가난한 사람.

171 **내려가고**. 기울고. 지고.

172 **이정里正**. 지방 행정 조직의 최말단인 이里의 책임자. 수령의 통제를 받는 면임面任의 아래 직위이며 다섯 집을 통괄하는 통주統主의 위인데, 조선 후기에 들어서 낮은 신분의 사람들이 임명되기도 하여 이정里丁이라고도 하였다.

173 **촉반促飯**. 밥 짓기를 재촉함.

한주寒廚[174]에 우는 소부少婦[175] 발 구르며 하는 말씀
방아품[176]에 얻은 양식 한두 되[177] 있건마는
채소도 있건마는 기명器皿[178]은 뉘게[179] 빌고[180]
앞뒤 집 돌아보니 납월차증臘月借甑[181] 연고緣故[182]로다
일촌계견一村鷄犬[183] 탕진蕩盡[184]하고 호수렴戶收斂[185] 하단말가
대호에는 양兩[186]이 넘고 소호에도 육칠전이라
이 놀음 다시 하면 이 백성 못 살 건데
낙토樂土[187]에 생긴[188] 사람 태평성대 좋다 하여
안업낙토安業樂土[189] 하옵더니 하릴없이[190] 유리流離[191]하네
한 사람의 호사豪奢[192]로써 몇 사람의 난리亂離[193]되고
가장전지家庄田地[194] 다 팔고서 어디로 가잔말고[195]
비나이다 비나이다 상제上帝[196]님께 비나이다
우리 성상聖上[197] 인애심仁愛心[198]이 명관촉불明觀燭불[199] 되게 하사
비취소서 비취소서
전로풍성前路風聲[200] 들리기는 치죄이향治罪吏鄕[201] 한다기에
간녀골奸女骨[202]인가 여겼더니 음식도로飮食道路[203] 탓이로다

---

174 **한주寒廚**. 가난한 부엌.
175 **소부少婦**. 젊은 아낙.
176 **방아품**. 남의 방아를 찧어 주고 삯을 받는 품. 여기서 '품'은 삯을 받고 하는 일.
177 **되**. 곡식, 가루, 액체 따위를 담아 분량을 헤아리는 데 쓰는 그릇. 주로 사각형 모양의 나무로 되어 있다.
178 **기명器皿**. 살림살이에 쓰는 그릇을 통틀어 이르는 말.
179 **뉘게**. 누구에게.

180 **빌고**. 빌리겠나. 빌릴 수 있겠나.

181 **납월차증臘月借甑**. 섣달그믐에 시루를 빌리다. 섣달그믐에는 누구나 시루떡을 지어 지신地神과 부엌의 길흉화복을 맡아보는 조왕신竈王神에 복을 빌었기 때문에, 어느 집이나 시루를 썼다. 그런 날 시루를 빌리러 다니는 것은 되지도 않을 일을 애써 하는 어리석은 짓이다.

182 **연고緣故**. 일이 벌어진 까닭.

183 **일촌계견一村鷄犬**. 한 마을의 닭과 개.

184 **탕진蕩盡**. 재물 따위를 모두 써서 없앰.

185 **호수렴戶收斂**. 집집마다 (돈을) 거두어들임. '목동가본'에서처럼 "호구수렴戶口收斂"이라 해야 글자 수가 맞는다.

186 **양兩**. 한 냥. 10전錢.

187 **낙토樂土**. 아무런 걱정이나 부족함이 없이 편안하고 즐겁게 살 수 있는 곳.

188 **생긴**. 태어난.

189 **안업낙토安業樂土**. 낙토에서 걱정 없이 편안히 살아감.

190 **하릴없이**. 달리 어떻게 할 도리가 없이.

191 **유리流離**. 일정한 집과 직업이 없이 이곳저곳으로 떠돌아다님.

192 **호사豪奢**. 호화롭게 사치함.

193 **난리亂離**. 사고나 다툼 등으로 질서가 없이 어지럽고 소란스러운 상태.

194 **가장전지家庄田地**. 집, 농막, 논밭과 토지 등 전재산.

195 **가잔말고**. 가자는 말인가.

196 **상제上帝**. 우주를 창조하고 주재한다고 믿어지는 초자연적인 절대자. 종교적 신앙의 대상으로서 각각의 종교에 따라 여러 가지 고유한 이름으로 불리는데, 불가사의한 능력으로써 선악을 판단하고 길흉화복을 인간에게 내리는 것으로 알려져 있다. 하느님.

197 **성상聖上**. 살아 있는 자기 나라의 임금을 높이 이르는 말.

198 **인애심仁愛心**. 어진 마음으로 사랑함. 또는 사랑하는 마음.

199 **명관촉불明觀燭불**. 밝게 빛나는 불빛. 다른 이본들에서처럼 "광명촉불光明燭불"로 해야 한다.

200 **전로풍성前路風聲**. 들려오는 소문. "풍성風聲"은 "풍설風說", 곧 바람처럼 떠도는 소문이라 해야 한다.

201 **치죄이향治罪吏鄕**. 이향吏鄕(조선 시대, 지방관청의 아전과 향임鄕任)들의 허물을 가려내어 벌을 줌.

202 **간녀골奸女骨**. 미상. '삼족당본', '전가보장본', '홍길동전본', '목동가본', '가사소리본'에서는 '간활奸猾'로 되어 있다. 간활은 간사하고 교활함.

203 **음식도로飮食道路**. 음식 준비와 도로 정비를 제대로 하지 못했다고 이향을 벌준다는 뜻이다. 참고로 '삼족당본'에서는 "음식노림 (뿐이로다)", '홍길동전본'에서는 "식복흔도", '쌍녀록본'에서는 "심음도로 (착심이라)"로 되어 있는데, 무슨 말인지 미상.

노예점고奴隸點考[204] 무삼일고 순령수巡令手[205]의 상덕上德[206]일세
음식은 약류若流[207]하고 회뢰賄賂[208]는 공행公行[209]하니
좋을시고 좋을시고 상평통보常平通寶[210] 좋을시고
많이 주면 무사하고 적게 주면 생사生事[211]하네
춘당대春塘臺[212]에 치는 장막 오대목五木臺[213]에 무삼일고[214]
참람僭濫[215]한 형위荊圍[216] 중에 교예較藝[217]하는 청금靑襟[218]들아
오십주五十三州[219] 시예향詩禮鄕[220]에 일인의사一人義士[221] 없단 말가
식복食福[222] 좋은 우리 순상 관록官祿[223] 좋은 우리 순상
두로시면[224] 육조판서六曹判書[225] 나가시면[226] 팔도감사八道監司[227]
공명도 거룩하고 부귀도 그지없다
망극罔極[228]할사 국은國恩[229]이야 감격할사 성덕聖德[230]이야

---

204 **노예점고奴隸點考**. 노비들을 점고함. '점고'는 명부에 일일이 점을 찍어 가며 사람의 수를 조사함.

205 **순령수巡令手**. 대장의 전령과 호위를 맡고, 순시기巡視旗(군대 안에서 죄를 범한 자를 순찰하여 잡아 올 때에 쓰이던 군기軍旗. 파란 바탕에 붉은 글씨로 '巡視'라고 썼으며, 어가 행렬 때는 붉은 바탕에 파란 글씨로 씀) · 영기令旗(군령軍令을 전하는 데 쓰던 기. 사방 두 자 정도의 푸른 비단 바탕에 '영令' 자를 새겨 붙이고, 기의 길이는 다섯 자로, 깃대의 끝은 한 자 정도의 창인槍刃으로 되었으며, 창인 아래에 작고 납작한 주석 방울을 끼어 흔들면 쩔렁쩔렁 소리가 남) 따위를 받들던 군사.

206 **상덕上德**. 웃어른에게서 받는 은덕.

207 **약류若流**. 흐르는 물과 같음. 음식이 넘쳐난다는 말이다.

208 **회뢰賄賂**. 뇌물을 주고받음. 또는 그 뇌물.

209 **공행公行**. 거리낌 없이 공공연하게 행함.

210 **상평통보常平通寶**. 조선 시대에 쓰던 엽전의 이름. 인조 11년(1633)부터 조선 후기까지 주조하여 사용하였다.

211 **생사生事**. 일을 일으킴.

212 **춘당대春塘臺**. 창경궁 안에 있는 대臺로 옛날에 과거를 실시하던 곳이다.

213 **오목대五木臺**. "오목대梧木臺"라고 해야 한다. '오목대'는 우왕 6년(1380) 삼도순찰사三道巡察使였던 이성계가 황산에서 왜구를 토벌하고 귀경하는 도중 승리를 자축하는 연회를 열었던 곳으로 전주에 있다.

214 춘당대에서 과거를 볼 때 치던 커다랗고 호화로운 장막을 전라감사의 감영이 있는 전주의 오목대에 설치하니 어이가 없다는 말이다.

215 **참람僭濫**. 분수에 넘쳐 너무 지나침.

216 **형위荊圍**. 과거 시험을 보는 곳. 과거장科擧場.

217 **교예較藝**. 재주가 뛰어나고 떨어지는 것을 비교함. 여기서는 '재주를 겨룸'.

218 **청금靑襟**. 유생儒生을 달리 이르는 말. 고대 태학太學의 유생들이 푸른 깃의 옷을 입었던 데서 유래한다. 『시경詩經』「정풍鄭風」의 "자금子衿"이라는 시의 '청청자금靑靑子衿, 유유아심悠悠我心', 곧 '푸르고 푸른 그대 옷깃, 내 마음에 아득하여라'에서 나온 말이다.

219 **오십삼주五十三州**. 전라도에 속한 주州가 53개였다.

220 **시예향詩禮鄕**. 시향詩鄕과 예향禮鄕. 시와 예의 본향. 전라도를 높여서 부르는 말.

221 **일인의사一人義士**. 한 사람의 의로운 지사志士.

222 **식복食福**. 먹을 복. 음식을 먹을 기회를 잘 만나게 되는, 타고난 복

223 **관록官祿**. 관리에게 주던 봉급. '홍길동전본'과 '쌍녀록본'에서처럼 "환복宦福"이라고 하는 것이 적절하다. '환복'은 '관복官福, 곧 관리로 출세하도록 타고난 복을 말한다.

224 **두로시면**. 들어가면. 임금이 나라의 정치를 신하들과 의논하거나 집행하는 조정에 들어가면.

225 **육조판서六曹判書**. 육조六曹, 곧 국가의 정무政務를 나누어 맡아보던 여섯 관부官府인 이조吏曹, 호조戶曹, 예조禮曹, 병조兵曹, 형조刑曹, 공조工曹의 으뜸 벼슬인 판서(정2품). 실제로 정민시는 육조판서를 모두 역임한 바 있음.

226 **나가시면**. 나가면. 임금이 나라의 정치를 신하들과 의논하거나 집행하는 조정에서 나가면.

227 **팔도감사八道監司**. 전국을 여덟 개로 나눈 행정 구역, 곧 강원도, 경기도, 경상도, 전라도, 충청도, 평안도, 함경도, 황해도를 각각 관장하는 으뜸 벼슬인 감사(종2품). 정민시는 평안도, 전라도, 함경도의 감사를 두루 역임한 바 있음.

228 **망극罔極**. 임금이나 어버이의 은혜가 한이 없음.

229 **국은國恩**. 백성이 나라로부터 받는 은혜.

230 **성덕聖德**. 임금의 덕德을 높여 이르는 말.

일단신절一段臣節[231] 있거드면[232] 갈력보효竭力報效[233]하오리라
배은망덕背恩忘德[234]하게 되면 앙급자손殃及子孫[235]하오리라

231 **일단신절一段臣節**. 신하가 지켜야 할 한 토막의 절개.

232 **있거드면**. 있다면.

233 **갈력보효竭力報效**. 있는 힘을 다해 은혜에 보답하려고 정성을 다함.

234 **배은망덕背恩忘德**. 남에게 입은 은덕을 저버리고 배신하는 태도가 있음.

235 **앙급자손殃及子孫**. 재앙이 자손에까지 미침.

香山別曲

香山亭 第一層에 坐定ᄒᆞ니 무ᄉᆞᆫ 일이라 ᄒᆞᄂᆞᆫ [illegible]

沐浴齋戒 拜拜ᄒᆞ고 諄諄 諭敎 ᄒᆞ오시니

大明皇帝 [illegible] 후에 循環之理 잇다 ᄒᆞ고

大淸康熙 나지 낫ᄉᆞ와 興亡之春秋 [illegible]

一亂之時 [illegible] 나고 痛迫ᄒᆞᆫ 時運이라

援之左袒 ᄒᆞ오니 [illegible] 어이 져리 되엿ᄂᆞᆫ고

[illegible] 我主 [illegible] 壬辰 [illegible]

향산별곡 香山別曲

현재까지 조사 보고된 이본은 총 일곱 종인데, '정재호본', '강전섭본1', '강전섭본2', '가사소리본', '만언사본'[이상의 명칭은 고순희의 『현실비판가사 자료 및 이본』(2018)의 것임. 이하 모두 이것을 따르기로 함]과 최근 발굴 보고된 장서각 소장본(이하 '장서각본')과 『영언총록永言叢錄』 수록본(이하 '영언총록본')이 그것이다. 이번 주석은 이들 중에서 '강전섭본1'(『역대가사문학전집』 권 30에 수록)을 텍스트로 삼았다. 고순희에 따르면, 장암 지헌영선생 소장본인 이 텍스트는 "어느 사본의 일부분으로 전사되었던 것인데 고서 상인이 한글로 필사된 이 가사 부분만을 떼어서 가지고 온 것"으로

"국한문 혼용 표기법과 귀결체 2단 편집의 시가 방식으로 실려 있다." 맥락이 잘 맞지 않거나 의미가 불분명한 부분에서는 나머지 이본들을 두루 참고하면서 문제를 해결하려고 하였다. 그리고 한문으로 된 부분은 앞에 한글을 적고 괄호 안에 한문을 병기하는 방식으로 처리하였으며, 가능한 한 현대어로 표기하려고 노력하였다. 참고로 이 가사는 묘향산의 뛰어난 경치와 사찰 · 누정樓亭 · 암자 · 사적 등 경치 좋은 곳을 두루 찾아다니며 그 경치의 수려함에 감탄하여 지은 「향산별곡香山別曲」과는 다른 작품이다.

향산초막香山草幕[1] 일유생一儒生[2]은 목욕재계沐浴齋戒[3] 재배再拜[4] 하고
묻나이다 하나님께 순순명교諄諄命教[5] 하오소서
대명황제大明皇帝[6] 어떠하여 대청강희大清康熙[7] 내시있가[8]
순환지리循環之理[9] 있다 하고[10] 여지이적與之夷狄[11] 하나있가[12]
일란지시一亂之時[13] 만들려고 수지좌임授之左衽[14] 하니있가
통박痛迫할사[15] 시운時運이야[16] 어이[17] 저리 되었는고[18]
애닯올사[19] 아국我國[20]이야 무슨 일을 한다 할고[21]
임진병자任辰丙子[22] 일기日記[23]보고 눈물지고[24] 생각하니

---

1 **향산초막香山草幕**. 향산의 초막집. '향산'이 어디인지는 명확지 않음. '초막'은 풀이나 짚으로 지붕을 이어 조그마하게 지은 막집.

2 **일유생一儒生**. 한 선비. '유생'은 유학儒學을 공부하는 선비.

3 **목욕재계沐浴齋戒**. 부정不淨을 타지 않도록 깨끗이 목욕하고 몸가짐을 가다듬는 일.

4 **재배再拜**. 두 번 절함. 또는 그 절. '정재호본'에는 "사배四拜하고"라고 했는데, 사배는 주로 임금이나 공자를 모신 사당인 문묘文廟에서 공자를 대상으로 행했다.

5 **순순명교諄諄命教**. '순순'은 곡진하게 타이르는 모양, 또는 충성스럽고 근실한 모양이고, '명교'는 가르침을 내린다는 말이다.

6 **대명황제大明皇帝**. '대명'이 명나라를 높여 이르던 말이니, 그 황제를 높이고 있다.

7 **대청강희大淸康熙**. '대청'은 청나라를 높여 이르던 말. '강희'는 청나라 성조聖祖(1662~1722) 때의 연호. 그런데 다음 구절에서 청나라를 '오랑캐'라고 하고 있으니, '대청'은 앞의 '대명'처럼 높이는 말은 아니고, '대명'과 글자 수를 맞추기 위한 표현일 뿐이다.

8 **내시있가**. 내셨습니까?

9 **순환지리循環之理**. 천지 만물이 돌고 도는 이치. 사물의 성쇠盛衰가 서로 바뀌어 도는 이치. 일치일란一治一亂, 곧 한번 다스려졌다가 한번 어지러워지는 것은 세상의 이치라는 말.

10 **있다 하고**. 있다 해도.

11 **여지이적與之夷狄**. "경내 수백 리의 땅을 버려 오랑캐에게 내어주는 것이 옳은가境內數百里之地, 棄而與之夷狄可乎"(『세종실록』 세종 19년 8월 6일 계해癸亥)라는 말에서 보듯이, 이 말은 천하 땅을 오랑캐인 청나라에 내어준다는 뜻이다.

12 **하나있가**. 하셨습니까?

13 **일란지시一亂之時**. 한때의 혼란한 시절. '영언총록본'에는 '일치지시一治之時'로 되어 있다. 이 말들은 모두 『맹자』의 '일치일란一治一亂'에서 나온 것이다. "공도자公都子가 물었다. '다른 사람들이 선생님을 보고 모두 말솜씨가 좋아서 말을 많이 한다고들 하는데 이게 무슨 뜻입니까?' 맹자가 말했다. '내 어이 말을 많이 하고 싶어 그리했겠는가? 그것은 부득이하여 그리한 것이다. 천하가 백성을 생겨나게 함이 오래되었건만, 한때는 치세를 이루었다가 한때는 혼란을 이루기 때문이다公都子曰, 外人皆稱夫子好辯, 敢問何也. 孟子曰, 予豈好辯哉. 予不得已也. 天下之生, 久矣一治一亂."

14 **수지좌임授之左衽**. 좌임을 받다. '좌임'은 저고리의 왼쪽에 댄 섶. 또는 그 저고리를 말하는데, 대개 미개한 상태를 이르는 말로 쓰인다. 북쪽의 미개한 인종의 옷 입는 방식이 오른쪽 섶을 왼쪽 섶 위로 여민 데서 야만족, 곧 청나라의 미개한 문화를 좇는다는 의미로 쓰였다.

15 **통박痛迫할사**. 통박하구나. '통박'은 마음이 몹시 절박함. '~할사'는 감탄의 뜻을 나타내는 종결어미.

16 **시운時運이야**. 시운이여. '시운'은 시대나 그때의 운수. '~이야'는 강조의 뜻을 나타내는 보조사.

17 **어이**. 어찌.

18 **저리되었는고**. 저렇게 되었는가?

19 **애닯올사**. 애달프구나. '애달프다'는 마음이 안타깝거나 쓰라리다. '~ㄹ사'는 감탄의 뜻을 나타내는 종결어미.

20 **아국我國**. 우리나라.

21 **한다 할고**. 한다고 하겠는가. 할 일이 아무것도 없다는 말이다.

22 **임진병자任辰丙子**. 일본이 조선을 침략한 임진왜란壬辰倭亂과 청나라가 조선을 침략한 병자호란丙子胡亂을 말한다. 각각 임진년(1592년)과 병자년(1637년)에 일어났다.

23 **일기日記**. 유성룡柳成龍(1542~1607)의 『징비록懲毖錄』, 이순신李舜臣(1545~1598)의 『난중일기亂中日記』와 나만갑羅萬甲(1592~1642)의 『병자록丙子錄』 등을 말하는 것 같다.

24 **눈물지고**. 눈물을 흘리면서.

우리 성상聖上[25] 욕辱보심[26]과 대명황은大明皇恩[27] 저버림은[28]
분완심장憤惋心腸 떨리내다[29] 춘추의春秋義[30]를 잊으리까[31]
대소강약大小强弱[32] 부적不敵[33]하여 복수설치復讐雪恥[34] 무기無期[35]하니
신자臣子[36] 몸이 되어 나서 강개지심慷慨之心[37] 없으리까
임장군林將軍[38]을 내시고서 독보자점獨步自點[39] 에내신고[40]
아까울사[41] 충렬고혼忠烈孤魂[42] 어디 가서 울리는고[43]
고월풍진孤月風塵[44] 오래시니[45] 장야건곤長夜乾坤[46] 되었내다[47]

---

25 **성상聖上**. 살아 있는 자기 나라의 임금을 높여 이르는 말.

26 **욕辱보심**. 부끄러운 일을 당함. 몹시 고생스러운 일을 겪음. 임진왜란 때 선조가 의주까지 피난을 가고, 병자호란 때 인조가 삼전도에 끌려 나가 청 태종 앞에서 땅바닥에 이마를 짓찧고 항복하는 수모를 당한 것을 말한다.

27 **대명황은大明皇恩**. 명나라 황제 신종神宗의 은혜.

28 **저버림은**. 마땅히 지켜야 할 도리나 의리를 잊거나 어김은. '영언총록본'에서는 '저버리니'라고 했다. 참고로 청 태종淸太宗이 "청이 명明을 정벌할 때는 조선은 청에 원군援軍을 보내라."라고 한 소위 '조병助兵'에 대해 당시 신하들은 "아, 2백 년간 신하로서 섬긴 의리는 군신의 명분이 없다고 할 수 있겠으며,

임진왜란에서 구해준 은혜는 부자의 은혜가 없다고 할 수 있겠습니까. 신들이 이를 생각함에 곡성과 눈물이 함께 나오고 심장이 찢어지려고 함을 깨닫지 못하겠습니다. 삼가 전하께서는 신종 황제神宗皇帝가 재조再造해준 은혜를 생각하고 조종이 명나라를 섬긴 의리를 생각하여 빨리 조병의 의논을 중지하소서."라고 간언했다. [『인조실록仁祖實錄』 16년(1638) 8월 9일]

29 **분완심장憤惋心腸 떨리내다**. 몹시 분하게 여겨 심장이 떨린다는 말이다.

30 **춘추의春秋義**. 공자가 『춘추春秋』를 지었을 때의 뜻. 『춘추』를 지을 때 적용한 춘추필법春秋筆法, 곧 대의명분大義名分을 밝히어 세우는 역사 서술 방법을 말한다.

31 '영언총록본'에서는 '춘추의春秋義'를 '千秋 後들'이라고 했다. '오랜 세월이 지나도 있을 수 있겠는가'라는 의미다.

32 **대소강약大小强弱**. 크고 작음과 강하고 약함.

33 **부적不敵**. 맞설 수 없음. "대소강약 부적"은 작고 약한 나라가 크고 강한 나라를 맞서 싸울 수 없음을 말한다. 유사한 말로 적은 수효로 많은 수효를 대적하지 못한다는 '중과부적衆寡不敵'이 있다.

34 **복수설치復讐雪恥**. 원수를 갚고 치욕을 씻어냄.

35 **무기無期**. 기약이 없음.

36 **신자臣子**. 임금을 섬기어 벼슬하는 사람. 신하.

37 **강개지심慷慨之心**. 강개하는 마음. '강개'는 의롭지 못한 것을 보고 의기가 북받쳐 원통하고 슬픔.

38 **임장군林將軍**. 임경업林慶業(1594~1646) 장군. 조선 인조 때의 명장으로 자는 영백英伯이고 호는 고송孤松. 이괄李适(1587~1624)의 난에 공을 세우고, 병자호란 때 중국 명나라와 합세하여 청나라를 치고자 했으나, 뜻을 이루지 못하고 김자점金自點(1588~1651)의 모함으로 죽었다.

39 **독보자점獨步自點**. 독보와 김자점. 독보는 조선 인조 때의 승려로, 임경업과 함께 명나라에 충성한 인물인데, 여기서는 임경업의 계획을 누설해서 임경업을 청에 넘겨주는 역할을 했다는 『임경업실기林慶業實紀』 연보의 전언에 따라 독보를 김자점과 함께 임경업을 죽인 원흉으로 보고 있다.

40 **어내신고**. 어이 내었는가? '만언사본'에는 "어이낸고"라고 했다.

41 **아까울사**. 아깝구나. '~ㄹ사'는 감탄의 뜻을 나타내는 종결어미.

42 **충렬고혼忠烈孤魂**. '임경업의 외로운 혼'이라는 뜻이다. 숙종 때 임경업에게 충민忠愍이란 시호를 내렸고, 영조 때 그의 사당에 충렬忠烈이란 이름을 지어주었다.

43 **울리는고**. '정재호본'과 '만언사본'에는 '우니난고'로 되어 있다. 기본형은 '우닐다'로 계속해서 울고 다닌다는 말이다.

44 **고월풍진孤月風塵**. '고월'은 외로운 달, '풍진'은 흙먼지 이는 속세를 말하니, 세상이 어지럽게 되었음을 비유적으로 이르는 말이다.

45 **오래시니**. 오래되었으니.

46 **장야건곤長夜乾坤**. 긴 밤의 암흑과도 같이 어두운 세상.

47 **되었내다**. 되었구나.

삼강三綱[48] 다시 밝히소서 오륜五倫[49] 찾아보사이다[50]

주기수즉籌其數則 과過 하오대[51] 고기시즉考其時則 가可하니라[52]

황하지수黃河之水[53] 바삐[54] 맑겨[55] 일치지시一治之時[56] 만드소서

무왕불복無往不復[57] 하는 일을[58] 뵈외지라[59] 하나님께

미신소회微臣小懷[60] 알외내다[61] 성상聖上[62]님은 살피소서

사훈육事獯鬻과 사곤이事昆夷[63]는 낙의천명樂矣天命[64] 올커니와[65]

우리나라 저 섬김은 타일수치他日羞耻[66] 있나이다

---

48 **삼강三綱**. 유교의 도덕에서 기본이 되는 세 가지 강령. 임금과 신하, 부모와 자식, 남편과 아내 사이에 마땅히 지켜야 할 도리로 군위신강君爲臣綱(신하는 임금을 섬기는 것이 근본임), 부위자강父爲子綱(아들은 아버지를 섬기는 것이 근본임), 부위부강夫爲婦綱(아내는 남편을 섬기는 것이 근본임)을 이른다.

49 **오륜五倫**. 유학에서, 사람이 지켜야 할 다섯 가지 도리. 부자유친父子有親(아버지와 아들 사이의 도리는 친애에 있음), 군신유의君臣有義(임금과 신하 사이의 도리는 의리에 있음), 부부유별夫婦有別(남편과 아내 사이의 도리는 서로 침범하지 않음에 있음), 장유유서長幼有序(어른과 어린이 사이의 도리는 엄격한 차례가 있고 복종해야 할 질서가 있음), 붕우유신朋友有信(벗과 벗 사이의 도리는 믿음에 있음)을 이른다.

50 **찾아보사이다**. 찾아보십시다. '~사이다'는 (예스러운 표현으로) 청유의 뜻을 나타내는 종결어미.

51 **주기수즉籌其數則 과過 하오대**. '연수年數로 말하자면 이미 지나갔지만'이라는 뜻. 이 말은『맹자孟子』「공손추 하公孫丑下」에 보인다. "500년마다 반드시 왕이 나오니, 그 사이에 반드시 세상에 이름을 떨치는 자가 있다. 주周 이래로 700여 년이 되었으니, 연수年數로 말하자면 지났고, 시기로 살펴보자면 지금이 가능하다五百年, 必有王者興, 其間必有名世者. 由周而來, 七百有餘歲矣, 以其數則過矣, 以其時考之則可矣."

52 **고기시즉考其時則 가可하니라**. 때를 따져보면 가능하다. 삼강오륜을 다시 살려내 밝히는 일이 아직 가능하다는 말이다.

53 **황하지수黃河之水**. 황하의 물.

54 **바쎄**. 바쁘게. 속히. 급하게.

55 **맑겨**. 맑게 하여. 혼탁한 황하의 물을 맑게 만든다는 말로 깨끗한 정치로 어지러운 세상을 안정시킨다는 뜻이다. 참고로『포박자抱朴子』에서는 "한 치의 아교를 가지고는 황하의 탁한 물을 맑게 할 수 없다."고 했다. 아교阿膠는 탁한 물을 가라앉혀 맑게 하는 약이다.

56 **일치지시一治之時**. 잘 다스려진 태평성대. 위 13번 주석의 '일란지시一亂之時'를 참조할 것.

57 **무왕불복無往不復**. 가는 것은 반드시 돌아올 때가 있음. 혹은 가기만 하고 돌아오지 않는 것은 없음.『주역』「태괘泰卦」'구삼효九三爻'에 "평탄한 것은 반드시 기울어질 때가 있고, 가는 것은 반드시 돌아올 때가 있다無平不陂, 無往不復."는 데서 나온 말로,『대학장구大學章句』서序에도 "하늘 운수는 돌고 돌아서 다시 돌아오지 않는 법이 없다天運循環, 無往不復."는 말이 보인다. 여기서는 천도에 따라 병자호란이 있었던 병자년이 다시 돌아오되, 이전과는 다른 세상을 만나고 싶다는 말을 하고 있다.

58 **일을**. 참고로 '영언총록본'에서는 '이理를', 곧 '이치를'이라고 했다.

59 **뵈외지라**. 보게 해 달라고 빔.

60 **미신소회微臣小懷**. 미약한 신하의 하찮은 생각.

61 **알외내다**. 알리오니. '정재호본'의 "알외나니"에 따라 '알리오니'로 본다. 참고로 '영언총록본'에서는 '아뢰리다'로 되어 있다.

62 **성상聖上**. 살아 있는, 자기 나라의 임금을 높여 이르는 말.

63 **사훈육事獯鬻과 사곤이事昆夷**. 훈육獯鬻을 섬김과 곤이昆夷를 섬김. '훈육'은 고대 중국 하夏 때 중국 북방의 만족蠻族으로 한漢나라 때에는 흉노匈奴라 불렸다. '곤이'는 고대 중국의 서융西戎의 한 부족으로 혼이混夷, 관이串夷, 견이畎夷, 견이犬夷, 곤이緄夷, 곤융緄戎이라고도 한다. '사훈육', '사곤이'는『맹자』의 다음 구절에 보인다. "맹자가 말하기를 '오직 인자仁者만이 대국으로 소국을 섬길 수 있습니다. 그러므로 탕왕이 갈葛나라를 섬기고, 문왕이 곤이昆夷를 섬겼습니다. 오직 지자智者만이 소국으로 대국을 섬길 수 있습니다. 그러므로 태왕이 훈육을 섬기고, 구천句踐이 오吳나라를 섬겼습니다惟仁者爲能以大事小. 是故湯事葛, 文王事昆夷. 惟智者爲能以小事大, 故大王事獯鬻, 句踐事吳.'"(「양혜왕 하梁惠王 下」)

64 **낙의천명樂矣天命**. '낙부천명樂夫天命'이라 해야 옳다. 천명을 즐긴다는 이 말은 도연명陶淵明의「귀거래사歸去來辭」끝 구절인 "그저 자연의 변화를 따라 돌아갈 것이니, 천명을 즐길 뿐 다시 무엇을 의심하리聊乘化以歸盡, 樂夫天命復奚疑."에서 가져온 것이다.

65 **올커니와**. 옳다고 하겠지만.

66 **타일수치他日羞恥**. 훗날의 치욕. 뒷날 역사가들이 수치라고 기록할 것인데, 그것이야말로 가장 큰 수치라는 말이다.

평정왜란平定倭亂[67] 보사직保社稷[68]은 뉘 덕德이라 하리이까
백천만사百千萬事[69] 쓰라치고[70] 욕보지덕欲報之德[71] 하올진대[72]
무란일책無難一策[73] 있나이다 측은지심惻隱之心[74] 베푸소서[75]
재덕在德이요 부재험不在險[76]과 지리불여인화地利不如人和[77]란 말
고성현古聖賢[78]의 유계遺戒[79]오니 어이 아니 믿으리까
타국형지他國形止[80] 버려두고 아국형세我國形勢[81] 아뢰리라
조령죽령鳥嶺竹嶺[82] 험한 영嶺[83]을 문턱같이 너머 들고[84]
동설령銅雪嶺[85]과 청석령靑石嶺[86]을 평지平地같이 횡행橫行[87]하니

---

67 **평정왜란平定倭亂**. 임진년의 왜란을 평정함.

68 **보사직保社稷**. 사직, 곧 나라 또는 조정을 보전함.

69 **백천만사百千萬事**. 수많은 일. 온갖 일.

70 **쓰라치고**. 쓰러치고. '쓰러치다'는 쓰러뜨린다는 뜻으로 여기서는 없애버린다는 말이다. 조정에서 의논하는 온갖 일 다 버리고.

71 **욕보지덕欲報之德**. 은혜를 갚으려 함. 이 말은 『시경詩經』「소아小雅」'육아蓼莪'의 "아버지는 나를 낳으시고, 어머니는 나를 기르셨다. 나를 다독이시고 나를 기르시며, 나를 자라게 하고 나를 키우시며, 나를 돌아보시고 나를 다시 살피시며, 출입할 땐 나를 배에 안으셨다. 이 은혜를 갚으려면 하늘이라 한량이 없도다父兮生我, 母兮鞠我, 拊我畜我, 長我育我, 顧我復我, 出入腹我. 欲報之德, 昊天罔極."에서 나왔다. 여기서는 명나라의 은혜를 갚으려 한다는 말이다.

72 **하올진대**. 하는데. '~ㄹ진대'는 앞 절의 일을 인정하면서, 그것을 뒤 절 일의 조건이나 이유, 근거로 삼음을 나타내는 연결어미로 장중한 어감을 띤다.

73 **무란일책無難一策**. 어렵지 않은 계책.

74 **측은지심惻隱之心**. 부끄러워하는 마음. 맹자가 말한 '사단四端' 가운데 한 가지이다. 『맹자』「공손추 상公孫丑上」에 "측은지심惻隱之心은 인仁의 단서이고, 수오지심羞惡之心은 의義의 단서이고, 사양지심辭讓之心은 예禮의 단서이고, 시비지심是非之心은 지知의 단서이다."라고 하였다.

75 참고로 '강전섭본2', '만언사본' 등에는 "욕보지덕 하올진대 무난일책 있나니다 / 백천만사 쓰러치고 측은지심 베푸소서"로 되어 있다.

76 **재덕在德이요 부재험不在險**. 나라를 다스리는 것은 통지자의 덕에 있지 산천이 험함에 있지 않음. 견고한 요새처럼 산천이 험고한 것만 믿다 보면 통치자가 덕을 닦는 데에 소홀히 할 공산이 커서 결국에는 패망의 길로 접어들게 된다는 뜻이다. 이 말은 전국 시대 위魏나라 무후武侯가 배를 타고 서하西河의 중류中流를 내려가다가 오기吳起를 돌아보고는 산천이 험고한 것이야말로 위나라의 보배라고 자랑하자, 오기가 "사람의 덕에 달려 있지, 산천의 험고함에 있는 것이 아니니다. 만약 통치자가 덕을 닦지 않으면 이 배 안에 있는 사람들 모두가 적국의 사람이 될 것이다在德不在險, 若君不修德, 舟中之人盡爲敵國也."라고 대답한 고사에서 나왔다.(『사기史記』 권65 「손자오기열전孫子吳起列傳」)

77 **지리불여인화地利不如人和**. 지리상으로 유리한 형세라고 하더라도 사람들이 화합하는 것보다는 못함. 이 말은 『맹자』 「공손추 하公孫丑下」의 "천시가 이롭다 해도 땅의 형세가 유리한 것보다는 못하고, 지리상으로 유리한 형세라고 하더라도 사람들이 화합하는 것보다는 못하다天時不如地利, 地利不如人和."에서 나왔다.

78 **고성현古聖賢**. 옛 성인聖人과 현인賢人.

79 **유계遺戒**. 죽은 사람이 남긴 훈계. 유훈遺訓.

80 **타국형지他國形止**. 다른 나라의 형편. '형지'는 어떤 일이 벌어진 처음부터 끝까지의 경위나 일이 되어 가는 형편 혹은 용모와 행동을 통틀어 이르는 말.

81 **아국형세我國形勢**. 우리나라의 형편. '형세'는 일이 되어 가는 형편. 정세情勢.

82 **조령죽령鳥嶺竹嶺**. 조령과 죽령. 조령은 경상북도 문경시와 충청북도 괴산군 사이에 있는 고개로 높이는 1,017미터이고, 죽령은 경상북도 영주시 풍기읍과 충청북도 단양군 대강면 사이에 있는 고개로 높이는 689미터이다. 두 고개는 모두 적이 경상도에서 충청도로 넘어오는 것을 방어하는 요충지다.

83 **영嶺**. 고개.

84 **문턱같이 너머 들고**. 어떤 곳을 매우 쉽게 드나드는 것을 비유적으로 표현한 말. '문턱'은 문짝의 밑이 닿는 문지방의 윗부분. 실제로 임진왜란 때 왜적이 쉽게 조령을 넘어왔다.

85 **동설령銅雪嶺**. '동선령銅仙嶺'이라 해야 함. 동선령은 황해도 황주黃州와 봉산鳳山의 경계에 있는 좁고 험한 고개이다. 황해도 북부에서 남쪽으로 내려오는 적을 방어하는 데 긴요한 요해처要害處이다.

86 **청석령靑石嶺**. '청석곡靑石谷'이라 해야 함. 황해도 개성 인근 금천金川의 골짜기로 "천험天險"의 요충지여서[『국조보감國朝寶鑑』 제42권 숙종 4년(무오, 1678)] "경성을 보전하고자 한다면 마땅히 서북 지방의 여러 도道에서 지켜야 합니다. 동선령銅仙嶺에서 저지하고 청석곡靑石谷에서 막는다면 오랑캐의 기병도 어찌 깊이 들어올 수 있겠습니까欲保京城, 當守於西北諸道, 距銅仙之嶺, 塞靑石之谷, 則虜騎亦安得深入乎"라는 평가를 얻기도 했다.[『승정원일기承政院日記』 영조 2년 병오(1726) 10월 5일]

87 **횡행橫行**. 아무 거리낌이 없이 제 마음대로 다님. 병자호란 때 도원수都元帥 김자점이 막았음에도 청나라 군대는 이 고개들을 쉽게 넘어왔다.

각자도생各自圖生[88] 피란避亂[89]하여 막을 신민臣民[90] 없었으니
무인지경無人之境[91] 되었어라 험險한 보람 있나이까[92]
기험산천崎險山川[93] 믿지 말고 함닉생령陷溺生靈[94] 건지소서
은덕恩德[95] 쌓여 뫼[96]이 되어 곤륜崑崙[97]같이 높아지고
은택恩澤[98] 흘러 물이 되어 하해河海[99]같이 깊어지면
외외탕탕巍巍蕩蕩[100] 이 산수山水[101]를 그 뉘라서 대적對敵할꼬[102]
아국적자我國赤子[103] 다 더지고[104] 타국생민他國生民[105] 오오리라[106]
동서남북 사방민심四方民心 무사불복無思不服[107] 하게 되면
만이蠻夷[108] 비록 강대强大하나 저[109]를 어이 두리이까[110]
중원성진中原腥塵[111] 쓰라치고[112] 대명회복大明恢復[113] 하게 되면
안택정로安宅正路[114] 밝아지고 예악문물禮樂文物[115] 빛나리라

---

88 **각자도생各自圖生**. 제각기 살아 나갈 방도를 꾀함.

89 **피란避亂**. 난리를 피함.

90 **신민臣民**. 군주국에서 왕이나 군주를 제외한 신하와 백성을 아울러 이르는 말.

91 **무인지경無人之境**. 사람이 살고 있지 않은, 외진 곳처럼 적이 쉽게 쳐들어왔다는 말이다.

92 이 말은 '지형이 험한 것으로 만족하고 안심해도 좋은가' 하면서 일종의 경고를 보내는 것이다.

93 **기험산천崎險山川**. 산천이 험함.

94 **함닉생령陷溺生靈**. 함정에 빠지고 물에 빠져 고통받는, 곧 도탄에 빠진 백성들. '함닉'은 『맹자』「양혜왕 상梁惠王上」의 "저들이 이처럼 자기 백성들을 도탄에 빠뜨릴 때, 왕께서 가서 바로잡으시면 누가 왕과 대적하겠습니까彼陷溺其民, 王往而征之, 夫誰與王敵."에서 보인다.

95 **은덕恩德**. 은혜와 덕. 또는 은혜로운 덕.

96 **뫼**. 메. 산.

97 **곤륜崑崙**. 곤륜산崑崙山. 중국 전설상의 높은 산. 중국의 서쪽에 있으며, 옥玉이 난다고 한다. 전국戰國 시대 말기부터는 서왕모西王母(중국 신화에 나오는, 불사약을 가진 선녀)가 살며 불사不死의 물이 흐른다고 믿어졌다.

98 **은택恩澤**. 은혜와 덕택을 아울러 이르는 말.

99 **하해河海**. 큰 강과 바다를 아울러 이르는 말.

100 **외외탕탕巍巍蕩蕩**. '외외'는 산이 높은 모양이고, '탕탕'은 물이 거침없이 흘러가는 모양.

101 **산수山水**. 산과 물이라는 뜻으로, 경치를 이르는 말.

102 **대적對敵할꼬**. 대적하겠는가. '대적'은 적이나 어떤 세력, 힘 따위와 맞서 겨룸.

103 **아국적자我國赤子**. 우리나라 백성. '적자'는 갓난아이를 뜻하는데, 임금이 백성을 갓난아이처럼 여겨 사랑한다는 뜻에서 백성을 이르는 말로 쓰였다.

104 **다 더지고**. 다 제쳐두고. 다 내버려 두고.

105 **타국생민他國生民**. 다른 나라의 백성.

106 **오오리라**. 올 것입니다. "이웃 나라의 백성이 더 적어지지 않으며, 과인의 백성들이 더 많아지지 않음은 무엇 때문입니까鄰國之民不加少, 寡人之民不加多, 何也?라고 한『맹자』「양혜왕梁惠王 상」에 비추어 볼 때, 이 구절은 이웃 나라의 백성이 올 것이라는 뜻이다.

107 **무사불복無思不服**. 사모하여 복종하지 않는 사람이 없음. 이 말은『시경詩經』「문왕유성文王有聲」의 "호경의 태학에, 서쪽으로부터 동쪽으로부터, 남쪽으로부터 북쪽으로부터, 사모하여 복종하지 않는 사람이 없으니, 황왕은 훌륭한 군주이시구나鎬京辟廱, 自西自東, 自南自北, 無思不服, 皇王烝哉."에서 왔다.

108 **만이蠻夷**. 예전에, 중국 사람들이 중국의 남쪽과 동쪽에 있는 종족을 낮잡는 뜻으로 이르던 말. 오랑캐. 여기서는 청나라를 말함.

109 **저**. 말하는 이와 듣는 이로부터 멀리 있는 대상을 가리키는 지시 대명사. 여기서는 청나라를 말함.

110 **두리이까**. 두려워하겠는가. '두리다'는 두려워하다, 겁내다, 무섭게 여기다.

111 **중원성진中原腥塵**. (청나라 오랑캐가 은인의 나라인 명나라를 정복해) 어지럽게 된 중국 땅. '중원'은 중국. '성진'은 비린내가 나는 먼지라는 뜻으로, 어지러운 세상을 이르는 말.

112 **쓰라치고**. 쓰러치고. '쓰러치다'는 쓰러뜨린다는 뜻으로 여기서는 없애버린다는 말이다. 쓸어버리고.

113 **대명회복大明恢復**. 명나라가 망하기 이전의 상태로 돌려놓음.

114 **안택정로安宅正路**. 인仁과 의義를 비유적으로 이르는 말. 인仁은 사람이 편안하게 거주하는 집이라는 뜻으로 '안택安宅'에 비유하고, 의義는 사람이 가야 할 바른길이라는 뜻으로 '정로正路'에 비유함.『맹자』「이루 상離婁上」의 "인은 사람의 편안한 집이고, 의는 사람의 올바른 길이다仁人之安宅也, 義人之正路也."에서 온 말이다.

115 **예악문물禮樂文物**. 예악과 문물. '예악'은 예법과 음악을, '문물'은 문화의 산물. 곧 정치, 경제, 종교, 예술, 법률 따위의 문화에 관한 모든 것을 통틀어 이르는 말.

행인정사行仁政事[116] 밝게 하사 대보단명大報壇名[117] 이루소서
삼학사三學士[118]의 척화의斥和議[119]를 밝혀지라[120] 성상聖上님께
조정朝廷에들 계신 분네 이내 말씀 들어보소
나라 의식衣食 먹고 입고 무슨 일들 하시는고
청대입시請對入侍[121] 하는 날에 요순도덕堯舜道德[122] 아뢰신가[123]
상소대계上疏臺啓[124] 하는 때에 보민모책保民謀策[125] 아뢰신가
한가한 때 때를 타서 위국원려爲國遠慮[126] 못하신가
저 당전黨戰[127]을 저리 익혀 남정북벌南征北伐[128] 가려는가
전자전손傳子傳孫[129] 힘써 하되 병법兵法[130] 있다[131] 못 들을네[132]
나는 보니 쓸데없데[133] 이해국가貽害國家[134]뿐이로다
사해형제四海兄弟[135] 훈계訓戒[136]하소 일국一國이야 잃을쏘냐

---

116 **행인정사行仁政事**. 인仁을 행하는 정치.

117 **대보단명大報壇名**. 대보단을 세운 명분. '대보단'은 명나라의 태조 · 신종 · 의종을 제사 지내던 사당으로 임진왜란 때 명나라가 원병을 보내 준 은혜를 보답하기 위해 숙종 30년(1704)에 창덕궁 금원禁苑 옆에 설치하였다.

118 **삼학사三學士**. 병자호란 때 중국 청나라에 항복하는 것을 반대한 세 사람의 학사. 홍익한洪翼漢(1586~1637) · 윤집尹集(1606~1637) · 오달제吳達濟(1609~1637)를 이르는데, 모두 청나라에 붙잡혀 갔으나 끝내 굴하지 않고 저항하다가 살해되었다.

119 **척화의斥和議**. 병자호란 때 청나라와 끝까지 싸울 것을 주장한 논의. '척화'는 청나라와 화친和親하자는 논의를 배척한다는 말.

120 **밝혀지라**. 밝히고 싶어라. '밝히다'는 진리, 가치, 옳고 그름 따위를 판단하여 드러내 알림. '~지라'는 싶어라의 뜻.

121 **청대입시請對入侍**. 대궐에 들어가 임금을 만남. '청대'는 신하가 급한 일이 있을 때 임금에게 뵙기를 청함. '입시'는 대궐에 들어가서 임금을 만남.

122 **요순도덕堯舜道德**. 요순 시절의 도덕. '요순'은 고대 중국의 요임금과 순임금을 아울러 이르는 말로 '요순시대'라고 하면 그들이 덕으로 천하를 다스리던 태평한 시대를 말함. '요순도덕'이라는 말은『맹자』「만장장구 하萬章章句下」의 "이윤伊尹이 유신有莘의 들에서 농사를 지으면서 요순의 도道를 즐겼다伊尹耕於有莘之野, 而樂堯舜之道焉."에 보임.

123 **아뢰신가**. 아뢰시는가. '~ㄴ가'는 현재의 사실에 대한 물음을 나타내는 종결어미.

124 **상소대계上疏臺啓**. '상소'는 임금에게 글을 올리던 일. 또는 그 글. 주로 사간원과 사헌부에 속하여 임금의 잘못을 간諫하고 백관百官의 비행을 규탄하던 간관諫官이나 삼관三館의 관원이 임금에게 정사政事를 간하기 위하여 올렸다. '대계'는 사헌부와 사간원의 대간臺諫들이 벼슬아치의 잘못을 임금에게 보고하던 글이다.

125 **보민모책保民謀策**. 백성을 보호하여 편안케 하는 계책.

126 **위국원려爲國遠慮**. 나라를 위해 먼 앞일까지 미리 잘 헤아려 생각함.

127 **당전黨戰**. 당파싸움. 당쟁黨爭. '당파黨派'는 정치 세력 결집 단체였던 붕당朋黨 안에서 정치적인 입장에 따라 다시 나뉜 파벌. 파당派黨.

128 **남정북벌南征北伐**. 남쪽을 정복하고 북쪽을 토벌함. 여기서는 당파를 이루어 서로 싸우던 사색四色 당쟁을 말함. '사색'은 조선 선조 때부터 후기까지 사상과 이념의 차이로 분화하여 나라의 정치적인 판국을 좌우한 네 당파, 곧 노론, 소론, 남인, 북인을 말한다.

129 **전자전손傳子傳孫**. 자손 대대로 전함.

130 **병법兵法**. 군사를 지휘하여 전쟁하는 방법.

131 **있다**. '영언총록본'에는 '익다'로 되어 있는데, '익히다'의 뜻이니, '있다'보다는 '익다'가 더욱 자연스럽다.

132 **못 들을네**. 못 들었네.

133 '영언총록본' 등에는 '쓸데없네'로 되어 있다.

134 **이해국가貽害國家**. 나라에 해를 끼침.

135 **사해형제四海兄弟**. 온 세상 사람이 모두 형제와 같다는 뜻으로, 친밀함을 이르는 말.『논어』「안연편顔淵篇」의 "사람이 사는 것과 죽는 것은 자신의 명命에 달려 있고, 부귀는 하늘에 달려 있으며, 군자가 공경해 실수가 없고 사람을 사귀는 데 공손하고 예절을 갖추면 세상 사람들이 다 형제라 하니, 군자가 어찌 형제가 없음을 근심하겠소死生有命, 富貴在天, 君子敬而無失, 與人恭而有禮, 四海之內, 皆兄弟也, 君子何患乎無兄弟也."에서 유래한다.

136 **훈계訓戒**. 타일러서 잘못이 없도록 주의를 줌. 또는 그런 말.

동조상봉同朝相逢[137] 매양每樣하며[138] 백안상시白眼相視[139] 어이 하소
아국산천我國山川[140] 이별離別하고 피국彼國[141]으로 향向하실 제
슬픈 노래 한 곡조曲調[142]를 낙루落淚[143]하고 지으시니
들으신가 못 들으신가 알고서도 잊으신가
위기설치爲己雪耻[144] 후後에 하고 위국설치爲國雪耻[145] 먼저 하소
식록신자食祿臣子[146] 되어 있어[147] 국은망극國恩罔極[148] 잊을손가
방백수령方伯守令[149] 외임外任[150]들의 진봉다소進封多少[151] 책망責望[152] 말고
준민고택浚民膏澤[153]하는 놈을 명고공책鳴鼓攻責[154] 하여 보세
민유방본民惟邦本[155]이란 말씀 성훈聖訓[156]인 줄 모를손가
본란말치本亂末治[157] 어디 본고[158] 나는 듣도[159] 못하였네
근지성쇠根枝盛衰[160] 보려거든 문외종수門外種樹[161] 두고 보소

---

137 **동조상봉同朝相逢**. 같은 조정에서 벼슬하면서 서로 만남.

138 **매양每樣하며**. 늘 함께 하면서.

139 **백안상시白眼相視**. 백안시白眼視. 남을 업신여기거나 무시하는 태도로 흘겨봄. 중국의 『진서晉書』「완적전阮籍傳」에서 나온 말로, 진나라 때 죽림칠현의 한 사람인 완적阮籍이 반갑지 않은 손님은 백안白眼, 곧 업신여기거나 냉대하여 흘겨보는 눈으로 대하고, 반가운 손님은 청안靑眼, 곧 좋은 마음으로 남을 보는 눈으로 대한 데서 유래한다.

140 **아국산천我國山川**. 우리나라의 산천.

141 **피국彼國**. 다른 나라. 여기서는 청나라를 말함.

142 **곡조曲調**. 봉림대군(효종)이 지은 시조 "청석령靑石嶺 지나거냐 초하구草河溝가 어디메오 / 호풍胡風도 차도 찰사 궂은 비는 무슨 일고 / 뉘라셔 내 행색行色 그려내여 님 계신 데 드릴고"를 말함.

143 **낙루落淚**. 눈물을 흘림.

144 **위기설치爲己雪耻**. 나를 위해 부끄러움을 씻음. 당쟁에만 힘썼다는 말.

145 **위국설치爲國雪耻**. 나라를 위해 부끄러움을 씻음. 북벌北伐에 힘을 쓰지 않았다는 말.

146 **식록신자食祿臣子**. 나라에서 주는 녹봉祿俸을 받는 신하. '식록'은 벼슬아치에게 일 년 또는 계절 단위로 나누어 주던 금품을 통틀어 이르는 말로 쌀, 보리, 명주, 베, 돈 따위이다.

147 **되어 있어**. 되고서.

148 **국은망극國恩罔極**. 나라의 은혜가 한이 없음.

149 **방백수령方伯守令**. '방백'은 각 도의 으뜸 벼슬로 그 지방의 경찰권 · 사법권 · 징세권 따위의 행정상 절대적인 권한을 가진 종이품 벼슬(관찰사)을, '수령'은 각 고을을 맡아 다스리던 지방관들을 통틀어 이르는 말.

150 **외임外任**. 외관직外官職. 지방에 있는 감영監營, 부府, 목牧, 군郡, 현縣의 병영兵營과 수영水營 따위에 속한 문관과 무관을 통틀어 이르는 말.

151 **진봉다소進封多少**. 조정에 올리는 진상품이 많고 적음. '진봉'은 귀한 물품이나 지방의 토산물 따위를 임금이나 고관 따위에게 바침.

152 **책망責望**. 잘못을 꾸짖거나 나무라며 못마땅하게 여김.

153 **준민고택浚民膏澤**. 백성의 고혈을 뽑아낸다는 뜻으로, 재물을 마구 착취하여 백성을 괴롭힘을 이르는 말. '고혈'은 사람의 기름과 피로, 몹시 고생하여 얻은 이익이나 재산을 비유적으로 이르는 말.

154 **명고공책鳴鼓攻責**. '명고'는 죄를 지었을 때 그 사람의 이름을 써 붙인 북을 치고 다니며 널리 알리던 일. '공채'은 공초供招(죄인이 범죄 사실을 진술하던 일. 또는 그 진술)를 받기 위하여 문초問招(죄나 잘못을 따져 묻거나 심문함)하던 일.

155 **민유방본民惟邦本**. 백성이 나라의 근본임. 이 말은『서경書經』「하서夏書」'오자지가五子之歌'의 "첫 번째, 황조께서 교훈을 남기시니, 백성은 가까이 할지언정 얕잡아 보아선 안 되고, 백성은 나라의 근본이니 근본이 견고하여야 나라가 튼튼하다其一曰, 皇祖有訓, 民可近, 不可下, 民惟邦本, 本固邦寧."에서 나왔다.

156 **성훈聖訓**. 성인이나 임금의 교훈.

157 **본란말치本亂末治**. 근본이 어지러우면서 말단이 다스려지지 않음. 이 말은『대학장구大學章句』의 "근본이 어지러우면서 말단이 다스려지는 자는 없었다其本亂, 而末治者, 否矣."에서 나왔다.

158 **어디 본고**. 어디에서 보았는가.

159 **듣도**. 들어보지도.

160 **근지성쇠根枝盛衰**. 뿌리와 가지가 풍성한가 쇠약한가.

161 **문외종수門外種樹**. 문밖에 심은 나무.

근맥고초根脈枯焦[162] 하게 되면 지엽차제枝葉次第[163] 되오리라
저 백성이 없었으면 나라 의지依支[164] 어찌하며
나라 의지 없었으면 조정朝廷인들 견디렀가
우우憂憂하면 낙樂이 오고 낙락樂樂하면 우憂 있나니[165]
종말終末 즐겨 마르시고 시단始端[166] 근심하오소서
문남무변文南武弁[167] 목민牧民[168] 중에 학민虐民[169]하는 관장官長[170] 네들
이내 말씀 배척排斥[171] 말고 각심刻心[172]하여 들어보소
성중城中에서 들을 제는[173] 총명인자聰明仁慈[174] 하다더니
도임到任[175]들을 하신 후에 어이 저리 다르신고[176]
내려갈 제[177] 노비路費[178] 한가[179] 들어갈 제[180] 부비浮費[181] 한가
명기생名妓生[182]에 빠졌는가[183] 간리수奸吏袖[184]에 들었는가[185]

---

162 **근맥고초根脈枯焦**. 뿌리와 줄기가 마름.

163 **지엽차제枝葉次第**. 가지와 잎이 그 다음(에 시듦).

164 **의지依支**. 다른 것에 몸이나 마음을 기댐. 또는 그렇게 하는 대상.

165 이는 근심해야 할 때 근심을 하면 즐거움이 오고, 즐거울 때 즐거워하기만 하면 근심이 온다는 말이다. '우우'와 '낙락'은 『대대례기大戴禮記』의 다음 구절에서 온 것이다. "증자가 말하기를, 효자는 사사로운 근심이 없고 사사로운 즐거움이 없으니, 부모가 근심하는 것을 근심하고 부모가 즐거워하는 것을 즐거워한다曾子曰, 子無私憂無私樂, 父母所憂憂之, 父母所樂樂之."

166 **시단始端**. 어떤 일이 처음으로 벌어짐. 또는 그 일이 처음으로 시작됨. 어떤 일의 계기가 됨. 또는 그 계기가 되는 일. 발단.

167 **문남무변文南武弁**. 문관과 무관 출신의 벼슬아치들. '문남'은 문관文官과 음관蔭官. '음관'은 과거를 거치지 아니하고 조상의 공덕에 의하여 맡은 벼슬. 또는 그런 벼슬아치를 말하는데, 달리 '남행南行'이라 했음. '무변'은 무과 출신의 벼슬아치. 무관.

168 **목민牧民**. 목민관牧民官. 백성을 다스려 기르는 벼슬아치라는 뜻으로, 고을의 원員이나 수령 등의 외직 문관을 통틀어 이르는 말.

169 **학민虐民**. 백성에게 가혹하게 대함. 학정虐政으로 백성을 괴롭힘.

170 **관장官長**. 관가의 장長이란 뜻으로, 백성이 고을 원을 높여 이르던 말.

171 **배척排斥**. 따돌리거나 거부하여 밀어 내침.

172 **각심刻心**. 잊지 않도록 마음에 깊이 새겨 둠. 명심銘心.

173 **성중城中에서 들을 제는**. 한양 성안에서 (소문을) 들을 때는. 그런데 '영언총록본'에는 '계신 제는'이라고 되어 있고, '가사소리본'에는 '있을 제는'이라고 되어 있다. 뒤에 나오는 구절과 연관 지어 보면, 이것은 임지로 부임하는 관장들이 한양에 있을 때는 총명하고 인자하다는 소문이 자자하더니 막상 부임하고 나서는 그렇지 않다는 말인데, 이것이 좀 더 자연스러워 보인다.

174 **총명인자聰明仁慈**. 총명하고 인자함.

175 **도임到任**. 지방의 관리가 근무지에 도착함.

176 관장들이 고을에 부임해 성안에 들어올 때에는 모두들 총명하고 인자하다고 소문이 나서 기대를 하게 되지만, 막상 부임을 하고 나면 돌변해서 학정을 일삼는다는 말이다.

177 **내려갈 제**. 임명이나 발령을 받아 근무할 곳으로 내려갈 때.

178 **노비路費**. 먼 길을 오가는 데 드는 비용. 노자路資.

179 **한가**. 했는가. 썼는가.

180 **들어갈 제**. 근무하는 임소任所로 들어갈 때.

181 **부비浮費**. 고을에 도착해서 축하연祝賀宴 등 부임 관련 명목으로 써버리는 비용. 참고로 각 관아의 일상 비용의 내용을 일컫는 '부비조浮費條'에는 다음과 같은 것들이 포함된다. "병조 일군색一軍色(병조에 속한 하급 부서. 군비로 바치던 보포保布를 관리하고, 무과 출신 벼슬아치의 시험 및 천거 따위를 맡아봄) 무명 61동 34필('동'은 묶어서 한 덩이로 만든 묶음으로 피륙 50필, 먹은 10장, 붓은 10자루, 무명과 베는 50필), 베 12동, 돈 7천 3백 68냥 5전, 쌀 4천 3백 15석"(『만기요람萬機要覽』「재용財用」'경오년 급대庚午年 給代')

182 **명기생名妓生**. 이름난 기생.

183 **빠졌는가**. 그럴듯한 말이나 꾐에 속아 넘어갔는가.

184 **간리수奸吏袖**. 간사한 아전의 소맷깃. 참고로 '영언총록본'에서는 '간리수奸吏手'라 하여, '간사한 아전의 손아귀'라는 뜻을 강조했다.

185 **들었는가**. 놀아났는가. 갓 부임한 관장이 지방 사정을 잘 알고 있는 간사한 아전의 손아귀에 놀아났다는 말이다.

환소주還燒酒[186]에 삭았는가[187] 진고량珍膏粱[188]에 막혔는가[189]
있던 총명聰明 어디 가고 없던 혼암昏暗[190] 내었으며[191]
있던 인자仁慈 어디 가고 없던 포악暴惡[192] 내었는고
내 모를까 자네 일을 자네 일을 나는 아네
천부지성天賦之性[193] 잃은 속에 위기지욕爲己之慾[194] 길러내어
사단지목四端之目[195] 다 모르고 이욕지심利慾之心[196]뿐이로다
선사양전善事兩銓[197] 그만하고 자목백성字牧百姓[198] 하여보소
자자위리孜孜爲利[199] 하시다가 무염지욕無厭之慾[200] 내다르리[201]
탐학정사貪虐政事[202] 그만하소 청송일절聽訟一節[203] 민망憫惘하외[204]
염석문簾席門[205]에 드는 것은 포백은전布帛銀錢[206] 선물膳物이오
동헌방東軒房[207]에 쌓인 것은 대신중신大臣重臣[208] 청간請簡[209]이라
그러하고 공정처결公正處決[210] 어디로셔 나단말고[211]
관문官門[212] 밖에 섰는 송민訟民[213] 무슨 일로 와 있는가

---

186 **환소주還燒酒**. 소주를 다시 곤 소주. '고다'는 술 따위를 얻기 위하여 김을 내어 증류하다. 환소주는 막소주보다 알코올 함량이 높다.

187 **삭았는가**. '삭다'는 물건이 오래되어 본바탕이 변하여 썩은 것처럼 되다.

188 **진고량珍膏粱**. 기름진 고기와 좋은 곡식으로 만든 맛있는 음식. 고량진미膏粱珍味.

189 **막혔는가**. '막히다'는 꼼짝 못 하게 되어 하려던 것을 못하게 되다. 맛있는 음식에 빠져 아무 일도 하지 못한다는 말이다.

190 **혼암昏暗**. 어리석고 못나서 사리에 어두움.

191 **내었으며**. '내다'는 흥미, 짜증, 용기 따위의 감정을 가지게 하거나 드러나게 하다. 참고로 '영언총록본'에는 '나히시며'로 되어 있는데, '나히다'는 '낳게 하다'의 뜻이다.

192 **포악暴惡**. 사납고 악함.

193 **천부지성天賦之性**. 하늘이 내려준 착한 본성.

194 **위기지욕爲己之慾**. 자기만을 위한 욕심.

195 **사단지목四端之目**. 사단의 조목. '사단'은 사람의 본성에서 우러나는 네 가지 마음씨. 곧 인仁에서 우러나는 측은지심惻隱之心, 의義에서 우러나는 수오지심羞惡之心, 예禮에서 우러나는 사양지심辭讓之心, 지智에서 우러나는 시비지심是非之心의 네 가지.

196 **이욕지심利慾之心**. 이익을 챙기고 욕심을 채우려는 마음. 참고로 '정재호본', '가사소리본'에는 '위기지욕爲己之慾', '영언총록본'에는 '이오지심利吾之心'이라 했다. 모두 '자신만을 위하는 욕심'이라는 뜻이다.

197 **선사양전善事兩銓**. 양전을 잘 섬김. '양전'은 인사 행정을 담당하는 이조吏曹와 병조兵曹의 합칭.

198 **자목백성字牧百姓**. 고을의 수령이 백성을 사랑으로 돌보아 다스림을 이르던 말.

199 **자자위리孜孜爲利**. 부지런히 이익을 추구함.

200 **무염지욕無厭之慾**. 끝없는 욕심.

201 **내다르리**. 내닫다. 감히 어떤 일을 하려고 덤벼들다.

202 **탐학정사貪虐政事**. 탐욕이 많고 포학한 정치.

203 **청송일절聽訟一節**. 재판을 하기 위하여 송사訟事의 한 구절을 들음. 『논어』「안연顔淵」의 "송사를 듣고 판결하는 것은 나도 남과 같으나 반드시 송사 자체가 없도록 해야 할 것이다聽訟吾猶人也, 必也使無訟乎."에서 인용한 말이다.

204 **민망憫惘하외**. 보기에 답답하고 딱하여 안타깝네. '하외'는 '강전섭본2'의 "하네"를 따름.

205 **염석문簾席門** 각 지방 관아 내아內衙에 설치해 두던 바깥문. 밖에서 들여다보지 못하게 발이나 자리를 쳐서 가렸음. '내아'는 지방 관아에 있던 안채로 내동헌內東軒이라고도 함.

206 **포백은전布帛銀錢**. 베, 비단, 은, 돈.

207 **동헌방東軒房**. 동헌 안의 방을 이르던 말. '동헌'은 지방 관아에서 고을 원員이나 감사監司, 병사兵使, 수사水使 및 그 밖의 수령守令들이 공사公事를 처리하던 중심 건물.

208 **대신중신大臣重臣**. 대신과 중신 등 고위관리. '대신'은 의정부議政府의 영의정, 좌의정, 우의정을 통틀어 이르는 말. 정승. '중신'은 정이품 이상의 벼슬아치.

209 **청간請簡**. 청질로 하는 편지. 또는 남의 청질을 맡아서 대신 내는 편지. '청질'은 어떤 일을 하는 데에 권세 있는 사람에게 부탁하여 그 힘을 빌리는 일.

210 **공정처결公正處決**. 공정하게 결정하여 조처함.

211 **어디로셔 나단말고**. 어디에서 나온단 말인가.

212 **관문官門**. 관청의 문.

213 **송민訟民**. 송사를 제기하는 백성. '송사'는 백성끼리 분쟁이 있을 때, 관청에 호소하여 판결을 구하던 일.

좌우수장左右手掌[214] 비었거든[215] 시송始訟[216] 말고 이거서라[217]
대전통편大典通編[218] 숙록비[熟鹿皮][219]라 네 문장文章이 말 되느냐[220]
적선적악積善積惡[221]하는 중中에 앙경각지殃慶各至[222] 한다더니
호생오사好生惡死[223] 하는 마음 존비귀천尊卑貴賤[224] 다를쏜가[225]
무죄백성無罪百姓[226] 무슨 일로 저대도록[227] 보채는고[228]
불상不祥할싸[229] 백성이야 잔인殘忍할싸[230] 백성이야
백성의 말 하려 하면 목이 메고 눈물 나네
대한소한大寒小寒[231] 한 치위에[232] 벗고[233] 굶고 살아나서

---

214 **좌우수장左右手掌**. 양 손바닥.

215 **비었거든**. 아무런 도움 없이 맨손으로 소송을 걸 작정이라면. 즉 뇌물을 가지고 오지 않았다면.

216 **시송始訟**. 소송을 시작함.

217 **이거서라**. '영언총록본'에는 '이거스라'. 정확치는 않으나, '니거+서(스)라'의 구조로 본다면, '니거라'는 '가거라'의 뜻이니, 이 구절은 '(소송을 걸 생각하지 말고 그냥) 가라'는 의미로 보인다. 참고로 '정재호본'에는 "이셔시라", '가사소리본'에는 "가긔셰라"로 되어 있는바, 모두 무슨 말인지 알기 어렵다. 다만 문맥상 '(소송을 걸지 말고 그냥) 잊으라'는 의미가 아닌가 한다.

218 **대전통편大典通編**. 왕명에 따라 편찬한 『경국대전經國大典』, 『속대전續大典』 등을 한데 모은 책. 여기서는 법규를 기록한 율서律書라는 의미임. 참고로 『대전통편』은 1785년(정조 9)에 편찬하여 1786년 1월부터 시행되었다. 이것을 참조하면, 이 가사는 1786년 이후에 만들어진 것임을 알 수 있다.

219 **숙록비[熟鹿皮]**. 잘 다듬은 사슴의 가죽. 옛 속담에 "녹비에 가로왈 자鹿皮日字"라는 말이 있는데, 부드러운 사슴 가죽에 쓴 왈曰 자는 그 가죽을 당기는 데

따라 '일日' 자도 되고 '왈曰' 자도 된다는 뜻이다. 이는 곧 주견이 없이 남의 말에 붙좇거나, 일이 이리도 저리도 되는 것을 비유하는 말로서 관원官員의 판결이 그와 같음을 비웃은 것이다. 이것을 '숙록비대전熟鹿皮大典'이라고 함.

220 **네 문장文章이 말 되느냐.** 『대전통편』 등 율서의 내용이 실생활에는 전혀 도움이 되지 않거나 현실을 호도하는 말들로 채워져 있다는 말이다. 참고로 '강전섭본2'와 '영언총록본'에서는 이 다음에 '마소 마소 내 모를까 불인정사不仁政事 너무 마소' 라는 구절이 더 들어 있다. '불인정사'는 '어질지 못한 정치'라는 뜻임.

221 **적선적악積善積惡.** 선과 악을 쌓음.

222 **앙경각지殃慶各至.** 재앙과 복이 각각 이름. 한유韓愈가 맹상서孟尙書에게 준 글에서 "선을 많이 쌓거나 악을 많이 쌓은 데 대하여 재앙과 복이 각각 그 유를 따라서 이르는 것인데, 어찌 성인의 도를 버리고 선왕의 법도를 버리고 오랑캐의 가르침을 좇아서 부처에게 복을 구할 리가 있겠는가積善積惡, 殃慶各自以其類至, 何有去聖人之道, 舍先王之法, 而從夷狄之敎, 以求福利也."라고 하였다.(『동아당창려집주東雅堂昌黎集註』 권18』)

223 **호생오사好生惡死.** 사는 것을 좋아하고 죽는 것을 싫어함. 주희朱熹가 인물지성人物之性에 대해 논한 대목 중에 나오는 말이다. "기氣는 서로 비슷하다. 그래서 예컨대 춥고 따스한 것을 느끼는 것이나, 배고프고 배부른 것을 아는 것이나, 사는 것을 좋아하고 죽는 것을 싫어하는 것이나, 이익을 좇고 해를 피하는 것 등은 인人과 물物이 모두 같다. 반면에 이理는 같지 않다. 그래서 예컨대 벌과 개미의 군신은 단지 그 의義에 대해서 아주 조금만 아는 것이 있을 뿐이며, 범과 이리의 부자는 단지 그 인仁에 대해서 아주 조금만 아는 것이 있을 뿐이다氣相近, 如知寒煖, 識飢飽, 好生惡死, 趨利避害, 人與物都一般. 理不同, 如蜂蟻之君臣, 只是他義上, 有一點子明, 虎狼之父子, 只是他仁上, 有一點子明."(『주자어류朱子語類』 권4 「성리性理」 1 '인물지성기질지성人物之性氣質之性')

224 **존비귀천尊卑貴賤.** 사회적 지위나 신분의 높음과 낮음 또는 귀함과 천함.

225 **다를쏜가.** 다르겠는가. '~ㄹ쏜가'는 '어찌 그럴 리가 있겠느냐'의 뜻으로 의문의 형식을 빌려 앞의 내용을 강하게 부인할 때 쓰는 종결어미. 주로 의문문 형식을 취한다.

226 **무죄백성無罪百姓.** 죄 없는 백성.

227 **저대도록.** 저다지. 저러한 정도로. 또는 저렇게까지. 저토록.

228 **보채는고.** '보채다'는 어떠한 것을 요구하며 조르다.

229 **불상不祥할싸.** 불쌍하구나.

230 **잔인殘忍할싸.** 잔인하구나. 여기서 '잔인하다'는 애처롭고 불쌍하여 차마 보기 어렵다는 뜻이다.

231 **대한소한大寒小寒.** 대한과 소한. '대한'은 이십사절기의 하나로 소한小寒과 입춘立春 사이에 들며, 태양의 황경黃經이 300도에 이른 때로 한 해의 가장 추운 때이다. 1월 20일경이다. '소한'은 태양의 황경이 285도에 도달했을 때로 동지와 대한 사이에 드는데, 양력 1월 6일이나 7일경이다. '대한이 소한 집에 가서 얼어죽는다'는 속담이 있을 정도로 소한 추위는 매섭다.

232 **한 치위에.** 큰 추위에.

233 **벗고.** '헐벗고'. '헐벗다'는 가난하여 옷이 헐어 벗다시피 하다.

정이월正二月[234]이 다다르면 환자성책還子上冊[235] 감결甘結[236] 보고

자루망태[237] 옆에 끼고 허위허위[238] 들어가서

너 말 타면 서 말 되고 서 말[239] 타면 두 말 되니[240]

허다소솔許多所率[241] 살아나서[242] 그 무엇을 먹잔 말고[243]

무주공산無主空山[244] 삽주채[245]야 너 아니면 연명延命하랴[246]

삼사월三四月이 다다르면 서주역사西疇役事[247] 하랴 하고[248]

남녀노소男女老少 내달아서[249] 바야흐로[250] 버을[251] 적에

철모르는 자네네는 군정역사軍丁役事[252] 무슨 일노[253]

보토군補土軍[254]의 사초군莎草軍[255]의 발인군發靷軍[256]의 석회군石灰軍[257]의

주인사령主人使令[258] 팔 잘라서[259] 성화촉래星火捉來[260] 패자牌子[261] 차고

---

234 **정이월正二月**. 정월과 이월을 아울러 이르는 말.

235 **환자성책還子成冊**. 환상성책還上成冊. '환자' 혹은 '환상'은 곡식을 사창社倉에 저장하였다가 백성들에게 봄에 꿔어주고 가을에 이자를 붙여 거두던 일. '성책'은 책을 만듦. 누가 얼마의 환자를 타갔고 이자는 얼마가 붙었는지 등을 기록한 책을 말함.

236 **감결甘結**. 상급 관아에서 하급 관아에 보내던 공문. 오늘날의 훈령訓令과 같다.

237 **자루망태**. 관에서 받은 환곡을 넣을 주머니. '자루'는 속에 물건을 담을 수 있도록 헝겊 따위로 길고 크게 만든 주머니. '망태'는 '망태기'로 물건을 담아 들거나 어깨에 메고 다닐 수 있도록 만든 그릇. 주로 가는 새끼나 노 따위로 엮거나 그물처럼 떠서 성기게 만듦.

238 **허위허위**. 손발 따위를 이리저리 내두르는 모양. 여기서는 힘에 겨워 힘들어하는 모양.

239 **말**. 부피의 단위. 곡식, 액체, 가루 따위의 부피를 잴 때 쓴다. 한 말은 한 되의 열 배로 약 18리터에 해당. 참고로 '서'와 '너'는 셋과 넷을 이르는 말.

240 이 구절은 환곡을 내어주는 간사한 아전, 곧 간리奸吏가 일정 양을 가로챈다는 말이다.
241 **허다소솔許多所率**. 많은 식구들.
242 **살아나서**. 살아 있는데.
243 **먹잔 말고**. 먹고 살라는 말인가.
244 **무주공산無主空山**. 임자 없는 빈산.
245 **삽주채**. 삽주 채소. '삽주'는 국화과의 여러해살이풀로 높이는 50㎝ 정도이며, 잎은 어긋나고 달걀 모양의 타원형이다. 어린잎은 식용하고 뿌리는 약용한다. 흉년 따위로 기근이 심할 때 농작물 대신 먹는 구황식물救荒植物이다.
246 **연명延命하랴**. 목숨을 이어 살아갈 수 있겠느냐.
247 **서주역사西疇役事**. '서주'는 서쪽에 있는 밭이라는 말인데, 농지農地를 뜻하는 시어詩語이다. 도연명陶淵明의 「귀거래사歸去來辭」에 "농부가 나에게 봄이 왔다고 말해주니, 서쪽 밭에 장차 할 일이 있으리라農人告余以春及, 將有事于西疇."라고 한 데에서 유래하였다. 역사'는 토목이나 건축 따위의 공사인데, 여기서는 농사짓는 일.
248 **하랴 하고**. 문맥상 '~도 하랴, 할 일이 많은데' 정도의 의미.
249 **내달아서**. (농사일에 너도 나도) 덤벼들어.
250 **바야흐로**. 이제 한창. 또는 지금 바로.
251 **버을**. 글자 수를 맞추기 위해 '벌다'의 '벌'을 '버을'로 적은 것이 아닐까 하는데, 확실치는 않다. 문맥상으로는 '바쁘다'의 의미일 듯한데, 역시 확실치 않다.
252 **군정역사軍丁役事**. '군정'은 군적軍籍에 있는 지방의 장정. 16세 이상 60세 미만의 정남丁男으로, 국가나 관아의 명령으로 병역이나 노역勞役에 종사하였다. 역사'는 토목이나 건축 따위의 공사인데, 여기서는 군사 관련 노역.
253 **일노**. '정재호본', '영언총록본' 등의 '일고'를 따라 '일인가'로 풀이함.
254 **보토군補土軍**. '보토'는 패어서 우묵하게 된 곳에 흙을 채워 메움. 보토하는 데 백성을 동원해 일을 시켰다는 말이다.
255 **사초군莎草軍**. '사초'는 무덤에 떼(흙이 붙어 있는 상태로 뿌리째 떠낸 잔디)를 입혀 잘 다듬는 일. 사초하는 데 백성을 동원해 일을 시켰다는 말이다.
256 **발인군發靷軍**. '발인'은 장례를 지내러 가기 위하여 상여 따위가 집에서 떠남. 또는 그런 절차. 발인하는 데 백성을 동원해 일을 시켰다는 말이다.
257 **석회군石灰軍**. 매장하는 관에 물이 새어들지 않도록 흙에 석회를 섞어 묻는 일에 백성을 동원해 일을 시켰다는 말이다.
258 **주인사령主人使令**. 우두머리 사령. 여기서 '주인'은 도둑이나 노름꾼 따위 소굴의 우두머리. 또는 그들의 뒤를 봐주는 사람인 '와주窩主'. '사령'은 각 관아에서 심부름하던 사람.
259 **팔 잘라서**. 잘록할 정도로 단단히 동여매서. 「민탄가」에도 "팔 잘라서 태나 놓고"라는 표현이 나온다. '태'가 '笞', 곧 볼기를 때리는 태형笞刑인 듯하니, 팔을 묶어서 형틀에 올려놓는다는 뜻이 아닌가 하는데, 확실치는 않다.
260 **성화촉래星火捉來**. 몹시 급하게 사람을 붙잡아 옴.
261 **패자牌子**. 군사상의 명령인 군령軍令을 전하는 문서류로 지위나 신분이 높은 사람이 아랫사람에게 전하는 문서를 뜻하기도 함.

면임이임面任里任[262] 안동眼同[263]하여 바삐 가자 최촉催促[264]하니
돈 없는 놈 면免할쏜가[265] 얻은 소를 도로 주고
고을 가서 점고點考[266] 맞고 역처役處[267]로 내다르니
사오나온[268] 색리아전色吏衙前[269] 큰 매 들고 두드리며
바삐 하라 최촉催促하니 숨 쉴 사이 있을쏜가
없어지며 자빠지며 겨우 굴러[270] 마친 후에
집이라고 찾아오니 없던 병病이 나로매라[271]
한 달에도 두세 번씩 이런 역사役事하노라니
때를 이미 잃었으니 무슨 농사農事 하잔말고[272]
오뉴월五六月이 다 지나고 칠팔월七八月이 다다르니
추풍소소秋風蕭蕭[273] 송안군送雁羣[274]에 백로상강白露霜降[275] 다닷거든[276]
낫을 갈아 옆에 끼고 지게 지고 가서 보니
심경이루深耕易耨[277] 하였을 제 전들[278] 아니 되었으랴[279]
추수秋收할 것 전혀 없고 괘겸掛鎌할 것 전혀 없다[280]
환자결전還子結錢[281] 어이하며 신역사채身役私債[282] 어이할꼬

---

262 **면임이임面任里任**. 면임과 이임. '면임'은 지방의 면에서 호적과 공공사무를 맡아보던 사람. '이임'은 지방의 동리에서 호적에 관한 일과 그 밖의 공공사무를 맡아보던 사람.
263 **안동眼同**. 사람을 데리고 함께 감.
264 **최촉催促**. 어떤 일을 빨리하도록 조름.
265 **면免할쏜가**. 면하겠는가. 어떤 일을 당하지 않게 되겠는가.
266 **점고點考**. 명부에 일일이 점을 찍어 가며 사람의 수를 조사함.

267 **역처役處**. 부역賦役을 할 곳. '부역'은 국가나 공공 단체가 특정한 공익사업을 위하여 보수 없이 국민에게 의무적으로 책임을 지우는 노역.

268 **사오나온**. 사나운.

269 **색리아전色吏衙前**. 감영監營(관찰사가 직무를 보던 관아)이나 군아郡衙(고을의 수령이 사무를 보던 관아)에서 곡물을 출납하고 간수하는 일을 맡아보던 구실아치.

270 **굴러**. 어떤 장소에서 누워서 뒹굴어.

271 **나로매라**. 나는구나.

272 **하잔말고**. 짓자는 말인가.

273 **추풍소소秋風蕭蕭**. 가을바람이 쓸쓸함.

274 **송안군送雁羣**. 기러기떼를 보냄. 당나라 시인 유우석劉禹錫(772~842)의 「추풍인秋風引」이라는 시 "가을바람은 어디서 불어오나 / 쓸쓸한 바람 기러기떼를 보내네 / 새벽 뜰 앞의 나무에 불어오는 바람이야 / 외로운 나그네가 가장 먼저 듣고 있겠지何處秋風至, 蕭蕭送雁羣, 朝來入庭樹, 孤客最先聞."에서 나온 말.

275 **백로상강白露霜降**. 백로와 상강. 백로는 이십사절기의 하나로 처서處暑와 추분秋分 사이에 들며, 9월 8일경이고, 상강은 한로寒露와 입동立冬 사이에 들며, 아침과 저녁의 기온이 내려가고, 서리가 내리기 시작할 무렵이다. 10월 23일경이다.

276 **다닷거든**. '정재호본'과 '영언총록본'의 '다닷거다'를 따라 '다다랐다'로 풀이함.

277 **심경이루深耕易耨**. 밭을 깊이 갈고 김도 쉽게 맴. 『맹자』「양혜왕 상」의 "왕이 만약 어진 정치를 백성에게 베풀어, 형벌을 줄이고 세금을 적게 거둔다면, 백성들은 힘이 생겨서 깊이 밭 갈고 김도 잘 매어 많이 수확할 것이요, 젊은 사람은 한가한 날에 효제충신의 도리를 닦아, 집에 들어가면 그 부형을 잘 섬길 것이요 밖으로 나가면 그 윗사람을 잘 섬길 것이니, 그들로 하여금 몽둥이를 만들어 진나라와 초나라의 견고한 갑옷과 예리한 칼날을 두들겨 패게 할 수 있을 것이다王如施仁政於民, 省刑罰, 薄稅斂, 深耕易耨, 壯者以暇日修其孝悌忠信 入以事其父兄 出以事其長上 可使制挺以撻秦楚之堅甲利兵矣."

278 **전들**. 저것인들. '저것'은 논농사.

279 문맥상 '제때에 밭을 깊게 갈고 김도 잘 매었다면 농사가 다 잘 되었지 않았겠는가'라는 의미로 보임.

280 '괘겸'은 낫을 걸어둔다는 말이니, 이 구절은 낫을 대어 벨 곡식이 전혀 없다는 뜻임.

281 **환자결전還子結錢**. 환곡還穀에 덧붙여 거두어들이던 돈. 환곡은 흉년을 당하여 가난한 백성을 도와주는 진휼책賑恤策의 하나로 곡식이 다 떨어지고 햇곡식은 아직 익지 아니하여 식량이 궁핍한 춘궁기에 국가가 농민에게 대여했다가 추수 후에 회수하던 비축 곡물 또는 그런 제도이다. 흔히 환자還子라고 했으며, 조선 후기에는 공채公債, 조적糶糴이라고도 했다. 추수기에는 원곡元穀과 함께 모곡耗穀(곡식을 쌓아 둘 동안 축이 날 것을 미리 셈하여 한 섬에 몇 되씩 덧붙여 받던 곡식)을 붙여서 거두었다. 이때 모곡은 원곡의 1/10(쌀 1섬당 1.5두)에 해당하는 이자의 형태로서 원곡이 줄어드는 것을 보충한다는 명목으로 환수하였다.

282 **신역사채身役私債**. 신역 대신 진 빚. '신역'은 나라에서 성인 장정壯丁에게 부과하던 군역軍役(군대에서 복역하거나 군대의 진영陣營에서 하는 노역)과 부역賦役(국가가 백성에게 의무적으로 책임을 지우는 노역). '사채'는 개인이 사사로이 진 빚. 주로 추수 후에 갚음.

아무런들[283] 군향미[284]야 아니하고 견딜런가[285]
평석[286]할 데 완석[287] 지고[288] 겨우 굴러 들어가니
방자[289] 뜨고 통인[290] 뜨고 고직[291] 먹고 색리[292] 먹고
다 들어서[293] 떼어내니 미수未收[294] 절로 나노매라[295]
미수 빼어[296] 주패[297] 내어 검독장교[298] 내혀놓아[299]
가가호호[300] 들싸면서[301] 욕질 매질 들부비며[302]
차지 나라[303] 혼동[304]하며 동아줄[305]로 얽어가니[306]
부정釜鼎[307]인들 견딜쏜가 계견鷄犬[308]인들 남을쏘냐
동대서걸東貸西乞[309] 하여다가 겨우 필납畢納[310] 하고 나니

---

283 **아무런들**. 그렇다 쳐도. 여기서는 '(앞에서 나온 환자결전이나 신역사채는) 못 갚는다 해도' 정도의 의미.

284 **군향미**. 軍餉米. 군대의 양식으로 쓰는 쌀. 군량미軍糧米. 군자미軍資米. 환곡還穀이 부족할 때 군향미를 대신 나누어주었는데 그것을 환수할 때 받는 모곡耗穀 몫을 더 받았다. 모곡은 환곡을 수납할 때 원곡元穀 이외에 쥐 · 새 등에 의한 손실을 채우는 뜻으로 석石마다 10분의 1을 더 받았다.

285 **견딜런가**. 신역사채身役私債도 그렇지만 특히 군향미를 갚으라는 독촉은 견디기 어렵다는 말이다.

286 **평석**. 平石. 민가民家에서 곡식이나 액체 열다섯 말을 되는 데 쓰던 그릇.

287 **완석**. 完石. 민가에서 곡식이나 액체 스무 말을 되는 데 쓰던 그릇.

288 **지고**. '지다'는 물건을 짊어서 등에 얹게 하다. 평석을 내야 하는데 미리 완석을 등에 지고 간다는 말이다. 참고로 '정재호본'에는 '하고'라 되어 있고, 앞에서도 '평석할 때'라 했듯이, '하고'로 보는 것도 자연스러워 보인다. 그렇게 보면, 스무 말 그릇에 열다섯 말을 되어 주고, 나중에는 스무 말을 받아낸다는 말로도 이해된다.

289 **방자**. 房子. 지방의 관아에서 심부름하던 남자 하인.

290 **통인**. 通引. 수령守令의 잔심부름을 하던 구실아치.

291 **고직**. 庫直. 관아의 창고를 보살피고 지키던 사람. 고지기.

292 **색리**. 色吏. 감영이나 군아에서 곡물을 출납하고 간수하는 일을 맡아보던 구실아치.

293 **다 들어서**. 모두 다 들어내어서. '정재호본'의 '다투어', '영언총록본'의 '달려들어'를 따라 '다투어 혹은 달려들어'로 풀이하는 것도 자연스럽다.

294 **미수未收**. 돈이나 물건 따위를 아직 다 거두어들이지 못함. 여기서는 '내야 할 곡식'이라는 의미로 쓰인 듯함.

295 **나노매라**. (생겨)나는구나.

296 **빼어**. '빼어내어' 혹은 '뽑아내어'.

297 **주패**. 朱牌. 관아에서 죄인을 호출할 때 발부하는 통지서인데, 주릿대나 무기 따위로 쓰던 붉은 칠을 한 몽둥이인 주장朱杖과 함께 발부하기 때문에 붙여진 이름이다.

298 **검독장교**. 검독檢督하는 장교將校. '검독'은 어떤 일의 진행 상황을 검사하고 일을 열심히 하도록 독촉하여 부추김. '장교'는 각 군영과 지방 관아의 군무에 종사하던 낮은 벼슬아치.

299 **내혀놓아**. 정확치는 않으나, 문맥상 '풀어놓아'의 의미인 듯함. 참고로 '정재호본', 가사소리본'에서는 '내여놓아'로 되어 있다.

300 **가가호호**. 家家戶戶. 한 집 한 집.

301 **들싸면서**. 정확치는 않으나, 문맥상 '다니면서' 정도의 의미가 아닌가 함.

302 **들부니머**. 정확치는 않으나, 문맥상 '들쑤시며' 정도의 의미가 아닌가 함. '들이쑤시다'는 남을 가만히 있지 못하게 마구 들썩이거나 무엇을 내놓으라고 하면서 샅샅이 마구 헤침.

303 **차지 나라**. '차지次知'는 본인 말고 대신할 다음 사람. '지知'는 일을 맡는다는 뜻.「갑민가」에서 차지로 아내를 대신 잡아가두었다는 말이 나옴. '나라'는 '정재호본'에서처럼 '내라'로 하는 것이 적절해 보임. '

304 **혼동**. 서로 뒤섞이어 하나가 됨.

305 **동아줄**. 굵고 튼튼하게 꼰 줄.

306 **얽어가니**. 노끈이나 줄 따위로 이리저리 걸어 가져가니.

307 **부정釜鼎**. 부엌에서 늘 쓰는 가마와 솥 따위의 그릇.

308 **계견鷄犬**. 닭과 개를 아울러 이르는 말.

309 **동대서걸東貸西乞**. 동에서 구하고 서에서 빌린다는 뜻으로, 여러 곳에서 빚을 짐을 이르는 말.

310 **필납畢納**. 세금을 다 냄.

전삼세[311]를 바치라고 파장기[312]가 내닫거다[313]

나라 주신 재결[314]이야 바라기도 못하려니

자리[315] 없는 허복[316] 속은[317] 저대도록[318] 내였는가

아모랴도[319] 원억[320]하다 이를 어이 하잔 말고

장에 가서 종이 사서 글 하는 데 겨우 빌어[321]

원통[322] 소지[323] 써가지고 관문[324] 밖에 다다르니

문직 사령[325] 마주 서서 장목[326] 재촉 무삼 일고[327]

가까스로 틈을 타서 소지 백활[328] 써 아뢰니

관사님[329]이 보시다가 앙천대소仰天大笑[330] 하시면서

서원[331] 알지 내 알던가 물리치라 호령하니

급창[332] 사령 내달아서 주장[333]으로 꼭뒤[334] 집혀[335]

족불이지[336] 내치시니[337] 한 말인들[338] 있을쏜가

---

311 **전삼세**. 田三稅. 논과 밭에 매기던 전세田稅 · 대동미 · 호포戶布를 통틀어 이르던 말.

312 **파장기**. 把掌記. 납세자와 납세액을 양안量案에서 뽑아 적던 장부. '양안'은 조세 부과를 목적으로 논밭을 측량하여 만든 토지 대장. 농민층의 토지 소유 상황, 농가 소득 정도, 계층 분화의 정도 따위를 파악할 수 있는 자료로서 논밭의 소재지, 자호字號(토지의 번호나 족보의 장수 따위를 숫자 대신 천자문의 차례에 따라 매긴 번호), 위치, 등급, 형상, 면적, 사표四標(사방의 경계표), 소유주 따위가 기록되어 있다.

313 **내닫거다**. 내닫는구나. '내닫다'는 어떤 일을 하려고 함부로 덤벼들다.

314 **재결**. 災結. 홍수, 서리, 우박, 해충 등으로 인해 해를 입은 전답에 대해 그 세금을 면해주는 것. 경차관敬差官(지방에 파견하여 임시로 일을 보게 하던 벼슬. 주로 전곡田穀의 손실을 조사하고 민정을 살피는 일을 함)을 보내거나 관찰사가 파악한 재해의 실태에 따라 호조에서 전세를 면제해 주었다.

315 **자리**. 미상. 정확치는 않으나, 문맥상 '땅' 혹은 '근거'의 의미가 아닌가 함.
316 **허복**. 虛卜. 땅을 가지지 못한 사람이 공연히 물던 조세.
317 **속**. 감추어진 일의 내용. 그런데 '정재호본'에서는 '구슬'이라 했는데, '구실'이 온갖 세납을 통틀어 이르던 말이므로, 땅을 가지 못한 사람에게도 물리던 온갖 세금이라는 의미의 '허복구실'이라 하는 것이 적절해 보임.
318 **저대도록**. 저토록.
319 **아모랴도**. 아무리 생각해도.
320 **원억**. 冤抑. 억울함.
321 **빌어**. 남의 도움을 받거나 사람이나 물건 따위를 믿고 기대어.
322 **원통**. 冤痛. 분하고 억울함.
323 **소지**. 所志. 청원이 있을 때에 관아에 내던 서면. 소송을 제기하기 위하여 제일심 법원에 제출하는 소장訴狀.
324 **관문**. 官門. 관청의 문. 관청.
325 **문직 사령**. 문지기와 사령. '문직門直'은 드나드는 문을 지키는 문지기. '사령'은 각 관아에서 심부름하던 사람.
326 **장목**. 長木. 몽둥이.
327 **무삼 일고**. 무슨 일인가.
328 **백활**. 白活. 발괄. 억울하게 된 사서민士庶民이 관청에 올리는 일종의 소장訴狀·청원서請願書·진정서陳情書. 소첩訴牒.
329 **관사님**. 관장님. '관사官司'는 '관장官長'으로 고을 원을 높여 이르던 말.
330 **앙천대소仰天大笑**. 터져 나오는 웃음을 참을 수 없거나 어이가 없어서 하늘을 쳐다보고 크게 웃음.
331 **서원**. 書員. 각 고을의 세금을 거두어들이던 구실아치.
332 **급창**. 及唱. 고을의 수령이 사무를 보던 관아인 군아郡衙에 속하여 원의 명령을 간접으로 받아 큰 소리로 전달하는 일을 맡아보던 사내종.
333 **주장**. 朱杖. 주리(죄인의 두 다리를 한데 묶고 다리 사이에 두 개의 주릿대를 끼워 비트는 형벌)를 트는 데에 쓰는 두 개의 긴 막대기인 주릿대나 무기 따위로 쓰던 붉은 칠을 한 몽둥이.
334 **꼭뒤**. 뒤꼭지. 뒤통수의 한가운데.
335 **집허**. 정확치는 않으나, '정재호본'에 '질러'로 되어 있고, 앞에 '주장', 곧 몽둥이가 나오는 것으로 미루어 보아 아마 '지르다', 곧 막대기 따위를 내뻗치어 뒤통수를 힘껏 때린다는 의미인 듯함. '뒤꼭지치다', '뒤통수치다'와도 연관이 있을 듯.
336 **족불이지**. 足不履地. 발이 땅에 닿지 않는다는 말로, 몹시 급하게 달아나거나 걸어감을 나타냄.
337 **내치시니**. 쫓아내니.
338 **한 말인들**. 할 말이 있을지라도. '~인들'은 '~라고 할지라도'의 뜻을 나타내는 보조사로 어떤 조건을 양보하여 인정한다고 하여도 그 결과로서 기대되는 내용이 부정됨을 나타냄.

밭뙈기[339] 논배미[340]를 무릍[341] 도지[342] 삭세기[343]로
예가[344] 팔고 제가[345] 팔아 쌀도 받고 돈도 받아
풍설빙정[346] 참악[347]한데 지고 싣고 올라가서
크단[348] 말[349]과 크단 휘[350]로 안 되어서 받자 하니[351]
두 말 쌀을 바치려면 서말 쌀이 남아돈다[352]
솥도 팔고 옷도 팔아 겨우 굴러 필납[353]하니
사이사이 사채[354] 징족[355] 일부일[356]에 자심[357]하니
자질할싸[358] 잔 구실[359]은 어이 그리 만톳던고[360]
떼어적[361]에 동아줄[362]에 배자[363] 값에 장목[364] 값에

---

339 **밭뙈기**. 얼마 안 되는 자그마한 밭.
340 **논배미**. 논두렁으로 둘러싸인 논의 하나하나의 구역.
341 **무릍**. 값을.
342 **도지**. 賭地. 경작자가 매년 추수 때 일정액의 토지 사용료를 내기로 하고 빌린 토지. 남의 논밭을 빌려서 부치고 논밭을 빌린 대가로 해마다 내는 벼. 생산물의 25~33%를 소작료로 물었다.

343 **삭세기**. 정확치는 않으나, 이 말은 어떤 물건이나 시설(여기서는 토지)을 이용하고 내는 돈인 '삯'과 '세기稅期', 곧 세금을 내는 시기라는 말이 합쳐진 말인 듯하다. 그런데 '정재호본'에서는 '삭도지'라 했고, '강전섭본2'에서는 '삭글세'라고 했다. '삭도지'는 '삯도지', 곧 남의 논밭을 빌려서 부치고 논밭을 빌린 대가로 해마다 내는 돈을, '삭글세'는 '사글세'로 집이나 방(여기서는 논밭)을 다달이 빌려 쓰는 대가로 내는 돈을 의미한다. 이런 말들은 빚을 갚지 못해 논밭을 잃게 되면서 몰락하는 자영농의 처지와 관련이 깊을 것이다.

344 **예가**. 여기(에)서.

345 **제가**. 저기(에)서.

346 **풍설빙정**. 風雪氷程. 눈보라에 언 길.

347 **참악**. 慘惡. 참혹하고 흉악함.

348 **크단**. 커다란.

349 **말**. 곡식, 액체, 가루 따위의 분량을 되는 데 쓰는 그릇. 열 되가 들어가게 나무나 쇠붙이를 이용하여 원기둥 모양으로 만든다.

350 **휘**. 곡식의 분량을 헤아리는 데 쓰는 그릇의 하나. 스무 말들이와 열닷 말들이가 있다.

351 **받자 하니**. 바치고자 하니.

352 **남아돈다**. 아주 넉넉하여 나머지가 많이 있게 되다. 정해진 양보다 훨씬 더 내야 했다는 말이다. 참고로 '영언총록본'에는 이 다음에 다음 구절이 덧붙어 있다. "척문尺文 찾아 옆에 차고 집에 겨우 들어오니 / ○○들을 바치라고 면○인面○人이 또 나왔네 / 넉 양 돈을 바치라고 닷 냥 돈이 남아돈다." '척문'은 세금 따위를 받고 내어주던 영수증. ○○은 판독 불가. '면○인'은 '面主人'으로 주州 · 부府 · 군郡 · 현縣과 면面 사이를 오가면서 심부름하던 사람.

353 **필납**. 畢納. 세금을 다 냄.

354 **사채**. 私債. 개인이 사사로이 진 빚.

355 **징족**. 徵族. 백성이 관아에 내어야 할 것을 내지 못할 때 그 사람의 일가붙이에게서 대신 거두어들이던 일.

356 **일부일**. 日復日. 하루하루가 계속 반복된다는 뜻으로, '날마다'를 이르는 말.

357 **자심**. 滋甚. 더욱 심해짐.

358 **자질할싸**. 자질도 하구나. '자질'은 작고 소소하다는 의미의 '잘다'와 관련이 있는 듯.

359 **구실**. 온갖 세납을 통틀어 이르던 말.

360 **만톳던고**. 많은가.

361 **떼어적**. 미상이나 혹시 비나 바람 따위를 막으려고 치는 거적 같은 떼적을 말하지 않나 함.

362 **동아줄**. 굵고 튼튼하게 꼰 줄.

363 **배자**. 褙子. 본문에는 '패자'로 되어 있으나, '정재호본'과 '가사소리본'에 '배자'로 되어 있는 것을 따른다. 배자背子는 추울 때에 저고리 위에 덧입는, 주머니나 소매가 없는 옷을 말한다.

364 **장목**. 裝木. 몸치장하는 데에 드는 무명.

시초[365] 조강[366] 치계[367]들과 유청[368] 지지[369] 홰꾼[370] 값에
칠월 더위 국마[371] 몰이[372] 섣달 추위 납토[373] 사냥
전전양양錢錢兩兩[374] 모아내어[375] 삼배사배三倍四倍[376] 들어가니[377]
이 돈인들 공[378]이 날까 쌀을 찧어[379] 무전[380]하니[381]
민간民間 기색[382] 참휼[383]한데 장시직[384]은 대풍일다[385]
내 앞일도 이러한데 백골도망[386] 징포[387]들은
삼족일족[388] 원근간遠近間[389]에 두세 번씩 물어내니
적신[390]들만 남아세라[391] 그 무엇을 주단말고[392]

---

365 **시초**. 柴草. 땔나무로 쓰는 풀.

366 **조강**. 앞의 '시초', 뒤의 '치계'와 '유청' 등을 고려해 볼 때 수령에게 들어가는 어떤 품목일 텐데, 미상임.

367 **치계**. 雉鷄. 꿩과 닭을 아울러 이르는 말.

368 **유청**. 油淸. 기름과 꿀.

369 **지지**. 紙地. 종이.

370 **홰꾼**. 벼슬아치가 밤에 드나들 때 횃불을 들고 길을 인도하는 일을 맡아 하던 사람을 이르던 말. 이상은 관수미官需米, 곧 수령守令의 양식糧食으로 일반 백성에게 거두어들이던 쌀에 대해 말하는 것으로 보인다. 관수미의 범위는 수령의 봉급을 의미할 경우, 여기에 제반 집물가什物價, 포진가鋪陳價, 보수비補修費, 신구 영송비新舊迎送費, 염鹽·장醬·치雉·계鷄·시탄柴炭·빙氷 값을 합한 것을 의미할 경우, 다시 여기에 유油·청淸·지지紙地·감사지공監司支供·사객지공使客支供 등을 합한 것을 가리키는 경우가 있었다. 관수미는 대읍大邑, 중읍中邑, 소읍小邑, 잔읍殘邑에 따라 그 떼어 주는 양이 규정되어 있으며, 그것을 12개월로 나누어 그달의 것만 지출하고 다른 달의 것을 당겨쓰지 못하게 되어 있었다.(『목민심서牧民心書』「호전戶典」'세법稅法')

371 **국마**. 國馬. 나라에서 경영하던 목장의 말.

372 **몰이**. 칠월 더위에 관에서 키우는 묵마장의 말들을 몰아서 여기저기 방목하는 일.

373 **납토**. 臘兎. 섣달에 수령을 위해 사냥하는 토끼. 약재로 '섣달토끼대가리[납토두臘兎頭]'를 썼다.

374 **전전양양錢錢兩兩**. 한 푼 두 푼.

375 **모아내어**. 모아내어도.

376 **삼배사배三倍四倍**. 세 배 네 배.

377 **들어가니**. 이런 것들을 할 때마다 모두 주변 농민들의 돈을 걷었다는 말. 참고로 '영언총록본'에는 '물려가니'로 되어 있다. '물리다'는 '물게 하다.', '갚게 하다.'

378 **공**. 功. 일을 마치거나 목적을 이루는 데 들인 노력과 수고. 또는 일을 마치거나 그 목적을 이룬 결과로서의 공적. 공로. 보람.

379 **찧어**. 찧어도. '찧다'는 곡식 따위를 잘게 만들려고 절구에 담고 공이로 내리치다.

380 **무전**. 無錢. 돈이 없음.

381 **무전하니**. 추수한 백성들은 돈이 없는데. 참고로 '정재호본'에는 '작전作錢하니'로 되어 있다. '작전'은 물건을 팔아서 돈을 마련한다는 말로, 전세田稅를 받을 때 곡식 대신에 돈으로 환산하여 바치게 하던 일을 말한다.

382 **기색**. 氣色. 얼굴에 드러나는 빛.

383 **참흉**. 慘凶. 비참하고 끔찍한 흉년.

384 **장시즉**. 장시직. '영언총록본'의 '장시직場市直'을 따름. '장시직'은 '시장을 지키는 사람'이라는 뜻이고. '직直'은 창고지기인 '고직庫直'에서 보듯이 '~을 지키는 사람'의 뜻을 더하는 접미사이다. 참고로 순우리말인 '장시'는 관아에서 불한당, 곧 남 괴롭히는 것을 일삼는 파렴치한 사람들의 무리를 이르던 말이다.

385 **대풍일다**. 대풍大豐이로구나. '대풍'은 농사가 아주 잘된 풍년. 농사를 짓지 않는 장시직은 대풍이라는 말.

386 **백골도망**. 白骨逃亡. 조선 후기에, 죽은 사람의 이름을 군적軍籍(군인의 소속과 신원을 적어 놓은 명부)과 세금 장부에 올려놓고 군포軍布(병역을 면제하여 주는 대신으로 받아들이던 베)를 받던 '백골징포白骨徵布(죽은 사람의 이름을 군적과 세금 장부에 올려놓고 군포를 받던 일)'의 폐단으로 도망을 침. 혹은 도망간 사람의 몫까지 받는 족징族徵 또는 인징隣徵.

387 **징포**. 徵布. 신역身役(나라에서 성인 장정에게 부과하던 군역과 부역)을 대신하여 장정에게서 군포軍布(병역을 면제하여 주는 대신으로 받아들이던 베)를 거두어들이던 일.

388 **삼족일족**. 三族一族. '삼족'은 부모, 형제, 처자 혹은 아버지, 아들, 손자 또는 부계父系, 모계母系, 처계妻系를 통틀어 이르는 말. '일족'은 조상이 같은 겨레붙이. 또는 같은 조상의 친척.

389 **원근간遠近間**. 멀고 가까운 사이. 여기서는 먼 친척과 가까운 친척을 불문하고.

390 **적신**. 赤身. 벌거벗은 알몸뚱이.

391 **남아세라**. 남았구나. '~ㄹ세라'는 뒤 절 일의 이유나 근거로 혹시 그러할까 염려하는 뜻을 나타내는 연결어미.

392 **주단말고**. 줄 수 있다는 말인가. 낼 세금이 없다는 뜻임. 참고로 다음에 나오는 '물것 없나이다'와 연결 지어 보면, '영언총록본'의 '무단말고'가 적절해 보임. '물다'는 '갚아야 할 것을 치르다.'

모진 마음 다시 먹고 관문官門 안에 드리다라[393]
명정[394]하신 사또님께 민망[395] 백활白活[396] 아뢰네다[397]
마른 남개[398] 물이 날까[399] 일족 물[400] 것 없나이다
원님 얼굴 내 알던가 형방놈[401]이 내달아서[402]
쇄장[403] 불러 큰 칼[404] 씌워 하옥[405]하라 재촉하니
순식간에 칼을 쓰고 옥문 안에 들거고나[406]
궤상육[407]의[408] 도수놈[409]들 고채[410] 들고 내달아서
술값 내라 지저귀며[411] 발 찢는 양 즈긔[412]없다
단옷[413] 벗어 쇄장 주고 전당[414]하고 술을 받아
형방 쇄장 먹인 후에 살거지라[415] 애걸하니
형방놈이 들어가서 무엇이라 살왔던지[416]
옥수[417] 올려[418] 정일[419]하고 방송放送[420]하라 분부分付[421]하니
칼과 옥을 근면[422]하니 부견천일復見天日[423] 하겠구나

---

393 **드리다라.** 달려 들어가.
394 **명정.** 明淨. 밝고 맑음. 혹은 明正, 곧 올바르게 밝힘.
395 **민망.** 民望. 백성의 바람.
396 **백활白活.** 발괄. 억울하게 된 사서민士庶民이 관청에 올리는 일종의 소장訴狀 · 청원서請願書 · 진정서陳情書. 소첩訴牒.
397 **아뢰네다.** 말씀을 드려 알립니다.
398 **남개.** 나무에.
399 **마른 남개 물이 날까.** 마른 나무에 다시 물이 나겠는가. 그럴 일이 없다는 말이다.
400 **물.** 갚아야 할 것을 치를.
401 **형방놈.** 각 지방 관아의 형방刑房에 속하여 형전刑典(형벌에 관하여 규정한 법률)에 관한 일을 맡아보던 구실아치를 낮춰 부르는 말. 지방에서의 소송 · 형옥刑獄 · 법률 · 노비 등에 관계된 실무를 맡은 형방은 백성들의 송사訟事(소송 사건)

와 치죄治罪(죄를 다스림)를 담당하였으므로 지방민들에게 위세를 가졌고, 이것을 빌미로 농간을 부리기도 하였다.

402 **내다라서**. 달려들어서.

403 **쇄장**. 鎖匠. 옥에 갇힌 사람을 맡아 지키던 옥사쟁이. 참고로 '영언총록본'에서는 '사장'이라 한바, '사장社長'은 각 고을의 환곡還穀을 저장하여 두던 곳집인 사창社倉을 관리, 운영하는 우두머리를 말한다.

404 **칼**. 죄인에게 씌우던 형틀. 두껍고 긴 널빤지의 한끝에 구멍을 뚫어 죄인의 목을 끼우고 비녀장(한 부재의 구멍에 끼울 수 있도록 다른 부재의 끝을 가늘고 길게 만든 부분인 장부맞춤 한 부분에 두 재를 꿰뚫어 꽂아서 장부가 빠지지 않도록 하는 굵은 나뭇조각)을 질렀다.

405 **하옥**. 下獄. 죄인을 옥에 가둠.

406 **들거고나**. 들어갔구나.

407 **궤상육**. 机上肉. 도마에 오른 고기라는 뜻으로, 어찌할 수 없게 된 운명을 이르는 말.

408 **의**. 문맥상 '~되니'가 적절할 듯.

409 **도수놈**. 군영軍營에서 사형을 집행하던 사람인 도수刀手를 낮춰 부르는 말. 참고로 '영언총록본'에서는 '수도囚徒놈'이라고 했다. '수도'는 감옥에 갇힌 죄수를 말한다.

410 **고채**. 미상. 아마도 가느다란 막대기의 끝에 가죽이나 노끈 따위를 매어 쓰는 채찍의 일종이 아닌가 하는데, 확실치는 않다. 그런데 다음 구절에 '발 찢는' 운운이 나오는 것으로 보아, 차꼬일 가능성도 있다. 차꼬는 죄수를 가두어 둘 때 쓰던 형구의 하나로 두 개의 기다란 나무토막을 맞대어 그 사이에 구멍을 파서 죄인의 두 발목을 넣고 자물쇠를 채우게 되어 있다. 참고로 '영언총록본'에서는 '큰 매'라고 했다. '매'는 사람이나 짐승을 때리는 막대기, 몽둥이, 회초리, 곤장, 방망이 따위를 통틀어 이르는 말. 또는 그것으로 때리는 일.

411 **지저귀며**. 신통하지 않은 말이나 조리 없는 말을 지껄이며.

412 **즈긔**. 미상. 문맥상 '즈긔없다'는 꼴불견, 곧 하는 짓이나 겉모습이 차마 볼 수 없을 정도로 우습고 거슬린다는 뜻인 듯한데, 정확치는 않다.

413 **단옷**. 단의單衣. 한 겹으로 지은 홑옷.

414 **전당**. 典當. 기한 내에 돈을 갚지 못하면 맡긴 물건 따위를 마음대로 처분하여도 좋다는 조건하에 돈을 빌리는 일.

415 **살거지라**. 살려달라.

416 **살왔던지**. 위에다 뭐라고 말했던지.

417 **옥수**. 獄囚. 옥에 갇힌 사람.

418 **올려**. 서류 따위를 윗사람이나 상급 기관에 제출해.

419 **정일**. 定日. 날짜를 정함.

420 **방송放送**. 죄인을 감옥에서 나가도록 풀어 줌.

421 **분부分付**. 윗사람이 아랫사람에게 명령이나 지시를 내림. 또는 그 명령이나 지시.

422 **근면**. 僅免. 겨우 면함.

423 **부견천일復見天日**. 다시 하늘과 해를 봄.

정일간定日間에[424] 못 곳하면[425] 이 거조[426]가 또 있으리
백아사지[427] 할지라도 보신[428]할 길 전혀 없다
부모분산父母墳山[429] 영결[430]하고 천생[431] 모발毛髮 베더리고[432]
소매[433] 떼어 고깔[434]하고 기직[435] 베어 바랑[436]하고
쪽박[437] 꿰어[438] 옆에 차고 자른[439] 막대 꺾어 쥐고
한 손으로 계집 잡고 한 손으로 자식 잡고
호천대곡[440] 한[441] 소리에 청천백일[442] 빛이 없다
중의 몸이 되온 후에 처자식을 권련하랴[443]
팔도 고개 바라보고 사립[444] 밖에 떠나서서[445]
어제 그제 밝던 길이 오늘이야 어둡구나
고운 계집 맛난 고기 낸들 마다할까마는
가초정사맹어회[446]라 아니 가고 견딜런가
늙은 놈은 거사[447] 되고 젊은 놈은 중이 되고
그도 저도 못된 놈은 헌 누더기 걸머지고
계집 자식 앞세우고 유리사방[448] 개걸[449]하니
늙은이와 젊은이는 구학송장[450] 절로 되고
장정[451]들은 살아나서 목숨 도모[452]하려 하고
당[453] 적으면 서절구투[454] 당 많으면 명화대적[455]

---

424 **정일간定日間에**. 정해진 날짜 내에.
425 **곳하면**. '가사소리본'에 따라 '받치면'으로 풀이함.
426 **거조**. 擧措. 어떤 일을 꾸미거나 처리하기 위한 조치.

427 **백아사지**. '정재호본'과 '강전섭본2'에 따라 '백이사지百爾思之', 곧 '여러모로 생각함'으로 봄.
428 **보신**. 保身. 자신의 몸을 온전히 지킴.
429 **부모분산父母墳山**. 부모의 묘를 쓴 산.
430 **영결**. 永訣. 죽은 사람과 산 사람이 서로 영원히 헤어짐.
431 **천생**. 天生. 하늘로부터 타고남. 여기서는 부모님으로부터 받은.
432 **베더리고**. 베어 버리고.
433 **소매**. 윗옷의 좌우에 있는 두 팔을 꿰는 부분.
434 **고깔**. 승려나 무당 또는 농악대들이 머리에 쓰는, 위 끝이 뾰족하게 생긴 모자.
435 **기직**. 왕골껍질이나 부들 잎으로 짚을 싸서 엮은 돗자리.
436 **바랑**. 승려가 등에 지고 다니는 자루 모양의 큰 주머니.
437 **쪽박**. 작은 바가지. 여기서는 깨진 바가지.
438 **꿰어**. 실이나 끈 따위를 구멍이나 틈의 한쪽에 넣어 다른 쪽으로 내어.
439 **자른**. 짧은. 참고로 '영언총록본'에서는 '척촉躑躅', 곧 철쭉이라 했다. 예전에는 철쭉나무로 지팡이를 만들어 썼는데, 그것을 '척촉장躑躅杖'이라 했다.
440 **호천대곡**. 呼天大哭. 하늘을 우러러 크게 통곡함.
441 **한**. 큰.
442 **청천백일**. 靑天白日. 하늘이 맑게 갠 대낮.
443 **권련하랴**. 권련하느라. '권련眷戀'은 간절히 생각하며 그리워함.
444 **사립**. 나뭇가지를 엮어서 만든 문짝인 사립짝을 달아서 만든 문.
445 **떠나서서**. '정재호본'의 '딱 나서니'를 따르기로 함.
446 **가초정사맹어회**. 가혹한 정치는 호랑이보다 무섭다는 '가정맹어호苛政猛於虎'를 말함. 공자가 제자들과 태산泰山을 지나가다가 어떤 아낙네가 묘墓 옆에서 통곡하고 있는 것을 보고는 어찌 된 영문인지 물었더니, 예전에 시아버지와 남편을 호랑이가 잡아먹었는데 이제는 아들까지 잡아먹었다고 하였으므로, 공자가 그렇다면 왜 이곳을 떠나지 않느냐고 묻자, 여기는 가혹한 정사가 없어서 그렇다고 대답하니, 공자가 제자들에게 "너희들은 기억해 두어라. 가혹한 정사는 맹호보다도 사나운 것이니라小子聽之. 苛政猛於虎."라고 하였다는 기록이 『예기禮記』「단궁 하檀弓下」에 보인다.
447 **거사**. 居士. 속세에 있으면서 불교를 믿는 남자.
448 **유리사방**. 流離四方. 일정한 집과 직업이 없이 이곳저곳으로 떠돌아다님.
449 **개걸**. 丐乞. 빌어서 먹음.
450 **구학송장**. 丘壑송장. 언덕과 골짜기에 널려 있는 시체.
451 **장정**. 壯丁. 나이가 젊고 기운이 좋은 남자.
452 **도모**. 圖謀. 어떤 일을 이루기 위하여 대책과 방법을 세움.
453 **당**. 黨. 무리.
454 **서절구투**. 鼠竊狗偸. 쥐나 개처럼 몰래 물건을 훔친다는 뜻으로, '좀도둑'을 이르는 말.
455 **명화대적**. 明火大賊. '명화적'은 떼를 지어 돌아다니며 재물을 마구 빼앗는 사람들의 무리. 그러나 고통받는 민중 사이에서 이들은 탐관오리들의 재물을 훔쳐다가 가난한 사람을 도와주는 일종의 의적義賊으로 인식되기도 했다.

저 일들이 뉘 탓이리 애민선정[456] 못할런가
치적[457]하는 영장[458]들아 포적[459]하여 살지라도
주리난장[460] 급히 말고 경중[461] 살펴 죄 주어라
민무항산[462] 하였으니 함닉기죄[463] 고히 할까[464]
저도 만일 개과[465]하면 동시아국國 적자赤子[466]로다
그렁저렁[467] 하노라니 남은 백성 언마치랴[468]
자세히들 살펴보소 비어간다 군안 치부[469]
도고[470] 때곳[471] 다다르면[472] 각면[473] 면임[474] 잡아다가
가합[475] 군정[476] 아뢰라고 엄히 분부하오신들
떡이라고 빚어내며 나무라고 깎아낼까
그적이야[477] 오죽하랴[478] 원님 위엄 뵈랴[479] 하고
세 살[480] 쌍창[481] 젖혀놓고 작은 눈을 크게 뜨고
형틀[482] 동틀[483] 들여다가 엎쳐[484] 매고[485] 잦혀[486] 매고

---

456 **애민선정**. 愛民善政. 백성을 위하는 좋은 정치.
457 **치적**. 治賊. 도적을 잡아 다스림.
458 **영장**. 領將. 지방 관아에 속한 하급 장교.
459 **포적**. 捕賊. 도적을 잡음.
460 **주리난장**. 주리와 난장. '주리'는 인의 두 다리를 한데 묶고 다리 사이에 두 개의 주릿대를 끼워 비트는 형벌. '난장'은 신체의 부위를 가리지 아니하고 마구 매로 치던 고문.
461 **경중**. 輕重. 가벼움과 무거움. 또는 가볍고 무거운 정도.

462 **민무항산**. 民無恒産. 백성에게 항산恒産(살아갈 수 있는 일정한 재산이나 생업)이 없음. 『맹자』「양혜왕 상梁惠王上」의 "일정한 생업이 없어도 언제나 선한 본심을 견지할 수 있는 것은 선비만이 가능한 일이다. 일반 백성의 경우는 일정한 생업이 없으면 선한 본심을 지킬 수 없게 된다. 이처럼 선한 본심이 없어지게 되면 방탕하고 편벽되고 간사하고 넘치게 행동하는 등 못할 짓이 없게 된다無恒産而有恒心者, 惟士爲能, 若民則無恒産, 因無恒心, 苟無恒心, 放僻邪侈無不爲已."에서 나온 말이다.

463 **함닉기죄**. '정재호본'와 '가사소리본'의 '함어기죄陷於其罪'에 따라 '죄에 빠짐'으로 봄.

464 **고히 할까**. 괴怪히 할까. 정상적이지 않고 별나며 괴상할까. 항산이 없는 백성이 죄에 빠지는 것은 전혀 이상할 게 없다는 말이다.

465 **개과**. 改過. 잘못이나 허물을 뉘우쳐 고침.

466 **동시아국國 적자赤子**. 同是我國 赤子. 똑같이 우리나라 백성.

467 **그렁저렁**. 충분하지는 않지만 어느 정도로. 그렇게 저렇게 하는 사이에 어느덧. 그럭저럭.

468 **언마치랴**. 얼마나 되랴.

469 **군안 치부**. 軍案 置簿. '군안'은 군인이라는 신분이나 지위. '치부'는 금전이나 물건 따위가 들어오고 나감을 기록함. 또는 그런 장부.

470 **도고**. 逃故. 도망자와 물고자物故者. '물고자'는 죽은 사람.

471 **때곳**. 도고逃故 때가 곧바로 시작되면.

472 **다다르면**. '다다르다'는 목적한 곳에 이르다. 어떤 수준이나 한계에 미치다.

473 **각면**. 各面. 각각의 면.

474 **면임**. 面任. 지방의 면에서 호적과 공공사무를 맡아보던 사람.

475 **가합**. 加合. 더하여 합침.

476 **군정**. 軍丁. 군적軍籍에 있는 지방의 장정. 16세 이상 60세 미만의 정남丁男으로, 국가나 관아의 명령으로 병역이나 노역勞役에 종사하였다.

477 **그적이야**. 그때는. '그적'은 말하는 이와 듣는 이가 알고 있는 어느 시점. 주로 과거의 시점을 이른다.

478 **오죽하랴**. 정도가 매우 심하거나 대단했겠는가.

479 **뵈랴**. 보이려.

480 **세 살**. 가느다란 창살. '살'은 창문이나 연鳶, 부채, 바퀴 따위의 뼈대가 되는 부분.

481 **쌍창**. 雙窓. 문짝이 둘 달린 창문.

482 **형틀**. 刑틀. 죄인을 신문할 때에 앉히던 형구刑具.

483 **동틀**. 형틀과 같은 말.

484 **엎쳐**. 배를 바닥 쪽으로 깔아. 죄인을 형틀 위에 엎드리게 한다는 말이다.

485 **매고**. 끈이나 줄 따위를 어떤 물체에 단단히 묶어서 걸다. 죄인을 형틀에 단단히 묶는다는 말이다.

486 **잦혀**. 물건의 안쪽이나 아래쪽이 겉으로 드러나게 하여. 죄인을 형틀 위에 똑바로 누인다는 말이다.

우레 같은 대아[487] 소리 좌우로서 일어나서[488]

피가 흘러 내가 되고 살이 처져[489] 뼈가 나니[490]

그제 난[491] 놈 어제 난 놈 이름 지어 고과[492]하니

주인[493] 불러 패자[494] 주어 지접[495] 안동[496] 착래[497]하라

저것들의 거동[498] 보소 생혈미건[499] 강보아[500]를

젖줄[501] 물려 가로 안고 울며불며 들어오니

그러여도[502] 군정[503]이라 각군빛[504]을 불러들여

안책[505]에도 치부[506]하고 상사[507]에도 보[508]한다네

잘 먹으니 그러한가 비위[509]들도 좋을씨고[510]

뫼[511]에 가나 들에 가나 장정[512] 백성 많데 그려

무슨 일로 군안[513]에는 백골유치뿐일런고[514]

---

487 **대아**. '가사소리본'과 '영언총록본'에 따라, '대알', 곧 '대알大謁'로 풀이함. '알謁'은 '아뢰다', '신분이 높은 사람을 만나 뵙다'라는 뜻. 참고로 '알자謁者'는 궁중에서 빈객의 접대를 맡은 벼슬인데, 그 우두머리를 '대알자大謁者'라고 했다. 다음에 나오는 '소리'와 결부시키면, 알자가 원님이 나오신다고 큰 소리로 아뢰는 것임을 알 수 있다.

488 '정재호본'에 따르면, 이 다음에 '주장낭장 도리태로 벽력같이 때려주니'라는 말이 빠져있는 것으로 보인다. 그렇게 연결해야 다음 구절과 잘 어울린다. '주장朱杖'은 몽둥이, '낭장'은 아마 '능장稜杖', 곧 삼면을 각이 지게 깎은 몽둥이, '도리태'는 곤장의 옛말인 '도리매'.

489 **처져**. 문드러 떨어져.

490 **나니**. 드러나니.

491 **난**. 태어난.

492 **고과**. 告課. 하급 관리가 상사나 상급 기관에 아뢰는 일을 이르던 말. 이것은 군정軍政이 문란해져서 어린아이[황구黃口]를 군적軍籍에 올려 군포를 징수하던 '황구첨정黃口簽丁'을 말함.

493 **주인**. 주인사령主人使令. 우두머리 사령. 여기서 '주인'은 도둑이나 노름꾼 따위 소굴의 우두머리. 또는 그들의 뒤를 봐주는 사람인 '와주窩主'. '사령'은 각 관아에서 심부름하던 사람.

494 **패자**. 牌子. 지위가 높은 사람이 낮은 사람에게 권한을 위임하던 공식 문서.

495 **지접**. 止接. 몸을 붙이어 의지함.

496 **안동**. 眼同. 사람을 데리고 함께 가거나 옴.

497 **착래**. 捉來. 사람을 붙잡아 옴.

498 **거동**. 擧動. 몸을 움직임. 또는 그런 짓이나 태도.

499 **생혈미건**. 生血未乾. '생혈'은 살아 있는 동물의 몸에서 갓 빼낸 피로 여기서는 갓 태어난 아기의 몸에 묻은 피를 말함. '미건'은 아직 마르지 않았다는 뜻.

500 **강보아**. 강보에 싸인 갓난아이. '강보襁褓'는 어린아이의 작은 이불. 덮고 깔거나 어린아이를 업을 때 쓴다.

501 **젖줄**. 유방乳房 속에 있는, 젖이 나오는 샘.

502 **그러여도**. 그러해도. '저렇게 갓난아이도'라는 의미.

503 **군정**. 軍丁. '군정'은 군적軍籍에 있는 지방의 장정. 16세 이상 60세 미만의 정남丁男으로, 국가나 관아의 명령으로 병역이나 노역勞役에 종사하였다.

504 **각군빛**. 각군색各軍色. '군색'은 조선 시대 병조兵曹 산하의 일군색一軍色(군포에 관한 일을 맡아봄)과 이군색二軍色(보포에 관한 일을 맡아봄)을 통칭하여 부르는 말. 또는 영접도감迎接都監, 사복시司僕寺, 훈련도감訓鍊都監, 금위영禁衛營, 어영청御營廳, 총융청摠戎廳 등에 딸린 부서, 혹은 그 부서에 직속된 벼슬아치. 이 기관은 군사에 관계되는 제반 사무를 맡아 보았다.

505 **안책**. 案冊. 각 관아에서 전임前任 관원의 성명, 직명, 생년월일, 본적 따위를 기록한 책.

506 **치부**. 置簿. 금전이나 물건 따위가 들어오고 나감을 기록함. 또는 그런 장부.

507 **상사**. 上司. 위 등급의 관청. 자기보다 벼슬이나 지위가 위인 사람.

508 **보**. 報. 보고報告함.

509 **비위**. 脾胃. 음식물을 삭여 내는 능력. 어떤 음식물을 먹고 싶은 마음.

510 **좋을씨고**. 참으로 좋구나. 비아냥거리는 말.

511 **뫼**. 산山.

512 **장정**. 壯丁. 나이가 젊고 기운이 좋은 남자. 부역이나 군역에 소집된 남자. 징병 적령에 이른 남자.

513 **군안**. 軍案. 군인의 소속과 신원을 적어 놓은 명부.

514 **백골유치뿐일런고**. 백골白骨과 유치幼稚뿐인가. '백골'은 죽은 사람, '유치'는 어린아이.

강보 군사[515] 다린 장수[516] 예로부터 못 들었네
산천 형세 기험[517]한들 눌[518] 데리고 막자 하며
성곽주회[519] 견고한들 눌 데리고 지킬런고[520]
원찬[521]들도 하려니와[522] 정확[523] 중에 든듯시뷔[524]
내 이 말이 충곡[525]이니 백이사지[526] 하여 보소
애군심[527]을 두었거든 애민심[528]을 먼저 하소
신자[529] 도리 하려거든 나랏일을 힘써 하소
무슨 일로 병이 들어 깨달을 줄 모르는가
연구세심[530] 고질[531] 되면 불치지증[532] 가까우리
명의[533]들을 바삐 찾아 명약[534] 하여 속치[535]하소
약을 알아 가려 하면 지로[536]함은 내 하오리
이천[537] 냇물 건너서서 명도[538] 길로 찾아가면
회암선생[539] 경험방[540]에 조목조목 밝혔으니

---

515 **강보 군사**. 강보에 싸인 군사.
516 **다린 장수**. 어린 장수. '다린'은 '정재호본'의 '어린'을 따름.
517 **기험**. 崎險. 산길이 험함.
518 **눌**. 누구를.
519 **성곽주회**. 성곽의 둘레. '성곽'은 적을 막기 위하여 흙이나 돌 따위로 높이 쌓아 만든 담으로 내성內城과 외성外城을 통틀어 이르는 말. '주회周回'는 사물의 가를 한 바퀴 돈 길이.
520 **지킬런고**. 지키겠는가. 이 다음에는 '정재호본'에서처럼 '자네 일을 하는 거동, 우리 성상 아르시면'이라는 구절이 빠진 듯. 그것이 있어야 다음 구절과 자연스레 연결됨.

521 **원찬**. 遠竄. 먼 곳으로 귀양을 보냄.

522 **하려니와**. '~려니와'는 앞 절의 사실을 추측하여 인정하면서 관련된 다른 사실을 이어 주는 연결어미. '~겠거니와'에 가까운 뜻을 나타낸다.

523 **정확**. 鼎鑊. 발이 있는 솥과 발이 없는 솥을 아울러 이르는 말. 여기서는 가장 무거운 형벌이라는 뜻으로, '사형'을 이르는 말.

524 **든듯시뷔**. '정재호본'의 '들 듯싶다'를 따름. 들어갈 것 같다.

525 **충곡**. 衷曲. 여러 가지로 생각하는 마음의 깊은 속. 흔히 간절하고 애틋한 마음을 이른다. 심곡心曲.

526 **백이사지**. 百爾思之. 여러모로 생각함.

527 **애군심**. 愛君心. 임금을 사랑하는 마음.

528 **애민심**. 愛民心. 백성을 사랑하는 마음.

529 **신자**. 臣子. 임금을 섬기어 벼슬하는 사람. 신하臣下.

530 **연구세심**. 年久歲深. 세월이 매우 오래됨.

531 **고질**. 痼疾. 오랫동안 앓고 있어 고치기 어려운 병.

532 **불치지증**. 不治之症. 병이 잘 낫지 않거나 고치지 못할 정도의 증상.

533 **명의**. 名醫. 병을 잘 고쳐 이름난 의원이나 의사.

534 **명약**. 名藥. 효험이 좋아 이름난 약.

535 **속치**. 速治. 빠르게 치료함.

536 **지로**. 指路. 길을 가리켜 인도함.

537 **이천**. '영언총록본'의 '伊川'을 따름. '이천'은 북송의 유학자 정이程頤(1033~ 1107)의 호.

538 **명도**. 明道. '명도'는 북송의 유학자 정호程顥(1032~1085)의 호. "이천 냇물 건너서서 명도 길로 찾아가면"이라고 하여, '이천'이 지명이고, '명도'가 사람이 죽어서 간다는 영혼의 세계인 '명도冥途'인 듯 오해하기 쉬운데, 뒤에 나오는 '회암선생', '심경주' 등에 비추어 볼 때, '냇물'이니 '길'이니 하는 것은 비유적인 표현이고, 사실은 '정이를 지나 정호에게 길을 묻는다'는 말이다. 이것은 다음의 시조에서 잘 드러난다. "이천伊川에 배를 띄워 염계濂溪로 건너가니 / 명도明道께 길을 물어 가는 대로 배 시켜라 / 가다가 저물어지거든 회암晦菴에 들러 자리라."(『병와가곡집甁窩歌曲集』) 여기서 '염계'는 북송의 유학자 주돈이周敦頤(1017~1073)의 호. 참고로 이 구절은 '약'을 구하는 과정을 풀이하면서 나오는데, 여기서 '약'은 썩어빠진 위정자들의 고질을 고치는 데 필요한 것이니, 그렇다면 그 실질은 '유교의 가르침'이 될 것이다. 그래서 '정이'와 '정호'가 나온 것이고, 다음에 '회암선생' 주희가 나온 것이다.

539 **회암선생**. 주희朱熹(1130~1200). '회암晦庵'은 주희의 호. 송나라 유학자인 주희는 도학道學과 이학理學을 합친 이른바 송학宋學을 집대성하였다. '주자朱子'라고 높여 이르며, 학문을 주자학이라고 한다. 주요 저서에 『시전詩傳』, 『사서집주四書集註』, 『근사록近思錄』, 『자치통감강목資治通鑑綱目』 등이 있다.

540 **경험방**. 經驗方. 실지로 많이 써서 경험하여 본 약방문藥方文(약을 짓기 위하여 약 이름과 약의 분량을 적은 종이).

저런 병에 먹는 약은 심경주[541]가 낸 법이라[542]

인산[543] 뫼의 캐는 약을 지수[544] 물에 씻어내어

문무화[545]로 전반[546]하여 공심[547] 온복[548] 하게 되면

십이경[549]에 끼인 내종[550] 거악생신[551] 하오리라[552]

내 말같이 이리하여 저 병들이 낫게 되면

하던 일을 후회하여 백성 볼 낯[553] 안연[554]하리

가소 가소 어서 가소 내일[555] 점점 늦어 가니

어제 그정[556] 잊었고야 또한 말을 잊었고야

조정인[557]들 하는 중에 과거[558] 일정[559] 한심하데

알성[560] 정시[561] 좋은 과거 글일랑은 아니 보고

글씨 보고 정초[562] 보고 경향[563] 갈라 등을 쓰니[564]

무세향유[565] 글자한들[566] 참방[567]하기 얻을러냐[568]

---

541 **심경주**. 心經注. 송나라 진덕수眞德秀(1178~1235)가 경전과 도학자들의 저술에서 심성 수양에 관한 격언을 모아 편집한 책인 『심경心經』의 주석.

542 참고로 '영언총록본'에는 이 다음에 "나도 잠깐 들었으니 대강大綱을랑 알고 가소"라는 구절이 더 있다.

543 **인산**. 仁山. 뒤에 나오는 '지수智水'와 어울리는 말로 『논어』의 '인자요산仁者樂山, 지자요수知者樂水', 곧 어진 이는 산을 좋아하고, 지혜로운 이는 물을 좋아한다는 데서 나옴.

544 **지수**. 智水.

545 **문무화**. 文武火. 뭉근하게 타는 불과 세차게 타는 불. 문왕과 무왕의 가르침을 비유함.

546 **전반**. 煎飯. 밥을 지음. 여기서는 약을 짓는다는 말.

547 **공심**. 空心. 배 속이 비어 있는 상태. 또는 그 배 속. 공복.

548 **온복**. 溫服. 약을 따뜻하게 데워서 먹음.

549 **십이경**. 十二經. 인체의 기본이 되는 열두 가지 경맥인 십이경맥十二經脈. '경맥'은 기氣와 혈血이 순환하는 기본 통로.

550 **내종**. 內腫. 내장에 난 큰 부스럼.

551 **거악생신**. 去惡生新. 궂은살을 없애고 새살이 나오게 함.

552 **거악생신 하오리라**. 참고로 '영언총록본'에는 "자연소멸自然消滅 하주下注하고"라고 되어 있다. '하주'는 위에서 아래로 흘러내린다는 말이다.

553 **낯**. 남을 대할 만한 체면.

554 **안연**. '영언총록본'의 '난연赧然'을 따름. '난연'은 부끄러워 낯빛이 붉어진다는 말이다.

555 **내일**. '영언총록본'의 '시일時日'을 따름. '시일'은 기일이나 기한을 말한다.

556 **그정**. '영언총록본'의 '그제'를 따름.

557 **조정인**. 다른 이본들에 되어 있듯이, '조정일', 곧 조정의 일이라고 해야 함.

558 **과거**. 科擧. 중국과 우리나라에서 관리 채용 시험 제도로서 보던 시험.

559 **일정**. 다른 이본들에 되어 있듯이, '일절'을 따름. '일절'은 아주, 전혀, 절대로.

560 **알성**. 임금이 문묘文廟(공자를 모신 사당)에 참배한 뒤 실시하던 비정규적인 과거 시험인 알성시謁聖試.

561 **정시**. 廷試. 나라 안이나 중국에서 경사가 있을 때 실시한 특별 시험의 하나로 임금이 친림親臨한 가운데 행해지던 과거 시험.

562 **정초**. 正草. 과거 시험에 쓰던 종이. 시지試紙.

563 **경향**. 京鄕. 서울과 시골.

564 **등을 쓰니**. (과거 시험지에 성적의) 등급을 적으니. 등等은 등급等級. 과거 시험 성적은 '상지상上之上, 상지중上之中, 상지하上之下, 이상二上, 이중二中, 이하二下, 삼상三上, 삼중三中, 삼하三下, 차상次上, 차중次中, 차하次下의 순으로 매겼다.

565 **무세향유**. 無勢鄕儒. 세력 없는 시골 선비.

566 **글자한들**. 글(학문이나 학식) 잘 한들.

567 **참방**. 參榜. 과거에 급제하여 이름이 방목榜目, 곧 과거 합격자 명부에 오름.

568 **얻을러냐**. 얻을 수 있겠는가. 과거에 급제하여 방목에 이름을 올릴 수 있겠는가.

식년[569] 증별[570] 다 던지고[571] 공도회[572]도 사도회라[573]
가련하다 향유들아 발신[574]하는 거동 보소
삼경사서[575] 종종[576] 외워 장주장하 조어급제[577],
황각 흑각[578] 각각 휘여 흉허복실[579] 위력급제[580]
이 두 가지 아니라면 홍패[581] 구경 어이할꼬
위국충절[582] 가지기야 서울 시골 있을쏘냐[583]
치국택민[584] 하는 유[585]는 경전야수[586] 중에 있네

---

569 **식년**. 식년시式年試. 식년마다 보이던 식년과의 시험. '식년'은 자子, 묘卯, 오午, 유酉 따위의 간지干支가 들어 있는 해. 3년마다 한 번씩 돌아오는데, 이해에 과거를 실시하거나 호적을 조사하였다. '식년과'는 식년마다 보이던 과거를 통틀어 이르던 말로 문과文科, 무과武科, 생원진사과生員進士科, 역과譯科, 의과醫科, 음양과陰陽科, 율과律科 등이 있었다.

570 **증별**. 증별시增別試. 증광시增廣試. 나라에 큰 경사가 있을 때 실시하던 임시 과거 시험. 생원진사과의 초시初試와 복시覆試, 문과의 초시 · 복시 · 전시殿試의 5단계로 나누었다. 참고로 정기적으로 보던 식년시와 달리 비정기적으로 보던 과거에는 증광시, 별시別試, 알성시謁聖試, 외방별시外方別試, 별과別科 등이 있었다.

571 **던지고**. 그만두고.

572 **공도회**. 公都會. 각 도의 으뜸 벼슬인 관찰사나 수도 이외의 요긴한 곳을 맡아 다스리던 정이품의 외관外官인 유수留守가 해마다 관내管內의 유생들에게 보게 하던 소과 초시小科初試. 제술製述과 고강考講의 두 가지 시험을 보게 하였는데,

합격자는 다음 해 생원 · 진사의 복시覆試를 치를 수 있었다. '제술'은 경서經書와 사서史書에 대한 이해를 바탕으로 시詩나 부賦 등의 운문과 표表, 논論, 책策 등 여러 형식의 문장을 짓는 시험이다. '고강'은 사서삼경四書三經 등 정해진 책의 구두口讀와 해석 능력을 평가하는 시험이다.

573 **사도회라.** 私都會라. 공도회가 사사롭게 운영되었다는 말이다.

574 **발신.** 發身. 천하거나 가난한 처지를 벗어나 앞길이 훤히 트임.

575 **삼경사서.** 三經四書. 사서삼경四書三經, 곧 『논어論語』, 『맹자孟子』, 『중용中庸』, 『대학大學』의 사서와 『시경詩經』, 『서경書經』, 『주역周易』의 삼경.

576 **종종.** '정재호본'에서는 '줄줄', '영언총록본'에서는 '중중'이라 했다. '줄줄'은 조금도 막힘이 없이 시원시원하게 글을 읽거나 쓰거나 말하는 모양. '중중'은 겹겹으로 거듭.

577 **장주 장하 조어 급제.** 확실하지는 않으나, 문과 시험에서 부정을 저질러 급제한 경우가 있음을 말하는 듯함. 참고로 '영언총록본'에서는 "전두장하殿頭帳下 조어급제助語及第"라고 했다. '전두'는 '전두관殿頭官'으로 과장科場에서 시험을 관리하고 사람을 말한다. 「백학선전白鶴扇傳」의 다음 구절이 참고된다. "천자天子가 별과別科를 보게 하실새, 유생이 이 소식을 듣고 장중場中에 들어가, 시지試紙를 펼쳐 붓을 한 번 놀리매 문불가점文不加點이라. 전前에 바치고 기다리더니, 이윽고 전두관殿頭官이 호명할새, 금방 장원壯元은 전임 이부상서 유태종의 아들 백로라 부르거늘". '장하'는 장막의 아래라는 뜻으로, 지휘관이나 책임자가 거느리는 사람이나 그런 지위를 말한다. '조어'는 어구를 보태어 넣는다는 말이다. 이로 볼 때, 이 구절은 과거를 보는 과장科場에서 전두관의 도움을 받아 몇몇 어구를 억지로 집어넣어서 답안을 작성한 덕으로 급제를 했다는 말인 듯하다.

578 **황각 흑각.** 黃角 黑角. 활의 한 종류. "우리나라에서 사용하는 궁각弓角은 전적으로 왜관倭館에만 의지하는데 근년 들어 흑각黑角이 갑자기 단절되었습니다. 그러나 일본의 황각黃角과 우리나라의 향각鄕角은 모두 쓸 만하지 못하여 뿔 없이 활을 만들어야 하는 상황이니, 실로 현재 당면한 가장 심한 근심거리입니다."(『영조실록英祖實錄』 1725.9.24.) '휘다'는 구부러지게 하다.

579 **흉어복실.** 胸虛腹實. 가슴에 힘을 빼고 배에 힘을 줌. 활쏘기의 한 법도를 말한다.

580 **위력급제.** 威力及第. 정확하지는 않으나, 이는 무과武科 시험과목인 활쏘기에서 부정을 저질러 급제한 경우가 있음을 말하는 듯함. 앞의 '조어급제助語及第'와 대對가 되는 말.

581 **홍패.** 紅牌. 문과의 회시會試(초시初試에 합격한 사람이 이 차로 시험을 보던 일. 복시覆試)에 급제한 사람에게 주던 증서. 붉은색 종이에 성적, 등급, 성명을 먹으로 적었다.

582 **위국충절.** 爲國忠節. 나라를 위한 충성스러운 절개.

583 **있을쏘냐.** 있겠는가. 서울과 시골이 다르겠는가.

584 **치국택민.** 치군택민致君澤民. 나라를 다스리고 백성의 삶을 윤택하게 함.

585 **유.** 類. 질이나 속성이 비슷한 것들의 부류.

586 **경전야수.** 耕田野叟. 시골에서 밭을 갈고 사는 늙은이.

상벌[587] 분명 하게 되면 현능진지[588] 하리이다
향곡포의[589] 참모국사[590] 불가[591]한 줄 나도 아네
교목세신[592] 후예[593]로서 간국사지[594] 일비[595]하고
일촌간장[596] 모두 썩어 수자가사[597] 읊어내니
광망[598]하다 마르시고 명촉시비[599] 하오소서

587 **상벌**. 賞罰. 상과 벌. 잘한 것에 상을 주고 잘못한 것에 벌을 주는 일.

588 **현능진지**. 賢能進止. 현명하고 능력 있는 사람들이 관직에 나아가고 머무름. 참고로 '영언총록본'에서는 '진지'를 '다귀多歸'라고 했다. '현능다귀'는 현명하고 능력 있는 사람들 대부분에게 상이 돌아간다는 말이다.

589 **향곡포의**. 鄕曲布衣. 시골에 사는, 벼슬 없는 선비.

590 **참모국사**. 參謀國事. 임금을 도와 나랏일을 꾀하고 꾸미는 데에 참여함.

591 **불가**. 不可. 가능하지 않음.

592 **교목세신**. 喬木世臣. 여러 대에 걸쳐 중요한 벼슬을 지낸 집안 출신이어서 나라와 운명을 같이하는 신하.

593 **후예**. 後裔. 핏줄을 이어받은 먼 자손.

594 **간국사지**. 정확치는 않으나 '看國事之'가 아닐까 함. 이 말은 '나라가 돌아가는 형편을 보니'의 뜻임.

595 **일비**. 一悲. 슬픔.

596 **일촌간장**. 一寸肝腸. 한 토막의 간과 창자라는 뜻으로, 애달프거나 애가 타는 마음을 이르는 말.

597 **수자가사**. 數字歌詞. 여러 글자로 된 노래.

598 **광망**. 狂妄. 미친 사람처럼 아주 망령됨.

599 **명촉시비**. 明燭是非. 옳고 그름을 명확히 살핌.

참고논저

15세기 국어 활용형 사전(이진호 외, 박이정, 2015)
16세기 국어 활용형 사전(이진호 외, 박이정, 2020)
17세기 가사 전집(이상보, 교학연구사, 1987)
17세기 국어사전(홍윤표 외, 태학사, 1995)
가사문학전집(김성배 외, 민속원, 1997)
가사읽기(윤덕진, 태학사, 1999)
각사등록各司謄錄
갈암집葛庵集
거창가 제대로 읽기(조규익, 학고방, 2017)
경국대전經國大典
경도잡지京都雜志
계림유사鷄林類事
계축일기癸丑日記
고공가 연작과 조선중기 노비농장의 우의적 형상(김용철, 한국시가문화연구, 2021)
고공가에 나타난 조선 후기 영세 경영농의 몰락과 그 의미(김명준, 우리문학연구31, 2010)
고공가와 고공답주인가에 나타난 대화체의 양상과 의미(이혜경, 한국학논집, 2017)
고려사절요高麗史節要
고산유고孤山遺稿
고시조대전(김흥규 외, 고려대학교 민족문화연구원, 2012)

고어사전古語辭典(남광우, 교학사, 2001)

고어사전: 낙선재 필사본 번역고소설을 중심으로(박재연, 이회문화사, 2001)

국조보감國朝寶鑑

귀거래사歸去來辭

규방가사, 그 탄식 시편을 읽는 방법(신경숙, 국제어문25, 2002)

금릉집金陵集

기사총록(파리 동양어문화대학 도서관 소장)

기언記言

낙하생집洛下生集

난중일기亂中日記

노처녀가에 나타난 여성의 목소리와 그 의미(김용찬, 한국시가문화연구49, 2022)

논어論語

농가십이월속시農家十二月俗詩

농가월령가農家月令歌

담헌서湛軒書

대대례기大戴禮記

대전통편大全通編

대전회통大典會通

대학장구大學章句

동문유해同文類解

동아당창려집주東雅堂昌黎集註

동의보감東醫寶鑑

두소릉시집杜少陵詩集

또 하나의 한글본 향산별곡에 대하여(서지원, 한국문학과 예술22, 2017)

만기요람萬機要覽

매천야록梅泉野錄

맹자孟子

명심보감明心寶鑑

목민심서牧民心書

무명자집無名子集

민란의 시대: 조선의 마지막 100년(이이화, 한겨레, 2017)

백학선전白鶴扇傳

병와가곡집瓶窩歌曲集

병자록丙子錄
북관기사北關紀事
북새기략北塞記略
사기史記
삼설기三說記
상용자해常用字解(시라카와 시즈카, 길, 2021)
새로운 민중사의 시각과 19세기 현실비판가사(하윤섭, 민족문학사연구61, 2016)
서경書經
서울의 풍속과 세시를 담다: 완역 경도잡지(진경환, 민속원, 2021)
설원說苑
성종실록成宗實錄
성호사설星湖僿說
세종실록世宗實錄
세종실록지리지世宗實錄地理志
소학小學
소학언해小學諺解
속대전續大典
쇄미록瑣尾錄
순창의 구전설화(순창문화원, 2002)
승정원일기承政院日記
시경詩經
신악부新樂府
아언각비雅言覺非
악부樂府(고려대학교 중앙도서관 소장)
약천집藥泉集
역대가사문학전집歷代歌辭文學全集(임기중 편, 아세아문화사, 1998)
열녀전列女傳
영언총록永言叢錄
영조실록英祖實錄
예기禮記
예로부터 이른 말이 농업이 근본이라: 주해 농가월령가(진경환, 민속원, 2021)
옛편지 낱말사전(하영휘 외, 돌베개, 2011)
오주연문장전산고五洲衍文長箋散稿

오하기문梧下記文
용비어천가龍飛御天歌
우리토박이말 사전(한글학회, 어문각, 2002)
우부가: 부정적 경제 영웅의 성립과 비판(김용철, 민족문학사연구81, 1998)
월여농가月餘農歌
율곡선생전서栗谷先生全書
이조실록난해어사전(사회과학원, 한국문화사, 1993)
이조어사전李朝語辭典(유창순, 연세대학교 출판부, 1994)
인조실록仁祖實錄
일성록日省錄
임경업실기林慶業實紀
임꺽정 우리말 용례사전(민충환 편, 집문당, 1995)
임하필기林下筆記
잠곡유고潛谷遺稿
잡가雜歌(이성의 소장 필사본)
전당시全唐詩
정감록鄭鑑錄
정조실록正祖實錄
조선고어방언사전(정태진 외, 일성당서점, 1948)
조선고어사전(정희준, 동방문화사, 1948)
조선무속고朝鮮巫俗考(이능화, 동문선, 1991)
조선상식朝鮮常識(육당최남선전집3, 현암사, 1974)
조선상식문답朝鮮常識問答(육당최남선전집3, 현암사, 1974)
조선신구잡가朝鮮新舊雜歌
조선어사전朝鮮語辭典(조선총독부 편, 1920)
조선후기 사대부가사(장정수, 문학동네, 2021)
조선후기 환곡제개혁연구(송찬섭, 서울대학교 출판부, 2002)
주역周易
주자어류朱子語類
주해 가사문학전집(김성배 외, 민속원, 1997)
주해 초당문답가(정재호, 박이정, 1996)
지봉유설芝峯類說
진서晉書

진주농민항쟁과 현실비판가사 민탄가(고순희, 우리어문연구60, 2018)
청구영언靑丘永言
청성잡기靑城雜記(고려대학교 중앙도서관 소장)
초당문답가草堂問答歌(고려대학교 중앙도서관 소장)
태조실록太祖實錄
택리지擇里志
통감절요通鑑節要
평북방언사전平北方言辭典(김이협, 한국정신문화연구원, 1981)
포박자抱朴子
표준국어대사전(국립국어원)
필사본 고어대사전(박재연 주편, 학고방, 2010)
한국가사문학연구(정재호 편, 태학사, 1996)
한국고전용어사전(세종대왕기념사업회, 2001)
한국민족문화대백과사전
한국세시풍속사전(국립민속박물관, 2017)
한국속담대사전(박영원 외, 푸른사상, 2015)
한국어의 역사(김동소, 정림사, 2007)
한국역대가사문학집성(임기중, 누리미디어, 2005)
한서漢書
한양가漢陽歌(강명관 주해, 신구문화사, 2008)
함북방언사전咸北方言辭典(김태균, 경기대학교 출판부, 1986)
합강정가연구(윤성근, 어문학18, 1968)
해동가곡海東歌曲(규장각 소장)
향산별곡을 통해 본 19세기 초 민란가사의 한 양상(정흥모, 한국시가연구1, 1997)
헌종실록憲宗實錄
현실비판가사 자료 및 이본(고순희, 박문사, 2018)
홍재전서弘齋全書
효행록孝行錄
후한서後漢書
훈몽자회주해訓蒙字會注解(박성훈, 태학사, 2013)
흥부가興夫歌(박봉술 창)

찾아보기

가

나

다

마

바

사

아

아

자

진
경
환 秦京煥, Jin Kyoung Hwan

고려대학교 국어국문학과를 졸업하고 동 대학원에서 한국고전문학으로 박사학위를 받았다. 현재 한국전통문화대학교 명예교수이다. 지은 책으로 『세시기 번역과 주석의 제 문제』(민속원, 2022), 『조선의 잡지: 18~19세기 서울 양반의 취향』(소소의책, 2018), 『집 잃은 개를 찾아서: 리링, 다산, 오규 소라이, 난화이진과 함께 떠나는 진경환의 논어 여행(12)』(소명출판, 2015), 『이야기의 세계 1』(보고사, 2004), 『고전의 타작: 소설과 문학사의 몇 국면』(월인, 2000)이 있고, 공저로 『전통, 근대가 만들어낸 또 하나의 권력』(인물과사상사, 2010), 『전통문화교육의 이론적 기초』(한국교육과정평가원, 2009), 고전문학이야기주머니』(녹두, 1997)가 있다. 주해한 책으로 『서울 · 세시 · 한시』(보고사, 2003), 『백마강 한시로 읊다: 부여회고한시선』(민속원, 2011), 『누가 꿈이며 꿈이 아니냐』(휴머니스트, 2015), 『사씨남정기』(두산동아, 2007), 『예로부터 이른 말이 농업이 근본이라: 주해 농가월령가』(민속원, 2021), 『서울의 풍속과 세시를 담다: 완역 경도잡지』(민속원, 2021)가 있다. 공역으로 은사이신 정규복 선생님과 한문본 노존A본 등을 역주한 『구운몽』(고려대학교 민족문화연구소, 1996)이 있다.

주해 조선후기 현실비판가사

백성의 말 하려 하니
목이 메고 눈물 난다

초판1쇄 발행 2023년 9월 29일

주해 진경환
펴낸이 오경희

주간 조승연
편집 · 디자인 오경희 · 조정화 · 오성현 · 신나래
박선주 · 이효진 · 정성희
관리 박정대

펴낸곳 문예원
출판등록 제2007-000260호
주소 서울 마포구 토정로25길 41(대흥동 337-25)
전화 02) 804-3320, 805-3320, 806-3320(代)
팩스 02) 802-3346
이메일 minsok1@chollian.net, minsokwon@naver.com
홈페이지 www.minsokwon.com

ISBN 979-11-90587-40-2 93810